說文解字注

二

（清）段玉裁　撰

國家圖書館出版社

說文解字第四篇上

金壇段玉裁注

旻 舉目使人也 此與言部訹音同義亦相似項羽本紀梁眴籍曰可行矣籍遂拔劒斬首頭然則眴同旻也目部曰旬目搖也謂有目搖而不使人者 从攴目 動其目也會意 凡旻之屬皆从旻讀若颭 火劣切十五部

夐 營求也 營求者圜帀而求之也帀而求之則不遐遺矣故引伸其義爲遠也韓詩于嗟夐兮云遠也毛詩作洵異部假借字 从旻人在穴 依韵會訂謂舉目使人之人臨穴也合三字會意朽正切古音在十四部招䰟挂曲瓊些與寒浚蘭筵韵䕸字夐聲角部觼或作鐍皆可證也 商書曰高宗夢得說使百工營求得之傅巖 書序文 巖穴也 此引書序釋之以說从穴之意營求而得諸穴此字之所以从旻人在穴也與引易先庚三日說庸从庚

之意同鉉本改營求爲夐求誤甚山部云巖岸也此云穴也者厂部曰山石之厓巖人可居也

闅氏目視也氏各本低按人部無低日部曰氏者下也从夐門聲無分切十三部俗作閿宏農湖縣有闅鄉後漢書鄭興客授閿鄉注曰闅建安中改作閿汝南西平有闅亭

夐大視也也廣韵作皃从大夐讀若畬況晚切廣韵巨員切十四部

文四

目人眼也象形重童子也象形總言之嫌人不解二故釋之曰重其童子也釋名曰瞳重也膚幕相裹重也子小稱也主謂其精明者也或曰眸子眸冒也相裹冒也按人目由白而盧童而子層層包裹故重畫以象之非如項羽本紀所云重瞳子也目之引伸爲指目條目之目莫六切三部凡目之屬皆从目

古文目口象面中象眉目江沅曰外象匡內象[illegible]目

眼目也釋名

眼限也瞳子限限而出也从目艮聲五限切古音在十三部

⿰目瞏兒初生蔽目者蔽目二字各本作瞥今依篇韵正蔽目謂外有物雍蔽之非牟子之翳也从目瞏聲方辡切十四部讀若告之謂調語有譌奪鉉遂刪之

眩目無常主也孟子引書若藥不瞑眩方言凡飲藥而毒東齊謂之瞑眩漢書借爲幻字犛軒眩人是也二字音義皆相似从目元聲黃絢切十二部

眥目匡也謂目之匡當也木部曰梱匡當也字林作目厓从目此聲在詣切十五十六部

䀹目旁毛也元應曰睫說文作䀹釋名作⿺走疌云捷接也插於目眶而相接也按大鄭周禮注云無目䀹謂之瞽有目䀹而無見謂之矇䀹或作睞無睞有睞卽無䀹有䀹也从目夾聲子葉切八部

⿰目縣盧童子也方言黸童之子謂之矊宋衛韓鄭之閒曰鑠按方言矊字當是⿰目縣之字誤郭釋爲緜邈云與上文顯同非也緜邈可言目兩不可言子盧童子者方言所謂黸瞳之子也盧黑也俗作矑有單言矑者甘

泉賦玉女無所眺其清矑是也童重也膚幕相裹重也子小稱也主謂其精明者也居取中如縣然故謂之䁂从目縣聲胡畎切又胡涓切十四部

瞦目童子精也當作曰瞦也精謂精光也俗作睛从目喜聲讀若爾雅禧福禧福也見爾雅釋詁許其切一部

矏目旁薄緻宀宀也矏宀疊韵自部曰宀宀不見按宀宀微密之皃目好者必目旁肉好乃益見目好矏蓋郎方言之顯釋言曰矏密也引伸爲凡密之偁也从目臱聲形聲包會意武延切十四部

𥈅大目也从目非聲芳微切十五部

𥈍大目也从目臤聲侯簡切古音在十二部

睅大目也左傳宋城者謳曰睅其目杜曰睅出目从目旱聲戶版切十四部按鍇本補睆篆云或睅字

𥈈大目也从目爰聲況晚切十四部

瞞平目也平目對出目深目言之今俗借爲欺謾字从目㒼聲母官切十四部

睴大目出也目本大而

又出其目也考工記望其轂欲其眼也注眼出大皃也陸云魚懇反按此鄭謂眼爲睴之假借也 从目軍聲 古鈍切十三部

矕 目矕矕也 廣雅曰矕視也馬融傳右矕三塗左概嵩嶽此廣雅義也班固荅賓戲矕龍虎之文孟康蘇林皆曰矕被也此䜌聲之假借也 从目䜌聲 武販切十四部

睔 目大也 从目侖聲 古本切十三部 春秋傳有鄭伯睔 見襄二年三傳皆同古今人表作鄭成公綸顏曰工頑反又有淪淪服虔曰淪音鯀皆音之轉也

盼 白黑分也 元應書引如此 詩曰美目盼兮 見衛風毛曰盼白黑分也韓詩云黑色也馬融曰動目皃按許从毛 从目分聲 此形聲包會意从毛則以目分會意也匹莧切古音在十三部按盼眄盻三字形近多互譌不可不正

盰 目白皃 依玉篇訂 从目干聲 古旱切十四部

眅 多白眼也 多白眼見說卦傳 从目反聲 普班切十四部 春秋傳曰 曰衍 鄭游眅字子明 見左傳襄

四篇上　三

卄二年釋文古本五經文字開成石經皆从目今俗本从日誤戰國策田瞀高注瞀讀鄭游眅之眅姚宏曰瞀恐是瞀瞀同眅

睍 目出皃也 依玄應訂考工記曰深其爪出其目邶風睍睆黃鳥毛曰睍睆好皃韓詩有簡簡黃鳥疑毛作睍睍韓作簡簡睆說文無詩禮記有詩古本又多作睆杕杜傳云實皃大東傳云明星皃檀弓注云刮節目又許注淮南曰睆謂目內白翳也大徐謂睆爲或睅字 从目見聲 胡典切十四部

矔 目多精也 矔之言灌注也 从目雚聲 古玩切十四部左傳宋大夫鱗矔 益州謂瞋目曰矔 此別一義方言曰梁益之閒瞋目曰矔轉目顧視亦曰矔

瞵 目精也 吳都賦鷹瞵鶚視躲雉賦瞵悍目以旁睞徐爰曰瞵視皃 从目粦聲 力珍切十二部

窅 深目皃 皃字依玉篇正靈樞經按其腹窅而不起漢禮樂志窅窊桂華蘇林曰窅音窅胅之窅按窅胅即今坳突字玄應云倉頡篇作窖窔上烏交切墊下也下徒結切突也葛洪字苑上作凹陷也下作凸起也窖窔凹凸許皆不收然則許用窅胅也

孟康云窅出窊入蓋對窊言之則訓窅爲出如徂之爲存苦之爲使 从穴中目 烏皎切二部

眊 目少精也 孟子胷中不正則眸子眊焉趙曰眊者蒙蒙目不明之貌廣雅眊眊思也謂思勞而目少精也或作耄耄 从目毛聲 亡報切二部 虞書耄字从此 按虞書無耄字僞大禹謨有之非許所知也惟商書微子周書呂刑皆有耄呂刑耄荒周禮注引作秏荒漢刑法志作眊荒漢書多以眊爲耄豈許所據書作眊與當云尚書耄字如此此爲假借

矘 目無精直視也 後漢梁冀傳洞精矘眮注引說文目睛直視按章懷因既曰洞精遂改易說文爲目睛直視非也洞精者謂其目精洞達矘眮者謂其流眄矘䁧此同不妨竝行遠游曰旹曖曃其矘莽王曰日月晻黮而無光也矘䁧猶矘莽 从目黨聲 他朗切十部

睒 暫視皃 大元曰酒作失德鬼睒其室此與高明之家鬼瞰其室語同也吳都賦䟡跋乎紭中忘其所以睒睗江賦猶獝睒睗乎㢈空 从目炎聲 失冉切八部 讀若白蓋謂之苫相

似謂讀與爾雅釋器之苦字音略同也

眮　吳楚謂瞋目顧視曰眮方言矔眮轉目也梁益之閒瞋目曰矔轉目顧視亦曰矔吳楚曰眮按瞋目顧視是二事梁益皆曰矔吳楚皆曰眮也从目同聲徒弄切九部

眲　直視也从目必聲讀若詩云泌彼泉水邶風文今詩作毖泌之假借也釋文云韓詩作祕說文作眲陸氏此語蓋誤鉉本作泌乃古本也兵媚切十五部

瞴　瞴婁逗疊韵微視也篇韵婁作瞜从目無聲莫浮切古音在五部

盰　蔽人視也鍇曰映人而視也从目幵聲讀若攜手苦兮切按廣韵戶圭切十六部一曰直視也　盰　盰目或在下

晚　晚賢逗目視皃从目免聲武限切十四部

眂　視皃也馬融長笛賦特麚昬髟李曰昬視也髟振髦也按昬眂一字也與眂別眡古文視眡氐聲在十五部眂氏聲在十六部宋元以來尟有知氏氐之不可通用者从目氏聲

承言切李善昌夷切廣韵眡眡役目也是支切按古音在支紙韵

睨　衺視也左傳佘與裼之父睨之中膚睨而視之从目兒聲研計切十六部

䀎　氐目視也从目冒聲亡保切古音在三部周書曰武王惟䀎君奭篇文今書作冒蓋古文以䀎爲冒也

眓　視高皃豁目字當作此从目戉聲呼括切十五部讀若詩曰施罟濊濊許四引衛風此句而此與罛下作濊濊不誤水部作濊濊大部作濊濊宋刻濊濊皆誤也說詳水部濊下

眈　視近而志遠謂其意深沈也馬云虎下視皃从目冘聲丁含切八部易曰虎視眈眈頤六四爻辭

䀏　相顧視而行也从目从延延亦聲于線切廣韵以然切十四部

盱　張目也張載注魏都賦盱衡曰眉上曰衡盱舉眉大視也釋詁盱憂也此引伸之義凡憂者亦有張目直視者也毛詩卷耳曰盱憂也何人斯都人士皆無傳然則三詩皆作盱訓憂今卷耳作吁誤也鄭箋盱

四篇上　五

為病又憂之引伸之義从目亏聲況于切五部一曰朝鮮謂盧童子曰盱方言驢瞳之子燕代朝鮮洌水之閒曰盱或謂之揚

瞏目驚視也唐風毛傳曰瞏瞏無所依也許不从毛者許說字非說經也製字之本義則尒於从目知之从目袁聲渠營切按袁聲當在十四部毛詩與青姓韵是合音也詩曰獨行瞏瞏

䁴視而不止也不字依廣韵補从目亶聲旨善切十四部

⿰目勿目冥遠視也冥當作瞑目雖合而能遠視也从目勿聲莫佩切廣韵莫拜切十五部一曰久視也依廣韵補視一曰旦明也玉篇引說文無此五字妄人所增也漢書敘傳昒昕寤而仰思孟康曰昒昕早旦也韋昭曰音妹又音忽司馬相如傳曶爽闇昧得燿乎光明司馬貞引三蒼曶爽早朝也音妹字林音忽然則昒曶一字也與昧同故曰部有昧無昒不知何人寫幽通賦譌作昒而仍其誤者於說文增竄五字

眕目有所恨而止也左傳曰夫寵而

不驕驕而能降降而不憾憾而能眕者鮮矣許語葢古左傳說釋言眕重也重亦止意从目㐱聲之忍切十三部

瞟䁜也今江蘇俗謂以目伺察曰瞟音如䫜上聲从目票聲敷沼切二部

䁜察也魏都賦有䁜呂䁜察疊韵从目祭聲戚細切十五部

睹見也从目者聲當古切五部

覩古文从見按篇韵皆不言覩爲古文

眔目相及也隶及也石經公羊祖之所遝聞今本作逮中庸所以逮賤釋文作遝此眔與隶音義俱同之證从目隶省會意讀若與隶同也眔徒合切在八部隶在十五部云同者合音也

睽目不相聽也聽猶順也二女志不同行猶二目不同視也故卦曰睽人部傒卽睽从目癸聲苦圭切十五部

眛目不明也吳都賦相與眛潛險搜怪奇劉曰眛冒也李曰說文眛門撥切謂之潛懣之穴也撥俗本作廢从目末聲莫撥切十五部

䀿轉目視也般辟也象舟之旋故般目爲轉目戰

國策有田瞀从目般聲薄官切十四部

⿰目辡　小兒白眼視也依廣韻補視字从目辡聲蒲莧切廣韻匹莧切十四部

眽　目財視也財當依廣韻作邪邪當作衺此與𠂢部覛音義皆同財覛非其訓也𠂢者水之衺流別也九思目眽眽兮寤終朝注曰眽眽視貌也古詩十九首脈脈不得語李引爾雅脈相也郭璞曰脈脈謂相視貌按今釋詁無郭注釋文曰覛字又作眽五經文字有眽字文選脈皆系眽之譌从目𠂢聲形聲包會意莫獲切十六部

⿰目條　失意視也魏都賦吴蜀二客⿰目條焉失所李引同从目條聲各本从脩聲作⿰目脩按⿰目脩音他狄反循滌之切亭歷皆於條取聲脩聲不得切他狄也譌爲⿰目脩乃溷同脩字而篇韻皆曰敕周切矣今依魏都賦正古音在三部唐韻他歷切

⿰目𦎫　謹鈍目也从目𦎫聲之閏切十三部

瞤　目動也素問肉瞤瘛注動掣也西京襍記陸賈曰目瞤得酒食从目閏聲如勻切十三部

矉　恨張目也从目賓聲符眞切十

二部詩曰國步斯矉大雅文毛詩作頻云頻急也鄭云頻猶比也哀哉國家之政行此禍害比比然頻字絕非假借此作矉者蓋三家詩許偁毛而不廢三家也又按通俗文蹙頞曰矉矉者顰之假借

眢目無眀也左傳目於眢井井無水若目無眀故曰眢井从目夗聲讀若委大徐一丸切刪讀若委三字非也此與小雅谷風怨讀如萎一例合音也左傳音義烏丸反引字林眢井無水也一皮反一皮郎委之平聲古讀如此集韵五支邕危切郎一皮也近刊繫傳者益一字云讀若宛委謂讀若宛謏甚

睢仰目也五行志萬衆睢睢莊子而目睢睢又恣睢讀去聲暴戾也从目隹聲許惟切十五部

眴目搖也項羽本紀梁眴籍曰可行矣从目勻省聲黃絢切十二部

眴旬或从目旬旬聲

矆大視皃依廣韵作皃魏都賦矆焉失容李曰今本作矆大視也从目蒦聲按篇韵皆矆爲正字矆爲或字許縛切五部

睦目順也从目坴聲莫卜切廣韵莫

六切三部**一曰敬和也**五字疑後增古書睦穆通用如孟子注君臣集穆史記畋畋睦睦漢書作畋畋穆穆是也穆多訓敬故於睦曰敬和**〔篆〕古文睦**按此从古文目先聲也各本作〔篆〕則从囧非字意也今依戴氏六書故正凡从〔篆〕之字皆當作此○江沅曰不必依**〔篆〕臨視也**釋詁毛傳皆曰瞻視也許別之云臨視今人謂仰視曰瞻此古今義不同也**从目詹聲**職廉切八部**〔篆〕氐目謹視也**氐各本作低今从宋本玉篇云目不明皃按洪範曰雺恒風若尙書大傳作瞀宋世家作霧漢書五行志作霿宋書隨書五行志作瞀班志云區霿服虔云人備瞀荀卿云傋猶瞀儒他書或云䑋瞀或云瞀瞀或云怐愗說文子部云㝅瞀皆謂冒亂不明其字則霿爲正字雨部云霿晦也**从目敄聲**莫候切三部**〔篆〕小視也**大元旌旗絓羅干戈蛾蛾師孕言之哭且䁅注䁅音麻竊視之稱**从目買聲**莫佳切十六部大元與十七合韵**〔篆〕視也**釋詁監瞻臨涖頫相視也按釋文曰監字又作[目監]然則小雅何用不

監亦可作臨臨亦當爲臨視也从目監聲古銜切八部

䁈省視也如畫姓之明也从目啓省聲苦系切十五部

相省視也釋詁毛傳皆云相視也此別之云省視謂察視也从目木會意息良切十部按目接物曰相故凡彼此交接皆曰相其交接而扶助者則爲相贊之相古無平去之別也旱麓桑柔毛傳云相質也質謂物之質與物相接者也此亦引伸之義易曰地可觀者莫可觀於木此引易說从目木之意也目所視多矣而从木者地上可觀者莫如木也五行志曰說曰木東方也於易地上之木爲觀顏云坤下巽上觀巽爲木故云地上之木許蓋引易觀卦說也此引經說字形之例詩曰相鼠有皮鄘風文

瞋張目也此與言部謓義略同从目眞聲昌眞切十二部

眓祕書瞋从戌祕書謂緯書易部亦云祕書說曰月爲易象陰陽也戌聲眞聲同在十二部

瞗目孰視也孰熟正俗字从目鳥聲讀若雕都僚切二部

睗　**目疾視也**鍇本疾作孰非古睒睗聯用雙聲字也韵會引鍇本作目急視毛晃增韵龕手鑑皆作急　**从目易聲**施隻切十六部

睊　**視皃也**孟子引晏子睊睊胥讒趙曰睊睊側目相視　**从目肙聲**於絢切廣韵古縣切十四部

⿰目窅　**目𥥍皃也从目窅**會意於悅切十五部　**讀若易曰勿卹之卹**見夬九二爻辭

睼　**迎視也**小雅題彼脊令毛云題視也按題者睼之假借　**从目是聲**他計切十六部　**讀若珥瑱之瑱**此合韵也如祗振之比廣韵他甸切本此

䁙　**目相戲也**方言䁙略視也東齊曰䁙吴楊曰略凡以目相戲曰䁙　**从目晏聲**於殄切十四部　**詩曰䁙婉之求**邶風文按今詩作燕婉毛曰燕安也婉順也許所據作䁙豈毛謂䁙爲晏之假借後人轉寫改爲燕與抑三家詩有作䁙者與

⿰目𥄎　**短𥥍目皃也**上文曰窅曰睄皆謂𥥍目此云短𥥍者目匡短而目𥥍窐圓瞖然如指目也故从𥄎　**从目𥄎聲**形聲包會意烏

括切十五部

睠顧也大東睠言顧之毛曰睠反顧也睠同眷小明云睠睠懷顧皇矣云乃眷西顧凡顧眷並言者顧者還視也眷者顧之深也顧止於側而已眷則至於反故毛云反顧許渾言之故云顧也引伸之訓爲眷屬史記作婘从目𢍏聲居倦切十四部詩曰乃眷西顧

督察視也視字依師古漢書注補凡師古引說文多有不言說文曰者車千秋傳詔丞相御史督二千石求捕又曰宜有以教督按六經但言董董卽督也督者以中道察視之人身督脈在一身之中衣之中縫亦曰督縫从目叔聲冬毒切三部籀省作督一曰目痛也鍇本痛作病誤

看睎也从手下目鍇曰宋玉所謂揚袂障日而望所思也此會意苦寒切十四部

𥄫看或从倝倝聲

睎望也西都賦曰睎秦嶺古多假希爲睎如公孫宏傳希世用事晉虞溥傳希顏之徒是也从目希聲說文無希篆而希聲字多有然則希篆奪也香衣切十五部海岱之閒謂眄曰睎方言睎眄也東齊青

初刻小字本作一曰張目

徐之閒曰睎

瞫㴱視也瞫㴱疊韵見其底裏曰㴱視一曰下視也別一義又竊見也又一義从目覃聲式荏切七部左傳有晉人狼瞫

眝長眙也外戚傳飾新宮以延貯此貯正眝之誤延貯謂長望也凡辭章言延佇者亦皆當作眝說文無佇竚字惟有宁字宁佇竚皆訓立延眝非謂立也九章思美人兮擥涕而竚眙王逸云竚立悲哀文選注佇眙立視也此則訓立然作眝眙亦無不可从目宁聲陟呂切五部一曰張眼廣韵亦作眼

眙直視也方言眙逗也西秦謂之眙郭曰眙謂住視也按眙瞪古今字敕吏丈證古今音廣韵七志作眙四十七證作瞪別爲二字矣而瞪下云陸本作眙攷元應引通俗文云直視曰瞪是知眙之音自一部轉入六部因改書作瞪陸法言固知是一字也从目台聲丑吏切一部

睇小衺視也依小雅小宛正義言小衺視者別於睨眄爲衺視也周易夷於左股夷子夏作睇鄭陸同云旁視曰睇京作眱按眱亦睇字也夏小正來降燕乃睇睇者眄也

內則不敢睇視鄭曰睇傾視也从目弟聲特計切十五部南楚謂眄睇謂眄曰睇也眄爲袤視睇爲小袤視者析言之此渾言之方言曰睇眄也陳楚之閒南楚之外曰睇䀏眄也方言略眄也吳揚江淮之閒或曰瞷或曰略从目各聲盧各切五部盻恨視也孟子引龍子曰爲民父母使民盻盻然將終歲勤動不得以養其父母又稱貸而益之趙云盻盻勤苦不休息之貌按丁公著本盻盻作肹肹據趙注則肹近是作盻者譌字也从目兮聲胡計切十六部孫奭引說文五禮切。按自盻而下各本失其原次今正之睉坐寐也知爲坐寐者以其字从垂也左傳曰坐而假寐戰國策讀書欲睡从目坐宋本無聲字此以會意包形聲也目坐者目瞼垂而下坐則爾是僞切古音在十七部瞑翕目也釋詁毛傳皆曰翕合也莊子晝瞑據槁梧而瞑引伸爲瞑眩从目冥韻會引小徐曰會意此以會意包形聲也武延切按古音在十一部俗作眠非也眚目病生翳也元應曰翳韵集作瞖眚引伸爲過誤如眚災肆赦不以一眚掩大德是也又爲災眚李奇曰內妖曰眚外妖曰祥是也又假爲減省之省周禮馮弱犯寡則眚之注眚猶人省瘦也四面削其地按省瘦亦作瘠瘦俗云瘦省**从目生聲**所景切十一部

瞥　過目也倏忽之意莊子作覕**又目翳也**障蔽之意**从目敝聲**普滅切十五部**一曰財見也**財今之纔字此似前義足以包之

眵　目傷眥也釋名曰目眥傷赤曰䁾䁾末也創在目兩末也許謂目傷眥曰眵與劉異**从目多聲**叱支切古音在十七部**一曰蔑兜也**蔑各本譌作瞢今依元應正蔑兜者今人謂之眼眵是也韓愈曰兩目眵昏此與上義別二病常相因而有不相兼者

䁾　蔑兜逗**目眵也**各本無蔑兜二字今依元應書卷十卷廿一補蒙上第二義言之宋玉風賦中脣爲胗得目爲蔑呂氏春秋氣鬱處目則爲䁾高注䁾眵也按蔑者假借䁾者或體蔑兜見部作⿰目兜云目蔽垢**从目蔑省聲**莫結切十五部

⿰目聿　睊也按錯作睊也鉉

作涓目也皆誤假令訓睊則當與睊字類廁自青而下皆系目病廣韵云眏目患可以得其解矣刀部曰削一曰窒也此睊也當作削目謂窒目也窒下也**从目夬聲**古穴切十五部

䀶 **目病也**急就篇眵瞢䀶顏曰䀶目視不正也雷公炮炙論序云目辟䀶睙有五花而自正注五加皮是也**从目良聲**力讓切十部

眛 **目不明也**今音眛在未韵眛在隊韵攷从未之字見於公穀二傳及吳都賦从未之字未之見其訓皆曰目不明何不類居而畫分二处且玉篇於䀶瞯二字之閒云眛莫達切目不明蓋依說文舊次則知說文原書从末之眛當在此淺人改爲从末則又增从末之眛於前也**从目未聲**莫佩切十五部

瞯 **戴目也**戴目者上視如戴然素問所謂戴眼也諸書所謂望羊也目上視則多白故廣韵云瞯人目多白也爾雅釋嘼一目白瞯瞯同瞯亦作𩦢引伸爲闚伺之義如孟子曰使人瞯夫子是**从目閒聲**戶閒切十四部按此字諸書多从閑作瞯**江淮之閒謂眄曰瞯**眄各本作眂依宋本及集韵正

方言矙眄也吳楚江淮之間或曰矙或曰略

眯　艸入目中也　莊子簸穅眯目字林云眯物入眼爲病然則非獨艸也　从目米聲　莫禮切十五部

眺　目不正也　按釋詁說文皆云覜視也然則覜望字不得作眺月令可以遠眺望系假借小徐注引射雉賦目不步體衺眺旁剟徐爰曰視瞻不正常驚惕也此眺字本義　从目兆聲　他弔切二部

睞　目童子不正也　目精注人故从來屈賦所謂目成也洛神賦明眸善睞李曰睞旁視　从目來聲　洛代切一部

睩　目睞謹也　娽娽謹皃也故睩爲目睞之謹言注視而又謹畏也招䁿娥眉曼睩目騰光王曰好目曼澤時睩睩然視精光騰馳感人心也　从目彔聲讀若鹿　盧谷切三部

𥈭　眣也　唐人小說術士相裴夫人目眥而緩主淫俗誤脩長之脩　从目攸聲　敕鳩切三部

𥆧　𥈭或从丩

眣　目不從正也　不正者也按公羊傳文六年眣晉大夫使與公　鉉無從字非自眺至此皆狀目之邪所謂匈中

眯　案以篇韻皆云物入目中　莊子必且數眯焉　釋文引字林物入眼為病也　淮南繆稱訓注作芥入目也

盟也何云以目通指曰眣成二年卻克眣魯衞之使使以其辭而爲之請釋文字皆从矢云眣音舜本又作眣丑乙反又大結反五經文字曰眣音舜見春秋傳開成石經公羊二皆作眣疑此字从矢會意从失者其譌體以譌體改說文淺人無識之故也陸云又作眣而已未嘗云說文从作眣也許云目不从正者公羊兩言眣皆不以正也

目失聲 丑栗切十二部

矇（篆）**童蒙也** 此與周易童蒙異謂目童子如冡覆也毛公劉熙韋昭皆云有眸子而無見曰矇鄭司農云有目眹而無見謂之矇其意略同毛說爲長許主毛說也禮記昭然若發矇謂如發其覆 **从目蒙聲** 莫中切九部 **一曰不明也** 此泛言目不明爲別一義

眇（篆）**小目也** 各本作一目小也誤今依易釋文正履六三眇能視虞翻曰離目不正兌爲小故眇而視方言曰眇小也淮南說山訓小馬大目不可謂大馬大馬之目眇謂之眇馬物有似然而似不然者按眇訓小目引伸爲凡小之偁又引伸爲微妙之義說文無妙字眇卽妙也史記戶說以眇論卽妙論也周易眇萬物而爲言陸機賦眇衆慮而爲

言皆今之妙字也从目少鍇曰會意按物少則小故从少少亦聲亡沼切二部

眄目偏合也偏各本作徧誤今依韵會正徧帀也帀周也周密也瞑為臥眄為目病人有目皆全合而短視者今眄字此義廢矣从目丏聲莫甸切古音當在十二部讀如泯一曰衺視也秦語方言瞯睇睎略眄也自關而西秦晉之間曰眄薛綜曰流眄轉眼貌也

盲目無牟子也牟俗作眸趙注孟子曰眸子目瞳子也釋名曰眸冒也相裹冒也毛傳曰無眸子曰矇鄭司農韋昭皆云有目無眸子謂之矇許云目無牟子謂之盲說與毛鄭異無牟子者白黑不分是也今俗謂青盲从目亾聲武庚切古音在十部

䁍目陷也廣雅䁍陷也引伸為凡陷之偁从目咸聲苦夾切古音在七部

瞽目但有朕也朕俗作眹誤朕从舟舟之縫理也引伸之凡縫皆曰朕但有朕者才有縫而已釋名曰瞽鼓也瞑瞑然目平合如鼓皮也眄者目合而有見瞽者目合而無見按鄭司農云無目朕謂之瞽韋昭云無目曰瞽皆與

許異。从目鼓聲。公戶切五部。

瞍　無目也。無目與無牟子別。無牟子者，黑白不分。無目者，其中空洞無物。故字林云：瞍，目有眹無珠子也。瞽者才有眹而中有珠子，瞍者才有眹而中無珠子，此又瞽與瞍之別。凡若此等，皆對文則別，散文則通。如詩箋云瞽矇也，史記云瞽叟盲，皆是散文則通也。人偁爲瞽叟，其實則盲者也。凡作瞽瞍者，字誤也。國語瞽獻曲，瞍獻賦，矇誦，此對文則別也。从目叜聲。穌后切。古音在三部。

䁝　䁝惑也。䁝惑雙聲字。各本誤刪䁝，今依廣韵補。淮南鴻烈、漢書皆假營爲䁝，高誘注每云營惑也。不誤。小顏多拘牽䁝字本義，訓爲回繞，非也。營行而䁝廢。从目熒省聲。熒各本作榮，今正。凡營塋謍鎣褮禜榮字皆曰熒省聲，而此字尤當从熒會意。熒者，火光不定之皃。火星偁熒惑。戶扃切。十一部。

睉　小目也。从目坐聲。昨禾切。十七部。鉉等曰：尚書元首叢脞哉，今睉从肉，非是。按脞，馬、鄭皆以小釋之，許書無脞，因改爲睉。此恐肊決專輒。攷元應書卷一於睉字云出字林，不云出說文。許書睉疑後增。

[illegible]　指

目也指指也吳語吳世家皆云子胥以手抉目是也从目叉目叉者目爲叉指也會意烏括切十五部

瞚開闔目數搖也開闔目元應本作目開閉闔一曰閉也左傳與騑曰使者目動而言肆懼我也目動者開閉數搖也呂覽曰夫死其視萬歲猶一瞚也莊子兒子終日視而目不瞚此皆瞚字本義凡謂與公羊眣同者非也旬爲目搖瞚爲目數搖从目寅聲舒閏切按寅聲皆不必以目使人惟眣主以目通指當在十二部莊釋文因或作瞬統音舜耳

曊目不明也从目弗聲普未切十五部按此疑卽昒之或字

文百十三　重九宋本作八

䀠𠂇又視也𠂇又各本作左右非也今正凡詩齊風唐風禮記檀弓曾子問雜記玉藻或言瞿或言瞿瞿蓋皆䀠之假借瞿行而䀠廢矣瞿下曰䧹隼之視也若毛傳於齊曰瞿瞿無守之皃於唐曰瞿瞿然顧禮義

也各依文立義而爲驚遽之狀則一从二目會意凡䀠之屬皆从䀠讀若拘又若良士瞿瞿九遇切五部

𥄎目圍也圍當作回回轉也从䀠丿會意厂下曰抴也明也讀若書卷之卷𥄎與眷顧義相近故讀同書卷居倦切十七部古文㠯爲靦字靦鉉本作醜誤醜與𥄎卷部分遠隔也靦者姡也面部曰面見人也从面見古文作𥄎葢亦謂徒有二目見人而已古音同在十四部故得相假借

奭目衺也从䀠从大大人也大人也三字疑非是奭與爽奭同意爽之明大奭之盛大奭之目衺注視者大故皆从大會意舉朱切斞字从此以小雅仇讀爲斞求之古音在三四部

文三

眉目上毛也人老則有長眉豳風小雅皆言眉壽毛曰豪眉也又曰秀眉也方言眉黎耋鮐老也

東齊曰眉士冠禮古文作麋少牢饋食禮古文作微皆假借字也从目象眉之形謂𠃊上象頟理也謂仌在兩眉上也並二眉則頟理在眉閒之上武悲切十五部凡眉之屬皆从眉

省視也省者察也察者覈也漢禁中謂之省中師古曰言入此中者皆當察視不可妄也釋詁曰省善也此引伸之義大傳曰大夫有大事省於其君謂君察之而得其大善也从眉省从屮屮音徹屮木初生也財見也从眉者未形於目也从屮者察之於微也凡省必於微故引伸爲減省字說文有渻媘二字然經傳多作省所景切亦息井切十一部𡮐古文省从少囧按囧非也古文目作囧此與睿皆從之从少目者少用其目省之用甚微也

文二　重一

盾瞂也經典謂之干戈部作戰所以扞身蔽目用扞身故謂之干毛傳曰干扞也用

薇目故字从目从目舊本少二字今依元應補象形鍇曰𠂆象盾形按今鍇本或妄增厂聲二字食閏切十三部廣韵食尹切凡盾之屬皆从盾

瞂盾也秦風蒙伐有苑毛曰伐中干也周禮司兵掌五盾鄭曰五盾干櫓之屬其名未盡聞也按木部及韋昭曰大楯曰櫓則中干次之盾之大小略見於釋名毛云中干析言之方言及許統言之方言曰盾自關而東謂之瞂或謂之干關西謂之盾作瞂者或體也作伐者假借字蘇秦傳作㕹从盾犮聲扶發切十五部

⿰盾圭盾握也人所握处也其背脊隆处曰瓦見左傳从盾圭聲苦圭切十六部

文三

自鼻也象鼻形此以鼻訓自而又曰象鼻形王部曰自讀若鼻今俗以作始生子爲鼻子是然則許謂自與鼻義同音同而用自爲鼻者絕少也凡从自之字如尸部眉臥息也言部詯膽气滿聲在人上也亦皆

於鼻息會意今義從也己也自然也皆引伸之義疾二切十五部 凡自之屬皆从自

𦣹 古文自

𦤀 宀宀不見也 𦤀宀疊韵宀交覆深屋也宀宀窅緜皃毛詩曰緜緜韓詩曰民民其實一也 闕 上从自下不知其何意故云闕謂闕其形也武延切古音如民十二部

文二　重一

白 此亦自字也省自者詞言之气从鼻出與口相助 詞者意內而言外也言从口出而气从鼻出與口相助故其字上从自省下从口而讀同自疾二切十五部 凡白之屬皆从白

皆 俱詞也 司部曰詞者意內而言外也其意爲俱其言爲皆以言表意是謂意內言外人部俱下曰皆也是謂轉注又偕下曰一曰俱也則音義皆同 从比从白 从比會意古諧切十五部

魯 鈍詞也 孔注論語曰魯鈍也左傳魯人以爲敏謂鈍人也釋名曰魯魯鈍也國多山水

民性樸鈍按椎魯鹵苶皆卽此从白魚聲各本作羨省聲按羨从差省聲在古音十七部今之歌麻韵魯字古今音皆在五部魯櫓字用爲鱸聲古文以旅爲魯則羨爲淺人妄改也今正鄭古切五部論語曰參也魯先進篇文

者別事詞也言主於別事則言者以別之喪服經斬衰裳苴絰杖絞帶冠繩纓菅屨者注曰者者明爲下出也此別事之例凡俗語云者箇者般者回皆取別事之意不知何時以迎這之這代之這魚戰切从白𣥠聲𣥠古文旅㫃部曰𣥠古文旅者之偏旁也乃全不類轉寫之過也之也切古音在五部讀如煑

𪞶詞也凡毛傳之例云辭也如芣苢之薄漢廣之思草蟲之止載馳之載大叔于田之忌山有扶蘇之且皆是說文之例云某詞自部外旣爲詮詞矣爲語已詞矧爲況詞曶爲出气詞各爲異詞粵爲驚詞尒詞之必然也曾詞之舒也皆是然則詞也二字非例當作誰詞也三字堯典言疇若予者二皆訓誰則言疇咨若者二亦必同疇咨當先咨後疇語急故尒壁中古文字作𠷎古字也爾雅疇孰誰也字作疇今字也許

以㽙爲假借字𠷎爲正字故口部曰𠷎誰也則又𠷎㽙爲古今字說文之例敘篆文合以古籀𠷎者古文非小篆也何以廁此也凡書禮古文往往依其部居錄之不必皆先小篆後古文亦不必如上部之例先古文必系以小篆所以尊經也尚書作㽙不作𠷎者葢孔安國以今文字讀之易之同爾雅也**从白𠷎聲𠷎與㽙同**直由切三部**虞書曰**虞書當作唐書曰字今補**帝曰𠷎咨**

𥏼　識𧥣也此與矢部知音義皆同故二字多通用**从白亏知**鍇曰亏亦气也按从知會意知亦聲知義切十六部

𥏼　古文智此依鍇本𠤏卽口𥎿卽知也省白

百　十十也从一白博陌切五部**數**句**十十爲一百百白也**白告白也此說从白之意數長於百可以𧥣言白人也各本脫此八字依韵會補**十百爲一貫貫章也**此類舉之百白疊韵貫章雙聲章明也數大於千盈貫章明也各本下貫譌相依韵會正

百　古文百自白同

鼻　从自畀　畀下疑脱聲

文七　重二

鼻所以引气自畀也　所以二字今補　口下曰所以言食也　舌下曰所以言別味也　是其例　老子注曰天食人以五氣从鼻入　地食人以五味从口入　白虎通引元命苞曰鼻者肺之使　按鼻一呼一吸相乘除而引氣於無窮　自讀如今人言自家之自　自本訓鼻　引伸爲自家　从自畀　以義爲形也　父二切　十五部

凡鼻之屬皆从鼻

齅　以鼻就臭也　玉篇引論語三齅而作　从鼻臭　臭亦聲　讀若畜牲之畜　各本畜作嘼　非　許救切　三部

鼾　臥息也　息鼻息也　廣韵曰臥氣激聲　許干切　从鼻干聲　讀若汗　矦幹切　十四部　按古讀平聲

鼽　病寒鼻窒也　月令民多鼽嚏　窒寏也　从鼻九聲　巨鳩切　三部

齂　臥息也　此與尸部屓音義竝同　篇韵皆祇云鼻息　釋詁云齂息也　从鼻隶聲　許介切　十五部　讀若虺

文五

皕　二百也卽形爲義不言从二百凡皕之屬皆从皕讀若逼逼各本作祕按五經文字皕音逼廣韻彼側切至韻不收李仁甫五音韻譜目錄云讀若逼本注云彼力切皆由舊也盡奭字以爲聲在弟五部逼音相近也

奭　盛也釋詁赫赫躍躍赫赫舍人本作奭奭常武毛傳云赫赫然盛也按奭是正字赫是假借字小雅路車有奭韎韐有奭毛曰奭赤皃此當作赫赫赤部云赫火赤皃奭是假借字从大从皕皕與大皆盛意也皕亦聲詩亦切古音讀若郝在五部隸作奭此燕召公名讀若郝三字當在皕亦聲之下史篇名醜此爲召公名徵古說也召公名奭見尚書史記而史篇云名醜史篇之作去周初未遠未審何以乖異敘目云及宣王大史籀著大篆十五篇漢志史籀十五篇周宣王大史作又云史籀篇者周時史官教學童書也按省言之曰史篇王莽傳徵天下史篇文字孟康曰史籀所作十五

篇也許三偁史篇姚下云史篇以爲姚易也匋下云史篇讀與缶同此云史篇名醜計度其書必四言成文教學童誦之倉頡爰歷博學實仿其體

奭 古文奭 古文百作𦣻則知皕作𦣻𦣻

文二　重一

習 數飛也 數所角切月令鷹乃學習引伸之義爲習孰 从羽白聲 按此合韵也又部彗古文作習亦是从習聲合韵似入切七部 凡習之屬皆从習

翫 習猒也 猒飽也此與心部忨音同義近 从習元聲 五換切十四部 春秋傳曰翫歲而愒日 左傳昭元年文按心部忨下引春秋傳忨歲而潵日當作春秋國語今晉語作忨日而潵歲

文二

羽 鳥長毛也 長毛別於毛之細縟者引伸爲五音之羽晉書樂志云羽舒也陽氣將復萬物孳育

而舒生漢志曰羽宇也物聚臧宇覆之爾雅羽謂之栁象形長毛必有耦故竝彡彡部曰彡新生羽而飛也羽竝彡也王矩切五部凡羽之屬皆从羽

翨鳥之彊羽猛者按當作猛鳥也彊羽轉寫誤耳周禮翨氏掌攻猛鳥以時獻其羽翮此釋周禮故云猛鳥也猛鳥羽必彊故其字从羽此與赤羽尾長皆从羽支法正同大鄭翨讀爲翅翼之翅以是聲支聲皆在十六部翨當即是翅之奇字後鄭以經云獻羽翮則訓翨爲鳥翮是聲鬲聲亦同十六部也翮羽莖舉翮以該羽許與二鄭說異从羽是聲居豉切十六部

翰天雞也也字依御覽補釋鳥鶾天雞鶾本又作翰鳥部鶾訓雉肥翰音者則此作翰是天雞樊光云一名山雞赤羽各本有也非今删自翨至翠五字皆主謂鳥其鳥彊羽赤羽故其字从羽不从鳥从羽倝聲侯榦切十四部小宛傳云翰高也謂羽長飛高此別一義桑扈文王有聲崧高板傳皆云翰榦也此謂詩以翰爲楨榦字也同音假借逸周書曰此漢志周書七十一篇周史記也以別於尚書之周

書故謂之逸周書文翰若翬雉一名鷐風周成王時蜀人獻之文或作大誤王會篇文今本作蜀人以文翰文翰者若皐雞孔晁云鳥有文彩者太平御覽皐作皐郭注爾雅皐作彩許作翬雉疑有誤按許引王會者六魚部周成王時揚州獻鰅魚鳥部周成王時氐羌獻鸞鳥艸部芣苢其實如李令人宜子周書所說内部周成王時州靡國獻𨾴𨾴馬部[illegible]吉皇之乘周成王時犬戎獻之犬部紉奴有猶犬内四條文義略同此此不當有一名鷐風四字橫梗於其中也四字當在蜀人獻之之下一名當作一曰一曰者別一義也常武曰如飛如翰毛云疾如飛摯如翰鄭云翰飛鳥之豪俊也此鷐風曰翰之證釋鳥毛傳皆云晨風鸇也易林晨風文翰竝舉無緣文翰一名鷐風謬舛顯然矣

翟山雉也釋鳥翟山雉郭曰長尾者按郭翰翟二注蓋取諸說文邶風右手秉翟毛曰翟翟羽也庸風其之翟也毛曰翟褕翟闕翟羽飾衣也周禮王后五路重翟厭翟鄭曰重翟重翟雉之羽厭翟次其羽使相迫按翟羽經傳多假狄爲之狄人字傳多假翟爲之尾長故从

羽不入隹部者隹爲短尾鳥總名又此鳥以尾長爲異也从羽从隹徒歷切古音在二部庸風韵於十六部合韵也

翡赤羽雀也出鬱林漢郡从羽非聲房未切十五部

翠青羽雀也釋鳥翠鷸郭曰似燕紺色按鳥部鷸下不云翠鳥也出鬱林从羽卒聲七醉切十五部

翦羽生也羽初生如前齊也前古之翦字今之歬字一曰矢羽矢舊作矢釋器金鏃翦羽謂之鍭骨鏃不翦羽謂之志翦者前也前者斴齊也鍭矢前其羽短之使前重志矢不前羽較長喪禮則鍭矢骨鏃異於金鏃志矢無鏃短衛異於骨鏃不前羽按鍭矢前羽謂羽爲翦因之志矢之羽亦謂之翦故云一曰矢羽从羽歬聲即淺切十二部

翁頸毛也山海經天帝之山有鳥黑文而赤翁漢郊祀歌赤鴈集六紛員𣩿翁襍五采文急就篇鳧翁按俗言老翁者假翁爲公也周禮酒人注假翁爲滃从羽公聲烏紅切九部

翄翼也飛部曰𩙪翄也翼篆文𩙪也从羽支聲施智切十六部

翨

𦐖或从羽氏支氏同部。魏都賦𦐖𦐖精衞李云說文𦐖亦翄字叔豉反今音祇𦐖𦐖飛貌也按廣韵𦐖飛皃巨支切小雅提提羣飛貌是移切

⿰革羽 翄也小雅如鳥斯革毛云革翼也韓詩作⿰革羽云翄也毛用古文假借字韓用正字而訓正同廣雅⿰革羽𦐖翼也魏都賦雲雀踶甍而矯首壯翼摛鏤於青霄注踶則舉羽⿰革羽用勢若將飛而尚佳此如鳥斯⿰革羽之謂許不言詩曰者省文非有意也 从羽革聲古翮切古音在一部

翹 尾長毛也班固白雉詩發皓羽兮奮翹英射雉賦班尾揚翹按尾長毛必高舉故凡高舉曰翹詩曰翹翹錯薪高則危詩曰予室翹翹 从羽堯聲渠遙切二部

翭 羽本也謂入於皮肉者也按詩周禮鍭矢士喪禮作翭矢蓋此矢金鏃倏物而中如羽本之入肉故假借通用也 从羽侯聲乎溝切四部 一曰羽初生

翮 羽莖也莖枝柱也謂衆枝之柱翮亦謂一羽之柱莖翮雙聲唐風肅肅鴇行毛曰行翮也亦於雙聲求之上文云鴇羽鴇翼故不得以行列釋之也 从羽鬲聲

下革切十六部

翑　羽曲也　凡從句者皆訓曲釋木曰句如羽喬上句曰喬然則羽曲者謂上句反鄉　从羽句聲　其俱切古音在四部讀如鉤釋嘼云馬後足皆白狗

羿　羽之羿風　羿疑當爲开开平也羽之开風亦謂搏扶搖而上之狀　亦古諸侯也　此謂有窮后羿邑部曰窮夏后時諸侯夷羿國也弓部曰芎帝嚳射官夏少康滅之　一曰射師　淮南書曰雖有羿之知而無所用之高云是堯時羿也能射十日繳大風殺窫窳斬九嬰射河伯之知巧也非有窮后羿按許云一曰射師亦謂堯時羿　从羽开　錯本無聲鉉有蓋會意兼形聲也五計切十五部开合韵也俗作羿

翥　飛舉也　方言曰翥舉也楚謂之翥郭云謂軒翥也西京賦鳳騫翥於甍標　从羽者聲　章庶切五部

翕　起也　釋詁毛傳皆云翕合也許云起也者但言合則不見起言起而合在其中矣翕从合者鳥將起必斂翼也　从羽合聲　許及切七部

翾　小飛也　九歌翾飛兮翠曾按荀子喜則輕而翾假翾爲儇也　从羽睘聲　許緣

二

翕

案詩翕河喬嶽箋翕引也又載翕其舌箋翕猶引也引與起義相近子虛賦翕呷萃蔡漢書注引張揖云翕呷衣張起也鳥將起必先斂翼故从羽从合論語翕如也鄭注變動之貌與說文義合

翏

翏與[illegible]義縣絕[illegible]从刀匹與戮从戈義合翏自別一義段以詩書無[illegible]字章合爲翏弦非也

切十四部

翬大飛也釋鳥曰鷹隼醜其飛也翬郭云鼓翅翬翬然疾从羽軍聲許歸切古音在十三部一曰伊雒而南雉五采皆備曰翬釋鳥伊雒而南素質五彩皆備成章曰翬王后褘衣刻繒爲之形而采畫之詩曰有翬斯飛小雅斯干文今詩有作如唐元度徐鍇說文皆作有按毛詩作有則與如鳥斯革合爲一事翬訓大飛或許所據毛詩如此與鄭不同未可知也鄭云此章四如又云翬者鳥之奇異者則作如顯然翬訓後一義

翏高飛也从羽㐱㐱新生羽而飛也羽毛新生豐滿可以高飛也莊子翏翏謂長風之聲此引伸之義力救切三部匡謬正俗云翏古文戮字湯斲云予則翏翏女按翏正翏之譌假借字

翩疾飛也魯頌傳曰翩飛皃泰六四翩翩虞曰離飛故翩翩从羽扁聲芳連切古音在十二部

翜捷也釋詁曰際接翜捷也郭云捷謂相接續也按翜捷皆謂敏疾敏疾則際接無痕其義相成也許舉其本義故下云飛之疾也以釋从羽今俗語霎時者當作此止部

曰疌疾也俗通用捷疌翜疊韻飛之疾也从羽夾聲讀若濇濇不滑也與歰同義而雙聲讀若濇卽讀若歰山洽切七部一曰俠也人部曰俠俜也漢人多用俠爲夾此俠當爲夾或當爲挾

翊飛皃漢郊祀歌神之來泛翊翊甘露降慶雲集師古曰翊音弋入切又音立按翊字本義本音僅見於此經史多假爲昱字以同立聲也釋言曰昱明也尚書五言昱日皆訓明日一言昱室訓明室天寶閒盡改爲翼凡尚書翼字訓敬訓輔與訓明者溷同無別自衞包始漢魏晉唐初皆有昱日無翼日郭璞元應李善引尚書皆作昱日自同其字又同其音以七部立聲之字讀一部異聲之與職切字書韻書承譌襲繆小顏弋入力入之音無有採者矣又吳都賦云翋𦐇廣雅翋𦐇飛也力荅徒合二切翋同翊此亦翊之本義本音也从羽立聲大徐用唐韻與職切非也

𦐇飛盛皃按廣雅翋𦐇卽說文之翊𦐇疊韻字也从羽冃鉉曰犯冒而飛是盛也按从冃者莊子所云翼若垂天之雲也土盍切八部

[illegible]羽盛皃也羽大徐作飛集

佯當作徉

韵翿翿羽翼盛从㞢羽聲侍之切一部

翺翺此複舉字之未删者翔也釋名翺敖也言敖遊也翔佯也言彷徉也按彷徉徘徊也左傳作方羊方蒲郎切从羽皋聲五牢切二部

翔回飛也釋鳥鳶鳥醜其飛也翔郭云布翅翺翔高注淮南曰翼上下曰翺直刺不動曰翔曲禮室中不翔鄭曰行而張拱曰翔此引伸假借也按翺翔統言不別析言則殊高注析言之也夏小正黑鳥浴浴也者飛乍高乍下也此所謂翼上下曰翺也从羽芉聲似羊切十部按古多讀如羊

翽飛聲也詩釋文引說文羽聲也字林飛聲也此俗以字林改說文之證毛傳云翽翽衆多也此謂鳳飛羣鳥從以萬數毛比傳下文多吉士多吉人爲說詩說其字義故不同也从羽歲聲呼會切十五部詩曰鳳皇于飛翽翽其羽大雅文

翯鳥白肥澤皃大雅白鳥翯翯毛傳曰翯翯肥澤也釋文引字林亦云鳥白肥澤曰翯毛則言肥澤而白在其中也白部曰皠鳥之白也何晏賦皠皠白鳥翯翯與皠音義皆同賈誼書作

皜皜孟子作鶴鶴趙注與毛傳合从羽高聲胡角切古音在二部詩曰白鳥翯翯

⿱羽王樂舞㠯羽⿰扌扈自翳其首㠯祀星辰也⿰扌扈同翳翳猶覆也周禮舞師云教皇舞帥而舞旱暵之事注鄭司農云⿱羽王舞蒙羽舞書或爲皇或爲義樂師云有皇舞注故書皇作⿱羽王鄭司農云⿱羽王舞者以羽冒覆頭上衣飾翡翠之羽⿱羽王讀爲皇書亦或爲皇按大鄭從故書作⿱羽王後鄭則從今書作皇云襍五采羽如鳳皇色持以舞許同大鄭惟不云衣飾翡翠羽又不同經文舞旱暵之事而云祀星辰耳蓋本賈侍中周官解故○禮注文今攷定从羽王聲讀若皇胡光切十部按此等字小篆皆未必有之專釋古經古文也

翇樂舞執全羽㠯祀社稷也樂師有帗舞有羽舞注故書帗作翇皇作⿱羽王鄭司農云翇舞者全羽羽舞者析羽社稷以翇玄謂帗析五采繒今靈星舞子持之是也按今本脫帗作翇三字又將大鄭注翇改爲帗非也舞師注亦有脫大鄭及許皆從故書作翇以字从羽故知爲全羽後鄭從今書作帗以字从

巾故知析五采繒也 从羽犮聲讀若紱 文選注引倉頡篇曰紱綬也許無紱字而見於此褱分勿切十五部

翿翳也所㠯舞也 釋言曰翢纛也纛翳也王風毛傳曰翿纛也翳也翳翢翿同字毛傳本釋言翳也之上當本有纛字此焰燿粦也粦熒火也之例也陳風傳則約之云翿翳也許本之許無纛字者無毒部亦無縣部無所入也王風音義曰纛俗作纛爾雅音義曰纛字又作纛五經文字曰纛作纛譌開成石經周禮爾雅正作纛今本爾雅音義譌舛葉林宗鈔本不誤纛从縣毒會意與緐从糸每會意同从毒者如艸之盛也淺人改从毒謂爲諧聲耳郭注爾雅云今之羽葆幢舞者所以自蔽翳王風左執翿陳風値其鷺羽値其鷺翿傳云値持也鷺鳥之羽可以爲翳翌字下云樂舞以羽翿自翳其首皆謂舞也射則用翿旌見鄉射禮喪則天子鄉師執纛御匶諸侯匠人執翿御匶周禮注作執翿禮記作執羽葆然則翿也纛也羽葆也異名而同實也漢羽葆幢以犛牛尾爲之在乘輿左騑馬頭上或云在衡 从羽𣪘聲 徒到切古音在三部按釋文多音平聲 詩曰

左執翿。翳 華蓋也 司馬相如傳曰泰山梁父設壇場望華蓋劉歆遂初賦奉華蓋於帝側西京賦華蓋承辰薛綜曰華蓋星覆北斗王者法而作之蔡邕曰凡乘輿車皆羽蓋金華爪張衡賦曰羽蓋葳蕤葩瑵曲莖又曰樹翠羽之高蓋薛綜云羽蓋以翠羽覆車蓋也按以羽故其字从羽翳之言蔽也引伸爲凡蔽之偁在上在旁皆曰翳 从羽殹聲 於計切十五部

翣 棺羽飾也 羽衍文棺飾本周禮周禮喪縫棺飾焉衣翣柳之材檀弓周人牆置翣又飾棺牆置翣鄭曰翣以布衣木如攝與喪大記注漢禮翣以木爲筐廣三尺高二尺四寸方兩角高衣以白布畫者畫雲氣其餘各如其象柄長五尺車行使人持之而從既窆樹於壙中按翣柳皆棺飾也鄭云以布衣木又引漢禮況之經無用羽明文以其物下垂故从羽也 天子八諸侯六大夫四士二 禮器曰天子八翣諸侯六翣大夫四翣喪大記君黼翣二黻翣二畫翣二此諸侯六翣也大夫黻翣二畫翣二此大夫四翣也周禮注天子又有龍翣二 下𠂹从羽 翣者下垂於棺兩旁如羽

彙雉雞皆非短尾而从隹也
則亦不拘

翼然故字从羽非眞羽也故居末焉从羽之上當有如羽二字**妾聲**周禮故書翣作接鄭司農云接讀爲翣引檀弓周人牆置翣春秋傳四翣不蹕接與翣皆假借字也山洽切八部

文三十四　重一

隹　鳥之短尾總名也短尾名隹別於長尾名鳥云總名者取數多也亦鳥名䳄䳄者鵻夫不也本**象形**職追切十五部**凡隹之屬皆从隹**

雅　楚烏也一名鸒一名卑居秦謂之雅楚烏烏屬其名楚烏非荆楚之楚也鳥部曰鷽卑居也卽此物也鄦善長曰按小爾雅純黑返哺者謂之雅烏爾雅曰鸒斯卑居也孫炎曰卑居楚烏犍爲舍人以爲壁居說文謂之雅莊子曰雅賈馬融亦曰賈烏按卑居之爲壁居如史記卑耳之山卽齊語壁耳之山卑壁同十六部卑俗作鵯音匹非也　**从隹牙聲**五下烏加二切古音雅之訓亦云素也正也皆屬假借

在五部

隻　鳥一枚也。雙下曰隹二枚也。隹鳥統言不別耳。从又持隹。持一隹曰隻，持二隹曰雙。依韵會訂。造字之意，隻與雙皆謂在手者。既乃泛謂耳。之石切。古音在五部。按此字次第當在雔雔以下。

雒　忌欺也。各本作鵋鶀。今考爾雅音義當作忌欺。釋鳥曰：鵅，鵋鶀。[元]應引作忌欺。釋鳥又曰：怪鴟。舍人曰：謂鵂鶹也。南陽名鉤鵅，一名忌欺。然則忌欺與怪鴟一物。[元]應以爲關西名訓侯，關東名訓狐，皆此也。按萑部雖舊舊畱不云即雒，未知許意爲一不。鵅即雒字，各家音格，但今江蘇此鳥尚呼鉤雒鵅。雒音同洛則音格者，南北語異耳。又按自魏黃初以前，伊雒字皆作此，與雍州渭洛字迥判。曹丕云漢忌水改洛爲雒，欺世之言也。詳水部。从隹各聲。盧各切。五部。

閵　今閵逗。侶鴝鵒而黃。今閵鳥名。玉篇作含閵。从隹𠕁省聲。良刃切。十二部。𨾊　籒文不省。

巂　周逗燕也。各本周上無巂，此淺人不得其句讀，刪複舉之字也。釋鳥：巂周，燕燕，鳦。孫炎、舍人皆云一物三

雒　案說文不云水名，疑當專屬忌欺，音格。絡音盧各切，非也。曹丕近古，或有之。本草爾雅釋文鵋鶀之鵅古客反，烏鸔之鵅乃音洛。

巂　許云小象其冠尾，與燕之子規亦非燕。最可均云巂者周燕，則從解巂字可不必。案孫炎、舍人謂一物三名固未必，郭以巂周句、燕燕連讀亦失之。

名郭景純陸德明誤讀說文減去一曰二字乃以子嶲釋嶲周矣嶲周子嶲異物而同字文選七命鷰髀猩脣李云呂氏春秋曰肉之美者嶲燕之髀此燕名嶲周之證今本味篇不同**从隹山象其冠也**冠猶首也**㕯聲**戶圭切十六部按㕯聲在十五部合韵也曲禮立視五嶲借爲規字漢之越嶲即此字音髓或以作嶲別之誤**一曰**巳下別一義**蜀王望帝婬其相妻慙亡去爲子嶲鳥故蜀人聞子嶲鳴皆起曰是望帝也**依爾雅音義訂子嶲亦曰子規即杜鵑也人化爲鳥固或然之事而常璩曰有王曰杜宇號曰望帝其相開明決玉壘山以除水害遂禪位於開明升西山隱焉時適二月子鵑鳥鳴故蜀人悲子鵑鳥鳴也說略同楊雄蜀王本紀

雂　雂鳥也此與鳥部鴋各物**从隹方聲讀若方**府良切十部

雀　依人小鳥也今俗云麻雀者是也其色褐其鳴節節足足禮器象之曰爵爵與雀同音後人因書小鳥之字爲爵矣月令鴻鴈來賓爵入大水爲蛤高注呂

覽曰賓爵老爵也棲宿於人堂宇有似賓客故謂之賓爵又有似雀而色純黃者曰黃雀戰國策云俛啄白粒仰棲茂樹詩所謂黃鳥也**从小隹讀與爵同**小亦聲也即略切古音在二部

䧿　䧿鳥也也廣韵作名**从隹犬聲**五佳切古音當在十四部**睢陽有䧿水**睢陽前後志皆屬梁國按玉篇邑部邪胡灰切睢陽鄉名邪即䧿字有䧿水而後有邪鄉也集韵類篇字作鄈

雗　雗鷽也三字一句此與鳥部鷽各物鳥部曰雗鷽山鵲知來事鳥也**从隹倝聲**侯幹切十四部

雉　有十四種目下文**盧諸雉**張揖上林賦注曰盧白雉也按上林自謂水鳥然張語必爾雅古說**鷮雉**各本作喬誤鳥部曰鷮走鳴長尾雉也**卜雉**各本作鳴誤鳥部無鳴釋鳥作鳪郭云黃色鳴自呼**鷩雉**鳥部曰鷩赤雉也又曰鵔鸃鷩也**秩秩海雉**郭云如雉而黑在海中山上陸曰秩秩本又作失失**翟山雉**見羽部**雗雉**郭與鶾雉爲一許爲二陸云雗字又作翰**卓雉**卓今爾雅作鵫郭云今白鵫也

江東呼白鵫亦名白雉伊雒而南曰翬雒各本作洛誤釋鳥曰伊洛而南素質五彩皆備成章曰翬見羽部江淮而南曰摇釋鳥江淮而南青質五彩皆備成章曰鷂夫人揄狄鄭云謂衣畫摇者揄衣部作褕云翟羽飾衣也義同毛傳南方曰𢑚賈逵杜預注左傳𢑚作翟按𢑚與翟韵部相近但上文已有翟則作𢑚爲得也今爾雅作鳥東方曰甾今爾雅作鶅北方曰稀今爾雅作鵗西方曰蹲今爾雅作鷷已上十四雉皆見釋鳥从隹矢聲直几切十五部按雉古音同夷周禮雉氏掌殺艸故書作夷氏大鄭从夷後鄭从雉而讀如鬀今本周禮作薙者俗製也左傳五雉爲五工正夷民者也揚雄賦辛雉卽辛夷漢地理志南陽雉縣舊音弋爾反江夏下雉縣如淳音羊氏反皆古音也𨿅古文雉从弟弟聲

雊雄雉鳴也言雄雉鳴者別於鷕之爲雌雉鳴也小雅雉之朝雊尚求其雌邶風有鷕雉鳴下云雉鳴求其牡按鄭注月令云雊雉鳴也是雊不必系雄鷕則毛公系諸雌亦望文立訓耳若潘安仁

賦雉鷕鷕而朝雊此則所謂渾言不別也顏延年顏之推皆云潘誤用未孰於訓詁之理**雷始動雉乃鳴而句其頸**乃字依尚書正義補句各本誤雊依小弁正義正夏小正正月雷震雉雊雉也者鳴鼓其翼也正月必雷雷不必聞唯雉必聞之何以謂之雷震則雉雊相識以雷小正古本依太平御覽藝文類聚訂當如是初學記所引乃徐堅妄改也言雷於鴈雉魚之閒故知雷雉一事也釋雊爲鳴鼓其翼者讀雊爲敂敂擊也動也雉鳴必鼓其翼知雉鳴亦必鼓其翼也許云句其頸與大戴異鼓其翼句其頸皆狀其鳴也洪範五行傳曰正月雷微動而雉雊雷通氣也易通卦驗雉雊雞乳在立春節立春在十二月月令季冬雉雊皆謂雷鳴地中時也句音鉤曲也句其頸故字从句**从隹句句亦聲**古候切四部今鉉本候作侯誤

[雞]**知時畜也从隹奚聲**古兮切十六部

[鷄]**籒文雞从鳥**

[雛]**雞子也**雞子雞之小者也淮南天子以雛嘗黍高曰雛新雞也呂覽注云雛春雞也郭景純言今呼少雞爲䧶則二注正同王制春薦

非非以夘夘謂少雞古者少雞亦曰夘方言雞雛徐魯之閒謂之鶵子按雛引伸爲凡鳥子細小之偁釋鳥曰生哺鷇生噣雛从隹芻聲士于切古音在四部鶵籒文雛从鳥雡鳥大雛也此與鷚別而俗通用鷚高注呂覽曰雛春鷚也吳都賦翳薈無鷹鷚按爾雅音義文選李注引說文同鍇本作天鷚誤从隹翏聲力救切三部一曰雛之莫子爲雡釋鳥字作鷚郭云晚生者

離離黃逗各本無離淺人誤刪如雟周刪雟之比依爾雅音義廣韵補倉庚也幽風毛傳曰倉庚離黃也月令注云倉庚驪黃也釋鳥曰倉庚鵹黃也又曰鵹黃楚雀又曰倉庚商庚然則離黃一物四名按說文又離鵹不類廁則不謂一物又按毛傳黃鳥搏黍也不云郎倉庚倉庚下亦不云郎黃鳥然則黃鳥非倉庚焦氏循云鄭箋稱黃鳥宜食粟又云緜蠻小鳥皃顯非倉庚玉裁謂蓋今之黃雀也方言云驪黃或謂之黃鳥此方俗語言之偶同耳陸機乃誤以倉庚釋黃鳥鳴則蠶生月令仲春倉庚鳴內宰職曰仲春詔后帥外內命婦始蠶

于北郊从隹离聲呂支切古音在十六部今用鸝爲鸝黃借離爲離別也

雕　鷻也鳥部曰鷻雕也假借爲琱琢凋零字从隹周聲都僚切二部古音在三部考工記故書雕或爲舟

鵰　籀文雕从鳥

䧹　䧹鳥也左傳如鷹鸇之逐鳥雀釋鳥鷹來鳩郭云來當爲爽按左傳爽鳩氏司寇也杜曰爽鳩鷹也从隹从人鍇曰鷹隨人所指蹤故從人按雁鴈亦从人瘖省聲此七字依韵會訂瘖在七部而䧹在六部者合韵取近也於陵切

鷹　籀文䧹从鳥按䧹蓋古文也小篆從之从隹从瘖省聲籀文則从鳥而應省聲非兼用隹鳥也

⿰氐隹　⿰垂隹也今江蘇俗呼鷂鷹盤旋空中攫雞子食之大雅云懿厥哲婦爲梟爲鴟莊周云鴟得腐鼠是也爾雅有鴟鴞怪鴟茅鴟皆與單言鴟者各物从隹氏聲處脂切十五部

鴟　籀文鴟从鳥今多从籀

⿰垂隹　鴟也从隹垂聲是僞切古音在十七部

雃　石鳥一名雝渠一曰精列毛傳曰脊

䧹

大徐本作从人亦聲国謬段從韵會作从瘖省聲音義俱非亦未敢信也疑疒乃象其飛非取其聲或从疾省取其疾速亦草鳥之義「倠从雁省雁體大而高飛䧹似之」

令雝渠也飛則鳴行則搖不能自舍爾釋鳥作鸎鴒俗字也精列者脊令之轉語从隹幵聲苦堅切十二部

春秋傳秦有士雃見左傳襄九年按雃當是士會之後傳云秦人歸其帑其處者爲劉氏蓋處者不皆爲劉氏或雃之後乃改氏劉

雝渠也渠鳥部作鶪鉉本同从隹邕聲於容切九部經典多用爲雝和辟雝隸作雍

雂鳥也廣韵云句喙鳥本字林从隹今聲巨淹切古音在七部春秋傳有公子若雂見左傳昭廿一年若鉉本及唐石經皆作苦

雁鳥也此與鳥部鴈別鴈从鳥爲鵝雁从隹爲鴻雁禮經舒鴈當作舒雁謂雁之舒者以別於眞雁也舒雁謂之鴈猶舒鳧謂之鶩也經典鴻雁字多作鴈毛傳曰大曰鴻小曰鴈按鴻大也非鳥名从隹从人雁有人道人以爲摯故从人厂聲厂呼旱切雁五晏切十四部

䳘黃也三字句䳘字林省作鵹又作鸝䳘黃即離黃見離下䳘離異部而雙聲故䳘黃與離黃異名但二字不類廁其說未聞从

隹黎聲郎兮切十五部一曰楚雀也一曰謂一名也見釋鳥其色黎黑而黃黎黑皃月令注作驪亦謂黑色

雐　雐鳥也从隹虍聲荒鳥切五部虧字從此

雓　牟母也母音無鈜作母誤釋鳥鴽牟母鄭注公食大夫禮月令皆作鴽母無也母與牟無與母皆音同也今二注舛譌蔡邕月令章句鴽爲鶉鴾之屬時則訓注云鴽鶉也李巡云鴽鴾一名鴾母郭云鴽鴾也按內則爾雅皆鶉鴽竝舉則不可云雓卽鶉也从隹奴聲人諸切五部按經典皆从如聲

鴽　雓或从鳥

雇　九雇逗農桑候鳥扈民不婬者也左傳昭十七年郯子曰五鳩鳩民者也五雉爲五工正利器用正度量夷民者也九扈爲九農正扈民無婬者也皆以同音訓詁鳩民者勼民也夷民者古雉與夷音同也扈民者戶民也杜曰扈止也左傳屈蕩戶之漢書王嘉戶殿門失闌注皆曰戶止也此扈同戶戶下曰護也从隹戶聲侯古切五部今用爲雇僦字春雇鳻盾夏雇竊[元]秋雇

竊藍冬雇竊黃棘雇竊丹行雇唶唶宵雇嘖嘖桑雇竊脂老雇鴳也

鴳當从集韵類篇作頒鴳也各本作鷃也今依廣韵與釋鳥合賈服注左皆作鷃鷃按鷃字則當作晏晏鳥聲也一字則當作鴳鳥部曰鴳雇也是也賈侍中云春扈分循相五土之宜趣民耕種者也夏扈竊元趣民耘苗者也秋扈竊藍趣民收斂者也冬扈竊黃趣民蓋藏者也棘扈竊丹爲果驅鳥者也行扈唶唶晝爲民驅鳥者也宵扈嘖嘖夜爲農驅獸者也桑扈竊脂爲蠶驅雀者也老扈鷃鷃趣民收麥令不得晏起者也舍人樊光蔡邕說皆同故皆爲農桑候鳥戸民不淫者少昊之官督民農桑者取其名亦戸民不使淫逸者也

雽　雇或从雩

从鳥雩聲

鳸　籒文雇从鳥

今爾雅同籒

𩀍　雜屬也

按說文或言屬或言別言屬而別在焉言別而屬在焉言雜屬則𩀍非雜也焦氏循曰說文隼下云一曰鶉字鶉即鷻省鶉人鳥旟七斿以象鶉火鳥隼爲旟則鶉火之鶉即鷻左傳童謠鶉之賁賁下舉鶉火證之則詩之言奔奔者當亦是鷻

惟有縣鶉兮毛特訓爲小鳥乃爲鵪鶉也按內則有鶉羹詩貆特鶉皆謂食物从隹𦎫聲常倫切十三部

䧲 雗屬也从隹酓聲恩含切七部太平御覽引有一曰牟毋四字 ⿰酓鳥 籒文䧲从鳥

⿰支隹 ⿰支隹鳥也漢武帝造鳷鵲觀在雲陽甘泉宮外从隹支聲章移切十六部一曰⿰支隹度未聞或曰蓋如長三丈高一丈爲⿰支隹度廣以廣度高以高

琟 鳥肥大琟琟然也然依韵會補詩傳云大曰鴻小曰鴈鴈當作此琟字謂鴈之肥大者也从隹工聲戶工切九部

鳿 琟或从鳥元應曰鳿古文琟聲類以爲鴻鵠之或字

⿱㪔隹 繳㪔也繳㪔者謂縷繫矰矢放散之加於飛鳥也按繳蓋字當作此亦取先斂後放也从隹㪔聲穌旰切十四部一曰飛㪔也林部曰㪔分離也

隿 繳射飛鳥也經傳多叚弋爲之从隹弋聲从弋者如以弋爲的也與職切一部

雄 鳥父也从隹厷聲羽弓切古音在六部

雌 鳥

魋乃獸而非鳥　杜回切自是从鬼隹聲宜入鬼部
比之以鬼故重在鬼

母也从隹此聲此移切十五十六部

䍜覆鳥令不得飛走也得依廣韵補网部有罩捕魚器也此與罩不獨魚鳥異用亦且罩非网罟之類謂家禽及生獲之禽慮其飛走而籠罩之故其字不入网部今則罩行而䍜廢矣从网隹讀若到都校切二部

雋鳥肥也各本作肥肉也今依廣韵廣韵不云說文然必說文善本也不言鳥則字何以从隹蒯通著書號曰雋永言其所說味美而長也惟野鳥味可言雋故从弓从弓隹補二字弓所目射隹說从弓之意徂沆切十二部長沙有下雋縣前後志同

⿱隓隹飛也从隹隓聲山垂切古音在十七部

○魋如小熊赤毛而黃从隹鬼聲各本無此篆據言部⿰言魋篆下曰从言魋聲必當有此篆但大徐補入鬼部未當今依爾雅補入隹部獸可言隹也杜回切十五部

文三十九今補魋則四十　重十二

奞鳥張毛羽自奮奞也奞依篇韵補奮奞雙聲字从大隹大其隹也張毛羽故从大凡奞之屬皆从奞讀若睢息遺切十五部按又先晉切

奪手持隹失之也引伸爲凡失去物之偁凡手中遺落物當作此字今乃用脫爲之而用奪爲爭敓字相承久矣脫消肉臞也徒活切鄭康成說禮記曰編簡爛脫脫音奪从又奞又手也持隹而奞少縱即逝也徒活切十五部

奮翬也疊韵羽部曰翬大飛也雉雞羊絕有力皆曰奮从奞在田上田猶野也方問切十三部詩曰不能奮飛邶風文毛云奮翼即許云張毛羽自奮奞也

文三

萑雖屬雖雖也釋鳥萑老兔郭云木兔也似鵄鵂而小兔頭从隹从𦫳有毛角說从𦫳之意毛角者首有蔟毛如角也所鳴其民有旤凡萑之屬皆从萑讀若

和當若桓云若和者合韵也雚萑字以爲聲胡官切十四部蒦規蒦逗商也从又持萑規蒦二字葢古語釋之曰商也葢手持萑則恐其奪去圖所以處之是曰規蒦乙虢切五部一曰視遽皃瞿下云一曰視遽皃蒦與瞿形聲皆相似故此義同一曰蒦逗度也度徒故切漢志曰寸者忖也尺者蒦也故蒦爲五度之度鳥飛起止多有中度者故雉蒦皆訓度度高廣皆曰雉彠蒦或从尋尋亦度也寸部曰度人之兩臂爲尋八尺也楚辭曰求矩彠之所同見離騷王曰榘法也彠度也高注淮南曰榘方也彠度法也

雚雚爵也三字句爵當作雀雚今字作鸛鸛雀乃大鳥各本作小爵誤今依太平御覽正陸機疏云鸛鸛雀也亦可證陸云似鴻而大莊子作觀雀土部垤下鳥部鳳下皆作鸛係俗改从雚吅聲工奐切十四部詩曰雚鳴于垤豳風文今詩作鸛釋文曰本又作雚

舊雖舊逗舊留也釋鳥怪鴟舍人曰謂鵂鶹也南陽名鉤鵅一名忌欺

按今字爲新舊字 从萑臼聲 巨救切古音在一部

鵂 舊或从鳥休聲 按毛詩舊在一部音轉入三部乃別製鵂字音許流切矣角部但云鴟舊

文四　重二

𦫳 羊角也 玉篇曰𦫳𦫳网角皃廣韻曰𦫳𦫳羊角開皃 象形 知爲羊角者於羋字知之也 凡𦫳之屬皆从𦫳 讀若乖 工瓦切篇韻又乖買切古音在十六十七部

乖 戾也 犬部曰戾曲也曲則不伸故爲睽離 从𦫳𠔁 八部曰𠔁分也𠔁隸作兆乖从𦫳从兆皆取分背之意各本此下有𠔁古文別此淺人所妄增說詳八部卜部凡許自注云某古文某者皆見於許書刀部別下未嘗有𠔁古文別之云也乖隸从北以兆與北形相似也古懷切古音葢在十六部

芇 相當也 今人賭物相折謂之芇 按廣雅芇當也 闕 此謂闕其形也从𦫳則知之矣𦫳取网角相當 亡殄亡安二切俗本譌作⿱艹㒳

苜从𦫳蓋目如羊今所謂白眼

易多白眼言白多黑少也目

不正言光不能正視也

从冂則不可知也以𦾓从芇聲求之則三直均長讀若𡿪毋官切古音蓋在十二部

文三

苜　目不正也从𦫳目𦫳者外向之象故爲不正凡苜之屬皆从苜讀若末模結切十五部

瞢　目不明也周禮眡祲六曰瞢注云日月瞢瞢無光也按小雅視天夢夢與瞢音義同也又左傳亦無瞢焉小爾雅瞢懣也此引伸之義从苜从旬旬目數搖也苜旬皆不明之意木空切古音在六部廣韵武登切是也

⿱苜火　火不明也按火當作目淺人所改也假令訓火不明則當入火部矣此部四字皆說目从苜从火火易昡故从火苜亦聲莫結切十五部周書曰布重⿱苜火席顧命文今作敷重蔑席蔑衞包又改爲篾俗字也⿱苜火者蔑之假借字也⿱苜火席二字今補織蒻席也織各本作纖今正馬融云蔑纖蒻王肅云蔑席纖蒻苹席則許亦當作纖

纖與蔑皆細也莧者蔑之假借馬王謂底席爲青蒲席則謂蔑席爲纖蒻席許說當同之艸部曰蒻蒲子可以爲苹席也蒲子蒲之幼稚者細於蒲故謂之纖蒻鄭注四席皆謂竹席與馬許不同詳尚書撰異莧蓋壁中古文蔑蓋孔安國以今文字讀之易爲蔑**讀與蔑同**上文巳云苜亦聲此專謂莧席言

蔑　勞目無精也目勞則精光茫然通作眛如左傳公及邾儀父盟于蔑晉先蔑公穀皆作眛是也引伸之義爲細如木細枝謂之蔑是也又引伸之義爲無如亡之命矣夫亦作蔑之命矣夫是也左傳鬷蔑字然明此以相反爲名字也**从苜从戍人勞則蔑然也**說从戍之意戍人最勞者此十字依廣韵韵會訂莫結切十五部

文四

羊　祥也疊韵考工記注曰羊善也按譱義羑美字皆从羊**从𦍌象四足尾之形**

羔 从火象羊跪乳象形亦會意猶耿从火象耳著頰非水火字也 云从照省聲 之字誤

謂干也與章切十部孔子曰牛羊之字以形舉也許多引孔子言如王士儿黍羊犬貉烏皆是也凡羊之屬皆从羊羋羊鳴也各本中筆直今依五經文字篆韻譜正乞出不徑直也从羊象乞上出與牟同意凡言某與某同意者皆謂其製字之意同也緜婢切十六部羔羊子也虞氏注說卦傳爲羊作爲羔云女使也羑與羔皆取位賤鄭本作陽云讀爲養无家女行賃炊爨今時有之賤於妾也二說字異義同武進臧鏞堂曰羔者養之誤也从羊照省聲古牢切二部羜五月生羔也謂羔生五月者也釋畜毛傳皆云羜未成羊也郭云俗呼五月羔爲羜从羊宁聲讀若煑直呂切五部䍪六月生羔也廣雅羍䍪羜䍪羔也从羊敄聲讀若霧各本作霧說文無今正亡遇切古音在三部羍小羊也羊當作羔字之誤也羜䍪皆曰羔羍又小於羔是初生羔也薛綜荅韋昭云羊子初生名達小名羔未成羊曰

四篇上

羜大曰羊長幼之異名初學記引羍七月生羔也藝文類聚引七月生羊也與陸德明孔穎達所據不同似未可信按生民誕彌厥月先生如達毛曰達生也姜嫄之子先生者也此不可通當是經文作羍傳云羍達也先生姜嫄之子先生者也達他達切郎滑達字凡生子始生較難后稷爲姜嫄始生子乃如達出之易故曰先生如羍先釋羍後釋先生者欲文義顯著文法與白華傳先釋樵後釋桑薪竝同鄭箋如字訓爲羊子云如羊子之生媟矣尊祖之詩似不應若是且萬類之生無不易者何獨取乎羊尋箋不云達讀爲羍則知毛詩本作羍毛以達訓羍謂羍爲達之假借也凡故訓傳之通例如此用毛說改經改傳改箋使文義皆不可通則淺人之過而已

从羊大聲

讀若達同他末切十五部

羍 羍或省按此不當从入當是从人大人也故或从人羊有仁義禮之德故从人

䍦 羊未卒歲也廣雅吳羊牡一歲曰牯䍦三歲曰羝其牝一歲曰牸䍦三歲曰牂 从羊兆聲治小切二部 或曰羠羊百斤左右爲羠羠各本作夷小

徐釋以殷紂時夷羊非也今依急就篇顏注正劇羊易肥𢿍有重百斤左右者**讀若春秋盟于洮**見僖八年釋文洮他刀反羠挑音同

羝牡羊也見大雅毛傳**从羊氐聲**都兮切十五部

羒牡羊也各本作牂羊誤今依初學記正釋嘼羊牡羒郭曰謂吳羊白羝廣韵羒白羝羊也國語土之怪羵羊羵者雌雄未成**从羊分聲**符分切十三部

牂牝羊也各本作牡羊誤今正釋嘼毛傳內則注皆曰牂牝羊角部觟下云牂羊生角者也羖羊無無角者故詩以童羖爲難牂羊多無角故殊之**从羊爿聲**按許無爿字五經文字曰爿音牆有所受之也牂則郎切十部

羭夏羊牝曰羭牝各本作牡誤按釋嘼夏羊牝羭牡羖自郭所據牝牡字已互譌引之者多誤因之竄改說文今正下文夏羊牡曰羖亦有譌作夏羊牝曰羖者牝牡字易互譌而羖必是牡則知羭必是牝爾雅牝羭牡羖猶上文云牡羒牝牂也急就篇牂羖羯羠挑羝羭師古曰牂吳羊之牝也羝牂羊之牡也羭夏羊之牝也羖夏羊之牡也此所據說文尚不誤

左傳曰攘公之羭杜曰羭美也牝羊美於牡者故內則八珍亦用牂歸藏齊母亦曰兩壷兩羭夏羊謂黑羊郭注爾雅云白者吳羊黑者夏羊从羊俞聲羊朱切四部

羖夏羊牡曰羖此牡字大小徐皆不誤今刻大徐本誤牝假令羖是牝則下文安得云犗乎从羊殳聲公戶切五部

羯羊羖犗也羊羖當作羖羊廣雅曰羖羊犗曰羯牛部曰犗者騬牛也按小雅俾出童羖鄭云羖羊之性牝牡有角則鄭謂羖羊兼有牡牝與許說殊疑鄭說即郭所云今人便以牂羖名白黑羊也黑羊則名羖牝牡皆角故童羖爲難白羊則名牂牝者多無角故許別言牂羊生角者从羊曷聲居謁切十五部

羠騬羊也夏羊犗曰羯吳羊犗曰羠也爾雅說文皆無吳羊之名單言羊則謂白羊也馬部曰騬犗馬也貨殖傳其民羯羠不均謂很如羊也从羊夷聲徐姊切十五部

羳黃腹羊也見釋嘼从羊番聲附袁切十四部

羥羊名也从羊巠聲口莖切十一部按初學記引說文楷閒反蓋本

音隱考工記顧字故書或作牼劉音牼苦顏反皆雙聲合韵也左傳邾子牼卒穀梁作瞷

⿱執羊　羊名。从羊執聲。汝南平輿有⿱執羊亭。讀若晉。春秋蔡滅沈杜預司馬昭皆云平輿有沈亭疑沈亭即⿱執羊亭也⿱執羊从執聲執與沈皆七部字也讀若晉之晉疑有誤大徐即刃切篇韵同

羸　瘦也。引伸爲凡瘦之偁又假借爲纍字易羸其角羸其瓶或作纍或作虆其意一也从羊𣎆聲。力爲切十六部

⿰羊委　羊相⿰羊委積也。各本誤今依篇韵補正⿰羊委積疊韵字猶委積也夏小正三月韓羊傳曰羊有相還之時其類韓韓然其⿰羊委積之謂與从羊委聲。於僞切十五部

⿰羊責　羊相⿰羊委積也。从羊責聲。子賜切十六部

羣　輩也。若軍發車百兩爲輩此就字之从車言也朋也類也此輩之通訓也小雅誰謂爾無羊三百維羣犬部曰羊爲羣犬爲獨引伸爲凡類聚之偁从羊君聲。渠云切十三部五經文字曰俗作群

⿰羊垔　羣羊相積也。積各本作積今依玉篇一曰黑羊也。字林

有黫字黑色也左傳左輪朱殷祇作殷許意黑羊曰羥借爲凡黑之偁 从羊垔聲 烏閑切十四部

䍧 羊名蹏皮可㠯割黍 未聞 从羊此聲 此思切按當从廣韵此移切十五十六部

美 甘也 甘部曰美也甘者五味之一而五味之美皆曰甘引伸之凡好皆謂之美 从羊大 羊大則肥美無鄙切十五部 羊在六畜主給膳也 周禮膳用六牲始養之曰六畜將用之曰六牲馬牛羊豕犬雞也膳之言善也羊者祥也故美从羊此說从羊之意 美與善同意 美譱義羑皆同意

羌 西戎 句按此當有也字商頌自彼氐羌箋云氐羌夷狄國在西方者也王制曰西方曰戎是則戎與羌一也 羊種也 各本作从羊人也廣韵韵會史記索隱作牧羊人也學者多言牧羊人爲是其實非也下文言僰焦僥字乃从人東夷字乃从大南方蠻閩字从虫以其蛇種也北方狄字从犬以其犬種也東北方貉字从豸以其豸種也故字皆不从人假令羌字从人牧羊則旣人之矣何待僰僥字从人哉且何不入儿部而入

羊部羴是則許謂爲羊種與蛇種犬種豸種一例各本作牧羊人似取風俗通竄改御覽引風俗通曰羌本西戎卑賤者也主牧羊故羌字从羊人因以爲號按應氏風俗通其語有襲用說文者有竄改說文者其說貉不从豸種之說亦見御覽則說羌不从羊種正同今正**从羊儿**各本作从人从羊誤也今正羊儿者羊種而人脐也**羊亦聲**去羊切十部**南方蠻閩从虫**見虫部南方蠻東南閩越此云南方者槩言之**北方狄从犬**見犬部**東方貉从豸**見豸部豸部云北方此云東者謂東北方也**西方羌从羊此六種也**上文祇有四種不得言六或云此當作有謂羌有六種明堂位爾雅所云六戎也今按亦非文義當云皆異種也以引下文从人从大之字**西南僰人焦僥从人**僰人之人牘字焦各本作僬誤僰僥字皆見人部**蓋在坤地頗有順理之性**坤順也在西南此說僰僥字得从人之意**唯東夷从大**大部曰夷平也从大弓東方之人也**大人也**天大地大人亦大故

大象人形僰焦僥略有人性故進之字从人東夷俗仁故又進之字从大**夷俗仁仁者壽有君子不死之國**山海經有君子之國有不死民後漢書東夷傳曰仁而好生天性柔順易以道御有君子不死之國焉**孔子曰道不行欲之九夷乘桴浮於海**見論語公冶長篇子罕篇**有吕也**漢地理志曰東夷天性柔順異於三方之外故孔子悼道不行設桴於海欲居九夷有以也夫自南方蠻閩已下捴論四夷字各不同之意

𦍋古文羌如此不得其說

羑進善也進當作道道善導以善也顧命誕受羑若馬曰羑道也文王拘羑里尚書大傳史記作牖里**从羊**羊善也故从羊**久聲**與久切三部按此字又見厶部曰𡕒古文**文王拘羑里在蕩陰**蕩各本作湯誤今正水部正作蕩陰漢二志皆云河內郡蕩陰有羑里城西伯所拘音湯

文二十六　重二

羴　羊臭也　臭者气之通於鼻者也羊多則气羴故从三羊　从三羊　式連切十四部　凡羴之屬皆从羴

羶　羴或从亶　亶聲也今經傳多从或字

𦏧　羊相廁也　釋名曰廁襍也　从羴在尸下尸屋也　尸者屋之省此說从尸之意初限切十四部　一曰相出前也　相廁者襍廁而居相出前者突出居前也顏氏家訓曰典籍錯亂皆由後人所羼此相出前引伸之義

文二　重一

瞿　鷹隼之視也　隼亦鵻字也知爲鷹隼之視者以从隹䀠知之也吳都賦曰鷹瞵鶚視經傳多假瞿爲䀠　从隹䀠䀠亦聲　凡瞿之屬皆从瞿　讀若章句之句　古音句讀如鉤別之曰章句之句知許時章句已不讀鉤矣九遇切四部　又音衢　鍇本有此三字音當

作若矍隹欲逸走也隹當作隼也當作皃隼欲逸走而未能矍矍然震上六視矍矍馬云中未得之皃人之中未得者如隼之欲逸走也从又持之矍矍也瞿瞿各本作矍矍今正又持之而瞿瞿然故其字爲矍讀若詩云穬彼淮夷之穬泮水憬彼淮夷憬下既引之而此作穬假借字也詩釋文則云憬說文作懬音獷今心部懬下佚此文文選注引韓詩則作獷矍在五部讀若从廣聲字者十部與五部同入也九縛切一曰視遽皃前義自鷹隼言後義自人言東都賦西都賓矍然失容善注引驚視皃

文二

雔雙鳥也按釋詁仇讎敵妃知儀匹也此讎字作雔則義尤切近若應也當也醻物價也怨也寇也此等義則當作讎度古書必有用雔者今則讎行而雔廢矣从二隹凡雔之屬皆从雔

讀若醻市流切三部靃飛聲也此字之本義也引伸爲揮霍爲靃靡靃靡音選委切从雨雔各本少此三字今補呼郭切五部俗作霍雨而雔飛者其聲靃然說从雨之意

雙隹二枚也見隹部隻下方言飛鳥曰雙鴈曰乘从雔又持之所江切九部

文三

雥羣鳥也許善心神雀頌嘉貺雥集从三隹徂合切七部凡雥之屬皆从雥

𩁹鳥羣也如淵爲水聚从雥淵聲烏玄切十二部

雧羣鳥在木上也引伸爲凡聚之偁漢人多假襍爲集从雥木秦入切七部集雧或省今字作此

文三　重一

鳥長尾禽總名也釋鳥音義引長尾羽衆禽揔名也按厹部云禽走獸總名此不同者此依

釋鳥二足而羽謂之禽也短尾名隹長尾名鳥析言則然渾言則不別也象形鳥之足佀匕从匕鳥足以一該二能鹿足以二該四都了切二部凡鳥之屬皆从鳥鳳神鳥也天老曰天老黃帝臣鳳之像也麐前鹿後蛇頸魚尾龍文龜背燕頷雞喙五色備舉麐前鹿後各本作鴻前麐後又魚尾下有鸛顙鴛思四字按爾雅釋文大雅卷阿正義初學記論語疏所引皆作麐前鹿後皆無鸛顙鴛思四字惟左傳正義同今本葢唐人所據原有二本左疏所據非善本也天老對黃帝之言見韓詩外傳今外傳亦無此四字郭氏山海經圖讚曰八象其體五德其文云八象則益為十者非矣今皆更正五德其文者首文曰德翼文曰順背文曰義腹文曰信膺文曰仁也見山海經出於東方君子之國見羊部羌下翺翔四海之外過崐崘崐崘當作昆侖飲砥柱濯羽弱水弱水部作溺莫宿風穴二語見淮南書文選注引許慎曰風

穴風所從出也見則天下大安寧黃帝周成王之世是也从鳥凡聲馮貢切古音在七部荀卿書引詩有鳳有皇樂帝之心當作有皇有鳳與心爲韵

古文鳳象形象其首及羽翼鳳飛羣鳥從㠯萬數故㠯爲朋黨字此說假借也朋本神鳥以爲朋黨字韋本相背也以爲皮韋烏本孝鳥也以爲烏呼子本十一月陽气動萬物滋也人以爲偁凡此四以爲皆言六書假借也朋黨字何以借朋鳥也鳳飛則羣鳥從以萬數也未製鳳字之前假借固已久矣猶習聞鳳至者爲之也六部七部音冣相近故朋在六部蒸登韵小篆鳳入七部侵韵也

亦古文鳳既象其形矣又加鳥旁葢朋者冣初古文鵬者踵爲之者也莊子書化而爲鳥其名爲鵬崔云古鳳字按莊生寓言故鯤魚子也鵬羣鳥之一也而皆云大不知其幾千里

赤神靈之精也赤各本作亦誤今依藝文類聚埤雅集韵類篇韵會正後漢書注廣韵皆引孫氏瑞應圖曰鸞赤神之精也春秋元命包曰离爲鸞赤色五采

謂赤多而五采畢具也後漢書輿服志鸞雀立衡崔豹古今注五路衡上金雀金雀者朱鳥也或謂朱鳥者鸞也後漢太史令蔡衡曰多赤色者鳳多青色者鸞其說非是月令鸞路鄭云取有虞氏之車有鸞和之節爲名春言鸞夏言色互文然則鄭不謂鸞鳥青色矣**雞形**郭注西山經云舊說鸞似雞**鳴中五音**鑾下曰鈴象鸞鳥聲和**頌聲作則至**周成王之世是也西山經曰見則天下安寧**从鳥䜌聲**洛官切十四部**周成王時氏羌獻鸞鳥**見逸周書王會篇

鸑　鸑鷟逗**鳳屬神鳥也从鳥獄聲**五角切三部**春秋國語曰周之興也鸑鷟鳴於岐山**周語內史過說韋曰三君云鸑鷟鳳之別名也按三君者侍中賈逵侍御史虞翻尙書僕射唐固也許云鳳屬於賈小異劉逵曰鸑鷟鳳雛也說又異**江中有鸑鷟似鳧而大赤目**此言江中鸑鷟別是一物非神鳥或許所記或後人所增不可定也上林賦屬玉吳都賦作鸀鳿郭璞曰屬玉似鴨而大長頸

赤目紫紺色劉逵曰如鶖而大長頸赤目其毛辟水毒陳藏器曰鸀鳿主治沙蝨短弧蝦鬚等病能療病人身出含沙射人之沙箭如鴨而大眼赤背斑元中記曰水弧者其形蟲也其氣乃鬼也鸑鷟鸑鷟蟾蜍好食之合是四說知鸑鷟即鸀鳿云似鴨眼赤者亦正與許合

鷟 鸑鷟也。从鳥族聲。士角切三部

鷫 鷫鷞也。从鳥肅聲。息逐切三部 五方神鳥也。東方發明。南方焦明。西方鷫鷞。北方幽昌。中央鳳皇。劉昭引叶圖徵云似鳳有四司馬相如傳揄焦明又焦明已翔乎寥廓張揖曰焦明似鳳西方之鳥按西字疑誤左傳唐成公有兩肅爽馬賈逵曰色如霜紈馬融說肅爽雁也其羽如練高首而脩頸馬似之天下稀有高注淮南云鷫鷞長頸綠色似鴈賈馬高等所說蓋別一鳥非西方神鳥

𩿧 司馬相如說从叜聲。按肅叜同在三部鷫鷞皆可讀如捘也蓋凡將字如此

鷞 鷫鷞也。从鳥爽聲。所莊切十部

鶻 鶻鵃也。按今本說文奪

謂鳩與雉雇皆本左傳鳩爲五鳩之總名猶雉爲十四雉之總名雇爲九雇之總名也當先出鳩篆釋云五鳩民者也乃後云鶌鳩鶻鵃也雖祝鳩也鴶鵴尸鳩也鴡王鴡鴡鳩也鴡鳩鷙鳥故別爲類廁之而𤸰爲爽鳩已見於隹部矣度說文古本當如是今本以鳩名專系諸鶻鵃則不可通矣毛詩召南傳曰鳩尸鳩秸鞠也衞風傳曰鳩鶻鵃也月令注曰鳩搏穀也經文皆單言鳩傳注乃別爲某鳩此可證鳩爲五鳩之總名經傳多假鳩爲逑爲勼辵部曰逑斂聚也勹部曰勼聚也

从鳥九聲　居求切三部

鶌鳩鶻鵃也　鶻鵃二字依爾雅補釋鳥曰鶌鳩鶻鵃小雅宛彼鳴鳩毛曰鳴鳩鶻鵰也衞風于嗟鳩兮無食桑葚毛曰鳩鶻鳩也食桑葚過則醉而傷其性鶻鳩食桑葚毛蓋目驗而知鶌與鵃音同郭云今江東亦呼爲鶻鵃似山鵲而小短尾青黑色多聲卽是此也舊說及廣雅皆云班鳩非也按此郭注見左正義今本不完左傳鶻鳩氏司事也鶻鳩春來冬去而多聲故詩小宛謂之鳴鳩若陳風魯頌之鴞毛皆謂惡聲之鳥則必鉤雒之類而非司事之鳥矣

从鳥屈聲　九勿

雝祝鳩也　案周礼羅氏仲春獻鳩以養老鳩性不噎老者刻鳩於杖亦祝噎之義

切十五部鵻祝鳩也小雅翩翩者鵻釋鳥鵻其鳺鴀毛傳曰鵻夫不也南有嘉魚傳曰鵻壹宿之鳥左傳祝鳩氏司徒也杜曰祝鳩鵻鳩也鵻鳩孝故爲司徒主教民樊光注爾雅亦云孝故爲司徒郭云今鵓鳩也按鵓鳩今俗呼爲勃姑鵓勃語之轉鵓卽爾雅之夫不也从鳥隹聲詩釋文鵻音隹本又作隹按釋鳥直作隹職追切十五部大徐思允切䧿鵻或从隹一从一者謂壹宿之鳥也箋云壹宿者壹意於其所宿之木也毛詩爾雅音義云鵻本作隹葢是本一作隹轉寫譌之耳廣韵及大徐鵻思允切未爲非也曰鶉字按此鶉字卽鷻字轉寫混之詩四月鶉陸德明釋文云字或作鷻可證毛詩兩言隼俱無傳四月匪鷻匪鳶傳曰鷻雕也葢隼人所習知故不詳其名物隼與鷻當是同物而異字異音隼當在十五部鷻當在十三部也祝鳩與鷻異物而同字同音豈因鳩鷹互化而謂爲一物與依鄭則鷹化布穀非雕祝鳩也〇按陽湖莊氏述祖依韵會作一曰鷙子證之以兩京賦薛解云隼小鷹也余始從其說繼思作一曰鷙字爲是異字同義謂之轉注

空處是化字

異義同字謂之假借隼與鷻同音同字是亦假借也謂隼亦卽鷻字也此外蚰部𪓰下一曰蜳字謂𪓰亦卽蜳字大部㬎下或曰拳勇字謂㬎亦卽拳字也此三條一例今本鳥部或作鷻子蚰部作蜳子者失之

鶻鵃也 按鶻鵃二篆宜蒙鷻篆類廁乃中隔以祝鳩豈轉寫倒易與小宛釋文云鶻字林作鵃云骨鵃小種鳩也不云說文作鵃而係字林且字林鶻作骨豈鶻鵃二篆說文本無而後人益之與 从鳥骨聲 古忽切十五部

鶻鵃也从鳥舟聲 張流切三部按鶻音骨鵃郭音嘲釋文音陟交反凡鳥名多取其聲爲之郭云今江東亦呼爲鶻鵃正謂江東皆呼骨嘲而定此音也

秸鵴 逗 尸鳩也 秸各本作桔今依廣韵韵會說文無此字卽稭字也釋鳥曰鳲鳩鴶鵴毛傳尸鳩秸鞠也字異音同方言作結誥擊穀郭云今之布穀也江東呼爲穫穀按今之郭公也以穀雨後鳴古名今名皆像似其音爲之左傳曰鳲鳩氏司空也召南序云德如尸鳩曹風傳云尸鳩之養其子朝從上下莫從下上平均如一月令仲春鷹化爲鳩鄭云鳩搏穀也季

春鳴鳩拂其羽鄭云鳩鳴飛翼相擊趨農急也鄭意鳴鳩即搏穀鳴鳩猶鳩鳴也與蔡邕孫炎謂此鳴鳩爲鶻鵃不同 从鳥欽聲 居六切三部

鴿 鳩屬也 鳩之可畜於家者狀全與勃姑同 从鳥合聲 古沓切七部

鴠 渴鴠也 月令作曷旦坊記作盍旦鄭云夜鳴求旦之鳥方言作鶡鴠鴇鴠廣志作侃旦皆一語之轉此渴旦當同月令作曷旦淺人改之誤用渴爲飢㵣字耳太平御覽引鴠可旦也冣爲古本曷旦可旦鳥語如此故云求旦之鳥 从鳥旦聲 得案切十四部

鶪 伯勞也 夏小正作百鷯月令注作博勞詩箋作伯勞古音同也鶪夏小正孟子作鴂乃雙聲假借字小正月令皆云五月鳴惟豳風曰七月鳴鶪左傳曰伯趙氏司至者也 从鳥狊聲 古闃切十六部

鶪 鶪或从隹

鷚 天鸙也 鷚今本作鷚鸙今本作鸙宋本李燾本作鷚作龠釋鳥鷚天鸙釋文曰鷚字又作鷚鸙說文作鸙今從之玉篇鸙天鸙也許無鸙字郭云大如鷃雀色似鶉好高飛作聲今江東名之天鷚音綢繆之繆按此與隹部雡

異義从鳥翏聲力救切三部陸云說文力幼反本音隱鸒卑居也見隹部雅下卑音壁
从鳥與聲羊茹切五部鷽雗鷽逗山鵲句知來事鳥也隹部雗下
但云雗鷽此乃足之淮南書乾鵲知來而不知往高曰乾
鵲雝也人將有來事憂喜之徵則鳴此知來也知歲多風
卑巢於木枝人皆探其卵故曰不知往也乾讀如乾燥之
乾鵲讀告退之告太平御覽引乾鵲知來而不知往此修
短之分也注乾鵲鵲也見人有吉事之徵則修修然凶事
之徵則鳴嗁而知來歲多風則巢於下枝而童子乃探其
卵而不知各有所能故曰修短之分也此正文作乾鵲與
高本作乾鵲異注亦小異必是許注玉裁謂釋鳥鷽山鵲
未嘗云雗鷽也高許注淮南皆曰鵲也未嘗云山鵲也廣
雅亦云鳱鵲鵲也不云山雝然則釋鳥鷽山鵲爲一物說
文當云雗鷽雝也爲一物今本山字淺人依爾雅增之避
太歲知來歲風知人憂喜知行人將至此正今之喜雝其
性好晴故曰乾雝雗乾雅同鷽鵲同射有正鵠正之言正
鵠之言較較者直也非取名於鳱鵲也鳱鵲非小而難中

之鳥也从鳥學省聲胡角切三部

鷽或从隹

鷲鷲鳥鷲字今補黑色多子山海經其獸多鹿麔就郭引廣雅鷲雕也李將軍傳是必射雕者服虔曰雕一名鷲黑色多子可以其毛作矢羽按廣雅鷻鵰鷲雕也統言之許雕鷲爲一鷻爲一鵰爲一析言之師曠曰南方有鳥名曰羌鷲黃頭赤目五色皆備此別一鳥名羌鷲非鷲也藝文志小說家有師曠六篇豈許所偁與今世有禽經係之師曠其文理淺陋葢因說文此條而僞造吳都賦彈鸞鷲劉注引師曠曰云云葢本說文不知字何以作鷲李音京廣韵十二庚有鶁字注羌鶁也元應書引說文赤目作赤咽从鳥就聲疾僦切三部

鴞鴟鴞逗鴟當作雖雖雖也雖鴞一則爲寧鴂雖舊則爲舊畱不得舉一雖字謂爲同物又不得因鴞與梟音近謂爲一物又不得因雖鴞與鴟鵂音近謂爲一物也雖舊不可單言雖雖鴞不可單言鴞凡物以兩字爲名者不可因一字與他物同謂爲一物寧鴂也釋鳥鴟鴞鸋鴂幽風毛傳同方言曰

桑飛有工爵過贏女匠鷦鴂懱爵諸名陸璣曰鴟鴞似黃雀而小取茅秀爲窠以麻紩之如刺襪然或謂之襪爵按郭氏因一雎字謂寧鴂必雎屬後人演信之者謂此鳥呼既取我子之鳥而告之耳不知鳥名多自詩開端一句正是鳥聲

从鳥号聲于嬌切二部按今人讀許嬌切非

鴂 寧鴂也小正孟子借鴂爲鶪離騷恐鵜鴂之先鳴楊雄作鷤鴂或釋爲子規或釋爲伯勞未得其審而廣韵乃合鷤鴂鶗鴂爲一物凡物名因一字相同而溷誤之類如此从鳥夬聲古穴切十五部

鷍 鳥也廣韵曰小鳥名从鳥臬聲辛聿切十五部

鴋 澤虞也釋鳥鶭澤虞釋文鶭本或作鴋說文作鴋郭云今婟澤鳥常在澤中有象主守之官按此釋澤虞之意謂若周禮之澤虞也楊雄云鳸鳩或謂之鶭鸅蓋尸鳩之一名耳孫氏乃援以注爾雅之鴋澤虞不知其斷句本異从鳥方聲分兩切十部此不得牽合鶭鴋

⿰截鳥 ⿰截鳥鳥也⿰截鳥之言[illegible]也小鳥名也篇韵皆云小雞从鳥截聲子結切十五部

鷅 鷅鳥也从鳥

桼聲親吉切十二部

鋪豉也二徐上字皆作鋪宋刻鉉本李燾本不作餔也爾雅作餔釋鳥鴃餔豉此必鳥聲如云鋪豉自郭氏已未詳矣从鳥失聲徒結切十二部

鶤雞也釋鳥雞三尺爲鶤郭曰陽溝巨鶤古之名雞釋文字或作鵾九辯鵾雞啁哳而悲鳴王云奮翼鳴呼而低昂王正謂雞三尺者也高注淮南曰鶤雞鳳皇別名張揖注上林賦曰昆雞似鶴黃白色則非釋鳥所云矣許意不謂雞鶤亦不謂鳳皇故其字廁於此葢與張說同也从鳥軍聲讀若運古渾切十三部

⿰芺鳥鳥也各本鸛鷙⿰芺鳥等字皆刪今補三字句疑卽釋鳥之鴢頭从鳥芺聲烏浩切二部

⿱臼鳥鳥也从鳥臼聲居玉切三部

鷦⿰鳥眇逗桃蟲也桃蟲見周頌釋鳥曰桃蟲鷦其雌鴱毛傳亦云桃蟲鷦也鳥之始小終大者箋云鷦之所爲鳥題肩也或曰鴞按單呼曰鷦絫呼曰鷦⿰鳥眇鷦⿰鳥眇謂其小也取義於焦眇也桃蟲之桃亦取兆聲謂其小列子盜驪之馬廣雅作駣騠荀卿戰國策作纖離郭注穆天子傳

云爲馬細頸此桃訓小之證也郭注爾雅云俗呼爲巧婦注方言云桑飛卽鷦鷯也今亦名爲巧婦按許意巧婦者其所謂雖鴟寧鴂也鷦䳄者其所謂鷦䳄也許二之郭一之陸機疏分別與許合 从鳥焦聲 卽消切二部

䳄 鷦䳄也从鳥眇聲 眇小也亡沼切二部

鶹 鳥少美長醜爲鶹離 邶風瑣兮尾兮畱離之子毛云畱離鳥也少好長醜釋鳥曰鳥少美長醜爲鶹鷅鶹與畱鷅與離皆同也詩字本作畱爾雅注及音義可證詩音義則淺人改易之按此詩以少好長醜比衛臣始有小善終無成功陸疏乃謂流離梟也其子長大還食其母絕非爾雅毛鄭許諸君意也 从鳥畱聲 力求切三部

鷬 鳥也 今爲難易字而本義隱矣 从鳥堇聲 那干切十四部按堇聲在十三部合韵也

難 鷬或从隹 今難易字皆作此

難 古文鷬 難 古文鷬 難 古文鷬

鴱 欺老也 釋鳥鵅鵋老下云扈鴳按許上文說九雇既云老雇鴳也則以老下屬與賈逵樊光同此

以老上屬下云鳸雇也復與舍人李巡孫炎同葢兩從未定也欺老未詳何鳥从鳥彖聲丑絹切十四部

鵎鵎鳥也玉篇水鳥也从鳥兌聲弋雪切十五部

鴸鴸鳥也篇韵皆云水鳥黑色从鳥主聲天口切四部

鴖鴖鳥也廣韵鳥似翠而赤喙玉篇作鴖作[illegible]从鳥昏聲武巾切古音在十三部

鷯刀鷯逗剖葦句釋鳥鳭鷯剖葦鳭者刀之俗字郭云好剖葦皮食其中蟲因名云按爾雅說文之剖葦自是刀鷯之別名今本說文食其中蟲四字淺人用郭注羼入也能剖葦故名刀鷯刀與剖義相應改刀爲鳭讀丁堯切非也玉篇云鷦鷯亦作鳭鷯其說尤誤鷦鷯爲小鳥刀鷯則不甚小觀郭云似雀青斑長尾則大於鷦鷯可知也食其中蟲四字當刪从鳥尞聲洛蕭切二部

鶠鶠鳥也其雌皇釋鳥鶠鳳其雌皇說者便以鳳皇釋之據許則有鳥名鶠鳳非可以鳳釋鶠也鳥字葢鳳之誤三字一句从鳥匽聲於幰切十四部一曰鳳皇也此別一義

四篇上

與說爾雅者同

鴲 瞑鴲也廣韵曰小青雀也按廣韵蓋謂郎鸋脂从鳥旨聲旨夷切十五部

鵅 烏鸔也見釋鳥郭云水鳥也按此與隹部雒音同義別从鳥各聲盧各切五部

鸔 烏鸔也从鳥暴聲蒲木切古音在二部

鶴 鶴鳴九皐聲聞于天鶴字今補此見詩小雅毛曰皐澤也言身隱而名著也爾雅無鶴故偁詩後人鶴與鵠相亂从鳥隺聲下各切古音在二部

鷺 白鷺也釋鳥曰鷺春鉏周頌魯頌傳曰鷺白鳥也按大雅白鳥翯翯白鳥謂鷺傳不言者人所共知也漢人謂鷺爲白鳥也於頌則以人所知說其所不知此傳注之體也陸氏疏云好而潔白故謂之白鳥此白鷺當作白鳥許之例多因毛傳也春鉏者謂其狀俯仰如舂如鉏从鳥路聲洛故切五部

鵠 黃鵠也黃各本作鴻今依元應書李善西都賦注正戰國策黃鵠游於江海淹於大沼奮其六翮而陵清風賈生惜誓曰黃鵠一舉兮知山川之紆曲再舉兮知天地之圜方凡經史言鴻鵠者皆謂黃鵠

也或單言鵠或單言鴻从鳥告聲胡沃切三部

鴻　鴻逗此複舉字之未刪者鵠也黃鵠一名鵠豳風鴻飛遵渚毛曰鴻不宜循渚鴻飛遵陸毛曰陸非鴻所宜止按鄭箋祗云鴻大鳥不言何鳥學者多云鴈之大者夫鴻鴈遵渚遵陸亦其常耳何以毛云不宜以喻周公未得禮正謂一舉千里之大鳥常集高山茂林之上不當循小州之渚高平之陸也經傳鴻字有謂大鴈者如曲禮前有車騎則載飛鴻易鴻漸于磐是也有謂黃鵠者此詩是也單呼鵠絫呼黃鵠鴻鵠黃言其色鴻之言琟也言其大也故又單呼鴻鴈之大者曰鴻字當作鳿而假借也从鳥江聲戶工切九部

鶖　禿鶖也小雅毛傳鶖禿鶖也張尚對孫皓曰鳥之大者有禿鶖古今注曰扶老禿秋也大者頭高八尺李時珍說其形甚詳云頭項皆無毛此其偁禿之故乎从鳥尗聲七由切三部尗聲秋聲同在三部也

鶖　鶖或从秋秋聲

鴛　鴛鴦也小雅傳曰鴛鴦匹鳥也古今注曰雌雄未嘗相離按鸂鶒者鴛鴦屬也从鳥夗聲於袁切十四部

鴦　鴛鴦也。二字雙聲。从鳥央聲。於良切。十部。

鵽　鵽鳩也。釋鳥鵽鳩。郭連下文寇雉爲一物。釋鳥寇雉泆泆。郭云即鵽鳩也。據許不云寇雉也。則許讀不同郭也。郭云鵽大如鴿。出北方沙漠地。俗名突厥雀。按南都賦歸雁鳴鵽黃稻鱻魚以爲勺藥。若莊子逸篇云青鵽愛子忘親。此必別是一物也。从鳥叕聲。丁刮切。十五部。

鵱　蔞鵝也。釋鳥鵱鷜鵝。郭云今之野鵝。按篇韵皆以鵱鷜爲句。許作蔞而下屬。則古讀不同。蔞鵝鳥名。今不定爲何鳥也。論衡云蚶彈雀則失鵝。从鳥坴聲。力竹切。三部。按鵝篆錯本在部末。

鴚　鴚鵝也。三字句。方言鴈自關而東謂之鴚鵝。南楚之外謂之鵝。或謂之鶬鴚。廣雅鴚鵝倉鴚鴈也。本此。按楊張所云鴈者鴻雁也。許以鴻雁字系隹部。此不云鴚鵝雁也。知許意不爲鴻雁。鴚字亦作鴐。大元作鴚鵝。子虛上林反離騷南都賦皆作鴐鵝。古作駕。山海經鴐鳥。魯大夫榮鴐鵝。皆即鴚鵝也。古加聲與可聲同音。張揖注上林賦曰鴐鵝野鵝也。然則非家鵝亦非鴻雁。鴻雁屬也。許意當同。○魯大夫榮鴐鵝。左傳漢

書皆作鴐與山海經同毛居正云从馬誤毛非也釋文宋刊皆作鴐通志堂乃於定元年改作鴐从鳥可聲古俄切十七部爾雅音義曰說文音河郭音加

鵝　鴚鵝也从鳥我聲五何切十七部

鴈　鵝也鴈與雁各字鵝與鴚鵝各物許意隹部雁爲鴻雁鳥部鴈爲鵝鴚鵝爲野鵝單呼鵝爲人家所畜之鵝今字雁鴈不分久矣禮經單言鴈者皆鴻雁也言舒鴈者則鵝也爾雅舒鴈鵝是也李巡云野曰鴈家曰鵝鵝謂之舒鴈者家養馴不畏人飛行舒遲也是則當作舒雁謂雁之舒者也雁在野鵝爲家雁也儀禮出如舒鴈不言如鴈內則舒鴈翠別於下文鴈腎鵝之名舒鴈顯然而某氏注爾雅云在野舒翼飛遠者爲鴈以爾雅舒鴈爲一物鵝爲一物非是鵝固有單呼鴈者如莊子命豎子殺鴈而烹之謂鵝也王襃僮約云鴈鶩百餘者爲鵝鴨別於上文云繳鴈彈鶩者爲雁鳧蓋雁鴈不分久矣許當云鴈舒雁也舒雁鵝也文乃備从鳥人鵝依人故同雁從人厂聲厂呼旱切鴈五晏切十四部

鶩　舒鳧也几部曰舒鳧鶩也與釋鳥同舍人李巡云

鳧野鴨名鶩家鴨名許於鳧下當云鳧水鳥也舒鳧鶩也文乃備左傳疏云謂之舒鳧者家養馴不畏人故飛行遲別野名耳某氏注云在野舒飛遠者爲鳧非是詞章家鳧亦呼鶩此如今野人鴈亦呼鴈鵝也春秋緐露張湯問祠宗廟或以鶩當鳧可用否仲舒曰鶩非鳧鳧非鶩也以鶩當鳧名實不相應以承大廟不可此舒鳧與鳧之判廣雅云鳧鶩鶃也此統言而未析言之也从鳥敄聲莫卜切三部

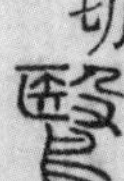
鷖鳧屬也大雅鳧鷖傳曰鳧水鳥也鷖鳧屬也按此謂鳧屬非謂舒鳧屬也周禮王后之五路安車彫面鷖總故書鷖或爲緊鄭司農云緊讀爲鳧鷖之鷖鷖總者青黑色以繒爲之按於此知此鳥青黑色也陸孔皆引倉頡解詁曰鷖鷗也一名水鴞許云鷗水鴞而不云鷖鷗也則許不謂一物也鳧屬者似鳧而別其釋鳥之鷗沈鳧乎从鳥殹聲烏雞切十五十六部詩曰鳧鷖在梁梁當作涇大雅文

鷙鸊逗鳧屬南都賦其鳥則有鷙鴉鸊鷉李引說文曰鷙鸊鳧屬按鴉鸊皆鷙鸊之誤故李音雅札反與集韵牛轄切同若鶃則五歷切在今錫韵不相謀

也从鳥契聲古節切十五部李善苦札切廣韵古黠切集韵牛轄切

【⿰辥鳥】⿱契鳥⿰辥鳥也从鳥辥聲魚列切十五部

【鸏】水鳥也史記上林賦說水鳥有煩鶩徐廣曰煩鶩一作番鸏按子聲孜聲之字音轉多讀如蒙賦文當依此本从鳥蒙聲莫紅切九部

【鷸】知天將雨鳥也釋鳥翠鷸李巡樊光郭璞皆云一鳥許於羽部曰翠青羽雀也合此條知其讀不同各爲一鳥从鳥矞聲余律切十五部禮記曰知天文者冠鷸引禮記者漢志百三十一篇中語也左傳鄭子臧出奔宋好聚鷸冠鄭伯聞而惡之使盜殺之君子曰服之不衷身之災也詩曰彼己之子不稱其服子臧之服不稱也夫云不稱者正謂子臧不知天文而冠聚鷸也獨斷曰建華冠形制似縷鹿記曰知天文者服之鄭子臧聚鷸冠前圖此則是也司馬彪輿服志引記曰知天者冠述知地者履絇莊子鷸一作⿺述鳥然則述者⿺述鳥之省毛傳遹述也古音同也說苑知天道者冠鉥知地道者履蹻則又假鉥蹻爲鷸絇字小顏說禮之衣服圖謂爲術氏冠亦以

古音同耳鷸鷸或从遹

鸊鸊鷉也釋鳥鸊須蠃按單呼曰鷉窠呼曰鸊鷉方言野鳧其小而好沒水中者南楚之外謂之鷿鷉大者謂之鶻鷉南都賦作䴙鷉从鳥辟聲普擊切十六部

鷉鸊鷉也从鳥虒聲土雞切十六部按鷈鸊鸊鷉皆疊韵

鸕鸕鷀也釋鳥鶿鷧郭云卽鸕鷀也按今江蘇人謂之水老鴉畜以捕魚鸕者謂其色黑也鷀者謂其不卵而吐生多者生八九少生五六相連而出若絲緒也有單言鸕者上林賦箴疵鵁盧南都賦鵾鸕是也有單言鷀者釋鳥是也从鳥盧聲洛乎切五部

鷀鸕鷀也从鳥茲聲疾之切一部

鷧鷀也从鳥壹聲乙冀切十五部

鴔鴔鵖也釋鳥鵖鴔戴鵀郭云鵀卽頭上勝今亦呼爲戴勝按說文倒之曰鴔鵖疑當從爾雅鵖戴一音也鴔鵀一音也呂覽作任勝與任六部七部合音取近方言又謂之戴南月令戴勝降於桑鄭云戴勝織紝之鳥郭注方言云勝所以纏紝按木部云縢機持經者糸部云紝機縷也此鳥之首

文有如纏機縷之縢故曰戴勝方言又謂之鶝鵖鵖鴔之雙聲也从鳥乏聲平立切七部

鵖　鴔鵖也从鳥皀聲彼及切七部

鴇　鴇鳥也鴇見詩禮記陸疏曰連蹄性不樹止肉出尺胾未聞按內則鵠鴞判謂脅側薄肉也鵠或爲鴇鴇胖在不利人之列此云出尺胾者蓋謂去此尺胾不食其餘可食从鳥𠦒聲博好切古音在三部

鳵　鴇或从包古𠦒聲包聲同在三部管子周禮注皆作鳵

⿰鳥渠　雝⿰鳥渠也見隹部雝下从鳥渠聲強魚切五部

鷗　水鴞也山海經注曰鷗水鴞也按列子作漚从鳥區聲烏侯切四部

⿰鳥犮　⿰鳥犮鳥也从鳥犮聲讀若撥蒲達切十五部

鷛　鷛鳥也上林賦說水鳥有庸渠史記作鷛⿰鳥渠郭曰鷛⿰鳥渠似鶩灰色而雞足一名章渠吳都賦鷛⿰鳥渠劉注同郭李善音庸渠按此鳥本單呼鷛也从鳥庸聲余封切九部

鶂　鶂鳥也字見春秋經文十六年水鳥也博物志曰鶂雄雌相視則孕或曰雄

鳴上風雌鳴下風薛綜曰鷁首者船頭象鷁鳥厭水神按今字多作鷁从鳥兒聲五歷切十六部春秋傳曰六鶂退飛三傳皆同今皆左見右鳥鷊鶂或从鬲兒聲鬲聲益聲皆十六部也[illegible]司馬相如鶂从赤按赤聲古音在五部而用爲鶂字者合韻也蓋凡將篇如此作今上林賦濯鷁牛首祇作鷁鴺鴺胡逗污澤也釋鳥鵜鴮鸅毛傳鵜洿澤鳥也按今爾雅多俗字毛詩作洿澤是也鄭注表記云鵜鵜胡污澤也污澤善居泥水之中許鄭皆云鵜胡爾雅毛詩不言胡者此鳥本單呼鵜以其胡能抒水故又名鵜胡也國語盛以鴟夷而投之於江惟宋明道二年本作鴟鵜注云鴟鵜革囊按陸疏云鵜胡頷下胡大如數升囊若小澤中有魚便羣共抒水滿其胡而棄之令水竭盡乃共食之故曰淘河然則此革囊名鵜亦取能容受之意應劭注漢書曰取馬革爲鴟夷鴟夷榼形而楊雄酒箴曰鴟夷滑稽腹如大壺盡日盛酒人復借酤師古曰鴟夷韋囊以盛酒即今鴟夷縢也然則凡作夷者皆鵜之省云鴟夷者謂其如鴟之

貪如鶘之善受也古音鵜讀同夷从鳥夷聲杜兮切十五部鵜鵜或从弟今字多作鵜

鴗天狗也見釋鳥郭曰小鳥也青似翠食魚江東呼爲水狗按今所在園池有之謂之魚狗亦謂之魚虎从鳥立聲力入切七部

鶬麋鴰也見釋鳥郭云今呼鶬鴰師古曰今關西呼爲鴰鹿山東通謂之鶬鄙俗名爲錯落司馬彪云鶬似鴈而黑从鳥倉聲七岡切十部䳠鶬或从隹

鴰麋鴰也从鳥昏聲古活切十五部

鵁鵁鶄也三字句釋鳥鳽鵁鶄鵁職方氏楊州其畜宜鳥獸鄭云孔雀鸞鵁鶄犀象之屬史記上林賦鵁鶄漢書作交精爾雅音義曰本亦作交精从鳥交聲古肴切二部一曰鵁鸕也此謂鵁鶄一名鵁鸕元應書作一名鵁鸕按上林賦既云交精旋目又云箴疵鵁盧史記盧作鸕張揖郭璞注皆鵁鸕爲二物與此不同

鶄鵁鶄也从鳥青聲子盈切十一部按辭章家有單呼鶄者吳都賦鶄鶴鶤鶬謂四鳥也

鳽鵁鶄

也鳽者古名鵔鸃者今名此與隹部雗各物从鳥幵聲古賢切十二部 鸃 鸃鴜也上林賦箴疵史記作鸃鵕張揖曰箴疵似魚虎而蒼黑色按鍼觜二音鴜之言觜也觜口也鸃鴜蓋其味似鍼之銳从鳥箴聲職深切七部 鴜 鸃鴜也从鳥此聲即夷切十六部○按自鶩舒鳧也至此皆謂水鳥而鵁鶄鶬鴇非水鳥辭章家鋪陳水鳥或舉鵁鶄鶬而不舉鴇鴔 鷻 雕也隹部曰雕鷻也今小雅四月匪鶉鶉字或作鷻毛曰鷻雕也隹部隼下曰一曰鶉字鶉者鷻之省鷻鶉字與隹部雜字別經典鶉首鶉火鶉尾字當爲鷻魏風縣鶉內則鶉羹字當爲雜當隨文釋之漢書音義廣雅皆雕鷻爲一鳥許二之且鷻不列於鷙鳥从鳥敦聲度官切古音在十三部詩曰匪鷻匪鳶 鷙 鷙鳥也此今之鶚字也咢說文作㗁鶚廣雅作鶚古音屰聲㗁聲皆在五部五各切作鶚者隸變耳自鷻至鷹九篆皆鷙鳥獨於鳶鴟言之者鳶鴟無他名則直謂鷙鳥而已矣詩匪鷻匪鳶正義鳶作鶚引孟康曰鶚大雕也又引說文鳶鷙

鳥也是孔沖遠固知鳶即鷙字陸德明本乃作鳶云以專反今毛詩本因之又以與專反改說文鳶字之音誤之甚矣鳶夏小正作弋與職切俗作鳶與專切此猶鷲切以水謁爲以沼耳弋者雖也非鷙也从鳥屰聲五各切五部

鷳 雖也隹部曰雖𨿽也𨿽雖也又名鷳今之鷂鷹也廣雅曰鷳鴟夏小正謂之弋十有二月鳴弋弋即雖也弋之字變爲鳶鳶讀與專切鳶行而弋廢矣鳶讀與專切者與鷳疊韵而又雙聲毛詩正義引倉頡解詁鳶即鴟也然則倉頡有鳶字从鳥弋聲許無者謂鷳爲正字鳶爲俗字也毛詩四月匪鷻說文作匪鳶陸釋文作匪鳶不獨改其字且非其物矣大雅鳶飛戾天魚躍于淵語與四月相類鳶亦當爲鳶箋云鳶鴟之類云類則別於鴟經文字本爲鳶明矣正義又引說文云鳶鷙鳥也此亦引說文鳶鷙鳥而從俗寫爲鳶耳葢唐初已認鳶爲鳶二字不分故正義不能質言从鳥閒聲戶閒切十四部

鷣 鷙鳥也釋鳥鷣負雀郭曰鷣鷂也江東呼之爲鷣按鷣古音淫見釋文今音耀見廣韵語之轉也說文鷂即鷣以其善捉雀故亦爲鷙鳥从鳥

缶聲弋笑切二部

鷢白鷹逗王雎也釋鳥曰鷢白鷹郭云似鷹尾上白按釋鳥云雎鳩王雎與鷢白鷹劃分二鳥許乃一之恐係轉寫譌誤非許書本然也當爲正之曰鷹者白鷹楊也鴡者鴡鳩王鴡也乃合毛詩正義曰陸璣疏云雎鳩大小如鴟深目目上骨露幽州人謂之鷲而楊雄許愼皆曰白鷹白鷹似鷹尾上白此是陸璣而非楊雄許愼也楊雄許愼巳下孔沖遠語也所謂楊雄者今不見於方言未知其所本从鳥厥聲居月切十五部

鴡王鴡也按鴡鳩見詩春秋傳傳曰雎鳩氏司馬也五鳩鳩民之一許不當不箸鴡鳩二字王鴡也之上當出鴡鳩乃與前文鶻鳩祝鳩尸鳩爲一例釋鳥雎鳩王雎郭云雕類今江東呼之爲鶚周南毛傳曰雎鳩王雎也鳥摯而有別摯本亦作鷙古字同从鳥且聲七余切五部

鸛鸛專逗畐蹂句如鵲短尾射之銜矢射人見釋鳥釋鳥作鸛鷒鶝鶔廣韵作鸛鷒按畐蹂蓋其一名郭云又名瞏羿釋文瞏古以爲懈惰字言此鳥捷勁雖羿之善射亦懈惰不敢射也鄭注

周禮設其鵠云謂之鵠者取名於鳱鵠鳱鵠小鳥而難中按當是此鳥鸛鳱音近鵲呼雗鵲此鳥狀如鵲故亦謂之鳱鵲**从鳥雚聲**呼官切專徒端切㬎韵十四部

鸇　鷐風也秦風作晨風釋鳥毛傳皆云晨風鸇也郭云鷂屬孟子趙注謂之土鸇**从鳥亶聲**諸延切十四部釋文引說文上仙反

鸇　籀文鸇从廛廛聲也又作䳡戰國策宋康王之時有雀生䳡於城之陬新序作鸇一字也今戰國策誤爲鷏通鑑作䳡不誤而集韵不收

鷐　鷐風也一名鶾見羽部**从鳥晨聲**植鄰切十三部毛詩作晨古文假借

鷙　擊殺鳥也夏小正六月鷹始摯月令鷹隼蚤鷙古字多假摯爲鷙儒行鷙蟲攫搏注曰鷙从鳥摯省聲此注正義本誤郭忠恕所據不誤六月毛傳云輕摯也士喪禮注云輖摯也考工記注云摯輖也然則鷙卽摯字摯之或體也鄭注少言字體此言之者蓋鷙上从執俗認爲執聲則當在侵韵而非音理故云摯省聲以正之摯之在質術韵而不在侵緝易明也擊殺鳥者謂能擊殺之鳥自鷙至鷐風皆擊殺鳥也故釋鷙

从鳥从執各本作从鳥執聲非也許說會意鄭說形聲皆可以知此字之非執聲也不曰从執鳥而曰从鳥从執者惡其以鳥殺鳥傷其類且容所殺不獨鳥也殺鳥必先攫搏之故从執小正傳曰諱殺故言摯然則摯者執也脂利切古音在十二部一作⿱折鳥从折聲則在十五部

鴥鸇飛皃秦風鴥彼晨風毛曰鴥疾飛皃許專系諸鸇从鳥穴聲按各本篆作鴥陸云鴥說文作鴪今從之余律切古音在十二部詩曰鴪彼鷐風

鶯鳥有文章皃各本作鳥也必淺人所改今正毛詩曰交交桑扈有鶯其羽有鶯其領傳曰鶯鶯然有文章皃皃舊作也非鶯鶯猶熒熒也皃其光彩不定故从熒省會意兼形聲自淺人謂鶯即鸎字改說文爲鳥也而與下引詩不貫於形聲會意亦不合不可以不辨也从鳥熒省聲熒各本作榮今正說文熒省聲之字共十有九無榮省聲之字烏莖切十一部詩曰有鶯其羽

鴝鴝鵒也今之八哥也左氏春秋昭二十五年有鸜鵒來巢鸜本又作鴝公羊作鸛音權穀梁作鸜亦作鸛考

工記作鸛亦作鸜郭注山海經云鸛鵒鴝鵒也按句瞿音同作鸛音權者語轉也鴝與隹部雊各字**从鳥句聲**其俱切四部

鵒　鴝鵒也从鳥谷聲余蜀切三部**古者鴝鵒不踰泲**見考工記五經異義公羊以爲鸜鵒夷狄之鳥穴居今來至魯之中國巢居此權臣欲自下居上之象穀梁亦以爲夷狄之鳥來中國義與公羊同左氏以爲鸜鵒來巢書所無也彼注云周禮曰鸜鵒不踰濟今踰宜穴而又巢故曰書所無也許君謹案從二傳從鄭駁之云按春秋言來者甚多非皆從夷狄來也從魯疆外而至則言來鸜鵒本濟西穴處今乃踰濟而東又巢爲昭公將去魯國王裁按先鄭云不踰濟無妨於中國有之駁二傳也作異義時從二傳作說文解字亦引考工記爲證不言夷狄之鳥則從古左氏說許君異義先成說文解字晚定故多有不同異義者不言周禮曰而言古者此以釋左氏書所無也之恉也

雓　鵒或从隹臾臾聲此如鬼臾區亦爲鬼容區也

鷩　赤雉也隹部雉十四種有鷩雉釋鳥鷩雉樊光曰丹雉也左傳丹鳥氏司閉

四篇上

也杜曰丹鳥鷩雉也以立秋來立冬去入大水爲蜃周禮鷩冕注曰鷩畫以雉謂華蟲也華蟲五色之蟲繢人職曰鳥獸蛇襍四時五色以章之謂是也考工記鳥獸蛇注曰蟲之毛鱗有文采者也按鄭意鷩爲雉五色不云赤雉也許云赤雉與獘光合**从鳥敝聲**并列切十五部**周禮曰孤服鷩冕**司服曰侯伯之服自鷩冕而下如公之服此云孤服鷩冕者葢以天子之孤當侯伯

鵔鸃逗**鷩也**師古注上林賦曰鵔鸃鷩也似山雞而小冠背毛黃腹赤項綠尾紅按許云赤雉者不必全赤謂赤多也劉逵注蜀都賦曰蛦鳥名也如今之所謂山雞注吳都賦曰今所謂山雞者鷩䳸也合浦有之此葢皆鷩屬**从鳥夋聲**私閏切按古音當讀如雞十五部

鵔鸃也从鳥義聲魚羈切古音在十七部**秦漢之初侍中冠鵔鸃**佞幸傳曰孝惠時郎侍中皆冠鵔鸃貝帶

雉屬戇鳥也戇愚也**从鳥啻聲**都歷切十六部

佀雉出上黨後書輿服志虎賁羽林皆鶡冠鶡者

勇雉也。其鬬對一死乃止，故趙武靈王以表武士，加雙鶡尾竪左右爲鶡冠。徐廣曰：鶡似黑雉，出於上黨。从鳥，曷聲。胡割切，十五部。

鴧　鴧雀也。依顏氏家訓、廣韵訂。佀鶡而青，出羌中。顏氏家訓曰：竇如同得一青鳥，呼之爲鶡。吾曰：鶡出上黨，數曾見之，色竝黃黑。故陳思王鶡賦云：揚元黃之勁羽。試檢說文，鴧雀似鶡而青，出羌中。韵集音介。此疑頓釋。漢循吏傳：張敞舍鴧雀飛集丞相府。蘇林曰：今虎賁所箸鶡也。師古曰：蘇說非也。鴧音芥，或作鶡，此通用耳。鴧雀大而色青，出羌中，非武賁所箸也。武賁鶡者，色黑，出上黨，今時俗人所謂鶡雞，音曷，非此鴧雀。按二書今本姘譌，介誤分，芥誤芬，鴧誤鶡，誤鳻，不可讀，故全載之。據此知郭注山海經云鶡似雉而大，青色，有毛角，鬬死乃止，亦誤認鴧爲鶡也。今玉篇毛冕、增韵皆襲漢書誤字。从鳥，介聲。古拜切，十五部。

鸚　鸚䳇，逗。能言鳥也。曲禮曰：嬰母能言，不離飛鳥。从鳥，嬰聲。烏莖切，十一部。

䳇　鸚䳇也。从鳥，母聲。曲禮釋文：嬰本或作鸚，母本或作鵡，同音武。諸葛恪茂后反按裴松之引江表傳曰恪呼殿前鳥爲白頭翁張昭欲使恪復求白頭母恪亦以鳥名鸚母未有鸚父相難此陸氏所謂茂后反也據此知彼時作母作鴟不作鵡至唐武后時狄仁傑對云鵡者陛下之姓起二子則兩翼振矣其字其音皆與三國時不同此古今語言文字變移之證也釋文當云母一本或作鴟古茂后反今作鵡音武乃合李善注文選云鵡一作鴟莫口反較明析大徐用唐韵文甫切亦鵡音非鴟音也古音母在一部

鷮長尾雉走且鳴依毛詩正義韵會訂隹部雉十四種有鷮雉小雅有集維鷮毛曰鷮鷮雉也釋鳥鷮雉陸疏云鷮微小於翟走而且鳴曰鷮鷮薛綜曰雉之健者爲鷮尾長六尺按韓詩鄭風二矛重鷮謂以鷮羽飾矛乘輿尾爲防釳箸馬頭上尾各本作以今從詩正義防釳詳金部按金部云臿以翟尾此云以鷮尾者鷮翟屬也陸疏云似翟而小是也从鳥喬聲巨嬌切二部按當依鄭風小雅陸釋文居橋反廣韵玉篇皆音嬌雉聲如是

鷕雌雉鳴也邶風有鷕雉鳴又云雉鳴求其牡毛曰鷕雌雉聲也此望文爲

義

从鳥唯聲以沼切古音在十五部釋文引說文以水反字林于水反皆古音也其云以小反者字之譌亦聲之譌也詩曰有鷕雉鳴

鸓鼠形飛走且乳之鳥也走字疑衍釋鳥鼺鼠夷由鼺或作鸓由或作嶋郭云狀如小狐似蝙蝠肉翅飛且乳其飛善從高集下劉淵林陶隱居說略同其物見本艸經上林西京南都吳都諸賦亦名飛生飛而生子故也亦名飛鸓亦名鼺鼠其字惟史記作鸓本艸經作鼺在獸部賦家或作蠝或作⿰犭畾以其似鳥似獸似蟲似鼠也諸家皆云以肉翼飛而張揖云狀如兔而鼠首以其頯飛此本北山經有獸狀如兔而鼠首以其背飛名曰飛鼠惟張所據背作頯耳不若劉郭說可信也今雲南有之从鳥畾聲說文無畾字當作靁省聲力軌切十五部

鸓籒文鸓靁省聲也䨓古文靁

鶾雗肥翰音者也各本作雗肥鶾音者也今正曲禮凡祭宗廟之禮雞曰翰音注翰猶長也正義曰雞肥則其鳴聲長也易翰音登于天虞曰翰高也按小雅翰飛戾天毛曰翰高也高飛曰翰因之聲高亦曰

翰故鄭云翰猶長也翰音之雞謂之鶾此許以疊韵爲訓也玉篇曰鶾雞肥皃此所據說文古本不誤也若作雞則下文丹雞不可通矣鶾與隹部雗義別 从鳥倝聲 侯旰切十四部 魯郊以丹雞祝曰以斯翰音赤羽去魯侯之咎 此引魯郊禮文證翰音之爲肥雞也各本翰作鶾誤田部曰魯郊禮畜字從田茲作蓄五經異義曰魯郊禮祝延帝尸風俗通亦言魯郊祀常以丹雞祝曰以斯翰聲赤羽去魯侯之咎

鴳 雇也 釋鳥鳸鴳舍人李巡孫炎皆云鳸一名鴳鴳雀也元應曰鴳又作鷃一名鳸一名鶬鴳纂文云關中有鴳濫堆是也按杜注左傳靑鳥氏爲鶬鴳而九鳸有老鳸鷃鷃是則別爲二鳥不如元應所說也國語晉平公射鴳內則云雉兔鶉鷃又云爵鷃蜩范雇下云老雇鴳也皆不云鶬鴳 从鳥安聲 烏諫切十四部

鴆 毒鳥也 左傳正義鴆鳥食蝮以羽翮擽酒水中飲之則殺人按左傳鴆毒字皆作酖假借也酉部曰酖樂酒也 从鳥冘聲 直禁切古音在八部 一曰運日 一曰猶一名也廣雅云雄曰運

日雌曰陰諧淮南書云暉日知晏陰諧知雨

鷇　鳥子生哺者。釋鳥生哺鷇郭云鳥子須母食之生噣雛郭云能自食方言北燕朝鮮洌水之閒爵子及雞雛皆謂之鷇　从鳥殻聲。口豆切三部

鳴　鳥聲也。引伸之凡出聲皆曰鳴　从鳥口。武兵切十一部

鶱　飛皃也。楚辭鳳鶱翥而飛翔　从鳥寒省聲。虛言切十四部

鳻　鳥聚皃也。言繽紛也　一曰飛皃也。莊子翂翂翐翐司馬云舒遲皃一曰飛不高皃　从鳥分聲。府文切十三部

文百十六　重十九

烏　孝鳥也。謂其反哺也小爾雅曰純黑而反哺者謂之烏　象形。烏字點睛烏則不以純黑故不見其睛也哀都切五部　孔子曰烏亏呼也。亏各本作旴今正亏於也象气之舒亏呼者謂此烏善舒气自叫故謂之烏　取其助气故㠯爲烏呼。此許語也取其字之聲可以助气故以爲

烏呼字此發明假借之法與朋為朋黨韋為皮韋來為行來西為東西止為足子為人偁一例古者短言於長言烏呼於烏一字也匡謬正俗曰今文尚書悉為於戲字古文尚書悉為烏呼字而詩皆云於乎中古以來文籍皆為烏呼字按經傳漢書烏呼無有作嗚呼者唐石經誤為嗚者十之一耳近今學者無不加口作嗚殊乖大雅又小顏云古文尚書作烏呼謂校頤本也今文尚書作於戲謂漢石經也洪适載石經尚書殘碑於戲字尚四見可證也今匡謬正俗古今字互譌凡烏之屬皆从烏。古文烏象形。象古文烏省。此即今之於字也象古文烏而省之亦革省為革之類此字葢古文之後出者此字既出則又于於為古今字釋詁毛傳鄭注經皆云亏於也凡經多用于凡傳多用於而烏烏不用此字

䧿也。謂舄即䧿字此以今字釋古字之例古文作舄小篆作䧿卑下曰𠩺也周禮注曰勛讀為勳皆以今字釋古字鳥部曰雗鷽䧿也言其物此云舄䧿也言其字舄本䧿字自經典借為履舄字而本義廢矣周禮注曰複下曰舄襌下曰屨小

雅毛傳曰舄達屨也達之言重沓也卽複下之謂也釋名曰舄腊也複其下使乾腊也

象形鳥舄焉皆象形惟首各異故合爲一部七削切古音在五部

䧿篆文舄从隹昔昔聲也此亦上部先古文之例䧿隸變从鳥

焉焉鳥逗黃色出於江淮今未審何鳥也自借爲詞助而本義廢矣古多用焉爲發聲訓爲於亦訓爲於是如周禮焉使則介之晉語焉作爰田焉作州兵左傳晉鄭焉依裔焉大國公羊傳焉爾焉門者焉閭者呂覽淮南焉始乘舟三年問焉爲之立中制節焉使倍之焉使不及也招蔿巫陽焉乃下招

象形有乾切十四部凡字朋者羽蟲之長鳥者日中之禽淮南書曰日中有踆烏靈憲曰日陽精之宗積而成烏烏有三趾陽之類故數奇舄者知大歲之所在淮南書曰鷙蟲鵲巢皆向天一按天一謂太陰所建也博物志曰鵲背太歲然則鵲巢開戶向天一而背歲燕者請子之候見乙部作巢避戊己亦見博物志陸氏佃羅氏願皆曰燕之來去皆

避社又戊己日不取土**所貴者故皆象形**鳥多矣非所貴皆爲形聲字今字作鳳作離作鵲作鳦作鸞則惟烏焉不改焉**焉亦是也**焉亦象形必有可貴者也按烏舄焉皆可入鳥部云從鳥省不爾者貴之也貴燕故旣有燕部又有乞部朋何以不別爲部也冠於羣鳥之首矣故傳諸小篆也

文三　重三

說文解字第四篇上

山陰李宏信校字

說文解字第四篇下

金壇段玉裁注

𠦒 箕屬所㠯推糞之器也 糞各本作弃今依篇韵正推糞者推而除之也 象形 此物有柄中直象柄上象其有所盛持柄迫地推而前可去穢納於其中箕則無柄而受穢一也故曰箕屬北潘切十四部按篇韵皆音畢此古今音不同也 凡𠦒之屬皆从𠦒官溥說 官溥者博採通人之一也

畢 田网也 謂田獵之网也必云田者以其字從田也小雅毛傳曰畢所以掩兔也月令注曰罔小而柄長謂之畢按鴛鴦傳云畢掩而羅之然則不獨掩兔亦可掩鳥皆以上覆下也畢星主弋獵故曰畢亦曰罕車許於率下曰捕鳥畢也此非別有一畢亦是掩物之网特牲饋食禮助載鼎實之器象之亦曰畢此則用以上載爲異 从田 各本無此二字依韵會補 从𠦒象形 謂以𠦒象畢形也柄長而中可受畢與𠦒同故取𠦒

象形各本作象畢形微也有誤今正

或曰田聲（上云從田華會意而象其形則非形聲也或曰田聲田與畢古音同在十二部也各本田誤由鉉曰由音拂此大誤也畢畢吉切畢之言蔽也攴部曰戰盡也今盡義通作畢是）

糞 棄除也（按棄亦糞之誤亦復舉字之未刪者糞方是除非棄也與土部坌音義皆略同禮記作糞亦作撲亦作拚曲禮曰凡爲長者糞之禮少儀曰氾埽曰埽埽席前曰拚老子曰天下有道卻走馬以糞謂用走馬佗棄糞除之物也左傳小人糞除先人之敝廬許意坌用帚故曰埽除糞用華故但曰除古謂除穢曰糞今人直謂穢曰糞此古義今義之別也凡糞田多用所除之穢爲之故曰糞）从廾推華糞釆也（合三字會意方問切古音在十四部）官溥說佀米而非米者矢字（此偁官說釋篆上體采佀米非米乃矢字故廾推華除之也矢艸部作菡云糞也謂糞除之物爲糞謂菡爲矢自許已然矣諸書多假矢如廉藺傳頌之三遺矢是也許書說解中多隨俗用字）

棄 捐也（手部曰捐棄也）从廾推華棄也

或曰田聲 此四字疑是後人所增

㯻手推𠦒而捐之也从𠫓𠫓逆子也既以廾𠦒會意又加𠫓以箸之𠫓者不孝子人所棄也棄詰利切十五部

弃古文棄古文以㯻手去𠫓子會意按棄字𢑥變作棄中體侣世唐人諱世故開成石經及凡碑板皆作弃近人乃謂經典多用古文矣

𣫡籀文棄今字亦從去不從𠫓

文四　重二

冓交積材也高注淮南曰構架也材木相乘架也按結冓當作此今字構行而冓廢矣木部曰構蓋也義別象對交之形冓造必鉤心鬭角也古候切四部廣韵矦候二韵皆曰冓數也此古筭經說也而紙韵引風俗通作壤生溝溝生澗五經筭術數術記遺等書亦皆作溝矣凡冓之屬皆从冓

再一舉而二也凡言二者對偶之詞凡言再者重複之詞一而又有加也从一冓省冓者架也架古祇作加作代切一部

爯并舉也从爪冓省冓爲二爪者手也一手舉二故

曰幷舉趙注孟子稱貸曰稱舉也凡手舉字當作爯凡偁揚當作偁凡銓衡當作稱今字通用稱處陵切六部

文三

幺　小也　通俗文曰不長曰幺細小曰麽許無麽字　象子初生之形　子初生甚小也俗謂一爲幺亦謂晚生子爲幺皆謂其小也於堯切二部　凡幺之屬皆从幺

幼　少也　釋言曰幼鞠稚也又曰冥幼也斯干毛傳亦云冥幼也幼同幽一作窈　从幺力　幺亦聲伊謬切三部

文二

𢆶　微也　微當作散人部曰散眇也小之又小則曰散　从二幺　二幺者幺之甚也於虯切三部　凡𢆶之屬皆从𢆶

幽　隱也　𨸏部曰隱蔽也小雅桑葉有幽毛曰幽黑色也此謂幽爲黝之假借玉藻幽衡鄭云幽讀爲黝毛不易字鄭則易之周禮牧人陰祀用幽牲守祧幽堊之鄭司農皆幽讀爲黝

幼　从力者幼小需人扶持亦會意亦象形

引爾雅地謂之黝今本幽黝字互譌从山𢆶幽從山猶隱從𨸏取遮蔽之意從𢆶者微則隱也𢆶亦聲於虯切三部

幾微也𣪊辭傳曰幾者動之微吉凶之先見也又曰顏氏之子其殆庶幾乎虞曰幾神妙也殆也歺部曰殆危也危與微二義相成故兩言之今人分微義爲上聲危義爲平聲按禮記雕幾借爲圻堮之圻从𢆶从戍戍兵守也𢆶而兵守者危也說從戍之意居衣切十五部

文三

叀小謹也各本小上有專字此複舉字未刪又誤加寸也从幺省小意从屮二字今補屮財見也亦小意田象謹形四字各本無今補蓋李陽冰爲墨斗之說而有所刪也上從屮下從幺省中象顓顓謹皃屮亦聲職緣切十四部凡叀之屬皆从叀叀古文

叀亦古文叀斤部古文斷殳部𣪠皆從此惠仁也人部曰仁親也經傳或假惠爲慧从心叀爲惠者必謹也胡桂切十五部𢜩古文惠从芔從心叀省從芔聲小篆省芔

疐礙不行也釋言云疐跲也豳風毛傳同足部躓跲也跲躓也以大學懥亦作懫推之則疐卽躓字音義皆同許不謂一字殊其義者依字形爲之說也如許說則爾雅毛傳假疐爲躓从叀引而止之也叀者如叀馬之鼻馬當作牛牛鼻有桊所以叀牛也叀之義引伸讀同纏纏綰也有所牽掣之謂楊雄酒箴曰一旦叀礙爲瓽所轠謂汲井之綆略有牽絆爲貯水大盆所擊碎也字從叀者如叀牛之鼻然可使行亦可使止故曰引而止之也此說從叀之意从冂此與牽同意冂各本無今補從冂者象挽之使止如牽字冂象牛縻可引之使行也故曰此與牽同意陟利切古音在十一部詩曰載疐其尾按足部引載躓其尾必三家詩之異也或同一毛詩而異字如同一周禮故書儀禮古文而或

有異文

文三　重三

玄幽遠也老子曰元之又元衆妙之門高注淮南子曰元天也聖經不言元妙至僞尚書乃有元德升聞之象幽謂幺也小則隱而入覆之也幽遠之意胡涓切十二部黑而有赤色者爲元此別一義也凡染一入謂之縓再入謂之赬三入謂之纁五入爲緅七入爲緇而朱與元周禮爾雅無明文鄭注儀禮曰朱則四入與注周禮曰元色者在緅緇之閒其六入者與按纁染以黑則爲緅緅漢時今文禮作爵言如爵頭色也許書作纔纔旣微黑又染則更黑而赤尚隱隱可見也故曰黑而有赤色至七入則赤不見矣緇與元通偁故禮家謂緇布衣爲元端凡元之屬皆从元𤣥古文

兹黑也从二元胡涓切十二部今本子之切非也按左傳何故使吾水茲釋文曰茲音元此相傳古音在十二

部也又曰本亦作滋子絲反此俗加水作滋因誤認爲滋益字而入之之韵也艸部茲從絲省聲凡水部之滋子部之孳鳥部之鷀皆以茲爲聲而茲滋字祇當音懸不當音孜廣韵七之作滋一先作滋音義各不同爲是也且訓此之茲本假借從艸之茲而不當用二玄之茲蔡邕石經見於彝釋漢彝字原者尚書茲字五見皆從艸則唐石經皆作茲者非矣今本說文滋孳鷀篆體皆誤從茲

春秋傳曰何故使吾水茲見左傳哀八年釋文曰茲音玄本亦作滋子絲反濁也字林云黑也按宋本如是今本茲滋互易非也且本亦作滋則仍胡涓切不同水部滋水字子絲反也陸氏誤合二字爲一

文二　重一

予　推予也予與古今字釋詁曰台朕賚畀卜陽予也按推予之予假借爲予我之予其爲予字一也故台朕陽與賚畀卜皆爲予也爾雅有此例廣雅尚多用此例予我之予儀禮古文左氏傳皆作余鄭曰余予古今

字象相予之形象以手推物付之余呂切五部古予我字亦讀上聲凡予之屬皆从予

舒伸也經傳或假荼或假豫从予物予人得伸其意舍聲此依鍇本今鍇本作從舍予聲者淺人不知舍之古音而改之也傷魚切五部一曰舒緩也此與糸部紓音義皆同

幻相詐惑也詭誕惑人也漢書譸幵眩人字作眩从反予倒予字也使彼予我是爲幻化胡辦切十四部周書曰無或譸張爲幻無逸篇文又見言部譸下

文三

放逐也从攴方聲甫妄切十部凡放之屬皆从放

敖出游也邶風曰以敖以游敖游同義也經傳假借爲倨傲字从出放從放取放浪之意出部又收此後人妄增也五牢切二部

敫光景流皃皃各本作也今從廣韵謂光景流行煜燿昭箸从白放物凡

四篇下　五

光景多白如白部所載是也故從白不入白部者重其放於外也**讀若龠**與爚燿字音義略同以灼切古音在二部平聲

文三

𠬪　物落也也字依韵會補草曰苓木曰落引伸之凡物皆曰落**上下相付也**付与也**从爪又**以覆手与之以手受之象上下相付凡物𤕟落皆如是觀**凡𠬪之屬皆从𠬪讀若詩摽有梅**見周南毛曰摽落也按摽擊也毛詩摽字正𠬪之假借孟子野有餓莩趙曰餓死者曰莩詩云莩有梅莩零落也丁公箸云莩有梅韓詩也食貨志野有餓𦯧鄭氏𦯧音蔈有梅之蔈孟子作莩者𦯧之字誤漢志作𦯧者又𠬪之俗字韓詩作𠬪是正字毛詩作摽是假借字鄭德作蔈亦假借也鄭風風其漂女毛曰漂猶吹也毛意漂亦𠬪之假借平小切二部

爰　引也此與手部援音義皆同韵會作引也謂引詞也六字謂引

詞也四字當出演說文今按援從手爰聲訓引也爰從𠬪從亏訓引詞也轉寫奪詞字釋詁粵于爰曰也爰粵于也爰粵于那都繇於也八字同訓皆引詞也粵于曰爰見經傳者多那若越語吳人之那不穀都若孟子謨蓋都君相如傳終都攸卒繇同由於郎今人所用於字凡言於者兩物相於自此引而之彼此八字皆由上引下之詞也曰下云䛐也亏下云於也粵下云于也烏於同引孔子曰烏于呼也是可以得其解**从𠬪从亏**𠬪者相付取相引之意亏亦引詞與爰雙聲羽元切十四部**籒文以爲車轅字**此說假借也轅所以引車故籒文車轅字祇用爰左傳晉作爰田國語作轅田地理志制轅田食貨志云自爰爰其処孟康云轅爰同此又皆假轅爲爰也

𤔔治也此與乙部亂音義皆同**幺子相亂𠬪治之也**幺子謂吕亂當作爭謂冂也冂音扃介也彼此分介則爭鬥部云兒善訟者也𤔔治之如得下𠬪寸分理之**讀若亂同**郎段切十四部**一曰理也**與治無二義當由唐人避諱致此妄增

𤔔古文𤔔相

付也受者自此言受者自彼言其爲相付一也从受舟省聲舟省聲葢許必有所受之殖酉切三部尚書紂字古文尚書作受

𠬪撮也从受乙聲錯本如是云乙者甲乙之乙鉉本作從受從己云己者物也以音求之佀小徐近是力輟切乙聲則當在十二部

爭引也凡言爭者皆謂引之使歸於己从受厂從受猶從手厂余制切抴也抴引也側莖切十二部

𤔌有所依也依元應本訂依𤔌雙聲又合韵取近此與𨸏部隱音同義近隱行而𤔌廢矣凡諸書言安隱者當作此今俗作安穩从受工受工者所落之処巧得宜也讀與隱同於謹切十三部

寽五指寽也各本寽作持宋本李燾本類篇集韵六術皆作捋捋又寽之誤今依集韵十三末作寽按寽與捋各字捋毛曰取也許曰取易也寽許曰五指寽也凡今俗用五指持物引取之曰寽廣韵曰今寽禾是是也芣苢薄言捋之說者謂取其子假令謂取其子則當作寽从受五指寽而落之故從受一聲聲疑衍一謂所寽也呂戌切十五部讀

四篇　六

受

从舟者取舟能載容受之義然止作冂孰知其為从舟省者史晨奏銘夏承碑魏孔羨碑衡方碑曹全碑堯廟碑[illegible]从冂得舟之半隸舟作舟自疑篆文亦當爾特傳寫失其中一畫耳

叡　从古聲雖相轉然太遠籀文从月疑目之倒小篆則不倒而誤增畫耳从甘聲義俱可通隸書皆從籀文矣从古者

若律

𣪊　進取也从𠬪猶從手也古聲古聲在五部敢在八部此於雙聲合韵求之古覽切

𣪊　籀文𣪊𠬪盖亦爪也月音冒用爪用殳冒而前也今字作敢𣪊之隸變

𢽼　古文𣪊

文九　重三

𣦼　殘穿也殘穿者殘賊而穿之也睿字下曰𣦼殘也亦謂殘穿从又𣦼又所以殘穿也殘穿之去其穢襍故从又𣦼會意𣦼亦聲昨干切十四部𣦼讀若櫱十五十四合韵也凡𣦼之屬皆从𣦼讀若殘

叡　溝也大司徒溝封鄭曰溝穿地爲阻固也水部溝水瀆廣四尺深四尺此單舉匠人文耳凡穿地爲水瀆皆稱溝稱叡毛詩實墉實壑謂城池也鄭伯有爲窟室飲酒人謂之壑谷从𣦼从谷穿地而通谷也釋水曰注谷曰溝讀若郝呼各切五部

壡　叡或从土

謂穿土。

叡　𥥛堅意也。各本深上有叡𣪊字，宋本無叡有𣪊。今按叡係複舉，𣪊則衍文也。凡言意者，言下意內言外之意。其意爲深堅，其言云叡也。从𣪊从貝。深意故從𣪊，堅意故從貝。貝堅實也。說從貝之意。實大徐作寶。讀若概。古代切。十五部。叡以爲聲。

𡨄　阬也。𠂤部曰：阬，閬也。釋詁曰：叡，阬虛也。𡨄與井部阱穽音同義異。𡨄謂穿地使空也。从𣪊井，井亦聲。疾正切。十一部。

叡　𥥛明也。鉉本此下有通也二字，雖合古訓，然恐俗增。馬注尚書、鄭注尚書大傳皆曰：睿，通也。許則於叡曰深明也，於聖曰通也。叡從目，故曰明；聖從耳，故曰通。此許意也。周書謚法解曰：叡，聖也。邶風毛傳曰：聖，叡也。古文尚書睿作聖，故周書、毛傳叡聖互訓。楚語謂之睿聖武公，韋曰：睿，明也。按韋但曰明，許曰深明者，許主解字，爲其字之從叡也。从𣪊从目，故曰深明。从谷省。谷以皃其深也。按叡實從叡省，從叡者，皃其能容也。能容而後能明。古文尚書思曰睿，今文尚書思心曰容，義實相成也。許不云從叡者，不立叡部也。五經文字曰：易作叡。是可證。

尚書作睿也以芮切十五部

睿 古文叡 見古文尚書𡈼者叡之省睿下曰歺殘也按殘者謂殘穿

壡 籀文叡从土 此亦從𣦼省也玉部籀文璿從此

文五　重三

歺 列骨之殘也 刀部曰列分解也殘當作𣦼許殘訓賊𣦼訓餘後人輒同之也 从半冎 冎剔人肉置其骨也半冎則骨殘矣鉉曰不當有中一秦刻石文有之 凡歺之屬皆从歺 讀若蘖岸之蘖 蘖岸未聞蘖當作屵屵者岸高也五割切蘖音同蓋轉寫者以其音改其字耳十五部五經文字九經字樣音兢非

𣦵 古文歺 古文殂古文殪古文死古文伊皆從此

𣨙 病也 艸部曰菸一曰𣨙也菸𣨙雙聲廣韵曰𣨙枯死也萎蔫也按𣨙萎古今字菸蔫古今字內則注曰今益州有鹿𣨙 从歺委聲 於爲切十六部

殙 瞀也 瞀當作霿雨部曰霿晦也諸家霿瞀通用子部𣪊瞀亦作

䁥字莊子以瓦注者巧以鉤注者憚以黃金注者殙釋文引說文䁥也左傳札瘥夭昬杜曰未名而死曰昬今傳作昬

从歺昏聲 呼昆切十三部

殰 胎敗也 樂記胎生者不殰注曰內敗曰殰管子羽卵者不段毛胎者不殰房曰殰謂胎敗潰也集韵曰古作𦡯

从歺賣聲 徒谷切三部

歾 終也 白起王翦列傳曰偷合取容以至歾身徐廣云歾音沒按今歾譌殁集韵傳會之云殁埋也

从歺勿聲 莫勃切十五部

𣧰 歾或从𠬛 按殁死字當作此入水有所取曰𠬛湛於水曰沒內頭水中曰頭此許之分別也

𣨛 大夫死曰𣨛 曲禮天子死曰崩諸侯曰薨大夫曰卒士曰不祿庶人曰死白虎通曰大夫曰卒精燿終也卒之爲言終於國也字皆作卒於說文爲假借

从歺卒聲 子聿切十五部

殊 死也 凡漢詔云殊死者皆謂死罪也死罪者首身分離故曰殊死引伸爲殊異

从歺朱聲 市朱切四部

一曰斷也 各本無此四字依左傳釋文補斷與死本無二義許以字從歺故以死爲正義

凡物之斷爲別一義左傳曰武城人塞其前斷其後之木而弗殊邾師過之乃推而蹷之史蘇秦列傳刺蘇秦不死殊而走按弗殊者謂不絕也不死殊而走者謂人雖未死創巳決裂也皆斷之說也宣帝詔曰骨肉之親粲而不殊凡言殊異殊絕皆引伸之義殳部曰以杸殊人謂隔遠敵仇不得近亦是斷義**漢令曰蠻夷長有罪當殊之**按殊之者絕之也所謂別異蠻夷此舉漢令證斷義而裂驅以來皆謂殊之爲誅死夫蠻夷有罪非能必執而殺之也而顧箸爲令哉今錯本作當殊之市多市字此由張次立以鉉本改錯本誤以鉉本市朱切市字系殊之下其可笑有如此者

殟　暴無知也各本作胎敗也誤同殰解元應書卷八卷十三十四皆引說文殟暴無知也聲類烏殟欲死也今據正廣韵云病也又云心悶其義正合蓋上下文皆說死之類此亦謂暴死者烏殟雙聲元應殟於門切**从歺𥁕聲**烏沒切古音在十三部讀𥁕

殤　不成人也不喪服傳作未**人年十九至十六死爲長殤十五至十二死**

爲中殤十一至八歲死爲下殤見喪服傳鄭曰殤者男女未冠笄而死可傷者也从歺傷省聲式陽切十部

殂往死也殂之言退也退往也故曰往死玉篇曰殂今作徂从歺且聲昨胡切五部虞書曰勛乃殂虞書當作唐書勛乃殂二徐本皆如是宋本說文及洪邁所引皆可證至集韵類篇乃增放字至李仁甫乃增之曰放勛乃殂落或用改大徐本此皆不信古之過也堯典曰二十有八載放勳乃殂落見孟子春秋繁露皇甫謐帝王世紀所引皆如是此作勛乃殂據力部勳者小篆勛者古文勳則許所偁堯典壁中文也而無放落二字蓋孟子董子所偁者今文尚書也許所偁者古文尚書也孟子何以偁今文尚書伏生本與孔安國本皆出周時說詳尚書撰異矣放勛何以但言勛也或言放勛或言勛一也蓋當世臣民所偁不一也殂落何以但言殂也云殂則已足矣不必言殂落也釋詁崩薨無祿卒殂落殪死也白虎通曰書言殂落死者各自見義堯見憯痛之舜見終各一也此其所據皆今文尚書且爾雅無妨殂落二字各

爲一句也師古注王莽傳引虞書放勳乃殂則唐初尚書尚有無落字者𣦼古文殂从歺从作此從古文歺作聲也小徐本篆爲𣦼非也

殛殊也殊謂死也廣韻曰殊陟輸切殊殺字也從歺歺五割切牫同殊據此知古殊殺字作殊與誅責字作誅迴別矣周禮八曰誅以馭其過禁殺戮禁暴氏野廬氏皆云誅之此誅責也公羊傳君親無將將而誅焉此殊殺也當各因文爲訓从歺亟聲己力切一部

虞書曰虞書當作唐書殛鯀于羽山堯典文此引經言假借也殛本殊殺之名故其字廁於殰殂殪莩之閒堯典殛鯀則爲極之假借非殊殺也左傳曰流四凶族投諸四裔劉向曰舜有四放之罰屈原曰永遏在羽山夫何三年不施王注言堯長放鯀於羽山絕在不毛之地三年不舍其罪也鄭志荅趙商云鯀非誅死鯀放居東裔至死不得反於朝禹乃其子也以有聖功故堯興之尋此諸說可得其實矣周禮廢以馭其罪注廢猶放也舜極鯀於羽山是也此條釋文宋本極紀力反可證洪範鯀則殛死釋文殛本又作極多方我乃其大罰殛之釋文

殛本又作極左傳昭七年昔堯殛鯀於羽山釋文殛本又作極魯頌致天之屆于牧之野箋云屆極也引書鯀則極死又云天所以罰極紂于商郊牧野正義云屆極虞度釋言文釋言又云極誅也武王致天所罰誅紂於牧野定本集注皆云殛紂於牧野殛是殺非也此條宋本岳本元本皆不誤小雅後予極焉毛曰極至也鄭曰極誅也正義云極至釋詁文極誅釋言文合魯頌小雅兩箋兩正義觀之則釋言之爲極誅甚明今爾雅作殛誅也葢誤以洪範多方殛字鄭皆作極例之則知周禮注引極鯀於羽山鄭所見尚書自是作極不作殛也說文引殛鯀于羽山作殛疑是後人增之若以引尚狟狟爲尚桓桓引無有作政爲無有作好例之則引殛鯀爲極鯀正是一例鄭注周禮引遂觀東后注明堂位引應輴縣鼓本經作肆作田則或本經作殛而引作極亦注家有是例也假殛爲極正如孟子假殺爲竄鯀因極而死於東裔韋注晉語云殛放而殺也此當作放而死也高注呂覽云先殛後死此當作先極後死若呂覽副之以吳刀山海經殺鯀於羽郊則言之不從不可信矣然則馬注尚書趙注孟子韋注國語皆云殛誅也

何也曰此皆用釋言極誅也⿰歺壹死也左傳聲子射其馬斬鞅殪將擊子車子車射之殪小雅毛傳文穎注上林賦皆曰壹發而死爲殪是也故其字從壹按尚書言殪戎殷殪仆也此引伸之義中庸言壹戎衣注衣讀爲殷聲之誤也壹戎殷者壹用兵伐殷也郭忠恕佩觿乃引鄭注云壹當爲殪此記憶之誤耳凡恃記憶而不檢閱者多此病从歺壹聲形聲包會意於計切古音在十二部⿱木壹古文殪从死從古文死壹省聲⿰歺莫死宋蓦也宋蓦猶嗼嗼也从歺莫聲莫各切五部殯死在棺將遷葬柩賓遇之按士喪禮主人奉尸由阼階鄉西階斂於棺棺先在肂中矣所謂殯也在西階故檀弓曰殯於客位又曰周人殯於西階之上賓之也釋名亦曰於西壁下塗之曰殯殯賓也賓客遇之言稍遠也此去葬期尚遠非將葬賓遇之也將葬而朝於祖而設遷祖奠而載柩於車而祖而設祖奠而設葬奠此不得名殯淺人竄改之致此不通耳當云屍在棺肂於西階賓遇之从歺賓屍在棺故

從歺西階賓之故從賓賓亦聲必刃切十二部夏后殯於阼階殷人殯於兩楹之間周人殯於賓階見檀弓據此可證將遷葬柩四字之誤

殔瘞也土部曰瘞幽薶也士喪禮掘肂注曰肂埋棺之坎也棺在肂中斂尸焉所謂殯也肂者所以殯故其字次於殯可證上文將遷葬柩之誤从歺隶聲羊至切十五部

殣道中死人人所覆也今小雅小弁作墐傳曰墐路冢也按墐者假借字殣者正字也義在人所覆故其字次於殔左傳道殣相望杜云餓死爲殣从歺堇聲渠吝切十三部詩曰行有死人尚或殣之許所據作殣

殠腐气也廣韵曰腐臭也按臭者氣也兼芳殠言之今字專用臭而殠廢矣儀禮釋文引孟子飯殠茹菜楊敞傳冒頓單于得漢美食好物謂之殠惡楊王孫傳其穿下不亂泉上不泄殠从歺臭聲尺救切三部

殨爛也今殨爛字作潰而殨廢矣从歺貴聲胡對切十四部

㱙腐也肉部曰腐

爛也今字用朽而歾廢矣从歺丂聲許久切三部

朽　歾或从木

殆　危也危者在高而懼也引伸之凡將然之詞皆曰殆曰危與隸天之未陰雨音義同又豳風殆及公子同歸傳曰殆始也此謂殆爲始之假借也从歺台聲徒亥切一部

殃　凶也各本作咎也今依易釋文从歺央聲於良切十部

殘　賊也戈部曰賊敗也叔部殘穿也今俗用爲殂餘字按許意殘訓賊殂訓餘今則殘專行而殂廢矣周禮稾人注假戔爲殂从歺戔聲昨干切十四部

殄　盡也釋詁大雅瞻卬傳同邶風籧篨不殄傳曰殄絕也此盡義之引伸也箋云殄當作腆腆善也按古文假殄爲腆儀禮注云腆古文作殄是也从歺㐱聲徒典切十二部

乚　古文殄如此

殲　微盡也殲之言纖也纖細而盡之也从歺韱聲子廉切七部春秋傳曰小徐本無傳字齊人殲于遂春秋經莊十七年文左穀作殲公作瀸字之同音假借也穀曰殲盡也公曰瀸漬也何云

殲之爲死積死非一之辭故曰殲釋詁殲盡也

殫 極盡也 窮極而盡之也極鉉本作殛誤古多假單字爲之郊特牲云社事單出里祭義歲既單矣大雅其軍三單箋云單者無羨卒也皆是也 **从歺單聲** 都寒切十四部

殬 敗也 經假斁爲殬雲漢鄭箋云斁敗也孔穎達引洪範彝倫攸斁 **从歺睪聲** 當故切五部 **商書曰彝倫攸殬** 洪範文今作斁者蓋漢人以今字改之許所云者壁中文也彝張次立本作夷

⿰歺羸 畜產疫病也 畜產當作嘼犍左傳不疾瘯蠡杜云無疥癬釋文蠡說文作瘰云瘯瘰皮肥也按今說文無瘯瘰二字本艸經有瘰癧字瘰癧皮病非皮肥也陸氏書說文二字肥字蓋有誤此云嘼犍疫病則又非瘰癧也人曰癘疫嘼曰⿸疒扁 **从歺羸聲** 郎果切十七部篇韵皆力外力臥二切

⿰歺豈 殺羊出其胎也 此與刀部剴音同義異云殺羊出其胎則廣雅云⿰歺豈腜胎也辭不達意矣 **从歺豈聲** 五來切古音在十五部

𣦼 禽獸所食餘也 引伸爲凡物之餘凡殘餘

字當作⿰歺月从歺从月月各本作肉篆體作⿰月歺今正禽獸所食不肯肉歺者殘也月者缺也於禿鱗之意近昨干切十四部廣韵十五鎋有此字與刖明同音是其字之從月可知矣

殖脂膏久殖也久下當有曰字國語舊音引說文殖脂膏久也考工記故書眂或作樴注云樴讀爲脂膏膱敗之膱按膱即殖字字林云膱膏敗也亦作膱廣雅云膱臭也玉篇廣韵皆云膱油敗也其字常職切亦音職今俗語謂膏油久不可用正讀職之平聲也脂膏以久而敗財用以多藏而厚亡故多積者謂之殖貨引伸假借之義也从歺直聲常職切一部

⿰歺古枯也周禮殺王之親者辜之注辜之言枯也謂磔之桀部曰磔辜也按⿰歹古同辜磔也玉篇曰⿰歹古古文辜字从歺古聲苦孤切五部

⿰歺奇棄也从歺奇聲去其切按其誤當依廣韵去奇切古音在十七部俗語謂死曰大⿰歹奇別一義

文三十二　重六

兩碎字皆殌之誤

死　澌也。水部曰：澌，水索也。方言：澌，索也，盡也。是澌爲凡盡之偁。人盡曰死。死、澌異部疊韵。人所離也。形體與䰟魄相離，故其字從歺人。从歺人。息姊切。十五部。凡死之屬皆从死。

𣦸　古文死如此。從古文歺、古文人。

薨　公侯殌也。曲禮曰：公侯曰薨。歺部曰：大夫死曰殌。此不曰公侯死，而言公侯碎者，欲見分別則惟大夫偁碎，統言則不爾也。曲禮又曰：壽考曰卒，短折曰不祿。此概言之，非謂大夫士也。从歺，瞢省聲。呼肱切。六部。

薧　死人里也。樂府相和曲有薤露、蒿里之歌。譙周、崔豹皆云起於田橫自殺，從者爲作悲歌。崔云：謂人命奄忽，如薤上之露，易晞滅。亦謂人死䰟魄歸於蒿里。蒿里辭曰：蒿里誰家地，聚斂䰟魄無賢愚。然則蒿里者，謂虗墓之閒也。且其字作蒿，此獨云薧死人里，則字作薧，而義亦殊。葢有一里人盡死者，因目爲薧里。許所聞不同譙、崔也。按周禮：乾魚謂之薧。內則：堇、荁、枌、榆、免、薧。注：免，新生者；薧，乾也。然則凡死而枯槁謂之薧，不必如許所說。从歺，蒿省聲。呼毛切。二部。按周禮禮記音考𣨛戰句見血曰傷句周禮曰凡傷人見血而不以告者注傷人見血見血乃爲傷人耳此見血曰傷謂戰者見血受傷也亂或爲惽或惑古今字心部曰惽不憭也此謂戰傷殨瞀者重於見血也死而復生爲𣨛此謂戰傷又重於惽也謂之𣨛者𣨛次於死也三言皆謂戰葢出司馬法等書从死次聲形聲包會意也咨四切十五部

文四　重一

冎剔人肉置其骨也剔當作鬄解也其周禮膞之焚之辜之之刑與列子曰炎人之國其親戚死冎其肉而棄之刀部無剔字冎俗作剮象形頭隆骨也隆豐大也說此字爲象形者謂上大下小象骨之隆起也古瓦切十七部口部咼以爲聲凡冎之屬皆从冎

別分解也分別離別皆是也今人分別則彼列切離別則憑列切古無是也俗謂八部𠔁爲古別字且或於丫部乖字下益曰

兆古文別假令果介則於此何不載乎　**从冎从刀**冎者分解之皃刀者所以分解也十五部

𠔀　**別也从冎卑聲讀若罷**府移切十六部罷聲古音在十七部合韵也𠔀與𠂢衇字音義相近

文三

骨　**肉之覈也**襾部曰覈實也肉中骨曰覈蔡邕注典引曰肴覈食也肉曰肴骨曰覈周禮丘陵其植物宜覈物注云核物梅李之屬小雅殽核維旅箋云豆實菹醢也籩實有桃梅之屬按覈核古今字故周禮經文作覈注文作核古本皆如是詩殽核蔡邕所據魯詩作肴覈梅李謂之覈者亦肉中有骨也　**从冎有肉**去肉爲冎在肉中爲骨古忽切十五部　**凡骨之屬皆从骨**

髑　髑髏逗　**頂也**頁部曰頂顚也廣雅頊顱謂之髑髏按頁部頊顱頭骨也　**从骨蜀聲**徒谷切三部

髏　髑髏**也**二字疊韵　**从骨婁聲**洛侯切四部

髆　**肩甲也**肉部曰肩髆也單呼曰肩絫呼曰肩

骨肉之覈也，御覽引肉上有體之質也一句

丁丑五月九日[illegible]

甲甲之言蓋也肩蓋乎衆體也今俗云肩甲者古語也釋名作肩甲靈樞經作肩胛水經注云如人袒胛故謂之赤胛山胛者甲之俗也應劭漢書注曰大宛天馬汗血汗從前肩髆中出如血周禮醢人豚拍注云或曰豚拍肩也然則假拍爲髆字从骨尃聲補各切五部

髃肩前也士喪禮記即牀而奠當腢注曰腢肩頭也腢卽髃字毛詩傳曰自左膘而射之達於右腢爲上殺膘脅後髀前肉也何注公羊云自左膘射之達於右髃爲中心死疾鮮絜也髃本謂人亦假爲獸骨之偁凡肩後統於背前爲髃髃之言隅也如物之有隅也从骨禺聲午口切四部

骿骿脅逗幷幹也依左傳正義訂肉部脅膀也肋脅骨也廣雅幹謂之肋是脅骨一名幹故韋注國語云骿幷幹也杜注左傳云駢脅合幹也其字左傳史記作駢國語吳都賦作骿論衡作仳駢仳假借字从骨幷聲形聲包會意也部田切古音在十一部晉文公骿脅見左傳僖廿三年晉語

髀股外也各本無外今依爾雅音義文選七命注元應書太平御覽補股外曰

髀髀上曰髖肉部曰股髀也渾言之此曰髀股外也析言之其義相足大部曰奎兩髀之閒也**从骨卑聲**幷弭切十六部**𨁈古文髀**從足者足所恃以能行也鄭司農注周禮典同曰鍾形下當蹕按其支義當是庳之假借庳卑也列女傳古者婦人身子寢不側坐不邊立不蹕按其支義當是跛之假借今兩書皆譌作蹕

髁髀骨也髀骨猶言股骨也醫經亦謂之股骨沈氏彤釋骨云腰骻骨旁臨兩股者曰堅骨曰大骨曰髂一身之伸屈司焉故通曰機關關之旁曰髀樞亦曰樞機者髀骨之入樞者也在膝以上者曰髀骨曰股骨其直者曰楗其斜上俠髖者則所謂機也按髀之上曰髖卽俗所謂髂也髁者髀與髖相按之處人之所以能立能行能有力者皆在於是故醫經謂之機骨空論曰俠髖曰機是也醫經曰腰骻骨者其字當作骻卽髂字不當作髁文選注引埤蒼曰髂腰骨也**从骨果聲**苦臥切十七部

𩪍屍骨也廣雅曰臎臀也臎者翠之俗內則所謂舒鴈翠舒鳧翠是也呂覽雋觾之翠高注曰翠厥也此假厥為𩪍也醫經曰尻骨曰脊骶曰尾骶曰尾

屈曰橛骨曰窮骨　从骨厥聲　居月切十五部

髖　髀上也　髀上爲髖之兩旁故其字次於橛髖者其骨最寬大也諸書所謂骬骨髖髂皆同也埤蒼作髂字林作骬皆云胷骨謂上屬於胷也釋名云樞機也要髀股動搖如樞機也正謂此髖與髀相接處釋骨曰骶之上俠脊十七節至二十節起骨曰腰髁骨曰兩髁按髁當作骬○骨空論云輔骨上橫骨下爲楗注膝輔骨上腰髖骨下爲楗按橫骨即髖橫之言廣也楗即髀骨之直者機即髀骨與髖相構處也　从骨寬聲　胡官切十四部

髕　厀耑也　厀脛頭節也釋骨云蓋膝之骨曰膝髕大戴禮曰人生朞而髕髕不備則人不能行古者五刑臏宫劓墨死臏者髕之俗去厀頭骨也周改髕作跀其字借作刖斷足也漢之斬趾是也髕者廢不能行跀者尚可箸踊而行踊者跀足者之屨莊子兀者叔山無趾踵見仲尼崔譔云無趾故以踵行是則跀輕於髕也古文尚書吕刑說夏刑作剕周本紀漢刑法志周禮司刑注引尚書大傳皆作臏周禮注云周改臏作刖而公羊疏引鄭駁異義云臯陶改臏爲剕吕刑有剕周改剕爲刖與周

四篇下　六

禮注不合足部云跳跀也跳卽剕字許謂跳卽跀矣鄭析跳跀爲二不知其制何以分別竊謂周禮注爲長駁異義則未定之論許說亦非是也剕惟見於呂刑他經傳無言跳言剕者葢跳者髕之一名故周禮說周制作刖呂刑說夏制則今文尚書作髕古文尚書作剕實一事也周改髕爲跀卽改跳爲跀也許釋跳爲跀非鄭云臯陶改髕爲跳亦非也髕作跳如禹貢蠙作玭商書紂作受音轉字異非有他也　从骨賓聲　毗忍切十二部

䯏　骨耑也　骨當是骸之誤骨空論云膝解爲骸關是也關骼雙聲骼取機括之意　从骨昏聲　古活切十五部

𩪓　厀脛閒骨也　骨空論云骸下爲輔輔上爲膕膕上爲關是也膝解爲骸關言外也膕上爲關言內也　从骨貴聲　丘媿切十五部

骹　脛也　脛厀下也凡物之脛皆曰骹釋嘼馬四骹皆白驓薛注西京曰青骹鷹青脛者方言曰矛骹細如鶴脛者謂之鶴厀考工記說輻材曰參分其股圍去一以爲骹圍大鄭云方言股以喻其豐故言骹以喻其細禮多假校爲之士喪禮記綴足用燕几校在南注校脛也祭

統夫人薦豆執校注校豆中央直者也此皆假校爲骹也从骨交聲口交切二部

骭　骹也呂覽注引孟子拔骭一毛而利天下甯戚歌短布單衣適至骭按骭之言榦也榦者本也人體之阯也脅骨何以亦名榦也曰脅榦見於左傳柎藉榦公羊傳搚公榦而殺之古榦翰通用毛詩翰字多爲榦之假借脅榦乃翰之假借脅肋如鳥之羽翰分布也从骨干聲古案切十四部

骸　脛骨也上文言脛也骹也不言骨者骹骭皆目其表也骨空論曰膝解爲骸關俠膝之骨爲連骸然則正謂脛骨爲骸矣下文云連骸下爲輔輔郎骸也膝解爲其關俠膝之骨連之也字從亥者亥荄也荄根也公羊傳注骸人骨也則引伸爲凡人骨之偁从骨亥聲戶皆切古音在一部

⿰骨隓　骨中脂也从骨隓聲息委切古音在十七部隸作髓

⿰骨易　骨閒黃汁也从骨易聲讀若易曰夕惕若厲讀若二字小徐無非也汗簡古文四聲韵皆云⿰骨易出古周易正因說文奪讀若字遂徑作夕⿰骨易也夕惕若厲又見夕部及他古籍易

惟費氏以古字號古文易鄭君傳費氏亦云惕懼也且易惕字屢見倘古文皆作𩨮諸家必有爲之說者而未見也他歷切十六部

體　總十二屬也十二屬許未詳言今以人體及許書覈之首之屬有三曰頂曰面曰頤身之屬三曰肩曰脊曰尻手之屬三曰厷曰臂曰手足之屬三曰股曰脛曰足合說文全書求之以十二者統之皆此十二者所分屬也从骨豊聲他禮切十五部

髍　瘺病也疒部曰瘺半枯也漢書敘傳曰又況幺髍不及數子鄭氏曰髍音麼小也晉灼曰此骨偏髍之髍也按二說皆是本骨偏髍字借爲幺麼是以文選作幺麼且偏髍是不全之病不全則不大故引伸爲不長曰幺細小曰麼之義許書無麼字葢以髍包之不得以髍平麼上爲疑也从骨麻聲莫鄱切十七部

骾　食骨留咽中也晉語卜籀曰狹以衘骨韋曰骨所以鯁刺人也忠言逆耳如食骨在喉故云骨骾之臣漢書已下皆作骨鯁字從魚謂留咽者魚骨挍多也依說文則鯁訓魚骨骨留咽中當作骾按自髑至體皆言人骨體者總上文言之也髍者人骨之病也

骼骴二文則禽獸之骨骾者人哽於物骨主謂人故其字非人骨而從骨其次則必先於骼骴也。从骨更聲。古杏切古音在十部

骼　禽獸之骨曰骼。按骨當作髖許據禮十七篇故云禽獸之髖曰骼也禽者走獸總名儀禮多言肫骼肫亦作膊皆說文之腨字也骼亦作胳於人曰髖也髖者髀上也牲前足體三曰肩曰臑曰臂臑於人爲厷肩下臂上也後足體三曰骼曰髀曰腨禮髀賤不升故經多言肩臂臑膊骼臑在臂上骼在肫上而先言臂肫者蓋四肢以下爲貴也骼是本字至埤蒼乃作髂廣雅字林變作䯊又或作骰魚虞歌麻通轉之故也云曰骼曰骴者所以別人禽之異名肉部曰臂羊豕曰臑是其例也許據十七篇爲言故不敢謂骼爲人骨也月令孟春掩骼薶骴鄭云骨枯曰骼肉腐曰骴蔡云露骨曰骼有肉曰骴高注呂覽云白骨曰骼有肉曰髊注淮南同皆不言骼骴爲禽獸之骨也則亦未嘗不可通用矣。从骨各聲。古覈切廣韵古伯切古音在五部

骴　鳥獸殘骨曰骴。殘同歺歺餘也鳥獸廣韵作鳥鼠曲禮曰四足曰漬注漬謂相瀸汙而

死也。小雅助我舉柴。手部引作掌。毛許皆云掌積也。鄭箋雖不中必助中者舉積禽。二經漬掌字音義皆同骴。故許知骴不謂人骨也。周禮蜡氏掌除骴。故書骴作脊。先鄭云脊讀爲殰。謂死人骨也。月令掩骼埋胔。骨之尚有肉者也。及禽獸之骨皆是。此先鄭兼人與禽獸言之。而公羊傳大災者何。大瘠也。大瘠者何。痢也。漢食貨志國亡捐瘠。孟康曰肉腐爲瘠。捐骨不薶者。公羊漢志瘠即骴字。合之鄭注月令肉腐曰骴。蔡氏高氏云有肉曰骴。又皆指人言之。說雖不同。皆關王政仁民愛物之意。其字正作骴。假借作漬作掌作瘠作脊。皆同音假借也。漬又作殰。**骴**逗。**可惡也。**釋骴字音義也。以其朽薉可惡。人所不欲見。故從骨。從此。此亦聲。**从骨。此聲。**資四切。十六部。**明堂月令曰。**大戴禮盛德篇云明堂月令。盧辯曰於明堂之中施十二月之令也。按漢志說禮云明堂陰陽三十三篇。古明堂之遺事。月令葢三十三篇之一。許偁月令皆云明堂月令。**掩骼薶骴。**鉉本此下有骴或從肉四字。鍇無。按假令許有此四字。則當先冠以篆文。胔見周禮禮記。釋文或字也。玉篇骴作骨。豈周禮說

文古本皆如是與呂氏春秋作髋亦或字也

骫 骨耑骫奊也 矢部奊下曰頭衺骫奊態也招隱士曰林木茷骫王注枝條盤紆也枚皋傳其文骫骳曲隨其事皆得其意師古曰骫骳猶言屈曲也然則骫奊者謂屈曲之狀骫字廁於此者統人及禽獸之骨言 从骨丸聲 於詭切十六部按丸聲在十四部此合韵也

䯤 骨擿之可會髮者 䯤會疊韵鄘風象之揥也毛曰揥所以摘髮揥本又作擿䯤所以會髮與揥所以擿髮訓釋正同䯤與揥一物而少異釋名曰揥摘也所以摘髮也導所以導擽鬢髮使入巾幘之裹也或曰擽鬢以事名之也然則揥一名擿鄘風所云也導一名撩鬢漢魏已後多云玉導簪導令人之抿簪詩禮之䯤也周禮弁師會五采玉琪注曰故書會作䯤先鄭云讀如馬會之會謂以五采束髮也士喪禮檜用組乃笄檜讀與䯤同書之異耳說曰以組束髮乃箸笄謂之檜沛國人謂反紒爲䯤按先鄭說云爾者蓋由會髮之器謂之䯤因之束髮謂之䯤與儀禮之檜同今士喪禮字作鬠注云古文鬠皆爲括骨擿猶象揥也必云骨者爲其字從骨䯤

者獸骨之成器者也故廁於末从骨會聲形聲包會意也古外切十五部詩曰䯤弁如星衛風文今作會弁毛傳曰弁皮弁所以會髮按此傳極可疑葢淺人改竄也皮弁者諸矦所以視朝及與諸矦相朝聘非爲會髮之用也云所以會髮殊不辭矣說文多沿毛傳其云可會髮者必本毛傳此文葢毛詩本作䯤弁傳本云䯤所以會髮弁皮弁正同周禮故書皮弁䯤五采謂先束髮而後戴弁其光耀如星也自鄭箋毛詩乃易䯤爲會釋爲弁之縫中與注周禮從今書不從故書正同後人據箋改傳致有此不通耳毛許先鄭說詩禮皆與後鄭不同其義則後鄭爲長

文二十五　重一

胾肉下文曰胾大臠也謂鳥獸之肉說文之例先人後物何以先言肉也曰以爲部首不得不首言之也生民之初食鳥獸之肉故肉字冣古而製人體之字用肉爲偏旁是亦假借也人曰肌鳥獸曰肉此其分別也

引伸爲爾雅肉好樂記廉肉字象形如六切三部凡肉之屬皆从肉

腜婦孕始兆也依廣韵訂韓詩曰周原腜腜又曰民雖靡腜毛詩皆作膴腜腜美也廣雅曰腜腜肥也此引伸之義也从肉某聲莫桮切古音在一部

肧婦孕一月也文子曰一月而膏二月血脈三月而肧四月而胎五月而筋六月而骨七月而成形八月而動九月而躁十月而生淮南曰一月而膏二月而肤三月而胎說各乖異其大致一也李善注江賦引淮南三月而肧胎與今本異从肉不聲匹桮切古音在一部

胎婦孕三月也元應兩引皆作二月釋詁曰胎始也此引伸之義方言曰胎養也此假借胎爲頤養也又曰胎逃也則方俗語言也从肉台聲土來切一部

肌肉也从肉几聲居夷切十五部

臚皮也今字皮膚從籒文作膚膚行而臚廢矣晉語聽臚言於市史漢臚句傳蘇林曰上傳語告下爲臚此皆讀爲敷奏以言之敷也史記臚於郊祀漢書大夫臚岱韋昭辨釋名鴻大也臚陳序也

謂大以禮陳序賓客此皆讀爲廷賓旅百之旅也劉熙釋名鴻臚腹前肥者曰臚以京師爲心體王侯外國爲腹胦以養之也此讀爲夏右胦之胦皆假借也其本義則皮膚也从肉盧聲甫無切五部

膚　籀文臚經籍通用此字禮運曰膚革充盈引伸爲狼跋文王之膚美爲六月之膚大爲論語之膚受

肫　面額也頁部曰額權也權俗作顴肫史漢作準高祖隆準服虔曰準音拙應劭曰隆高也準頰權準也按準者假借字肫其正字儀禮釋文引說文肫之允反是也其入聲則音拙廣雅作頔是也若戰國策準頞權衡竝言則準訓鼻矣儀禮牲體肫骼假借肫爲腨字也腨者腓腸也又中庸肫肫其仁鄭讀爲誨爾忳忳之忳忳忳懇誠皃也是亦假借也士昏禮腊一肫者純之假借純全也从肉屯聲章倫切十三部

䐈　頰肉也東方朔傳曰樹頰胲師古曰胲頰肉音改按集韵十五海曰頰下曰頭或作胲䐈廣韵十五海曰頦頰頦也頦爲頰肉與䐈異部而同義或作頭或假借胲字从肉幾聲讀若畿居衣切十五部

脣　口耑

也口之厓也假借爲水厓之字鄭注乾鑿度引詩寘之河之脣从肉辰聲食鄰切古音十三部

𩕄古文脣从頁

脰項也頁部曰項頭後也按頭後即頸後也左傳曰兩矢夾脰公羊傳曰宋萬搏閔公絕其脰注脰頸也齊人語士虞禮膚祭三取諸左膉上注膉脰肉也古文曰左股上此字從肉非從殳矛之殳聲鄭意謂股者髀也禮經多言髀不升則取諸左股爲膚祭非也尋古文用字之例假股爲膉正與假脾爲髀假肫爲膞爲腨假胳爲骼假頭爲脰皆以異物同音相假借股與膉當是同音蓋從肉役省聲如投疫殺皆從役省聲之比役與益同部此股非股肱字注當云此字從肉從役省聲非從殳矛之殳聲今本脫誤不完據賈疏云鄭以殳與股不是形聲之類其理未審賈實錯解而可證有非字今本又奪非字則更不可通矣从肉豆聲徒候切四部

肓心下鬲上也下上各本互譌篇韵同今依左傳音義正左傳疾不可爲也在肓之上膏之下賈逵杜預皆曰肓鬲也心下爲膏按鄭駁異義云肺也心也肝也俱在鬲上賈侍中說肓鬲也

統言之許云鬲上爲肓者析言之鬲上肓肓上膏膏上心今本作心上鬲下則不可通矣

素問曰肓之原在臍下釋名曰膈塞也塞上下使氣與穀不相亂也从肉亡聲呼光切十部按當云网平聲春秋傳曰病在肓之上左傳成十年文各本上譌下今正

腎水藏也今尚書古尚書說同从肉臤聲時忍切十二部

肺金藏也按各本不完當云火藏也博士說以爲金藏下文脾下當云木藏也博士說以爲土藏肝下當云金藏也博士說以爲木藏乃與心字下土藏也博士說以爲火藏一例元應書兩引說文肺火藏也其所據當是完本但未引一曰金藏耳五經異義云今尚書歐陽說肝木也心火也脾土也肺金也腎水也古尚書說脾木也肺火也心土也肝金也腎水也許慎謹案月令春祭脾夏祭肺季夏祭心秋祭肝冬祭腎與古尚書同鄭駁之曰月令祭四時之位乃其五藏之上下次之耳冬位在後而腎在下夏位在前而肺在上春位小前故祭先脾秋位小卻故祭先肝腎也脾也俱在鬲

下肺也心也肝也俱在鬲上祭者必王故有先後焉不得同五行之義今醫病之法以肝爲木心爲火脾爲土肺爲金腎爲水則有瘳也若反其術不死爲劇鄭注月令自用其說從今尚書說楊雄大元木藏脾金藏肝火藏肺水藏腎土藏心從古尚書說高注呂覽於春祭先脾曰春木勝土先食所勝也一說脾屬木自用其藏也於夏祭先肺曰肺金也祭禮之先進肺用其勝也一曰肺火自用其藏於秋祭先肝曰肝木也祭祀之肉用其勝也故先進肝一曰肝金也自用其藏也於冬祭先腎曰腎屬水自用其藏也於中央土祭先心曰祭祀之肉先進心心火也用所勝也一曰心土自用其藏也其注淮南時則訓略同皆兼從今古尚書說而先今後古許異義從古尚書說說文雖兼用今古尚書說而先古後今與鄭不同矣

从肉巿聲　芳吠切在十五部

脾　土藏也　文有脫誤說見上

从肉卑聲　符支切在十六部按古文以脾爲髀字

肝　木藏也　文有脫誤說見上

从肉干聲　古寒切十四部按禮經正脊謂之幹少牢古文幹爲肝此與古文髀爲脾皆但取同

音假借而已

膽連肝之府也白虎通曰府者爲藏官府也膽者肝之府也肝主仁仁者不忍故以膽斷仁者必有勇也素問曰膽者中正之官決斷出焉从肉詹聲都敢切八部

胃穀府也白虎通曰胃者脾之府也脾主稟氣胃者穀之委也故脾稟氣於胃也素問脾胃者倉廩之官五味出焉从肉図象形云貴切十五部

脬旁光也各本作膀非兩膀謂脅也今正白虎通曰旁光者肺之府也肺者斷決膽旁光亦常張有勢故先決難也素問曰旁光者州都之官津液藏焉按此所引白虎通本小徐與御覽所引元命苞合脬俗作胞旁光俗皆從肉从肉孚聲匹交切古音在三部

腸大小腸也白虎通曰大腸小腸心之府也心者主禮禮者有分理腸之大小相承受也腸爲胃紀胃爲脾府心爲支體主故有兩府素問曰大腸者傳道之官變化出焉小腸者受盛之官化物出焉按所引白虎通從顏氏急就篇注所引也藏府古通偁如周禮注五藏併胃旁光大腸小腸爲九藏是也从肉昜聲直良切十部

膏　肥也。按肥當作脂。脂字不廁於此者，許嚴人物之別。自胙篆已下，乃謂人所食者。膏謂人脂。在人者可假以名物，如無角者膏是也；脂專謂物，在物者不得假以名人也。从肉，高聲。古勞切。二部。

肪　肥也。肥亦當作脂。王逸正部論說玉符曰：白如豬肪。通俗文曰：脂在腰曰肪。此假在人者以名物也。从肉，方聲。甫良切。十部。

膺　匈也。勹部曰：匈，膺也。魯頌：戎狄是膺。釋詁、毛傳曰：膺，當也。此引伸之義。凡當事以膺，任事以肩。从肉，雁聲。於陵切。六部。

肊　匈骨也。宋本、李燾本皆作骨，俗本作肉，非也。此如脅爲兩膀，榦爲脅骨，正名百物，不可紊也。从肉乙。各本作乙聲。今按聲字淺人所增也。膏臆字古今音皆在職德韵，乙字古今音皆在質櫛韵，是則作臆者形聲，作乙者會意也。從乙者，見其骨也。魚骨亦有名乙者。於力切。一部。

臆　肊或从意。意聲也。亦作臆。

背　脊也。𠦬部曰：脊，背呂也。然則脊者背之一端，背不止於脊，如髀者股外，股不止於髀也。云背脊也、股髀也，文法正同。周易：艮其背，不獲其身。从肉，

四篇下

北聲補妹切古音在一部

兩膀也廣雅曰膀胠胉脅也按許無胉字胠下云亦下也者析言之不與廣雅同也膀言其前胠言旁迫於肱者又按周禮豚脅謂之豚拍儀禮牲體脅謂之兩胉注曰今文胉爲迫許此部前後皆無胉字是則鄭從古文胉許從今文迫也膀亦假旁爲之考工記旁鳴蜩屬是从肉劦聲虛業切八部

脅也从肉旁聲步光切十部

膀或从骨

脅肉也脅者統言之脟其肉也肋其骨也子虛賦脟割輪焠假脟爲臠也九歎說流水龍卬脟圈繚戾宛轉脟一作綸从肉寽聲力輟切十五部一曰脟腸閒肥也一曰膫也肥當作脂此別一義謂禽獸也下文云膫牛腸脂也腸脂謂之脟一名膫下一曰當作一名

脅骨也亦謂之榦榦者翰也如羽翰然也从肉力聲盧則切一部

夾脊肉也易艮九三艮其限裂其夤馬云夤夾脊肉也虞亦云夤脊肉王弼云當中脊之肉也按夕部夤敬惕也周易假爲胂故三家注云兩

肩　从厂蓋象形　从彐手也會意

若鄭本作臏臏恐夤之誤廣雅云胂謂之脢周易音義云胂以人反則胂音同夤○又按艮九三字當是上肉下寅故鄭本作臏非叚夤敬字也　從肉申聲　失人切十二部　脢　背肉也　咸九五咸其脢子夏易傳云在脊曰脢馬云脢背也鄭云脢背脊肉也虞云夾脊肉也按諸家之言不若許分析憭然胂爲迫呂之肉脢爲全背之肉也釋文云說文同鄭作背脊肉未知其審內則注脄脊側肉也脄即脢字　从肉每聲　莫桮切古音在一部　易曰咸其脢　肩　髆也　骨部曰髆肩甲也　从肉象形　象其半也古賢切十四部　肩　俗肩从戶　從門戶於義無取故爲俗字　胳　亦下也　亦腋古今字亦部曰人之臂亦也兩亦迫於身者謂之亦亦下謂之胳又謂之胠身之迫於兩亦者也深衣曰胳之高下可以運肘注肘不能不出入胳衣袂當腋之縫也按衣袂當胳之縫亦謂之胳俗作袼禮經牲體之胳今文作胳古文作骼鄭出古文於注是注從今文也許訓胳爲亦下訓骼爲禽獸之骨是從古文禮不同鄭也　从肉各聲

古洛切五部按儀禮肫骼之骼或作胳假借也

胠　亦下也　玉藻說袂二尺二寸袪尺二寸袪袂末也袪與胠同音然則胳謂迫於厷者胠謂迫於臂者左傳襄廿三年齊侯伐衛有先驅申驅戎車貳廣啟胠大殿賈逵曰左翼曰啟右翼曰胠啟胠皆在旁之軍莊子胠篋司馬曰從旁開爲胠皆取義於人體也廣雅胠脅也未若許說之明析　从肉去聲　按胠去魚切五部鉉從去劫一切此因訓脅而讀同之也

臂　手上也　又部曰厷臂上也此皆析言之亦下云人之臂亦渾言之也渾言則厷臂互偁　从肉辟聲　卑義切十六部

臑　臂句　羊豕曰臑　各本皆作臂羊矢也鄉射禮音義引字林臂羊豕也禮記音義引說文臂羊犬也皆不可通今正許書嚴人物之辨人曰臂羊豕曰臑此其辨也禽有假臂名者如周禮內則馬般臂是也人臂無偁臑者如儀禮禮記言臂臑皆謂牲體也許書之體本多言曰某轉寫者多改曰某二字爲一也字既改曰臑爲也又誤羊豕爲矢襲繆者久矣不曰羊豕臂曰臑而先言臂者何也尊人也謂人之臂在羊豕則曰臑也不以臑

字㕓於胡肱腝脛膘膟膫之所而㕓於此何也㕓於此以舉正人物之名之例也禮經臂臑爲二然則手上人禽皆曰臂臂上則人曰厷禽曰臑何以言人臂禽臑也曰臂可偁厷厷亦可偁臂許蒙上文臂篆言故爲統辭未及分析也鄭注禮曰肩臂臑肱骨肫骼股骨則又以肱統三者以股統二者也臑之言濡也濡者柔也 从肉需聲 讀若儒 各本作襦今從鄉射禮音義人于反古音在四部鉉用那到切乃音轉非古本音也作腝者誤

臂節也 厷與臂之節曰肘股與脛之節曰厀卪部曰厀脛頭卪也其文法同也肘今江蘇俗語曰手臂掙注是也深衣曰袼之高下可以運肘袂之長短反詘之及肘注云肘當臂中爲節臂骨上下各尺二寸按上謂厷下謂臂也 从肉寸 陟柳切三部 寸 逗 手寸口 說從寸之意謂從寸口至此爲一節也此一節之中曰掔

䏶齎也 各本䏶作肶誤囟部曰䏶臍人臍也凡居中曰臍釋言馬注呂㓝皆云齎中也釋地中州曰齊州列子中國曰齊國莊列與齊俱入與汩偕出司馬云齊回水如磨齊也皆臍字引伸假借之

義左傳噬齊字祇作齊从肉齊聲徂兮切十五部

腹厚也腹厚疊韵此與髮拔也尾微也一例謂腹之取名以其厚大釋名曰腹複也富也文法同釋詁毛傳皆云腹厚也則是引伸之義謂凡厚者皆可偁腹如小雅出入腹我月令水澤腹堅是也从肉夏聲方六切三部

腴腹下肥者者各本作也今依文選注此主謂人論衡傳語曰堯若腊舜若腒桀紂之君垂腴尺餘是也若少儀羞濡魚者進尾冬右腴七發犓牛之腴假人之偁偁之也从肉臾聲羊朱切四部

脽尻也尻鍇作尻非也東方朔傳曰臣觀其齒牙樹頰胲吐脣吻擢項頤結股腳連脽尻每句二字皆相爲屬別師古曰脽臀也本說文也渾言則尻尻爲一尸部曰尻脾也朔傳曰尻益高是也析言則尻統之尻乃近穢處今北方俗云溝子是也連脽尻者斂足而立之狀漢武帝紀立后土祠於汾陰脽上如淳曰脽者河之東岸特堆魏土地記云河東郡北八十里有汾陰城北去汾水三里城西北隅曰脽巨詳邑部鄈下从肉隹聲示隹切十五部

肤孔也蒙脽

言則謂尻孔也俗謂之髖髁

从肉夬聲讀若決水之決夬聲鉉本作決省聲誤鍇本亦同者張次立依鉉改之也決水在廬江見水部古穴切十五部

胯股也合兩股言曰胯廣韻曰胯兩股之閒也史記曰不能死出我胯下从肉夸聲苦故切五部

股髀也骨部曰髀股外也言股則統髀故曰髀也从肉殳聲公戶切五部按殳字古音在四部股殺字古音在五部見於詩者如此

腳脛也東方朔傳曰結股腳謂跪坐之狀股與腳以厀爲中腳之言卻也凡卻步必先脛从肉卻聲居勺切五部

脛胻也厀下踝上曰脛脛之言莖也如莖之載物从肉巠聲胡定切十一部

胻脛耑也耑猶頭也脛近厀者曰胻如股之外曰髀也言脛則統胻言胻不統脛龜策傳曰壯士斬其胻　郎斮朝涉之脛也从肉行聲戶更切古音在十部篇韵皆胡郎切

腓脛腨也咸六二咸其腓鄭曰腓膞腸也按諸書或言膞腸或言腓腸謂脛骨後之肉也腓之言肥似中有腸者然故曰

腓腸茍爽易作肥云謂五也尊盛故稱肥此茍以意改字耳从肉非聲符飛切十五部

腓腓腸也腨者脛之一耑舉腨不該脛也然析言之如是統言之則以腨該全脛如禮經之言肫骼是也禮經多作肫或作膞皆假借字山海經謂之膂从肉耑聲市沇切十四部

胑體四胑也荀子君道篇如四胑之從心淮南脩務訓四胑不動孟子謂之四體孟子注胑作枝云體者四枝股肱也又云折枝按摩折手節解罷枝也自胳肱至腨言手足也故總之以胑从肉只聲章移切十六部

肢胑或从支只支同部

胲足大指毛肉肉字依篇韵補倉公傳正義作皮足母指上多生毛謂之毛肉故字從肉國語至於手拇毛脈謂手拇有毛脈也莊子臘者之有膍胲音義云胲足大指也漢書樹頰胲假爲朘也从肉亥聲古哀切一部

肖骨肉相佀也骨肉相似者謂此人骨肉與彼人骨肉狀皃略同也故字從肉漢刑法志假宵列子假俏从肉小聲私妙切二部不佀其先故曰

肖　从小者猶云具體而微

肖　振肸也从八八分也振動則有分布之意

兼義　義聲

不肖也釋經傳之言不肖此肖義之引伸也

胤子孫相承續也釋詁允嗣繼也大雅毛傳允嗣也从肉从八象其長也八分也骨肉所傳支分𠂢別傳之無窮幺亦象重絫也絫俗作累上非幺麼之幺直像其重絫之意羊晉切十二部

𦙍古文允兩旁蓋亦從八之意

胄允也左傳曰是四嶽之裔胄也从肉由聲許書無由字然由聲字甚多不可謂古無由字欲盡改爲甹省聲也直又切三部與甲胄字別

肸振肸也振肸依玉篇今本玉篇肸譌眫十部曰肸蠁布也然則振肸者謂振動布寫也以疊韵爲訓也鍇本云振也鉉本云振肸也皆非是禮樂志曰鸞路龍鱗罔不肸飾師古曰肸振也謂皆振整而飾之也上林賦肸蠁布寫師古曰肸蠁盛作也甘泉賦薌呹肸以掍根師古曰言風之動樹聲響振起此皆與說文合蓋佾與肸者義皆同許無八佾字今按作佾作肸皆可左傳言振萬舞者必振動也尸部曰屍動作切切也此從佾會意也从肉八聲許乞切古音在十二部

膻

肉膻也釋訓毛傳皆云襢裼肉襢也李巡云脫衣見體曰肉襢孫炎云襢去裼衣按多作襢作袒非正字膻其正字素問膻中謂氣海从肉亶聲徒旱切十四部詩曰膻裼暴虎鄭風文今詩作襢作袒

臁益州鄙言人盛諱其肥謂之臁方言曰梁益之閒凡人言盛及其所愛諱其肥晠謂之壤鄒陽上書壤子王梁代晉灼注引方言梁益之閒所愛諱其肥盛曰壤也李善曰諱方言作瑋按李所據方言作瑋許書諱亦當作瑋瑋同偉奇也驚羨之意也臁假借作壤从肉襄聲如兩切十部

肥多肉也从肉卪鉉等曰肉不可過多故從卪符非切十五部按各本此篆在部末蓋因奪落而補綴之也今考定文理必當廁此與下文少肉反對

䐴臞也从肉皆聲古諧切十五部

臞少肉也釋言臞瘠也周禮注瘠臞也从肉瞿聲其俱切五部

脫消肉臞也消肉之臞臞之甚者也今俗語謂瘦太甚者曰脫形言其形象如解蛻也此義少有用者今俗用爲分散

膌

𦟩从肉矣膌復从肉疑後人所增古祗作脊瘦

則脊見也𤸃从朿形聲義兼備

膌

遺失之義分散之義當用捝手部捝下曰解捝也遺失之義當用奪奞部曰奪手持隹失之也从肉兌聲徒活切十五部

[臞]齊人謂臞脙也臞齊人曰脙雙聲之轉也釋言曰臞脙瘠也玉篇云齊人謂瘠腹爲脙从肉求聲讀若休止木部曰休息止也許音休令音巨鳩切三部

[臠]臞也毛詩傳曰欒欒瘦瘠皃蓋或三家詩有作臠從正字毛作欒從假借字抑許所據毛作臠皆不能肊定也从肉䜌聲力沇切十四部古皆讀平聲一曰切肉也依廣韵訂切肉曰臠臠之大者曰胾此許義也詩曰棘人臠臠兮此證前一義也

[膌]瘦也疒部曰瘦臞也許欲令其義錯見也膌亦作瘠瘦亦作膄凡人少肉則脊呂歷歷然故其字從脊大雅串夷載路箋云路瘠也天意去殷之惡就周之德文王則侵伐混夷以瘠之此讀路爲露也瘠者露骨从肉脊聲資昔切十六部

[𤸃]古文膌从疒朿朿木芒也木芒是老瘠之狀故從朿呂覽曰凡耕之大方棘者欲肥肥者欲棘高云棘羸瘠也詩棘

人之孌孌言羸瘠也土亦有瘠土按棘從竝朿故高云爾**朿亦聲**朿聲與脊聲同十六部也

脀　騃也馬部曰騃馬行仡仡也人部曰仡勇壯也按騃取壯意凡肥者多癡故方言曰癡騃也廣韵曰脀癡皃下文胗腫等字皆言人病騃亦病之一也**从肉丞聲**按禮經戴記以此字爲薦脀字蓋假脀爲烝也烝進也而廣韵乃分別脭爲熟脀爲癡皃集韵亦分別異體皆非是**讀若丞**署陵切六部

胗　脣瘍也宋玉風賦曰中脣爲胗**从肉㐱聲**之忍切十三部

疹　籒文胗从疒

腄　跟胝也跟鋕作瘢不可通跟足踵也戰國策墨子聞之百舍重繭高注重繭絫胝也是足跟生胝之說也**从肉垂聲**竹垂切古音在十七部

胝　腄也漢書躳奏無胈史記作躳胝無胈徐廣曰胝竹移反胝腄也李善引郭璞三蒼解曰胝蹣也竹施反按據此二音似胝本從氏聲在五支韵然小顏注漢云竹尸反今說文作胝從氐今韵入六脂姑仍其舊**从肉氐聲**竹尼切十五部

肬　贅肬也各本奪肬

字今補贅同綴書傳多贅綴通用故此直作贅綴屬也屬於皮上如地之有丘也 从肉尤聲 羽求切三部 黕 籀文肬从黑 肒 搔生創也 手搔皮肉成瘡 从肉丸聲 胡岸切十四部 腫 癰也 疒部曰癰腫也瘍醫注曰腫瘍癰而上生創者按凡膨脹粗大者謂之癰腫生民毛傳種雍腫也莊子說木盤瘿曰雍腫雍俗作擁 从肉重聲 之隴切九部 胅 骨差也 謂骨節差忒不相值故胅出也蘇林漢書注云𦝫胅𦝫謂入胅謂出爾雅注云胅起高二尺許山海經結匈國注云臆前胅出如人結喉玄應書傾頭胅頷皆是𦝫胅倉頡篇作容胅葛洪字苑作凹凸今俗通用作坳突 从肉失聲讀若跌同 蹉跌者骨多差音義皆同徒結切十二部 脪 創肉反出也 今洗冤錄所謂皮肉捲凸也 从肉希聲 香近切十三部希聲讀入殷韵猶斤聲讀入微韵 ⿰月引 瘢也 疒部瘢痍也痍傷也 从肉引聲 羊晉切十二部 一曰遽也 別一義按篇韵皆云⿰月引脊肉是爲胂

臏字也

臘　冬至後三戌臘祭百神　三戌下玉篇有爲字非也。臘本祭名因呼臘月臘日耳月令臘先祖五祀左傳虞不臘矣皆在夏正十月臘卽蜡也風俗通云禮傳夏曰嘉平殷曰清祀周曰大蜡皇侃曰夏殷蜡在已之歲終皇說是也秦本紀惠王十二年初臘記秦始行周正亥月大蜡之禮也始皇三十一年十二月更名臘曰嘉平十二月者丑月也始皇始建亥而不敢謂亥月爲春正月但謂之十月朔而已項羽紀書漢之二年冬繼之以春繼之以四月可證也更名臘爲嘉平者改臘在丑月用夏制因用夏名也臘在丑月因謂丑月爲臘月陳勝傳書臘月是也漢仍秦制亦在丑月而用戌日則漢所獨也風俗通曰臘者接也新故交接大祭以報功也漢家火行火衰於戌故曰臘也高堂隆曰帝王各以其行之盛而祖以其終而臘火生於寅盛於午終於戌故火家以午祖以戌臘按必在冬至後三戌者恐不在丑月也鄭注月令曰臘謂以田獵所得禽祭也風俗通亦曰臘者獵也按獵以祭故其祀從肉　从肉巤聲　盧盍切八部

膢　楚俗以二月祭飲

食也風俗通曰韓子書山居谷汲者膢臘而買水楚俗常以十二月祭飲食也按買水今本韓子作相遺以水皆謂水少耳風俗通作十二月劉昭引同與許書二月異疑十爲衍字仲遠書多襲用說文也劉元傳注引漢書音義云冀州北郡以八月朝作飲食爲膢其俗語曰膢臘社伏元應引三倉云膢八月祭也篇韵皆云膢飲食祭也冀州八月楚俗二月合說文與漢書音義言之　从肉婁聲力俱切古音在四部按俱近鉉本誤居廣雅膢作𥜽　一曰祈穀食新曰膢鉉本膢上有離字風俗通曰又曰嘗新始殺食曰貙膢劉昭所引如是按後漢禮儀志立秋之日武官肄兵習戰陣之儀斬牲之禮名曰貙劉劉元傳立秋貙膢時注引前書音義曰貙獸以立秋日祭獸王者亦以此日出獵用祭宗廟是則貙劉貙膢同義依風俗通似祈穀二字當作始殺或曰祈穀食新卽八月祭之說也

脁　祭也祭名也廣雅云祧祭也祧當作脁　从肉兆聲玉篇遙堯他召二切二部鉉本土了切葢誤以月部之朓當之也

胙　祭福肉也福者皇尸命工祝承致多

福無疆于女孝孫是也周禮以脤膰之禮親兄弟之國注曰同福祿也引伸之凡福皆言胙如左傳言天胙明德無克胙國國語胙以天下胙四岳國是也自後人肌造祚字以改經傳由是胙祚錯出矣**从肉乍聲**昨誤切五部

隋　裂肉也衣部曰裂繒餘也齊語戎車待游車之裂韋曰裂殘也裂訓繒餘引伸之凡餘皆曰裂裂肉謂尸所祭之餘也守祧既祭則藏其隋注隋尸所祭肺脊黍稷之屬其儀節詳於禮十七篇其字古文士虞禮作隋與周禮同特牲少牢篇今文作綏古文作挼或作妥鄭注云周禮作隋隋與挼讀同又云挼讀為隋注曾子問亦云綏周禮作隋是鄭以隋為正字與許同也尸祭刌肺黍稷之屬已祭則為殉餘無用之物故云裂肉單言肉者為其字從肉也**从肉隓省聲**徒果切十七部按今儀禮注隋皆作墮誤

膳　具食也此與食部籑字同義具者供置也欲善其事也鄭注周禮膳夫曰膳之言善也又云膳善之膳牲肉也**从肉善聲**常衍切十四部

腬　嘉善肉也謂肥美小徐云晉語曰若克有成無亦晉之柔嘉是

以甘食偃之肉腥臊將焉用之从肉柔聲耳由切三部

肴啖也折俎謂之肴見左傳國語豆實謂之肴見毛傳凡非穀而食曰肴見鄭箋皆可啖者也按許當云啖肉也謂熟饋可啖之肉今本有奪字从肉爻聲胡茅切二部按今經傳皆作殽非古經之舊也

腆設膳腆腆多也士昏禮注邶風箋皆曰腆善也方言公羊傳注皆曰腆厚也此皆引伸之義也禮古文以殄爲腆从肉典聲他典切十二部

腆古文腆从日蓋誤玉篇作[illegible]

腯牛羊曰肥豕曰腯按人曰肥獸曰腯此人物之大辨也又析言之則牛羊得偁肥豕獨偁腯曲禮豕曰剛鬣豚曰腯肥注云腯亦肥也春秋傳作腯腯充皃也按曲禮經注當如是今本經文作腯則不可通矣豚亦腯字也釋文腯本亦作豚乃本亦作腞之誤郭注方言曰腯腯肥充也音突亦作腞是其證左傳奉牲以告曰博碩肥腯下文以謂民力溥存釋博以謂其畜之碩大蕃滋釋碩以謂其不疾瘯蠡釋肥以謂其備腯咸有釋腯曲禮專謂豚左氏統言之从肉盾聲他骨

切十五部

肥肉也廣韵曰腦脅肥也脅肥狀也从肉必聲蒲結切十二部

牛顄垂也元應司馬貞引皆作牛領按此言顄以包頸也顄頤也牛自頤至頸下垂肥者也引伸之凡物皆曰胡如老狼有胡鶘胡龍垂胡顈是也胡與侯音轉冣近故周禮立當前侯注曰車轅前胡下垂柱地者經傳胡侯遐皆訓何士冠禮永受胡福鄭曰胡猶遐也毛傳胡壽也謚法彌年壽考曰胡保民耆艾曰胡胡皆謂壽命遐遠从肉古聲戶孤切五部

牛百葉也廣雅胃謂之脘李時珍云脘卽胃之厚處齊民要術有牛脘炙卽牛百葉也公羊傳注自左髀達於右脘謂達於胃也从肉弜省聲胡田切十二部

牛百葉也周禮醢人旣夕禮皆云脾析周禮注鄭司農云脾析牛百葉也旣夕注云脾讀爲雞脾䏶之脾脾析百葉也按䏶從此聲釋文尺之反內則鴇奧注奧脾䏶也字亦作䏶釋文昌私反今儀禮注禮記釋文䏶皆作肶誤甚䏶與斯斯與析音近故釋脾析爲脾䏶雞鴇皆有脾䏶謂胃也卽許所謂鳥膍胵也鄭與許字異

而音義同謂之百葉者胃薄如葉碎切之故云百葉未切爲膍胵旣切則謂之脾析謂之百葉也此胃也而經注何以謂之脾蓋如今人俗語脾胃連言故以脾之名加於胃也經文脾析說禮家容有讀爲膍者故許從之不欲與土藏同名也莊子臘者之有膍胲司馬云膍牛百葉也是也大雅加脊脾臄脾䏶亦謂百葉許以牛百葉系諸獸系諸巳成之豆實故以鳥膍胵爲別一義實則皆謂胃也廣雅云百葉謂之膍胵渾言之也从肉𣬈聲房脂切十五部一曰鳥膍胵逗鳥胃也鳥胃也三字本在胵下今更定內則鴇奧注奧脾䏶也玉篇廣韵奧皆作䐿云䐿鳥胃膍或从比釋詁曰肶厚也毛詩曰膍厚也實一字也皆引伸假借之義也采菽福祿膍之音義曰韓詩作肶按韓詩爾雅皆同說文或字毛詩節南山又作毗毗卽𣬈字釋詁肶亦作脾鳥膍胵也依全書通例正从肉至聲處脂切十五部古音至聲在十二部一曰胵五藏總名也此單呼胵不連膍五藏亦謂禽獸牛脅後髀前合革肉也合革肉者他處革與肉可分剝獨此處不可分剝也七發所謂犓牛之腴毛傳云射左膘三蒼云膘小腹兩邊肉也从肉㬥聲讀若繇敷紹切二部今俗謂肥者曰膘壯音如標

膟血祭肉也郊特牲曰取膟膋燔燎升首報陽也鄭云膟膋腸閒脂也朝事時取牲膟膋燔於爐炭至薦孰之時又取膟膋與蕭合燒之按此注謂膟膋腸閒脂二字一物祭義注云膟膋血與腸閒脂也則以血釋膟以腸閒脂釋膋略同許說小雅執其鸞刀以啟其毛取其血膋正與祭義毛牛尚耳鸞刀以封取膟膋乃退語相合毛云毛以告純也膋脂膏也血以告殺膋以升臭合之黍稷實之於蕭合馨香也蓋說禮家以膟當詩之血故許云血祭鄭注祭義同考之郊特牲血祭與燔膟膋各事膟膋自是一物郊特牲注爲長也許云血祭血祭肉者肉是衍字血祭不容有肉祭義疏引說文字林膟血祭無肉字𧮰字下亦云血祭从肉帥聲呂戌切十五部

𦞦膟或从率今毛傳禮記皆作膟

膫牛腸脂也从肉尞聲洛蕭切二部詩曰取

其血膫 小雅信南山文膟字下云一曰膟腸間肥也一名膫然則膫一名膟矣今按膟膋卽⿵門肉字之異者膟膫同訓腸間脂與郊特牲注合

膋 膫或从勞省聲 今毛詩禮記皆作膋

脯 乾肉也 周禮腊人掌乾肉凡田獸之脯腊膴胖之事注云大物解肆乾之謂之乾肉薄析曰脯捶之而施薑桂曰段脩腊小物全乾也許於脯於日部之昝統言之曰乾肉鄭則以大物小物析言之

从肉甫聲 方武切五部

脩 脯也 膳夫大鄭注曰脩脯也按此統言之析言之則薄析曰脯捶而施薑桂曰段脩後鄭注內饔云脩鍛脯也是也曲禮疏云脯訓始始作卽成也脩訓治治之乃成修治之謂捶而施薑桂經傳多假脩爲修治字

从肉攸聲 息流切三部

膎 脯也 太玄曰多田不婁費我膎功

从肉奚聲 戶皆切十六部皆當從廣韵作佳膎俗作鮭

⿰月兩 膎肉也 廣雅曰膎⿰月兩肉也不列於脯類錯本膎⿰月兩二篆在膊篆之下集韵曰吳人謂腌魚膎⿰月兩

从肉兩聲 良獎切十部

膊 薄脯膊之屋

上膊之屋上當作薄之屋上薄迫也釋名膊迫也薄椓肉迫箸物使燥也說與許同方言膊暴也燕之外郊朝鮮洌水之閒凡暴肉發人之私披牛羊之五藏謂之膊左傳龍人囚盧蒲就魁殺而膊諸城上周禮斬殺賊諜而膊之皆謂去衣磔其人如迫脯於屋上也又儀禮兩胉今文作迫周禮豚拍杜子春以拍爲膊謂脅也按脅之正字當從禮今文作迫**从肉尃聲**匹各切五部

脘胃脯也胃脯見史漢貨殖傳晉灼曰今大官常以十月作沸湯燖羊胃以末椒薑坋之暴使燥是也廣雅曰脘脯也鉉本胃脯作胃府則與上下文言脯者不貫廣脘篆應廁於胃篆下矣素問胃脘謂胃宛中可容受脘从葢宛之俗大廣益會玉篇脘注古卵切胃脘非許意**从肉完聲讀若患**曹憲丸管二音十四部

朐脯挺也許書無脡字挺卽脡也何注公羊曰屈曰胸中曰脡胸脡就一脡析言之非謂脡有曲直二種也曲禮曰左朐右末鄭云屈中曰朐屈中猶言屈處末卽申者也士虞禮曰設俎于薦東朐在南鄭云朐脯及乾肉之屈也曰左朐曰朐在南則朐在脯端明矣鄉飲酒

記曰薦脯五挺橫祭于其上注引曲禮左朐右末鄉射記薦脯五樴樴長尺二寸注樴猶挺也然則每一脯爲一樴謂之一挺每樴必有屈處故亦可謂之一朐挺作脡樴作職皆俗字朐引伸爲凡屈曲之偁漢巴郡有朐忍縣十三州志曰其地下溼多朐忍蟲因名朐忍蟲即丘蚓今俗云曲蟺也漢碑古書皆作朐忍無異不知何時朐譌朐忍譌䏰闞駰上音春下音閏通典上音蠢下音如尹切廣韵則上音蠢下音閏而大徐乃於肉部增朐䏰二篆上音如順下音尺尹不知爲朐忍之字誤且謂其地在漢中又不知漢朐忍在今夔州府雲陽縣名萬戶埧者是去漢中遠甚也从肉句聲凡從句之字皆曲物故皆入句部朐不入句部何也朐之直多曲少故釋爲脯挺但云句聲也云句聲則亦形聲包會意也其俱切四部

膴無骨腊也腊今字也日部作昔腊人掌乾肉凡田獸之脯腊膴胖之事脯腊皆謂乾肉故許釋膴爲無骨腊蓋賈侍中周禮解詁說與鄭司農云膴膺肉杜子春云膴胖皆謂夾脊肉後鄭云公食大夫禮曰庶羞皆有大有司曰主人亦一魚加膴祭于其上內則曰麋鹿田豕麕皆

有胖足相參正也大者胾之大臠膴者魚之反覆膴又詁曰大二者同矣則是膴亦膴肉大臠胖宜爲脯而腥胖之言片也析肉意也按依後鄭說膴胖皆非腊也趙商問腊人掌凡乾肉而有膴胖何鄭荅雖鮮亦屬腊人此可證膴胖之非腊許說葢偏執耳下文云周禮有膴判易胖爲判度許亦必釋爲腊屬而今亡其說矣無骨之腊故其字從肉無骨則肥美故引伸爲凡美之偁毛詩傳曰膴膴美也楊雄說鳥腊此別一義鳥腊必非無骨也葢楊雄蒼頡訓纂一篇中有此語从肉無聲荒胡切五部周禮有膴判按周禮作胖鄭大夫云胖讀爲判許同之半部釋胖爲半體讀若謨後鄭云膴又詁曰大注有司徹云膴讀如殷冔之冔則讀同幠火吳反

腒北方謂鳥腊腒周禮內則注皆曰腒乾雉士相見之禮摯冬用雉夏用腒注曰備腐臭也按鄭主謂乾雉依士相見禮而言也士相見禮腒謂雉周禮內則不必專謂雉許槩言鳥腊爲長从肉居聲九魚切五部傳曰堯如腊舜如腒亦見王充論衡引傳

𦢊乾

魚尾肅肅也肅肅各本作牗牗今正肅肅乾皃今俗尚有乾肅肅之語風俗通說夏馬掉尾肅肅古言也庖人内則注曰鱐乾魚邊人注曰鱐者析乾之出東海从肉肅聲所鳩切三部周禮有腒牗今周禮庖人作腒鱐

肒孰肉醬也用孰肉爲醬孰廣韵作乾疑乾是下文云生肉醬者鮮肉醬也从肉九聲讀若舊巨鳩切三部

腝有骨醢也酉部曰醢肉醬也釋器曰肉謂之醢有骨者謂之臡醢人注曰臡亦醢也或曰有骨爲臡無骨爲醢公食大夫禮注曰醢有骨謂之臡从肉耎聲人移切古音在十四部

臡腝或从難耎難二聲同在十四部按公食大夫禮注曰今文臡皆作麋麋系腝之誤儀禮爾雅音義曰臡字林作腝五經文字曰臡見禮經周禮說文字林皆作腝據此則說文本無臡字甚明後人益之也許於禮經或從今文或從古文此從今文腝鄭則從古文臡也

脠生肉醬也廣韵曰魚醢也引說文云肉醬釋名齊民要術有生脡从肉延聲丑連切十四部按此

字從延非從延也目部道木部梴同今本說文梴作梃脠篆大徐不誤而注誤云延聲䏬豕肉醬
也魚部曰鮨魚脂醬也是魚肉醬亦偁脂从肉否聲各本作否聲誤薄口切四部胥蟹
醢也庖人共祭祀之好羞注謂四時所爲膳食若今荊州之鮺魚青州之蟹胥雖非常物進之孝也釋名曰蟹
胥取蟹藏之使骨肉解足胥胥然也字林云胥蟹醬也按鄭云作醢及鬻必先膊乾其肉乃後莝之襍以粱麴及鹽
漬以美酒塗置甀中百日則成許云蟹醢作之當同也釋名所云則似今之醉蟹似劉說長蟹者多足之物引伸假
借爲相與之義釋詁曰胥皆也又曰胥相也今音相分平去二音爲二義古不分公羊傳曰胥命者相命也穀梁傳
曰胥之爲言猶相也毛傳於聿來胥宇于胥斯原皆曰胥相也此可證相與相視古同音同義也小雅君子樂胥毛
曰胥皆也賈誼書引此詩云胥相此爾雅皆與相同義之證也方言又曰胥輔也亥王胥附先後是也从肉
疋聲按蟹八跪二敖故字從疋劉熙云足胥胥然也相居切五部劉昌宗音素集韵又作蝑蝂蝍蛣音四夜切

按胥篆舊在膴腒之閒非其類今正之移於此

胹　爛也　爛火部作爤火孰也左傳宰夫胹熊蹯不孰謂火孰之而未孰也方言胹熟也自關而西秦晉之郊曰胹按內則作濡　从肉而聲　如之切一部廣韵作胹云籀文作胹

䐣　切孰肉內於血中和也　釋名有肺⿰月巽⿰月巽同䐣五經文字曰⿰月巽見禮經注廣韵三十三線曰⿰月巽同饌見儀禮士戀切　从肉員聲讀若遜　穌本切十三部

胜　犬膏臭也　庖人內則秋行犢麛膳膏腥杜子春云膏腥豕膏也後鄭云膏腥雞膏也許云犬膏蓋本賈侍中　从肉生聲　桼經切十一部　一曰不孰也　上文云生肉醬字當作胜論語君賜腥必孰而薦之字當作胜今經典膏胜胜肉字通用腥爲之而胜廢矣而腥之本義廢矣

臊　豕膏臭也　庖人內則曰夏行腒鱐膳膏臊杜子春云膏臊犬膏大鄭云膏臊豕膏後鄭從杜說許同大鄭　从肉喿聲　穌遭切二部

膮　豕肉羹也　公食大夫禮注曰膷臐膮今時膗也牛曰膷羊曰臐豕曰膮皆香美之名也古

文腳作香臐作熏按許無腳臐二字從古文不從今文也內則同今文作腳臐又按此庶羞豆實也其謂之羹何羹有實於鼎者牛藿羊苦豕薇是也有實於豆者腳臐膮是也鄭云膗也許云膗肉羹也誤正同膗亦謂之羹而較乾於鉶羹且鉶羹有菜芼膗不云用菜芼也**从肉堯聲**許幺切二部

腥　星見食豕令肉中生小息肉也息當作瘜疒部曰瘜寄肉也星見時飼豕每致此疾內饔曰豕盲眡而交睫腥盲眡內則作望視鄭云腥當爲星聲之誤也肉有如米者似星注內則同按鄭意腥爲腥孰字豕不可食者當作星與經傳及今俗用字皆合許則謂腥孰字正作胜腥專謂豕不可食者與鄭絕異爾雅米者謂之檗郭云飯中有腥其用字與許同也**从肉星星亦聲**穌佞切十一部字林先定反

脂　戴角者脂無角者膏大戴易本命曰戴角者無上齒謂牛無上齒觸而不噬也無角者膏而無前齒謂豕屬也無前齒者齒盛於後不用前有羽者脂而無後齒羽當爲角謂羊屬也齒盛於前不任後考工記鄭注曰脂者牛羊屬膏

者豕屬內則注曰肥凝者爲脂釋者爲膏按上文膏系之人則脂系之禽此人物之辨也有角無角者各異其名此物中之辨也釋膏以脂禽亦曰膏周禮香臊腥羶皆曰膏此皆統言不別也 从肉旨聲 旨夷切十五部

膭 𦢊也 𦢊各本譌觷說者以釋器角謂之觷釋之誤甚角部本無觷字此上下文皆言脂膏治角之義無從闌入也玉篇膭膏𦢊也𦢊膏膭也廣韵過韵膭𦢊膏也𦢊又見屋沃韵是可據以正誤補鍥矣 从肉𧴪聲 鮮果切十七部廣韵先臥切

𦢊 膏肥皃 从肉學省聲 烏酷切三部此篆舊無今補按膭𦢊二篆蓋古本皆無或增膭而失其解則不若併增𦢊也

膩 上肥也 謂在上者釋器曰冰脂也郭云莊子肌膚若冰雪冰雪脂膏也按此所謂上肥也冰凝古今字毛詩膚如凝脂同也楚辭靡顏膩理膩滑也 从肉貳聲 女利切十五部

膜 肉閒胲膜也 釋名膜幕也幕絡一體也廣雅膴腸膜也膈與膜爲一許意爲二膜在肉裏也許爲長胲膜者絫呼之胲之言該也按膜膈皆人物所同許專系之物者

在人者不可得見也从肉莫聲慕各切五部

䐞肉表革裏也考工記注曰今人謂蒲本在水中者爲弱按蒻在莖之下根之上肉表革裏名膕亦猶是也从肉弱聲而勺切二部

臛肉羹也鬻部曰鬻五味盉羹也釋器曰肉謂之羹羹有二實於鉶者用菜芼之謂之羹實於庶羞之豆者不用芼亦謂之羹禮經牛膷羊臐豕膮鄭云今時臛也是今謂之臛古謂之羹臛字不見於古經而見於招䰟王逸曰有菜曰羹無菜曰臛王說與禮合許不云羹也而云肉羹也者亦無菜之謂匡謬正俗駁叔師說其言甚誤从肉隺聲呼各切古音在二部

膹臛也廣雅曰臐膹膮臛也臛俗臛字从肉賁聲房吻切十三部

臇臛也李善引蒼頡解詁曰臇少汁臛也曹植七啟曰臇漢南之鳴鶉名都篇曰膾鯉臇胎鰕从肉雋聲讀若纂子沇切十四部

熼臇或从火巽

胾大臠也切肉之大者也从肉𢦏聲側吏切一部按鄉射禮古文樴爲胾戠聲𢦏聲同也脯脡字本

作梃從木從手從肉皆誤也梃一枚也檝猶梃也檝作葴則同聲而不同義凡禮古文髀作脾䏶作胉骼作胳等皆同聲而不同義

䐑薄切肉也云薄者取從枼之意少儀曰牛與羊魚之腥聶而切之為膾注聶之言䐑也先藿葉切之復報切之則為膾醢人注引少儀聶皆作䐑腊人注云膴亦䐑肉大臠按如許鄭說䐑者大片肉也鄭云凡醢醬所和細切為韲全物若䐑為菹从肉枼聲直葉切八部

膾細切肉也所謂先藿葉切之復報切之也報者俗語云急報凡細切者必疾速下刀少儀注云報讀為赴疾之赴拔赴皆疾也从肉會聲古外切十五部

腌漬肉也今淹漬字當作此淹行而腌廢矣方言云淹敗也水敗為淹皆腌之引伸之義也腌猶瀸也肉謂之腌魚謂之饐倉頡篇云腌酢淹肉也从肉奄聲於業切八部

脃小耎易斷也七發曰甘脃肥膿魏都賦㮚質蓮脃作脆者誤也从肉絕省聲形聲包會意也易斷故從絕省此芮切十五部

膬耎易破也耎七發注作腝腝者醢有

四篇下

骨者也七發曰飲食則溫淳甘膬脭醲肥厚从肉毳聲七絕切十五部按脃膬葢本一字異體篇韵皆云膬同脃小宗伯注曰今南陽名穿地爲竁聲如腐脃之脃音義云字書無脃字但有膬字音千劣反今注本或膬字者則與劉音清劣反爲協據此則陸氏所見說文等書有膬無脃也而李善於魏都七發分引此二字則唐初說文非無脃矣二字皆可入可去分廁祭薛古音理不然也

散襍肉也从㪔者會意也㪔分離也引伸凡㪔皆作散散行而㪔廢矣从肉㪔聲穌旰切十四部

膞切肉也膞與剸義近儀禮說牲體前有肩臂臑後有肫髀骼髀不升於俎故多言肫骼肫亦作膞經肫膞錯出皆假借字也經本應作腨腨胖腸也以胖腸該全脛假肫膞字爲之从肉專聲市沇切十五部

腏挑取骨閒肉也手部曰抉挑也从肉叕聲讀若詩曰啜其泣矣王風文陟劣切十五部

𦙀食所遺也馬融陸績皆曰肉有骨謂之胏說文字林作𩚑訓爲食所遺葢孟本孟說與从肉仕

聲阻史切古音在一部易曰噬乾𦙶今錯本此下衍止字噬嗑九四爻辭胏楊雄說𦙶从朿蓋訓纂篇中字如此作馬鄭易同楊鄭云胏簀也蓋謂胏爲笫之假借其說未聞胏當在十五部而與𦙶同字者合韻之理也〓食肉不猒也猒飽也从肉臽聲讀若陷戶猪切八部肰犬肉也从肉犬讀若然如延切十四部〓古文肰小篆從一犬古文從二犬〓亦古文肰按此蓋〓之譌耳䐜起也當云肉起也素問曰濁氣在上則生䐜脹王砅注䐜脹起也按許廁此謂人所食肉从肉眞聲昌眞切十二部肒肉汁滓也醢人韭菹醓醢注云醓肉汁也公食大夫禮注曰醓醢醢有醓釋名曰醢多汁者曰醓醓瀋也宋魯人皆謂汁爲瀋按合此三條可見禮經醓醢正字當作肒謂多肉汁之醢也許云汁滓者謂醢不同湆也合醢人注及皿部盬下觀之肒醢用牛乾脯莝之襍以粱麴及鹽漬以美酒塗置甀中百日則成蓋他醢及醬皆用此法如羸

醢則用乾羸肉麋䵒則用乾麋肉也凡醢䵒皆有汁而牛乾脯獨得肬名者六畜不言牲名他醢䵒不言肬立文錯見之法汁卽鹽酒所成醢皆胜物非有孰汁也毛傳云以肉曰醢醢大鄭云醢醢肉醬也皆言肉以包汁不言何肉者葢謂周禮六牲之肉下文醢䵒麋鹿麇兔鴈在六獸六禽內可證也許但言牛乾脯者舉六牲之一以包其餘也正字作肬醢假借字作盬醢許所據禮作盬今字作醢　从肉冘聲　他感切八部

膠　昵也　弓人說膠曰凡昵之類不能方注故書昵或作樴杜子春云樴讀爲不義不昵之昵或爲䵒䵒黏也䵒謂樴脂膏膩敗之膩膩亦黏也按此經杜作昵又作䵒後鄭作膩其意則同也許從杜作昵日部曰暱日近也或作昵是則昵亦訓黏也一說此昵也及周禮注不義不昵之昵三昵字皆當作䵒　作之㠯皮　考工記鹿膠青白馬膠赤白牛膠火赤鼠膠黑魚膠餌犀膠黃注云皆謂煑用其皮或用角按皮近肉故字從肉　从肉翏聲　古肴切古音在三部

𦝠　或曰嘼名　或曰不定之䛐云嘼名葢𦝠爲驘之古字與驢驘皆可畜於家則謂

之畜宜也象形闕象形二字淺人所增闕謂闕其形也其義則畜名其音則以亯聲之字定之其形則從肉以外不能強爲之說也郎果切十七部一說或曰嘼名四字亦後人所增義形皆闕

䏣蠅乳肉中也三蒼曰蠅乳肉中曰胆通俗文云肉中蟲曰胆周禮蜡氏注蜡骨肉腐臭蠅蟲所蜡也蜡讀如狙司之狙按狙司俗作覷伺釋蟲翥醜鎼翥本作蠚于據反見廣韵即周禮所謂蜡三蒼所謂乳肉中也从肉且聲七余切五部作蛆者譌

肙小蟲也蟲部蜎下曰肙也考工記注云謂若井中蟲蜎蜎按井中孑孓蟲之至小者也不獨井中有之字從肉者狀其耎也從口者象其首尾相接之狀也从肉口各本有聲字非也烏懸切十四部廣韵玉篇皆烏縣切一曰空也甑下孔謂之窐窐亦作瓬是其義也

腐爛也上文云胹爛也爛之正義此云腐爛也歺部云殨爛也爛之引伸之義从肉府聲扶雨切四部

肎骨閒肉肎肎箸也肎肎附箸難解之皃莊子說庖丁解牛曰技經肯綮之未嘗肯崔引

此解釋之槩音槩司馬云猶結處也按肎之言可也故心所願曰肎得其竅郤曰中肎引伸之義也从肉从冎省冎者剔肉置其骨也肎冎相箸有待於剔故從冎陸德明引說文字林皆口乃反唐韻苦等切按肎等二字古音同在一部故皆在海韻音轉入六部乃在拯等韻也綮作肯一曰骨無肉也此別一義

古文肎

朘赤子陰也老子未知牝牡之合而朘作河上本如是从肉夋聲釋文引說文子和反又子壘反按此字各本無之老子音義引說文可據故補綴於末

文一百四十今補肎朘二篆則百四十二

重二十腜肧胎人之始也自肌膚以及肶胲皆言人體所具而依次弟言之冑至胄言人之苗裔也肖膻人所時有也臞至脙言人之肥瘦也脣至胹言人之疵病也臘至隋言祭也祭必以肉故字從肉也膳至腆言食也自腯至膫言六畜體所具也自脯至膴皆乾肉可食者也皆胜物也自肍至腤皆醬屬也自脂至肍皆肉可食者膠用皮皮

冎徒作冎孰知其爲从冎省者華山亭碑綏民校尉熊君碑䇿作肎。韻會云漢書或作肎引漢書西域傳桀黠不肎給疑从冎省冐从冎之上冂肎从冎之下冂

筋从竹者象形如竹之枝節

者肉之類也嬴胆肙三文以其多肉製字腐肎之用皆取義於肉也脃之次當本在雕胑二篆之下

筋　肉之力也力下曰筋也筋力同物今人殊之耳考工記故書筋或作薊从肉力从竹竹物之多筋者説從竹之意居銀切十三部凡筋之屬皆从筋

䈇　筋之本也内則注曰餌筋腱也王逸注招䰟曰腱筋頭也餌篇韵作胹从筋省夗省聲渠建切十四部

腱　筋或从肉建建聲也今字多作此

䇶　手足指節鳴也其聲膊膊然从筋省勺聲北角切二部

肑　䇶或省竹按廣雅曰肑謂之胦篇韵皆云肑腹下肉此別一義

文三　重二

刀　兵也刀者兵之一也衞風假借爲舠字象形都牢切二部凡刀之屬皆从

⿰缶刂刀握也謂握持處也篇韵皆云⿰缶刂同弝按弓把曰弝考工記少儀弝作拊刀把曰⿰缶刂少儀亦作拊刀部刃授穎削授拊注穎鐶也拊謂把也按穎近拊拊近刃故削外削内異其授拊與⿰缶刂音相近从刀缶聲方九切三部玉篇孚主切

⿰咢刂刀劒刃也淮南脩務訓摩其鋒⿰咢刂王子淵聖主得賢臣頌漢書作越砥斂其咢文選作鍔从刀咢聲五各切五部

⿰㓞各籒文⿰咢刂从㓞各各聲與咢聲同部釋詁剡䂨利也陸德明本作䂨顏籒孔沖遠引作略周頌有略其耜毛云略利也張揖古今字詁云略古作䂨以說文折衷之䂨者古字剽者今字剽者正字略者假借字

削鞞也革部曰鞞刀室也少儀曰削授拊史漢貨殖傳曰洒削方言劍削自河而北燕趙之閒謂之室自關而東或謂之廓或謂之削自關而西謂之鞞廓郎郭鞞郎鞞今字作鞘元應曰小爾雅作鞘从刀肖聲息約切按當依廣韵私妙切二部一曰析也木部曰析破木也析從斤削從刀皆訓破木凡侵削削弱皆其引伸之義也今音息約切

剴

鎌也⿰句刂亦作鉤周禮雉氏夏日至而夷之注云以鉤鎌迫地芟之也方言曰刈鉤江淮陳楚之閒謂之鉊音昭或謂之鐹音果亦作划自關而西或謂之鉤或謂之鎌或謂之鍥音結按鎌之屬見於金部从刀句聲古侯切四部

剴大鎌也謂可切地芟刈也金部曰鉊大鎌也一曰摩也下文云刀不利於瓦石上刉之剴刉音義皆同也引伸之爲規諷之義如大司樂注曰導者言古以剴今爾無正箋巧言謂以事類風切剴微之言是也唐魏徵傳二百餘奏無不剴切當帝心今人乃謂直言爲剴切昧於字義甚矣从刀豈聲五來切古音在十五部又古愛反與杚槩音義皆同

剞剞剧逗曲刀也高注俶眞訓曰剞巧工鉤刀剧規度刺墨邊箋也箋字有誤所以刻鏤之具應劭注甘泉賦曰剞曲刀也剧曲鑿也二注皆謂剞剧有二王逸注哀時命剞剧刻鏤刀也與許合从刀奇聲居綺切古音在十七部

剧剞剧也二字雙聲从刀屈聲九勿切十五部亦作剧

利銛也銛者臿屬引伸爲銛利字銛利

[illegible]

引伸爲凡利害之利**刀和然後利从刀和省**依韵會本毛傳曰鸞刀刀有鸞者言割中節也郊特牲曰割刀之用而鸞刀之貴貴其義也聲和而後斷也許據此說會意力至切十五部**易曰利者義之和也**又引易說從和省之意上云刀和然後利者本義也引易者引伸之義也**𥝢古文利**蓋從刃禾

剡銳利也釋詁曰剡利也毛詩假借覃爲之大田曰以我覃耜毛曰覃利也釋詁文也按此二篆古本當作利剡也剡利也二字互訓**从刀炎聲**以冄切八部

初始也見釋詁**从刀衣**會意楚居切五部**裁衣之始也**衣部曰裁製衣也製衣以鍼用刀則爲製之始引伸爲凡始之偁此說從刀衣之意

前齊斷也釋言魯頌傳皆曰翦齊也士喪禮馬不齊髦注云齊翦也二字互訓許必云齊斷者爲其從刀也其始前爲刀名因爲斷物之名斷物必齊因爲凡齊等之偁如實始翦商謂周之氣象始與商齊等語本甚明戈部引此詩作戩商字之假借如竹箭之爲竹晉也前古假借作翦召南毛

利
从禾从刀、刀所以割禾也。利人者莫如禾。乾四德利當秋。秋收刈禾以利人也。乾始能以美利利天下。利之爲義大矣哉。利物足以和義。故秋和俱从禾。

刀和然後利从刀和省者、古本作从刀、和然後利从和省、
段按韻會以刀和連讀引鸞刀證之殊牽强

傳曰翦去也是也禮經蚤揃假借揃爲之又或爲鬋今字作剪俗**从刀歬聲**子善切十二部

則　等畫物也等畫物者定其差等而各爲介畫也今俗云科則是也介畫之故從刀引伸之爲法則假借之爲語詞**从刀貝貝古之物貨也**說從貝之意物貨有貴賤之差故從刀介畫之子德切一部

則　古文則重貝者定其等差之意

則　籀文則从鼎鼎部曰籀文以鼎爲貝故員作鼏娟作敱霣作䨜則作劕

剛　彊斷也彊者弓有力也有力而斷之也周書所謂剛克引伸凡有力曰剛**从刀岡聲**古郎切十部

剛　古文剛如此按從仰仰古文信信者必剛也從二者仁從二之意仁者必有勇也侃剛直也亦從仰

剬　斷齊也齊字衍**从刀耑聲**旨兖切十四部按首部𩠐斷首也亦截也剸上同考鍇本無剸上同之文而元應書云剬聲類作剸說文剬斷首也亦截也然則許書首部有剬無剸刀部無剬後人以聲類之剸改首部之剬又移剬入刀部二徐本皆非古也

此篆宜刪

劊　斷也　易困九五劓刖困于赤紱京房本作劓劊按刖絕劊斷義正相同今俗云劊子手　从刀會聲　古外切十五部

切　刌也　二字雙聲同義古文禮刌肺今文刌爲切引伸爲迫切又爲一切俗讀七計切師古曰一切者權時之事如以刀切物苟取整齊不顧長短縱橫故言一切　从刀七聲　千結切十二部

刌　切也　玉藻瓜祭上環注曰上環頭刌也元帝紀分刌節度　从刀寸聲　凡斷物必合法度故從寸周禮昌本切之四寸爲菹陸續之母斷葱以寸爲度是也云寸聲包會意詩他人有心予寸度之俗作忖其實作寸作刌皆得如切物之度其長短也倉本切十三部

⿰辥刂　斷也　从刀辥聲　私列切十五部

刉　劃傷也　錐刀畫曰劃周禮士師職凡刉珥小子職作珥祈祈或爲刉肆師職作祈珥祈或作幾按鄭讀珥皆爲衈云作刉衈爲正字刉衈者釁禮之事用牲毛者曰刉羽者曰衈小子衈於社稷刉於五祀謂始成其宮兆時也襍記雍人舉羊升屋中屋南面刲羊血流于前門夾室皆用雞其衈皆于屋下割雞

門當門夾室中室是刉衈之事也許云劃傷者正謂此禮不主於殺之但得其血涂祭而已血部無衈字蓋許依經作珥𥜿記注曰衈謂將刲割牲以釁先滅耳旁毛薦之周禮注引公羊傳叩其鼻以衈社今公羊作血社山海經聃用魚傳引叩其鼻以聃社字又不同聃蓋從神省從耳

从刀气聲當九祈切十五部**一曰斷也**此別一義**又讀若殪**又者蒙上文乞聲言之云乞聲則得其音矣而斷之義讀如殺羊出其胎之殪音稍不同也今音五來切**一曰刀不利於瓦石上刉之**又別一義刉與厲不同厲者厲於厲石刉者一切用瓦石磢之而已與槩杚剴音義略同今音當古愛切

劌　利傷也聘義廉而不劌義也注云劌傷也按玉部作廉而不忮毛公曰忮害也是其義同也利傷者以芒刃傷物**从刀歲聲**居衛切十五部

刻　鏤也金部曰鏤剛鐵可以刻鏤也釋器曰金謂之鏤木謂之刻此析言之統言則刻亦鏤也引伸爲刻覈刻薄之刻**从刀亥聲**苦得切一部

𠜾　古文刻各本無此依玉篇增各本

則下有古文作副篇韵皆不載忏簡載之云說文續添則古本所無可知矣葢古文刻之譌而誤系也

副 判也毛詩大雅曰不坼不副曲禮曰爲天子削瓜者副之匡謬正俗曰副貳之字本爲福從衣畐聲俗呼一襲爲一福衣是也書史假借遂以副字代之副本音普力反義訓剖劈學者不知有福字以副貳爲正體詩不坼不副乃以朱點發副字按顏說未盡然也副之則一物成二因仍謂之副因之凡分而合者皆謂之副訓詁中如此者致多流俗語音如付由一部入三部故韵書在宥韵俗語文轉入遇韵也沿襲既久其義其音遂皆忘其本始福字雖見於龜策傳東京賦然恐此字因副而製耳鄭仲師注周禮云貳副也貝部貳下因之史記曰藏之名山副在京師漢書曰臧諸宗廟副在有司周人言貳漢人言副古今語也豈容廢副用福 从刀畐聲 芳逼切一部 周禮曰副辜祭 鄭注周禮作疈云疈疈牲胷也疈而磔之謂磔禳及蜡祭許所據作副葢副者古文小篆所同也鄭所據用籒文

疈 籒文副从畐畐 當云重畐重畐者狀分析之聲

剖 判

也史記曰騶衍稱引天地剖判以來从刀咅聲浦后切四部

辨判也小宰傳別故書作傳辨朝士判書故書判爲辨大鄭辨讀爲別古辨判別三字義同也辨從刀俗作辨爲辨別字符蹇切別作從力之辨爲幹辨字蒲莧切古辨別幹辨無二義亦無二形二音也从刀辡聲十二部

判分也媒氏掌萬民之判注判半也得耦爲合主合其半成夫婦也朝士有判書以治則聽注判半分而合者从刀半聲形聲包會意普半切十四部

剫判也釋器木謂之剫郭引左傳山有木工則剫之从刀度聲徒洛切五部

刳判也內則云刲之刳之按刲謂刺殺之刳謂空其腹毄辭刳木爲舟亦謂虛木之中刳木一作挎木鄉飲酒禮相者二人皆左何瑟後首挎越內弦賈公彥曰瑟底有孔越以指深入而持之也手部無挎从刀夸聲苦孤切五部

列分解也列之本義爲分解故其字從刀⿰齒列分骨之⿰齒列從列引伸爲行列之義古假借烈爲列如鄭風火烈具舉毛曰烈列也是也羽獵賦舉夆烈火烈亦與

四篇下

列同从刀㕞聲良辥切十五部刊剟也柞氏夏日至令刊陽木而火之注刊謂斫去次地之皮也按凡有所削去謂之刊故刻石謂之刊石此與木部栞音同義異唐衞包乃改栞爲刊誤認爲一字也从刀干聲苦寒切十四部剟刊也商子曰有敢剟定法令者死賈誼傳曰盜者剟寢戶之簾从刀叕聲陟劣切十五部删剟也凡言删剟者有所去即有所取如史記司馬相如傳曰故删取其要歸正道而論之删取猶節取也謂去其侈靡過實非義理所尚取其天子芒然而思已下也既錄其全賦矣謂之删取何也言錄賦之意在此不在彼也藝文志曰今删其要以備篇籍删其要謂取其要也不然豈劉歆七略之要孟堅盡删去之乎詳言之則如律歷志曰删其僞辭取其義者箸於篇約言之則如相如傳藝文志从刀冊冊逗書也說從刀冊之意也云冊書也者謂凡簡牘非必受於王之符命也築氏爲削鄭云今之書刀凡艸栅不定者以削削之謂之删因之凡刊落不用者皆謂之删所姦切十四部劈破也此字義與

剝蓋盡取之義意但訓裂未洽
剝瓜剝棗皆盡取不復留故繫辭傳曰
物不可以終盡

副近而不同今字用劈爲副劈行而副廢矣劈與副古經有相通者大宗伯疈辜祭疈在一部故書疈爲罷大鄭釋爲披磔牲以祭罷披破同十七部劈在十六部此其音義相通之證也考工記假薜爲劈注云薜破裂也又或假擘爲之張衡賦云分肌擘理是也从刀辟聲普擊切十六部

剝　裂也衣部曰裂繒餘也謂殘破也夏小正二月剝鱓以爲鼓也八月剝瓜畜瓜之時也剝棗剝也者取也栗零零也者降也零而後取之故不言剝也按剝鱓者謂殘其皮剝瓜棗者謂殘其實其用一也皮部曰剝取獸革與剝鱓合孔子易傳曰致飾然後通則盡矣故受之以剝剝者剝也物不可以終盡剝窮上反下故受之以復也按此是剝訓盡裂則將盡矣豳風假剝爲攴八月剝棗毛曰剝擊也音義云普卜反故知剝同攴也小正傳云取毛傳云擊此後人訓詁必密於前人也从刀彔彔刻也說從彔之意彔下云刻木彔彔也破裂之意彔亦聲北角切三部一曰剝割也此別一義與上義相通按此篆解說合二徐本及尚書泰誓正義宋刻本參定

𠜙　剝或

从卜卜聲也割剝也蒙剝之弟二義互訓割謂殘破之釋言曰蓋割裂也尚書多假借割爲害古二字音同也釋言舍人本蓋作害明害與割同也鄭注緇衣曰割之言蓋也明蓋與割同也从刀害聲古達切十五部按古字亦從匃聲故宋次道王仲至家所傳古文尚書曰匃申勸寧王之德剺剝也方言劙解也劙與剺雙聲義近劃也此別一義當言一曰按元應書引三蒼云剺劙也文部曰嫠微畫也音同義近从刀𠩺聲里之切一部劃錐刀畫曰劃畫字各本無今補謂錐刀之末所畫謂之劃也上文云刉劃傷也剺劃也皆是也从刀畫畫亦聲呼麥切十六部當依廣韵胡麥切剈挑取也抉而取之也挑抉也今俗云剜許書無剜字从刀肙聲烏元切十四部一曰窐也穴部曰窐空也窐與剈音義通如圭𥌒之比劀刮去惡創肉也瘍醫掌瘇瘍潰瘍金瘍折瘍之祝藥劀殺之齊鄭云劀刮去膿血殺謂以藥食其惡肉與許異刮劀爲疊韵从刀矞

聲古鍇切十五部周禮曰劑殺之齊[篆]齊也釋言劑翦齊也按周禮或言質劑或言約劑鄭訓劑爲券書大鄭曰質劑謂市中平價今時月平是也鄭云長券曰質短券曰劑是劑所以齊物也周禮又多用齊字亨人注齊多少之量此與劑義不同今人藥劑字乃周禮之齊字也从刀從刀者齊之如用刀也不必用刀而從刀故不與前爲伍餘倣此齊聲形聲包會意在詣切十五部[篆]刮也刷與㕞別又部曰㕞飾也巾部曰飾㕞也飾今拭字拭用手用巾故從又巾刷者掊杷也掊杷必用除穢之器如刀然故字從刀艸部曰𦾔刷也是也从刀㕞省聲其義亦略相近所劣切十五部禮有刷巾有鉉譌布黃氏公紹所據鍇本不誤而宋張次立依鉉改爲布今繫傳本乃張次立所更定往往改之同鉉而佳處時存韵會也禮謂禮經十七篇也鄉飲酒禮鄉射禮燕禮大射儀公食大夫禮有司徹皆言帨手注帨拭也帨手者於帨帨佩巾據賈氏鄉飲公食二疏知經注皆作帨絕無挩字也帨之爲巾見於士昏禮及內則內則盥卒授巾注云巾

挩當作帨

以帨手。鄭即用禮經帨手字也。此云刷巾，刷當作㕞。盖漢時禮經挩手有作刷手者，假刷爲㕞。說禮家所定字不同也。刷巾又見服氏左傳注。左傳藻率鞞鞛，服云：藻爲畫藻，率爲刷巾。禮有刷巾。服語正與許同。巾部云：帥，佩巾也。帨，帥或字。是帨與帥同字。樂師故書帥爲率，聘禮古文帥皆作率，韓詩帥時農夫，毛詩作率，是率與帥同音假借。左氏傳之率即說文之帥，而許服所見禮經皆作刷手。鄭禮經今文作帨手，古文作說手。是則帥帨率說刷㕞六字以同音通用。而陸德明本作挩手者爲誤字。

刮　掊杷也。杷各本作把，誤。手部曰：掊，杷也。木部曰：杷，收麥器。凡掊地如杷麥然，故絫言之曰掊杷。考工記故書捖摩之工，大鄭捖讀爲刮。今字作刮。从刀𠯑聲。古八切。十五部。

剽　砭刺也。謂砭之刺之皆曰剽也。砭者以石刺病也，刺者直傷也。砭刺必用其器之末，因之凡末謂之剽。莊子謂本末爲本剽，素問有標本病傳論，標亦末也。从刀票聲。匹妙切。二部。按當依李軌莊子音怖遥反，陸甫小反。一曰剽劫也。史記貨殖傳攻剽椎埋劫人作姦，漢賈誼傳白晝大都之中剽

吏而奪之金按此義當去聲

刲　刺也馬虞說易同**从刀圭聲**圭刲上故從圭形聲包會意也苦圭切十六部**易曰士刲羊**歸妹上六爻辭

剉　折傷也剉與手部挫音同義近考工記揉牙內不挫注挫折也是二字通用也經史剉折字多作挫按今俗謂鑽爲剉乃錯之聲誤耳說文作厝**从刀坐聲**麤臥切十七部

劋　絕也夏書甘誓天用剿絕其命天寶已前本如是釋文曰剿子六反玉篇子小反馬本作剿宋開寶已前本如是今玉篇剿子小切絕也剿同上此顧希馮之舊也自衞包改剿爲勦以刀部訓絕之字改爲力部訓勞之字於是五經文字力部曰勦見禮記又見夏書而刀部反無剿字開寶中改釋文剿爲勦剿爲巢羣經音辨集韵等皆云勦絕也重紕貤繆莫能諟正葢衞包當日改剿爲從刀之剿猶可說也改爲從力之勦則不可說矣王莽傳郭欽封剿胡子又詔曰將遣大司空征伐剿絕之矣此用夏書也外戚傳命櫟絕而不長此假借字也說文水部灑讀若夏書天用勦絕此必淺人以衞包本改之也曲禮毋剿說字從刀不從力**从**

刀喿聲子小切二部周書曰周者夏之誤天用劋絕其命刖絕也凡絕皆偁刖故劓下云刖鼻也刖足則爲跀周禮刖者使守囿此是假刖爲跀困九五劓刖京房作劓劊說文劊與刖義同从刀月聲魚厥切十五部刜擊也左傳苑子刜林雍斷其足齊語刜令支从刀弗聲分勿切十五部㓨傷也辈下曰虢皮可以割桼桼疑剺之誤割剺絫言之也廣雅曰剺割也測紀切从刀桼聲親結切十二部劖斷也與金部鑱義略近从刀毚聲鉏銜切八部一曰剽也砭刺也釗也刓也廣韵引無此二字刓剸也剸當作團團圜也通俗文曰斷截曰剸非其訓也且許書本無剸字韓信傳刻印刓忍不能予蘇林曰刓音刓角之刓與摶同手弄角訛不忍授也按正文當本是同酈食其傳作玩故蘇以手弄角訛釋之訛當作鈋見金部刓齊物論作园从刀元聲五丸切十四部一曰齊也釗刓也未聞从刀金金有芒角摩弄

制　滋味〻說匡曲宀穗以為未者木老重枝葉重　从刀所以制之

罰　五刑不簡正于五罰　五罰本五刑之疑而減改也　从刀蓋刀布之刀非刀刃也

𢍰之釋詁曰釗勉也其引伸之義也又曰釗見也此假借釗爲昭也孟子引書昭我周王郭引逸書釗我周王止遙切二部

周康王名

制　裁也　衣部曰裁製衣也製裁衣也此裁之本義此云制裁也裁之引伸之義古多假折爲制呂刑制以刑墨子引作折則刑魯論片言可以制獄古作折獄羽獵賦不制中以泉臺制或爲折又呂刑折民惟刑四八目引作制民　从刀未　會意征例切十五部　未　逗　物成有滋味可裁斷　說從未之意未下曰味也有滋味可裁斷故刀未爲制　一曰止也　前義可包此義

𠝁　古文制如此　從彡者裁斷之而有文也

刮　缺也　大雅抑詩白圭之玷毛曰玷缺也箋云玉之缺尚可磨鑢而平按刮玷古今字　从刀　從刀者待磨鑢也　占聲　丁念切七部　詩曰白圭之刮

罰　辠之小者　辠犯法也罰爲犯法之小者刑爲罰辠之重者五罰輕於五刑　从刀詈　會意房越切十五部　未以刀有所賊但持刀罵詈則應罰　說從

四篇下

刀罟之意罰者但持刀而罟則法之然則荆者謂持刀有所賊則法之別其犯法之輕重也初學記云元命包曰网言爲罟刀守罟爲罰罰之爲言内也陷於害也注云罟以刀守之則不動矣今作罰用寸寸丈尺也言納以繩墨之事初學記又云元命包曰荆刀守井也飲水之人入井爭水陷於泉刀守之割其情也注云井飲人則人樂之不已則自陷於泉故加刀謂之荆欲人畏懼以全命也此二條皆引春秋元命包今本初學記皆系諸說文殊誤觀元應書卷廿一廿五引春秋元命包說荆字與此同可以諟正矣云刀守罟刀守井則荆罰不分輕重古五罰不用刀也故許說罰爲刀罟犯法之小者制爲井刀執法之大者一入刀部一入井部所以正緯說也○唐人諱淵作泉亦或作川

刵　**斷耳也**　刵見康誥呂刑五刑之外有刵軍戰則不服者殺而獻其左耳曰聝周禮田獵取禽左耳以效功曰珥　**从刀耳**　會意包形聲仍吏切一部

劓　**刖鼻也**　刖絕也周禮注曰截鼻　**从刀臬聲**　臬法也形聲包會意魚器切十五部易音義引說文牛列反　**易曰天且劓**　睽六

三爻辭馬虞皆云黥額爲天

劓　劓或从鼻。刀鼻會意。今經典如此作。

刑　剄也。按㓝者五㓝也。凡㓝罰典㓝儀㓝皆用之。刑者剄頸也。橫絕之也。此字本義少用。俗字乃用刑爲㓝罰典㓝儀㓝字。不知造字之恉既殊。井聲幵聲各部。凡井聲在十一部。凡幵聲在十二部也。从刀幵聲。戶經切。按古音當與一先韵內幵聲諸字爲伍。

剄　刑也。耳部曰。小罪聅。中罪刖。大罪剄。剄謂斷頭也。左傳越句踐使罪人三行屬劒於頸而辭曰。臣不敢逃刑。敢歸死。遂自剄也。吳師屬之目。剄經典釋文宋刻作頸。非也。按許意剄謂斷頭。刑之至重者也。从刀巠聲。古零切。十一部。廣韵古挺切。

⿰尊刂　減也。⿰尊刂撙古今字。蓋隸變也。曲禮恭敬撙節退讓以明禮。注。撙猶趨也。按趨同趣。疾也。當音促。非趨走之趨。戰國策伏軾撙銜。集韵曰。撙。挫也。从刀尊聲。茲損切。十三部。

𠜶　楚人謂治魚也。楚語也。从刀魚。讀若鍥。古屑切。十五部。薊以爲聲。

券　契也。小宰官府之八成。大鄭曰。稱責謂貸子。傳別謂券書。聽訟責者以券書泆之傳傅箸約束於文書別別爲兩兩家各得一也書契符書也質劑謂市中平價今月平是也後鄭曰傅別謂爲大手書於一札中字別之書契謂出予受入之凡要凡簿書之冣目獄訟之要辭皆曰契春秋傳曰王叔氏不能舉其契質劑謂兩書一札同而別之長曰質短曰劑質劑皆今之券書也按云今之券書者謂漢時名券書其實券字自古有之也大部曰契大約也引易𣪠辭書契

从刀𢍏聲去願切十四部

券別之書㠯刀判栔其旁栔各本作契今正判分也栔刻也兩家各一之書牘分刻其旁使可兩合以爲信韓子曰宋人得遺契而數其齒是也**故曰書契**書契鉉作契券鍇無書皆非也今正書契謂易𣪠辭周禮小宰所云書契也書而栔之是曰書契栔契音同此三句說从刀之意

刺　君殺大夫曰刺刺直傷也刺篆疑非舊次刺直傷也當爲正義君殺大夫曰刺當爲別一義辭之先後今又倒亂矣上文剽砭刺也刲刺也皆直傷之義然則刺篆當廁剽刲二篆下禮經云刺草大雅之刺訓責史稱刺六經作王制官稱刺史

鍼黹曰刺繡用檽曰刺船盜取國家密事爲刺探尚書事皆其引伸之義也一曰君殺大夫曰刺者春秋僖二十八年公子買戍衛不卒戍刺之成十六年刺公子偃公羊傳曰刺之者何殺之也內諱殺大夫謂之刺之也考諸周禮司刺掌三刺之法壹刺曰訊羣臣再刺曰訊羣吏三刺曰訊萬民注刺殺也訊而有罪則殺之然則春秋於他國書殺其大夫於魯國則兩書刺諱魯之專殺而謂之刺謂其當罪令於周禮公羊內諱之說是矣此云君殺大夫曰刺春秋於他國不云爾也**从刀朿朿亦聲**七賜切十六部按又七迹切古不分去入

文六十四舊有剔篆在末大徐所增十九文之一也今刪說在髟部鬄下得六十三

重十十誤實得九字小徐作重七自首至剝割𠝹皆謂刀及刃之用也自劊刷至券皆非必用刀而擬乎刀之用者也其刵剝刑剄四字則司寇之刑用刀者也不與凡用刀之字爲伍者因上文言罰而系聯之也

刃　刀鋻也鋻各本作堅今正刀部曰劖刀劍刃也金部曰鋻劖也郭璞三倉解詁曰焠作刃鋻也象刀有刃之形而振切十三部凡刃之屬皆从刃

刅　傷也凡殺傷必以刃从刃从一按鉉本篆作刅錯本篆作刄今按當是從刃從一一者傷之象劖之所入也刅省則作刄小徐本井部刱米部粱皆從刅考桐柏廟碑粱字羊竇道碑粱字五經文字及唐石經梁粱皆不作刅今人作隸書梁粱皆從刅非古法不可從也楚良切十部

創　刅或从倉從刀倉聲也凡刀創及創瘍字皆作刅此俗變作刅作瘡多用創爲刱字

劍　人所帶兵也桃氏爲劍有上制有中制有下制注云此今之匕首也人各以其形皃大小帶之从刃僉聲居欠切八部

劒　籒文劍从刀

文三　重二

㓞　巧㓞也巧㓞蓋漢人語从刀丯聲恪八切十五部凡㓞之屬皆从㓞

⿱㓞夬齘契逗疊韵刮也刮者掊杷也从㓞夬聲古黠切十五部一曰契逗畫堅也畫當作劃劃堅曰契栔刻也釋詁契滅殄絕也唐韵引作栔郭云今江東呼刻斷物為栔斷按古經多作契假借字也大雅爰契我龜毛曰契開也周禮亦作契左傳盡借邑人之車契其軸爾雅音義所引如是今左傳荀子作鍥漢書注引緜詩作挈大戴禮楔而舍之朽木不折皆假借字也晉虞溥傳作⿰契刂俗字也从㓞木刻之用於木多故從木苦計切十五部按又苦結切

文三

丯艸蔡也艸部曰蔡艸丰也疊韵互訓孟子曰君之視臣如土芥趙云芥草芥也左傳以民為土芥杜注同方言蘇芥草也江淮南楚之閒曰蘇自關而西或曰草或曰芥南楚江湘之閒謂之莽按凡言艸芥皆丰之假借也芥行而丰廢矣象艸生之散亂也散當作㪔外傳曰道茀不可行中直象道三象茀

凡丯之屬皆从丯。讀若介。（古拜切。十五部。）

辂　枝辂也。（枝辂者，遮禦之意。玉篇曰：辂，枝柯也。釋名：戟，格也，旁有枝格也。庾信賦：草樹溷淆，枝格相交。格行而辂廢矣。）从丯，各聲。（古百切。古音在五部。）

文二

耒　耕曲木也。（各本耕上有手，今依廣韵隊韵、周易音義正。下文云耕，犂也，謂犂之曲木也。禮記音義引字林亦云耕曲木。考工記：車人爲耒，庛長尺有一寸，中直者三尺有三寸，上句者二尺有二寸，自其庛緣其外以至於首以弦其内六尺有六寸。注云：庛讀爲棘刺之刺。刺，耒下前曲接耜。緣外六尺有六寸，内弦六尺，應一步之尺數。按經多云耒耜，據鄭說，耒以木，耜以金，耜沓於耒刺。京房云：耜，耒下耓也；耒，耜上句木也。許木部耜作梠，耒耑也。耕，犂也。許說與京同，與鄭異。鄭本匠人謂犂爲耜，統言之也；許分別金謂之𨥁，木謂之梠，析言之也。）从木推丰考工記曰直庛則利推從木推丰會意盧對切十五部古者垂作耒枱枱見木部今之耜字也各本作枱誤枱臿也㠯振民也此出世本世本有作篇振舉救也凡耒之屬皆从耒

耕犂也牛部曰犂耕也人用以發土亦謂之耕从耒井會意包形聲古莖切十一部古者井田故从井此說从井之意也已上十字依韵會所據鍇本

耦耕廣五寸爲伐二伐爲耦耕各本作耒今依太平御覽正匠人耜廣五寸二耜爲耦一耦之伐廣尺深尺謂之甽注古者耜一金兩人併發之其壟中曰甽甽上曰伐伐之言發也甽畎也今之耜岐頭兩金象古之耦也許與記文辭異義同耕卽耜謂犂之金其廣五寸也不曰枱廣五寸者許意枱乃耒本之耑耕錯於枱故必析言之長沮桀溺耦而耕此兩人併發之證引伸爲凡人耦之偁俗借偶从耒禺聲五口切四部

耤帝耤千畞也帝耤見月令周禮甸師掌帥其屬而耕耨王藉以時入之以共粢盛禮記曰天子爲藉千畝冕而朱

紘躬秉耒以事天地山川社稷先古古者使民如借故謂之耤鄭注周禮詩序云耤之言借也借民力治之故謂之耤田韋注周語云耤借也借民力以爲之按鄭韋與許同應劭云帝王典耤之常臣瓚曰蹈耤也皆非也親耕不能終事故借民力而謂之耤田言耤者歎然於當親事而未能親事也臣瓚師古之言九爲刺繆从耒昔聲秦昔切古音在五部按今經典多作藉

𦓤𠕁叉可㠯劃麥河內用之𠕁今刻大徐本作𦓤鍇本及集韻皆作冊集韻所據鉉本未誤也冊當是𠕁之譌今定作𠕁𠕁者數之積也見桼下漢石經以爲四十字叉鉉作叉鍇作叉今定作叉叉者手甲也今字作爪𠕁叉可以劃麥卽今俗用麥杷也木部曰杷收麥器也謂之𠕁叉者言其多爪可掊杷也廣韵曰𠕁先立切字統云插糞杷說文云數名此𠕁字之證插糞者抹撥糞除之言據廣韵則十部當有𠕁篆方言曰杷宋魏之閒謂之渠挐或謂之渠疏釋名曰齊魯閒謂四齒杷爲欋然則河內謂之𦓤也从耒圭聲古攜切十六部

𦔳除苗閒穢也

穖當作蔵艸部蔵蕪也無穖字小雅毛傳曰耘除草也耔雝本也食貨志云播種於甽中苗生三葉以上稍耨壠草因隤其土以附苗根比成壠盡而根深能風與旱故薿薿而盛也按此古者耨耔爲一事也謂苗初生之始也旣成巳後仍有莠及童蓈生乎其閒蓐下所云陳艸復生也則又以槈薅之薅者拔田艸也亦謂之耨呂覽云其耨六寸所以閒稼也注云耨所以耘苗刃廣六寸所以入苗閒○又按呂覽云六尺之耜所以成畮也謂六尺爲步步百爲畮卽車人爲耒所謂弦其内與步相中也又云其博八寸所以成甽也八寸者周之一尺見夫部尺部郎匠人所謂一耦之伐廣尺也又云耨柄尺此其度也謂耨柄之尺寸以耒六尺爲度也又云其耨六寸所以閒稼也此謂耨頭之金廣六寸入於苗閒所謂立苗欲疏也高注古者以从耜耕六尺爲步步百爲畮廣尺爲甽今本舛誤不可讀

耒員聲　員物數也謂艸之多也此形聲包會意羽文切十三部

耘　𦓤或从芸　按當云或从耒艸云聲今字省艸作耘

耡　殷人七十而耡　孟子滕文篇文今孟子作助周禮注引作

莇耡耤稅也孟子曰夏后氏五十而貢殷人七十而助周人百畝而徹其實皆十一也徹者徹也助者藉也趙曰徹者猶人徹取物也藉者借也猶人相借力助之也按耤耡二篆皆偁古成語而後釋其字義耡卽以耤釋之耤稅者借民力以食稅也从耒助聲牀倨切五部周禮曰㠯興耡利萌遂人職文今萌作甿俗改也注曰變民言萌異外內也萌猶懵懵無知皃也鄭本作萌淺人一改爲氓再改爲甿注又云鄭大夫讀耡爲藉杜子春讀耡爲助謂起民人令相佐助按鄭意耡者合耦相助以歲時合耦于耡謂於里宰治處合耦因謂里宰治處爲耡也許意以周禮證七十而耡謂其義同

文七　重一

角獸角也人體有偁角者如日月角角犀豐盈之類要是假借之辭耳象形古岳切三部按舊音如穀亦如鹿角與刀魚相侣其字形與刀魚相似也此龜頭似蛇頭虎足似人足之例凡

角从刀象形下从肉竊以爲古肉字象角出肉上形聲兼會意肉角同部也許云角與刀魚相侣疑有脫誤

角之屬皆从角

䚟　揮角皃（揮䚟雙聲）从角雚聲（況袁切十四部）梁隱縣有䚟亭（梁國隱地理志作傿應劭曰鄭伯克段於傿是也郡國志作隱今按𨸏部無隱則從傿是矣）又讀若繙（又者蒙雚聲而言又讀若布名之繙者與十五部合韵也）

觻　角也（按尋立文之例角下當奪一字廣韵集韵錫韵皆曰觻角鋒也）从角樂聲（盧谷切古音在二部）張掖有觻得縣（二志同廣韵德韵曰觻悳縣名漢書作得）

䚡　角中骨也（骨當作肉字之誤也鄭注樂記角觡生曰無䚡曰觡謂角中堅實無肉者麋鹿是也許亦解觡爲骨角亦謂中無肉者也本艸經牛角䚡下閉血瘀血瘀痛女人帶下血此則謂角之中角之本當中有肉之處外有文理可觀故陳藏器曰久在糞土爛白者佳玉部曰䚡理自外可以知中引伸謂凡物之文理也）从角思聲（亼部曰侖思也龠部曰侖理也是思卽理也此云思聲包會意穌來切一部）

觠　曲角也（釋嘼曰角三觠羷吕郭音權謝居轉反）从角𢍏聲

巨員切十四部

觬 角觬曲也 篇韵皆云角不正 从角兒聲 研啟切十六部廣韵又五稽切

西河有觬氏縣 前志有後志無蓋省併也前志氏作是按是氏古多通用覲禮大史是右古文是為氏曲禮是職方是或為氏古文尚書曰時五者來備今文作五是來備見於宋微子世家後漢李雲上書作五氏來備漢書云造父後有非子至元孫氏為莊公師古曰氏與是同

觢 一角仰也 一當作二釋嘼曰角一俯一仰觭皆踊觢皆踊謂二角皆豎也蒙上文一俯一仰故曰皆許一俯一仰之云在下文故云二角俗譌為一則與觭無異易音義引說文以角一俯一仰系之觢當時筆誤耳睽六三其牛掣鄭作挈云牛角皆踊曰挈與爾雅說文同子夏作契荀作觭虞作掣皆以一俯一仰為訓與許鄭不同也觢者如有掣曳然角本當邪展而乃聳直也虞本當同荀作觭李氏鼎祚正文作掣遂比而同之耳 从角㓞聲 尺制切十五部 易曰其牛觢 釋文曰說文之逝反

⿰角虒 角傾也 从角虒聲 敕豕切十五部

觭 角一

觭一仰也荀易其牛觭按子夏傳作契云一角仰也虞作掣云牛角一低一仰是子夏虞皆作觭也觭者奇也奇者異也一曰不耦也故其字從奇公羊傳匹馬隻輪無反者穀梁作倚輪漢五行志作觭輪此不耦之義之引伸也周禮觭夢杜子春讀爲奇偉此異義之引伸也从角奇聲去奇切又音羈古音在十七部

觓角皃周頌有捄其角傳云社稷之牛角尺箋云捄角皃捄者觓之假借字也小雅桑扈兕觥其觓俗作觩从角丩聲渠幽切三部詩曰有觓其角

⿰角畏角曲中也考工記曰夫角之中恆當弓之畏畏也者必橈杜子春讀畏爲威威謂弓淵鄭讀畏如秦師入隈之隈按大射儀弓淵字作隈鄭讀從之也弓之中曰畏角之中曰⿰角畏皆其曲處而弓人必以⿰角畏傅於畏故記曰恆當从角畏聲烏賄切十五部

⿰爿角角長皃按此字見於經史者皆譌爲觕從牛角公羊傳曰觕者曰侵精者曰伐何曰觕麤也公羊隱元年注曰用心尚麤觕漢藝文志曰庶得麤觕以麤觕連文則觕非麤字也麤觕若今人曰粗糙雙聲

字也觕從牛聲古莶讀如倉轉寫譌其形作觕其音讀才古反又或讀七奴反矣其義則本訓角長引伸之爲鹵莽之意因之觕與精爲對文月令其器高以粗呂覽粗作觕从角廣韻觕徂古切牛角直下也於本義近爿聲集韵曰獸角長曰衡或作觕鋤庚切於本音近讀若粗觕觕行字讀若粗則徂古切經典釋文所由才古反也今字別觕觕爲二觕音士角切

䚍角有所觸發也厂部曰厥發石也此字從角厥謂獸以角有所觸發西都賦曰窮虎奔突狂兕觸蹷者䚍之假借孟子曰厥角稽首趙曰叩頭以頷角犀撅地也按厥角二字皆假借之言从角厥聲形聲包會意也居月切十五部

觸牴也牛部曰抵觸也从角蜀聲尺玉切三部

觲用角低仰便也小雅騂騂角弓毛曰騂騂調利也按毛意謂角弓張弛便易許意謂獸之舉角高下馴擾毛說正許說之引伸也从羊牛角羊祥也祥善也牛角馴善之意息營切十一部讀若詩曰觲觲角弓今詩作騂騂按許所引詩作觲則不得言

疑當作按厥撅皆假借之字

从爿聲而讀若粗者古音魚唐二部每相出入如駔从且聲而讀如奘迎从卬聲而讀如御莽有姥音亦有無音是也凡从爿音之字皆有長大之義如壯將牂諸字是引伸為精粗之粗

讀若鉉本所以刪讀若也詩音義云騂騂說文作弲火全反此陸氏之誤當云說文作觲也弲自訓角弓不訓弓調利

⿰角公 舉角也 假借爲扛字魏大饗碑上索蹄高舩鼎緣橦西京賦烏獲扛鼎是也扛亦舩字 从角公聲 古雙切九部

衡 牛觸橫大木 各本大木下有其角二字今依韵會所據鍇本 按許於告字下曰牛觸角箸橫木所以告也是設於角者謂之告此云牛觸橫大木是闌閑之謂之衡衡與告異義大木斲不可施於角此易明者魯頌傳曰楅衡設牛角以楅之也箋云楅衡其牛角爲其觸觝人也許說與毛鄭不同毛鄭謂設於角許不云設於角也木部云楅以木有所畐束也亦不言角云大木者字從大也古多假衡爲橫玉人注曰衡古文橫假借字也○鄭注周禮云楅設於角衡設於鼻如椵狀楅衡爲二許於衡不言楅於楅不言衡葢亦二之 从角大行聲 戸庚切古音在十部 詩曰設其楅衡 詩曰當作周禮曰

⿱囟大 古文衡如此

⿰角耑 角⿰角耑 逗 獸也狀侶豕角善爲弓 上林

賦獸則麒麟角鰝張揖曰角鰝佀牛角可以爲弓郭樸曰角鰝音端佀豬角在鼻上堪作弓李陵嘗以此弓十張遺蘇武也出胡尸國一曰出休尸國十字依御覽訂吳淑事類賦祇引出胡尸國四字今各本作出胡休多國五字乃脫誤本也从角耑聲多官切十四部漢書文選作端

觰　觰挐逗疊韵字獸也未聞从角者聲陟加切古音在五部一曰下大者謂角之下大者曰觰也廣雅釋詁曰觰大也本此

觤　羊角不齊也釋嘼曰角不齊觤郭云一短一長按此依爾雅系之羊上文觢觭不系之牛者意以觢觭可凡獸通偁也觤觲則專謂羊从角危聲過委切十六部

觟　牝羊角者也各本作牝牂羊生角者也今依韵會正羊部曰牂牝羊也然則此云牝羊者牂也羖夏羊牡之偁羖羊無無角者故小雅云俾出童羖羊多無角故其角者別之曰觟也大雅云彼童而角傳云童羊之無角者也而角自用也箋云童羊謂皇后也按童羊正謂牂羊从角圭聲下瓦切十六部

觡骨角之名也骨角角之如骨者猶石言玉石也樂記角觡生注云無䚡曰觡無䚡者其中無肉其外無理郭氏山海經傳云麋鹿角曰觡是也牛羊角有肉有理玉篇云無枝曰角有枝曰觡此取枝格之意惟麋鹿角有枝則其說非異也封禪文犠雙觡共柢之獸謂二角同本也言觡者自麟鹿之大者也从角各聲古百切古音在五部按觡不廁於䚡下者䚡觡觜皆角之異者也

觜鴟舊頭上角觜也角觜萑下云毛角是也毛角頭上毛有似角者也觜猶柴銳詞也毛角銳凡羽族之咮銳故鳥咮曰觜俗語因之凡口皆曰觜其實本鳥毛角之偁也鳥口之觜廣雅作柴郭爾雅注云山鵲柴脚赤葉抄釋文不誤一曰觜逗觿也別一義从角此聲按當子髓遵爲二切十五十六部

解判也从刀判牛角會意佳買切又戶賣切十六部一曰解廌逗疊韵字獸也見廌部按大元論衡觟䚦解廌字之假借也四字皆在十六部

觿佩角銳耑可以解結衛風傳曰觿所以解

結成人之佩也內則注曰小觿解小結也觿皃如錐以象骨爲之周禮眂祲十煇三曰鑴鄭云鑴讀如童子佩鑴之鑴謂日旁氣刺日者按此注當云讀爲童子佩觿之觿轉寫誤也周禮假鑴爲觿 **从角巂聲** 戶圭切十六部 **詩曰童子佩觿**

䚗 卮也 各本作小觶也廣韵同玉篇作小卮也御覽引說文亦作小卮也今按卮下云圜器也一名觛則此當作卮也無疑小徐本廁此大徐本改廁於觶篆後云小觶也殊誤卮非觶也漢高紀奉玉卮爲大上皇壽應劭曰飲酒禮器也古以角作受四升古卮字作紙許云觶禮經作觗則觗字非卮古字應仲遠誤合爲一三都賦序舊注因之遂有改說文者矣今更正古者簠簋爵觶禮器也敦牟卮匜常用器也 **从角旦聲** 徒旱切十四部

觵 兕牛角可㠯飲者也 詩四言兕觵而傳不同卷耳曰兕觵角爵也七月曰觵所以誓衆也桑扈曰兕觵罰爵也絲衣箋曰繹之旅士用兕觵變於祭也周禮閭胥注曰觵撻者失禮之罰也小胥曰觵罰爵也卷耳無罰義故祇云角爵七月因鄉飲酒而正齒位故云誓誓者示

以失禮則受罰也蓋觵之用於罰多而非專用以罰故卷耳絲衣竝用兕觥此許不言罰爵而言可以飲之意也異義韓詩說觥亦五升所以罰不敬觥廓也著明之貌君子有過廓然著明毛詩說觥大七升許慎謹案觥罰有過一飲而盡七升爲過多許意當同韓詩說大五升也五升亦恐非一飲能盡故於說文不言升數

从角據許是以兕角爲之詩正義引禮圖先師云刻木爲之非許意又按凡觵觶觴觚字皆從角許不言其義考工記飲器爲於梓人梓人者攻木之工也飲器惟觵多連兕言許云兕牛角可以飲其他不以角爲而字從角者蓋上古食鳥獸之肉取其角以飲飲之始也故四升曰角猶仍角名而觚觶字從角與

黃聲古橫切古音如光在十部

其狀觵觵故謂之觵觵觵壯皃猶僙僙也後漢書曰關東觥觥郭子橫

觥　俗觵从光今毛詩從俗

觶　鄉飲酒觶鄉當作禮禮經十七篇用觶者多矣非獨鄉飲酒也因下文一人洗舉觶之文見鄉飲酒篇淺人乃改鄉字觶鉉本作角非當同觚下作爵

从角單聲支義切十六部按鄭

駁異義云今禮角旁單然則是今文禮作觶也單聲而支義切由古文本作觗從氏聲後遞變其形從辰從單爲聲而古音終不改也

禮曰一人洗舉觶

鄉飲酒曰一人洗升舉觶于賓鄉射禮曰一人洗舉觶于賓禮經言觶多矣略舉其一耳

觶受四升

異義云今韓詩一升曰爵盡也足也二升曰觚觚寡也飲當寡少三升曰觶觶適也飲當自適也四升曰角角觸也不能自適觸罪過也五升曰散散訕也飲不能自節人所謗訕也總名曰爵其實曰觴觴者餉也觥廓也著明之皃君子有過廓然著明非所以餉不得名觴古周禮說爵一升觚三升獻以爵而酬以觚一獻而三酬則一豆矣食一豆肉飲一豆酒中人之食許慎謹案周禮云一獻而三酬當一豆若觚二升不滿一豆矣鄭駁之曰周禮獻以爵而酬以觚觚寡也觶字角旁著友譌字汝潁之閒師讀所作今禮角旁單古書或作角旁氏則與觚字相近學者多聞觚寡聞觶寫此書亂之而作觚耳又南郡太守馬季長說一獻而三酬則一豆豆當爲斗與一爵三觶相應按駁異義從韓詩說觶受三升謂考工記觚二升觚爲觗譌其注考工

記同其注禮特牲篇云舊說爵一升觚二升觶三升角四升散五升謂韓詩說也士冠禮注亦云爵三升曰觶而許云觶受四升蓋從周禮不改字觚受三升則觶當受四升也○按馬季長說與一爵三觶相應此觶字乃觚之誤改觚爲觶始於鄭馬不介也馬注論語云爵一升觚三升

⿰角辰　觶或从辰　辰聲而讀支義切此如古祗振多通用也考工記疏引鄭駁異義云觶字角旁友汝潁之間師讀所作今本皆如是友字無理蓋辰之誤韵會徑改友作支云古作⿰角支於形聲合矣而玉篇廣韵集韵類篇釋行均書皆有⿰角辰觗無⿰角支則不可信也

觗　禮經觶　此謂古文禮也鄭駁異義云今禮角旁單古書或作角旁氏然則古文禮作觗或之云者改竄之後不畫一也燕禮媵觚于公鄭云酬之禮皆用觶言觚者字之誤也古者觶字或作角旁氏由此誤耳按上文主人北面盥坐取觚洗注古文觚皆爲觶此亦謂古文作觗而誤

觴　實曰觴虛曰觶　投壺命酌曰請行觴觴者實酒於爵也韓詩說爵觚觶角散五者總名曰爵其實曰觴觴者餉也觥者罰爵非所以餉不得名觴然投壺

之請行觴固罰爵也凡禮經曰實者皆得曰觴獨於觶言者觶之用多舉觶以該他也下文云觴受三升者曰觚**从角𥏫省聲**𥏫從矢矢從入故曰𥏫省聲也式陽切十部**䬢 籒文觴或从爵省**

觚 鄉飲酒之爵也鄉亦當作禮鄉飲酒禮有爵觶一無觚也燕禮大射特牲皆用觚**曰觴受三升者觚**觚受三升古周禮說也言一曰者許作五經異義時從古周禮說至作說文則疑焉故言一曰以見古說未必盡是則韓詩說觚二升未必非也不先言受二升者亦疑之也上文觶實四升亦次於從角單聲引禮之下其意葢與此同或云亦當有一曰二字**从角瓜聲**古乎切五部

觛 角匕也匕下曰匕所以比取飯一名柶柶下曰匕也按士冠禮有角柶即觛也**从角亘聲讀若讙**況袁切十四部

⿱敫角 杖耑角也杖耑謂杖首也司馬彪禮儀志仲秋之月民始七十者授之以玉杖餔之糜粥八十九十有加賜玉杖長尺端以鳩鳥為飾謂玉長尺飾杖首玉之顛復為鳩形也廣韵曰⿱敫角以角

飾杖策頭小徐謂飾拄地處誤甚 从角敫聲 胡狄切古音在二部

觼 環之有舌者 秦風曰沃以觼軜爾雅環謂之捐捐者觼之假借字詩容有作捐者通俗文曰鈌環曰鐍許與服不同服謂如玦許謂環中有橫者以固系 从角夐聲 古穴切十五部夐在十四部合韵也

鐍 觼或从金矞 矞聲也莊子固扃鐍崔云鐍環舌也按通俗文直謂鐍爲玦字

𧢼 調弓也 手部云搦按也鄭注矢人云撓搦其幹亦是調意弓人曰和弓轂摩注和猶調也將用弓必先調之拂之摩之引大射禮大射正以袂順左右隈上再下一小雅觲觲角弓毛傳曰觲觲調利也世說新語曰輕在角觲中爲人作議論角觲方俗語言也 从角弱省聲 於角切古音在二部按廣韵女角切

𧥄 雉射收繁具也 蓋以角爲之 从角發聲 方肺切十五部

𧤾 雉射收繁具也 按兩字同義蓋其物名𧥄𧤾上字當云𧥄𧤾雉射收繁具也下字當云𧥄𧤾也今本恐非舊但無證據未敢專輒 从角酋聲讀若鰌

字秋切三部

觳盛觵卮也盛字當是衍文觵卮謂大卮觵者酒器之大者也韋注越語曰觥大也瓬人曰豆實三而成觳鬲部曰斗二升曰觳鄭注考工記同按簋庾鬲甗盆䰛量皆以觳計小者曰卮可以飲大卮曰觳可宁酒漿以待酌也觵之大極於觳故引伸之一曰觳盡也見釋詁禮經牲體之跗曰觳謂牲體之盡也曰䠞具从角㱿聲讀若斛胡谷切三部按此篆當廁觛篆之下而廁此者此器屬陶瓬之事非角爲之亦非角飾

觱羌人所歙角屠觱句㠯驚馬也羌人西戎也屠觱羌人所吹器名以角爲之以驚中國馬後乃以竹爲管以蘆爲首謂之觱篥亦曰篳篥唐以編入樂部徐廣車服儀制曰角者前世書記不載或云本出羌胡以驚中國之馬也按仌部滭冹今詩作觱發水部畢沸今詩作觱沸皆假借字也从角𧥰聲畢吉切按𧥰聲古音在十五部

𧥰古文誖字古當爲籒言部云籒文

文三十九　重六

四十五部　文七百四十七今肉部補二字刀部删一字七宋本作八

重百一十六六宋本作二

凡七千六百三十八字此第

四篇都數

説文解字第五篇上

金壇段玉裁注

竹　冬生艸也　云冬生者謂竹胎生於冬且枝葉不凋也云艸者爾雅竹在釋艸山海經有云其艸多竹故謂之冬生艸戴凱之云植物之中有艸木竹猶動品之中有魚鳥獸也　象形　象兩兩竝生陟玉切三部按廣韵張六切　下垂者箁箬也　恐人未曉下垂之恉故言之　凡竹之屬皆从竹

箭　矢竹也　各本無竹依藝文類聚補矢竹者可以爲矢之竹也周禮及釋地注皆曰箭篠也方言箭自關而東謂之矢江淮之閒謂之鏃關西曰箭郭云箭者竹名因以爲號按今天下語言皆謂矢爲箭　从竹　前聲　子賤切古音在十一部周禮故書箭爲晉杜云晉當爲箭按吳越春秋晉竹十廋晉竹卽箭竹假借字也

箘　箘簬　逗　竹也　竹字今補禹貢鄭注曰箘簬聆風也按箘簬二字一竹名吳都賦之射筒也劉

達曰射筩竹細小通長長丈餘無節可以爲矢笴名此三字補射筩及由梧竹皆出交趾九眞招覓昆蔽象碁王曰昆或言篦簬今之箭囊也篦卽箘之異體箭囊卽射筩之異詞無底曰囊通簫曰筩皆自其無節言之謂之好箭幹耳古者絫呼曰箘簬戰國策箘簬之勁不能過是也單呼曰箘呂氏春秋越駱之箘是也書正義及戴凱之說箘簬爲二竹繆矣**从竹囷聲**渠隕切十三部**一曰簙棊也**方言簙或謂之蔽或謂之箘秦晉之閒謂之簙吳楚之閒或謂之蔽或謂之棊

簬　箘簬也从竹路聲洛故切五部**夏書曰惟箘簬枯**禹貢文枯各本作楛今依木部正

簵　古文簬从輅當作簬或从輅轉寫之誤也篇韵皆云簵同簬今尚書史記皆作簵若古文四聲韵云簵古文卽取諸誤本說文也

筱　箭屬小竹也釋草曰篠箭周禮注曰箭篠也二京賦解曰篠箭竹也此云箭屬小異**从竹攸聲**先杳切今字作篠古音在三部

簜　大竹也大射儀簜在建鼓之閒注簜竹也笙簫之屬按簜者竹名

以竹成器亦曰簜笙簫皆用小竹而云簜者大之也从竹湯聲徒朗切十部夏書曰瑤琨筱簜禹貢文簜可為榦榦弓榦也弓人曰凡取榦之道七竹為下筱可為矢筱簜之用不止於此而此為取宜䉠竹也竹名按䉠篃古今字也如禮經古文眉作微爾雅湄作溦之比西山經英山其陽多箭篃今本作䉋郭云今漢中郡出厚裏而長節根淺筍冬生戴凱之云生非一處江南山谷所饒也故是箭竹類一尺數節葉大如履可以作篷莖中作矢俗謂之籢笴按郭云長節戴云概節不合既云中作矢則一尺數節當作數尺一節也从竹微聲無非切十五部按廣韵云又武悲切篃籀文从微省按當云从散省字衍筍竹胎也醢人注曰筍竹萌按許與鄭稍異胎言其含苞萌言其已擢也吳都賦曰苞筍抽節引伸為竹青皮之偁尚書云敷重筍席禮器如竹箭之有筍聘義孚筍旁達皆是其音為贇切今字作筠从竹旬聲思允切十二部今字作笋䈚竹萌也釋草曰䈚箭萌醢人鄭注

五篇上　二

同許意筍箈不以大竹小竹分別筍从旬旬从勹取裏妊之意箈从怠與始同音取始生之意筍謂掘諸地中者如今之冬筍箈謂已抽出者如今之春筍與鄭說不同也按周禮箈菹本作菭菹故大鄭云菭水中魚衣也與艸部菭水青衣也合後鄭讀菭爲箈用釋草箭萌之訓故郭注爾雅引周禮箈菹鴈醢也今本周禮作箈非菭非箈乃是譌字注中亦奪菭當爲箈四字**从竹怠聲**徒哀切一部

箁　竹箬也从竹音聲薄侯切四部

箬　楚謂竹皮曰箬今俗云筍籜箬是也毻而陊地故竹篆下垂者像之**从竹若聲**若擇菜也擇菜者絕其本末此形聲包會意也而勺切五部

節　竹約也約纏束也竹節如纏束之狀吳都賦曰苞筍抽節引伸爲節省節制節義字又假借爲符卪字**从竹即聲**子結切十二部

筡　析竹笢也析各本譌折今正方言筡析也析竹謂之筡郭云今江東呼篾竹裏爲筡亦名筡之也按此注謂已析之篾爲筡人析之亦僃筡之本無誤字戴氏疏證改筡之二字爲笢字非也爾雅簢筡中葢

山居賦自注修竦便娟蕭森蓊蔚
皆竹貌也

此義之引伸肉薄好大者謂之筡中如析去靑皮而薄也醫方竹茹音如卽此字別錄从竹俗从艸　从竹余聲讀若絮　絮宋刻作絮小徐同同都切五部

⿱竹鬲　筡也　謂筡之也釋草粼堅中粼同磨磷之磷謂堅中者必磨之也簢筡中簢同篾謂空中者必析之也　从竹⿱竹鬲聲　武移切古音在十二部

笢　竹膚也　膚皮也竹膚曰笢亦曰筠見禮器俗作筠已析可用者曰蔑禮注作篾士喪禮謂之靲析之謂之筡亦謂之篾　从竹民聲　武盡切十二部

笨　竹裏也　謂其內質白也又有白如紙者吳都賦注謂之竹孚俞　从竹本聲　布忖切十三部

䈵　竹皃　南都賦其竹阿那䈵篸風靡雲披李善引說文䈵竹皃也埤蒼篢竹頭有文也上烏孔反下如涌反按吳都賦云䈵篢蕭瑟謝靈運山居賦自注修竦便娟蕭森䈵蔚皆竹貌也今三賦䈵[illegible]誤从艸矣　从竹翁聲　烏紅切九部

篸　篸差也　各本差上無篸此淺人謂爲複舉字而刪之也集韵篸差竹皃初簪切又篸竹長皃疏簪切按木部槮木長皃引槮

差荇菜葢物有長有短則參差不齊竹木皆然今人作參差古則从竹从木也**从竹參聲**所今切七部

篆引書也引書者引筆而箸於竹帛也因之李斯所作曰篆書而謂史籒所作曰大篆既又謂篆書曰小篆其字之本義爲引書如彫刻圭璧曰瑑周禮注五采畫轂約謂之夏篆**从竹彖聲**特兖切十五部

籒讀書也言部曰讀籒書也敘目曰尉律學僮十七已上始試諷籒書九千字乃得爲吏試字句絕諷籒連文謂諷誦而抽繹之滿九千字皆得六書之恉乃得爲吏也此籒字之本義經傳𢿱用周宣王時大史以爲名因以名所箸大篆曰籒文迄今學者絕少知其本義者故於讀下籒書改爲誦書於敘曰籒爲籒文九千字重悂貤繆可勝嘆哉毛傳曰讀抽也方言曰抽讀也抽皆籒之假借籒者抽也讀者續也抽引其緒相續而不窮也亦假紬字爲之大史公自序紬史記石室金匱之書如淳云抽徹舊書故事而次述之也亦借繇字爲之春秋傳卜筮繇辭今皆作繇又俗作䌛據許則作籒服虔曰繇抽也抽出吉凶也**从竹擂聲**此形聲包會意直又切三部

部春秋傳曰卜籀云左傳卜筮皆云繇此言卜以該筮也

篇書也書箸也箸於簡牘者也亦謂之篇古曰篇漢人亦曰卷卷者縑帛可捲也一曰關西謂榜篇榜所以輔弓弩者此其引伸之義今之榜額標榜是也關西謂之篇則同扁从竹扁聲芳連切古音在十二部

籍簿也簿當作薄六寸薄見寸部引伸凡著於竹帛皆謂之籍从竹耤聲秦昔切古音在五部

篁竹田也戰國策薊丘之植植於汶篁西京賦篠簜敷衍編町成篁漢書注竹田曰篁今人訓篁爲竹而失其本義矣从竹皇聲戸光切十部

⿱竹將剖竹未去節謂之⿱竹將謂未去中之相隔者方言所以隱櫂謂之⿱竹槳郭云搖樐小橛也按⿱竹槳葢卽⿱竹將字其始以剖竹未去節爲之後乃以木爲之改其字作⿱竹槳作槳後人又不以名橛而以名櫂矣从竹將聲卽兩切十部按此二篆之次當在篸下篆上則皆得其所矣

䈎籥也小兒所書寫每一笘謂之一䈎今書一紙謂之一頁或作葉其

實當作此葉从竹枼聲與接切八部籥書僮竹笘也笘下曰潁川人名小兒所書寫爲笘按笘謂之籥亦謂之觚蓋以白墡染之可拭去再書者其拭觚之布曰幡从竹龠聲以灼切二部按管籥字與此別⿱竹劉竹聲也小徐曰猶言瀏然聲淸也从竹劉聲力求切三部簡牒也片部曰牒札也木部曰札牒也按簡竹爲之牘木爲之牒札其通語也釋器曰簡謂之畢學記云呻其佔畢是也等者齊簡也編者次簡也詳册下从竹閒聲古限切十四部笐竹列也列𠥓應書作次竹列者謂竹之生疏數偃仰不齊而齊笐之言行也行列也釋草仲無笐蓋謂竹有行列如伯仲然也無者發聲也引伸之取竹爲衣架亦曰笐廣韵四十二宕曰笐衣架是也內則所謂榫椸釋器所謂竿謂之箷也其字亦作桁古樂府云還視桁下無懸衣是也从竹亢聲古郎切十部按依爾雅音義戶剛反其衣笐衣桁韵書下浪切篰㒼爰也廣雅曰⿱竹㒼篓篰也曹憲上音滿下音綫廣韵曰⿱竹㒼篓簡也篰牘也玉篇曰

篰竹牘也。按萹爰漢人語俗字加竹。从竹部聲。薄口切。四部。按許書無簿字，篰葢即今之簿字也。

等　齊簡也。齊簡者，疊簡冊齊之，如今人整齊書籍也。引伸爲凡齊之偁。凡物齊之，則高下歷歷可見，故曰等級。刀部云：則，等畫物也。从竹寺。會意。寺官曹之等平也。說从寺之意。寸部曰：寺，廷也，有法度者也，故从寸。官之所止，九寺於此等平法度，故等从竹寺。古在一部，止韵音變入海韵，音轉入等韵。多肯切。

笵　法也。毄辭範圍天地之化而不過，鄭曰：範，法也。考工記軓前十尺，注云：書或作軋。軋，法也。按許無軋字，車部範爲範軷，則毄辭範圍假借字也。从竹氾聲。防妥切。八部。竹簡書也。古法有竹刑。說从竹之意。法具於簡書，故笵从竹也。左傳曰：鄭駟歂殺鄧析而用其竹刑。竹刑者，刑罰科條載於竹簡也。通俗文曰：規模曰笵。元應曰：以土曰型，以金曰鎔，以木曰模，以竹曰笵，一物材別也。說與說合。

箋　表識書也。鄭六藝論云：注詩宗毛爲主，毛義若隱略，則更表明，如有不同，即下己意。按注詩偁箋，自說甚

明博物志云毛爲北海相鄭是郡人故稱箋以爲敬此泥魏晉時上書偁箋之例絕非鄭意 **从竹戔聲** 則前切十四部

符 信也漢制㠯竹長六寸分而相合 周禮門關用符節注曰符節者如今宮中諸官詔符也小宰傳別故書作傳辨鄭大夫讀爲符別漢孝文紀始與郡國守相爲銅虎符竹使符應劭云銅虎符一至五國家當發兵遣使至都合符符合乃聽受之竹使符皆以竹箭五枚長五寸鐫刻篆書第一至第五張晏曰符以代古之圭璋從簡易也按許云六寸漢書注作五寸未知孰是 **从竹付聲** 防無切古音在四部

筮 易卦用蓍也 曲禮曰龜爲卜策爲筮策者蓍也周禮簭人注云問蓍曰筮其占易艸部曰蓍易以爲數 **从竹𢍰** 从竹者蓍如筭也筭以竹爲之从𢍰者事近於巫也九簭之名巫更巫咸巫式巫目巫易巫比巫祠巫參巫環字皆作巫時制切十五部 **𢍰古文巫字**

笄 兂也 兂各本作簪今正兂下曰首笄也俗作簪戴氏曰無冠笄而冕弁有笄笄所以貫之於其左右是以冠無之凡無笄者纓

冕制延前圓垂旒後方延有紐自延左右垂笄貫之以爲固紘以組自頤屈而上左右屬之笄垂其餘凡冕弁笄有笄者紘記曰天子冕而朱紘諸侯冕而青紘士冠禮皮弁笄爵弁笄朱組紘纁邊　从竹幵聲　古兮切古音在十二部

笸　取蟣比也　比篦古今字比密也引伸爲櫛髮之比釋名曰梳言其齒疏也數言比比於梳其齒差數也比言細相比也木部曰櫛者梳比之總名也史記遺單于比余一漢書作比疎一余疎皆卽梳字比梳一者統言則比亦梳也蟣者蝨子云取蟣比者比之至密者也今江浙皆呼篦箆比當依俗音毗漢書頻寐反　从竹叵聲　居之切一部

籆　所目收絲者也　所目二字今補方言曰籆椱也兖豫河濟之閒謂之椱郭云所以絡絲也音爰按今俗謂之籆車于縛切字亦作籰　从竹蒦聲　王縛切五部

𧣈　籆或从角閒

筳　繀絲筦也　糸部曰繀箸絲於筟車也按絡絲者必以絲耑箸於筳今江浙尚呼筳　从竹廷聲　特丁切十一部

筦　筟也从竹完聲　古滿

五篇上　六

切十四部

筝　筳也　筳筦筝三名一物也方言曰維車趙魏之閒謂之轣轆車東齊海岱之閒謂之道軌按自其轉旋言之謂之厤鹿亦謂之道軌亦謂之鹿車自其箸絲之筳言之謂之維車亦謂之筝車實卽今之篗車也

从竹乎聲讀若春秋魯公子彄　公子彄見春秋經隱公五年臧僖伯也乎聲在三部區聲在四部合音冣近今音芳無切

簾　堂簾也　小徐曰此書及釋名簾帷皆作㡘疑㡘或與簾別或者此簾字後人所加之乎所不能決也按巾部曰㡘帷也又曰在旁曰帷周禮幕人掌帷幙幄帟綬之事注曰王出宮則有是事在旁曰帷在上曰幕帷幕皆以布爲之四合象宮室曰幄帟者王在幕若幄中坐上承塵幄帟皆以繒爲之然則㡘施於次以蔽旁簾施於堂之前以隔風曰而通明㡘以布爲之故从巾簾析竹縷爲之故其字从竹其用殊其地殊其質殊學者可以無疑矣

从竹廉聲　力鹽切七部按韋昭注國語曰薄簾也薄今字作箔

笮　迫也　疊韻說文無窄字笮窄古今字也屋笮者本義引伸爲逼窄字

在瓦之下棼

上棼複屋棟也釋宮屋上薄謂之筄郭云屋笮也考工記注曰重屋複笮也按笮在上椽之下下椽之上迫居其閒故曰笮釋名曰笮迮也編竹相連迫迮也以竹爲之故从竹从竹乍聲阻厄切古音在五部

簀牀棧也衞風綠竹如簀毛曰簀積也此言假借也韓詩傳亦同从竹責聲阻厄切十六部

笫簀也見釋器左傳牀笫之言不踰閾周易噬乾胏鄭曰胏簀也此言假胏爲笫也士喪禮古文笫爲茨从竹𠂔聲阻史切按史當作死十五部

筵竹席也周禮司几筵注曰筵亦席也鋪陳曰筵藉之曰席然其言之筵席通矣按司几筵掌五几五席之名物筵席不別也五席不用竹惟後鄭說次席是桃枝席又說顧命蔑席厎席豐席筍席皆爲竹席許釋筵爲竹席者其字从竹也从竹延聲以然切十四部周禮曰度堂以筵匠人職曰室中度以几堂上度以筵筵一丈此釋周禮也周禮曰度九尺之筵此不合未詳

簟竹席也毛詩箋曰竹葦曰簟从竹覃聲徒念切廣韵上聲七

部

籧　籧篨逗粗竹席也方言曰簟宋魏之閒謂之笙或謂之籧苗自關而西或謂之簟或謂之𥮳其麤者謂之籧篨自關而東或謂之篕棪郭云江東呼籧篨爲𥶄音廢按此云粗者與上筵簟別言之筵簟其精者也晉語毛詩皆云籧篨不可使俯此謂捲籧篨而豎之其物不可俯故詩風以言醜惡爾雅以名口柔也从竹遽聲彊魚切五部

篨　籧篨也从竹除聲直魚切五部

籭　竹器也可㠯取麤去細俗云簁籮是也廣韵云籭盞也能使麤者上存細者盞下籭簁古今字也漢賈山傳作篩从竹麗聲所宜切十六部今音山佳切

籓　大箕也廣雅曰籓籮箕也从竹潘聲甫煩切十四部一曰蔽也艸部曰藩屏也尸部曰屏蔽也是則籓與藩音義皆同

籅　漉米籔也方言曰炊籅謂之縮或謂之篗或謂之匧郭注漉米籅江東呼淅籤按史記索隱引纂要云籅淅箕也此注籤字正箕之誤今江蘇人呼淘米具曰溲箕是也从竹奧聲於六切三部

籔炊奠也本漉米具也既浚乾則可炊矣故名炊奠方言籅同藪縮即籔之入聲也毛詩伐木傳曰以筐曰釃以籔曰湑籔即今之溲箕也今誤从艸作藪筐者盛飯之器較細籔者漉淅之器較麤皆可以漉酒者从竹數聲穌后切三部

箅蔽也此户護也門聞也之例所以蔽甑底甑者蒸飯之器底有七穿必以竹席蔽之米乃不漏雷公炮炙論云常用之甑中箅能淡鹽味煑昆布用弊箅京江南賦曰敝箅不能救鹽池之鹹从竹畀聲必至切十五部按廣韵博計切

䈾飯筥也受五升方言曰簇南楚謂之筲郭曰盛餅筥也按簇即筥字筲即䈾字也論語斗筲之人鄭曰筲竹器容斗二升與許說受五升異从竹稍聲山樞切古音在二部廣韵十虞無此秦謂筥曰䈾

𥳓陳留謂飯帚曰𥳓飯帚者所以埽殉餘之飯从竹捎聲所交切二部一曰飯器容五升此說謂𥳓與䈾同字也一曰宋魏謂箸筩爲𥳓箸筩者所以盛飯敊之筩

也方言曰箸筩陳楚宋魏之閒謂之筲或謂之籯自關而西謂之桶檧按筲卽箱字郭云音鞭鞘筥箱也箱當作箱方言簇南楚謂之筲趙魏之郊謂之笶簇禮經鄭注云笄形蓋如今之筥笶籚按笶籚卽笶簇也从竹呂聲居許切五部筍飯及衣之器也禮記曲禮注曰圓曰簞方曰笥禮經士冠禮注曰隋方曰篋許曰簞笥也又匚部曰匴笥也許渾言之鄭別言之也曲禮注曰簞笥盛飯食者此飯器之證禮記引兌命曰惟衣裳在笥此衣器之證从竹大射儀曰小射正奉決拾以笥注笥萑葦器按此蓋笥之小者也大者以竹爲之司聲相吏切一部簞笥也論語孔注同皇侃曰以竹爲之如箱篋之屬左傳夫差以一簞珠問趙孟蓋亦簞之小者也从竹單聲都寒切十四部漢律令簞小匡也匡俗作筐匚部曰匡飯器筥也按筥者箱也容五升漢律令之簞謂匡之小者也與經傳所云簞謂笥者異蓋匡簞皆可盛飯而匡筥無蓋簞笥有蓋如今之箱盒其制不同故小匡爲別一義傳曰簞食壺

孟子及他儒家書皆有此言故與約之以傳曰也此證前一義

簁　簁箄逗**竹器也**按簁箄器名以上下文例之是盛物之器而非可以取麤去細之器也可以取麤去細之器其字作籭不作簁若廣韵支韵云簁下物竹器紙韵曰簁籮也皆韵曰簁簁籮古以玉爲柱故字从玉今俗作簁此皆用簁爲籭古今字變非許意也小顏注急就篇誤**从竹徙聲**所綺切十六部

箄　簁箄也絫呼曰簁箄單呼曰箄方言箄簍與篧籭也籭小者自關而西秦晉之閒謂之箄郭云今江東呼小籠爲箄按許意簁箄與籭各物**从竹卑聲**并弭切十六部按考工記注鄭司農云綆讀爲關東言餅之餅謂輪箄也元謂輪雖箄爪手必正也箄劉昌宗薄歷反李軌方四反箄謂偏僻漢人語也與算字絕異江氏愼修改爲甑箅字亦千慮之一失也果是从畀則不得反以薄歷矣

篿　圜竹器也盛物之器而圜者篿與團音同也離騷王注曰楚人名結草折竹卜曰篿別一義也**从竹專聲**度官切十四部

箸　飯攲也攲各本作敧支部攲持去也危

五篇上　九

部攲匾也攲者傾側意箸必傾側用之故曰飯攲宗廟宥座之器曰攲器古亦當作攲器也箸曲禮謂之梜假借爲箸落爲箸明古無去入之別字亦不从艸也 从竹者聲 陟慮切又遲倨切五部

簍 竹籠也 方言簍簝也簝小者南楚謂之簍 从竹婁聲 洛侯切四部

筤 籃也 廣雅筤謂之笭廣韵曰筤車籃一名笭笭音替按許不言車籃汎言籠下之器耳 从竹良聲 盧當切十部

籃 大篝也 今俗謂熏篝曰烘籃是也 从竹監聲 魯甘切八部 [illegible] 古文籃如此 未詳

篝 笿也可熏衣 按也字衍文當云笿可熏衣者廣韵曰熏籠 从竹冓聲 古侯切四部 宋楚謂竹篝牆居也 各本牆居之閒誤衍以字方言曰篝陳楚宋魏之閒謂之牆居廣雅篝籠也薰篝謂之牆居

笿 栝笿也 方言栝落陳楚宋衞之閒謂之栝落又謂之豆筥自關東西謂之栝落郭云盛栝器籠也按引伸爲籠絡字今人作絡古當作笿亦作落 从竹各聲 盧各切五部

笿　桮笿也。廣雅曰笿桮落也。从竹各聲。古送切九部。或曰盛箸籠。箸筩曰筲亦曰笿也。

籢　鏡籢也。玉篇引列女傳曰置鏡籢中。別作匳俗作奩廣韵云盛香器也。从竹斂聲。力鹽切七部。

籫　竹器也。廣雅方言注皆曰籫箸筩。从竹贊聲。讀若纂。作管切十四部。一曰叢也。木部欑下曰一曰叢木籫音同義近。

籯　笭也。笭字下曰一曰籯也。漢書遺子黃金滿籯不如教子一經竹籠也廣雅曰籯箸筩也。从竹嬴聲。以成切十一部。

⿱竹删　竹器也。玉篇曰似箱而麤。从竹删聲。穌旰切十四部。

簠　黍稷方器也。周禮舍人注曰方曰簠圓曰簋盛黍稷稻粱也掌客注曰簠稻粱器也簋黍稷器也秦風傳曰四簋黍稷稻粱也按毛意言簋可以該簠鄭注則據公食大夫禮分別所盛也許云簋方簠圓鄭則云簋圓簠方不同者師傳各異也周易二簋可用享鄭注云離爲日日體圓巽爲木木器圓簋象聘禮竹簋方注云竹簋方者器名以竹爲之狀如簋而方賈疏云凡簠皆用木而圓此則用竹而方故云如簠而方宋刻單行疏內簋字凡四見今本依釋文改經注疏皆作簠字非也已上可證鄭確謂簋爲圓器周禮疏云孝經陳其簠簋注云內圓外方受斗二升者直據簠而言若簋則內方外圓孝經鄭注說者謂鄭小同之注也賈所引文亦不完則無用深求矣而秦風釋文有內圓外方曰簠內方外圓曰簋之文蓋本孝經注聘禮釋文則又方圓字皆互易之自相乖剌聶崇義曰舊圖云內方外圓曰簋外方內圓曰簠與秦風音義合廣韵曰內圓外方曰簋歐陽氏集古錄曰簋外方內圓與聘禮音義合攷圖器之內爲之方方器之內爲之圓似以木以瓦以竹皆難爲之他器少如是者恐孝經注不可信許鄭皆所不言也鄭注禮曰飾蓋象龜蓋者意擬之詞注禮器云大夫刻爲龜形可證也聶氏陳氏禮圖皆於蓋頂作一小龜謬解一蓋字耳見考工記圖

从竹皿皀合三字會意按簋古文或从匚或从木蓋本以木爲之大夫刻其文爲龜形諸侯刻龜而飾以象齒天子刻龜而飾以玉其後乃有瓦簋乃有竹簋方因製从竹之簋字木簋竹簋禮器瓦簋常用器也皀穀之馨

段云皀穀之馨香謂黍稷也　案以古文匭推之當是从食省非从香又疑从𣪘省聲

香謂黍稷也居洧切古音在三部讀如九

匭　古文簋从匚食九　各本作从匚飢飢非聲也从方从食九聲也

匭　古文簋从匚軌　按許說簋爲方器蓋以古文从匚也軌聲古音簋軌皆讀如九也史記李斯傳曰飯土匭公食大夫禮注曰古文簋皆作軌易損二簋蜀才作軌周禮小史故書簋或爲九大鄭云九讀爲軌書亦或爲軌簋古文也今本周禮脫誤爲正之如此軌九皆古文假借字也匭古文本字也匭之字後世用爲匭匣字尙書苞匭菁茅鄭曰匭纏結也鄭意謂匭爲糾之假借字吳都賦注用之

朹　亦古文簋　簋以木爲之故字从木也惠氏棟九經古義曰易渙奔其机當作朹宗廟器也

簠　黍稷圜器也　簠盛稻粱見公食大夫禮經文云左擁簠粱是也此云黍稷者統言則不別也如毛傳云四簋黍稷稻粱亦是統言云圜器與鄭云方器互異　从竹皿甫聲　方矩切五部

𠤱　古文簠从匚夫　夫聲也

籩　竹豆也　豆古食肉器也木豆謂之梪竹豆謂之籩周禮籩人掌四籩之實注

曰籩竹器如豆者其容實皆四升从竹邊聲布元切十二部⿷匚籩籒文籩匚者籒文匚也⿱竹屯篅也廣韵⿱竹屯籧也按今俗謂盛穀高大之器曰土籧从竹屯聲徒損切十三部篅以判竹句謂用析竹爲之也圜以盛穀者用竹䈁圜其外殺其上高至於屋蓋以盛穀近底之處爲小戶常閉之可出穀今江蘇謂之土籧是也古曰篅今江蘇編稻艸爲之容數石謂之⿱竹屯淮南書曰與守其篅⿱竹屯注篅⿱竹屯受穀器也篅讀顓孫之顓按別作圌从竹耑聲市緣切十四部簏竹高匧也匧之高者竹爲之从竹鹿聲盧谷切三部簶簏或从彔簜大竹筩也大射儀簜在建鼓之閒按當作簜簜乃竹名非其義也笙簫之屬而謂之簜者大之也从竹昜聲徒朗切十部筩斷竹也漢律厤志曰制十二筩以聽鳳之鳴此筩之一耑也从竹甬聲徒紅切九部箯竹輿也公羊傳曰脅我而歸之筍將而來也何曰筍者竹箯一名編輿齊魯以北

名之曰筍將送也釋文曰筍音峻史漢張耳傳曰貫高筵輿前服虔曰筵音編編竹木如今峻可以糞除也韋昭曰輿如今輿牀人舁以行按公羊史記說文輿皆去聲亦作輂作梥**从竹便聲**旁連切十二部

笯 鳥籠也方言籠南楚江沔之閒謂之篣或謂之笯懷沙曰鳳皇在笯洪興祖補注引說文笯籠也南楚謂之笯豈洪氏所見本異與**从竹奴聲**乃故切五部

竿 竹梃也木部曰梃一枚也按梃之言挺也謂直也衛風曰籊籊竹竿引伸之木直者亦曰竿凡干旄干旟干旌皆竿之假借又莊子竿牘卽簡牘也**从竹干聲**古寒切十四部

籱 罩魚者也网部曰罩捕魚器也小雅傳曰罩籗也釋器曰籗謂之罩李巡云籗編細竹以爲罩捕魚也孫炎云今楚籗也**从竹靃聲**竹角切按靃聲當在五部隺聲當在二部爾雅作籗故郭音七角反唐韵竹角切說文作籱故廣韵苦郭切

䉑 籱或从隺鉉本篆作籗云籱或省

箇 竹枚也竹梃自其徑直言之竹枚自其圜圍言之一枚謂之一箇也方言曰

箇枚也从竹固聲古賀切按古音在五部⺌箇或作个半竹也各本無見於六書故所引唐本按竝則爲竹單則爲个竹字象林立之形一莖則一个也史記木千章竹竿萬个正義引釋名竹曰个木曰枚今釋名佚此語經傳多言个大射士虞禮特牲饋食禮注皆云个猶枚也今俗或名枚曰個音相近又云今俗言物數有云若干個者此讀然經傳个多與介通用左氏或云一个行李或云一介行李是一介猶一个也介者分也分則有閒閒一而已故以爲一枚之偁方言曰介特也是也閒之外必兩分故曰介居二大國之閒月令左介右介是其義也○又按支下云从手持半竹卽个爲半竹之證半者物中分也半竹者一竹兩分之也各分其半故引伸之曰左个右个竹从二个者謂竹易分也分曰个因之個者亦曰个笅竹索也謂用析竹皮爲繩索也今之笿纜也漢溝洫志曰搴長茭兮湛美玉如淳曰茭草也一曰竿也臣瓚曰竹索縆謂之茭所以引置土石也師古曰瓚說是也茭字宜从竹風俗通後漢禮儀志皆言葦筊謂葦索也从竹交聲胡茅

切二部

筰 **筊也**廣韵曰笮筰二同竹索也西南夷尋之以渡水按西南夷有筰縣在越巂其名本此或从艸作筰非也**从竹作聲**在各切五部

箈 **潎絮簀也**潎各本作蔽今正廣韵曰箈漂絮簀也漂與潎同義水部曰潎於水中擊絮也潎絮簀即今做紙密緻竹簾也潎絮莊子所謂洴澼纊即做紙之事糸部曰紙絮一箈也謂絮一箈成一紙也紙之初起用敝布魚网爲之用水中擊絮之法成之紙字箈字載於說文則紙之由來遠矣**从竹沾聲讀若錢**昨鹽切七部按讀若錢者合韵也

箑 **扇也**戶部曰扇扉也扉可開合故箑亦名扇方言扇自關而東謂之箑自關而西謂之扇郭曰今江東亦通名扇爲箑按今江東皆曰扇無言箑者凡江東方言見於郭注者今多不同蓋由時移世易士民遷徙不常故也士喪禮下注曰翣扇也此言經文假翣爲箑也**从竹疌聲**山洽切八部

篓 **箑或从妾**妾聲

籠 **舉土器**木部曰梠一曰徙土輂齊人語也一作梩一手部曰捄盛土於梩中也是則籠即梩也

曰笭也笭下云一曰䈴也周禮𦎫人凡乘車充其籠箙注云充籠箙者以矢从竹龍聲盧紅切九部

䉂褭也衣部曰褭褭也此謂竹器可以中藏一切者音義如瓜瓤之瓤篇韵皆云簍箕盛米竹器从竹襄聲如兩切十部

䇘可目收繩者也者字今補收當作糾聲之誤也糾絞也今絞繩者尚有此器从竹象形謂其物像工字中象人手所推握也謂ㄅ像人手推之持之胡誤切五部

互䇘或省或字當作古文二字故栢以爲聲唐元度云䇘古文互彔省誤

也周禮牛牲之互注云縣肉格也

䉈宗廟盛肉竹器也牛人共盆䉈以待事注盆所以盛血䉈受肉籠也从竹祭聲洛蕭切二部周禮供盆䉈目待事供當依周禮作共

𥵊食牛匡也食各本作飲誤韵會作飯按萎下曰食牛飤下曰食馬今正作食匚部曰匡飯器筥也𥵊匡之圜者飯牛用之今字通作筥許𥵊與筥別从竹豦聲居許切五部方曰匡圜

曰篆召南傳方曰筐圓曰筥筥當作篆月令具曲植篆筐或譌作籧

篼食馬器也方言飤馬橐自關而西謂之裺囊或謂之裺篼或謂之樓篼燕齊之閒謂之帳从竹兜聲當侯切四部

籚積竹矛戟矜也積竹見殳部矜柄也考工記攻木之工輪輿弓廬匠車梓注廬矛戟矜柲也按廬者籚之假借字也釋文曰廬本或作籚从竹盧聲洛乎切五部春秋國語曰朱儒扶籚晉語文今本朱籚作侏盧朱儒扶籚西京賦所謂都盧尋橦也

箝籋也拑脅持也以竹脅持之曰箝以鐵有所劫束曰鉗書史多通用从竹拑聲巨淹切七部

籋箝也二字雙聲夾取之器曰籋今人以銅鐵作之謂之鑷子从竹爾聲尼輒切古音十五十六部

簦笠蓋也笠而有柄如蓋也即今之雨繖史記躡屩擔簦按簦亦謂之笠渾言不別也士喪禮下篇燕器杖笠翣注曰笠竹篛蓋也云蓋則簦也又按疏云篛竹青皮恐非是篛疑同箬竹箬也今人謂之箬帽从竹登聲都滕切六部

笠簦無柄也汪氏龍曰笠本以御暑亦可御雨故良耜傳笠所以御暑雨無羊傳蓑所以御雨笠所以備暑都人士傳臺所以御雨笠所以御暑三傳相合今都人士暑雨互譌以南山有臺疏文選注正从竹立聲力入切七部

箱大車牝服也考工記大車牝服二柯又參分柯之二注云大車平池載任之車牝服長八尺謂較也鄭司農云牝服謂車箱服讀爲負小雅傳曰服牝服也箱大車之箱也按許與大鄭同箱郎謂大車之輿也毛二之大鄭一之要無異義後鄭云較者以左右有兩較故名之曰箱其實一也假借爲匧笥之稱又假借爲東西室之稱禮經箱字俗改爲廂字非也从竹相聲息良切十部

篚車笭也釋器曰輿革前謂之鞎後謂之笰竹前謂之禦後謂之蔽按此對文則別之散文則不別詩言簟笰毛曰簟方文席也笰車之蔽也周禮巾車蒲蔽棼蔽等蔽即笰也故鄭引翟茀以朝作翟蔽以朝竹前竹後許所謂車笭也廣雅曰篢謂之笨又曰陽門篺篂雀目蔽簹也皆謂車笭笭之言櫺也言其昤曨也茀詩碩人从艸載驅从竹从

竹者誤也茀之言蔽也箙是正字茀是假借字如儀禮今文作屝古文作茀屝茀同字从竹匪聲敷尾切十五部按依許匡匪之匪不从竹在匸部从竹者專謂車笭

笭車笭也从竹令聲郎丁切十一部一曰笭逗籯也竹籠

⿱竹剡所吕捶馬也所吕二字今補廣韵刮馬篦也从竹剡聲丑廉切八部篇韵特甘切

策馬箠也馬箠曰策以策擊馬曰敎經傳多假策爲冊又計謀曰籌策者策猶籌籌猶筭筭所以計歷數謀而得之猶用筭而得之也故曰筭曰籌曰策一也張良借箸爲籌从竹朿聲楚革切十六部

箠所吕擊馬也所吕二字今補借爲杖人之稱漢書定箠令是也周禮假垂爲箠垂氏掌共燋契是也从竹垂聲之壘切按壘當作累古音在十七部

𥬠箠也𥬠檛古今字亦作簻左傳繞朝贈之以策杜預曰馬檛也檛婦翁字本从木後人又改从手从竹朵聲陟瓜切古音在十七部戈韵

笍羊車騶箠也箸箴其耑長

五篇上　五

半分金部曰鏊羊車箠也耑有鐵匚部曰匜讀如羊車騶箠之鏊羊車見考工記鄭曰羊善也善車若今定張車釋名曰羊祥也祥善也羊車善飾之車今犢車是也馬部曰騶廄御也月令注曰七騶謂趣馬主爲諸官駕說者也左傳程鄭爲乘馬御六騶屬焉使訓羣騶知禮按騶即御騶箠者御車之馬箠也箸箴其耑長半分箴當作鍼所謂耑有鐵可以郮勿而椽刺之善飾之車駕之以犢馳騾不撣鞭策惟用箴刺而促之淮南道應訓字作錣高曰策馬捶端有鐵以刺馬謂之錣錣與笍音義皆同从竹内聲陟衞切十五部

籣所㠯盛弩矢人所負也信陵君列傳曰平原君負韊矢韊即籣字字林作韊玉篇作韊索隱曰如今之胡鹿而短胡鹿廣韵作弧簶箭室也按西京吳都魏都賦皆云蘭錡劉逵曰受他兵曰蘭受弩曰錡蘭字皆當从竹从竹闌聲洛干切十四部

箙弩矢箙也司弓矢曰中秋獻矢箙注曰箙盛矢器也以獸皮爲之按本以竹木爲之故字从竹國語檿弧萁服韋昭曰萁木名服房也小雅象弭魚服皆假服爲箙从竹服聲

房六切古音在一部周禮仲秋獻矢箙經文仲作中䇬桻雙也桻雙見木部廣雅⿱竹夆䉶謂之䇬廣韵四江曰桻䉶者帆未張也又曰䉶者帆也按以⿱竹夆席為帆曰桻䉶故字或皆从竹今大船之帆多用⿱竹夆席是也从竹朱聲陟輸切古音在四部笘折竹箠也折竹為箠箠之便易者也从竹占聲失廉切七部按篇韵丁頰切爲是失廉誤也潁川人名小兒所書寫爲笘此別一義籥下曰書僮竹笘也用此義廣雅笘⿱竹觚也笪笞也笪者可以撻人之物从竹旦聲當割切十五部笞擊也疑奪所㠯二字笞所以擊人者因之謂擊人爲笞也方言引傳曰慈母之怒子也雖折葼笞之其惠存焉後世笞杖徒流大辟五刑制於隋唐至於今日笞有名無實从竹台聲丑之切一部籤驗也驗當作譣占譣然不也小徐曰籤出其處爲驗也一曰銳也貫也銳貫二義相成與占譣意相足从竹韱聲七廉切七部⿱竹殿榜也木部曰榜所以

輔弓弩也檢柙弓弩必攷擊之故廣雅曰榜擊也引伸之義也史漢多言榜笞榜箠从竹殹聲殳部曰殹擊也此形聲包會意徒冤切十三部

箴綴衣箴也綴衣聯綴之也謂籤之使不散若用以縫則从金之鍼也尚書贅衣即綴衣也引伸之義爲箴規古箴鍼通用風俗通曰衛大夫箴莊子今左傳作鍼莊子从竹咸聲職深切七部

箾以竿擊人也西京賦曰飛罼潚箾薛曰潚箾罼形也按罼者网之以竿爲柄者也左傳舞象箾南籥杜曰象箾舞所執南籥以籥舞也箾不知何等器豈以竿舞與从竹削聲所角切二部

虞舜樂曰箾韶按音部引書簫韶九成知皋陶謨字作簫此云箾韶蓋據左傳左云見舞韶箾者此作箾韶見書與左一也孔疏云箾即簫字釋文箾音簫與上文象箾音朔異今按同爲樂名不當異義異音疏引賈逵釋象箾云箾舞曲名言天下樂削去無道於箾韶又不引賈注

竽管三十六簧也管下當有樂字凡竹爲者皆曰管樂周禮笙師掌教龡竽大鄭曰竽三十六簧按據廣雅竽三

十六管然則管皆有簧也通卦驗風俗通皆云長四尺二寸竽與笙之管皆列於匏宋書樂志曰竽今亡**从竹亏聲**羽俱切五部

笙十三簧蒙上管樂而言故不云管樂也大鄭周禮注曰笙十三簧按廣雅云笙十三管亦每管有簧也**象鳳之身也笙正月之音物生故謂之笙**白虎通曰八音匏曰笙匏之爲言施也在十二月萬物始施而牙笙者大蔟之氣象萬物之生故曰笙釋名曰笙生也象物貫地而生也按禮經東方鐘磬謂之笙鐘笙磬笙猶生也東爲陽中萬物以生是以東方鐘磬謂之笙也初生之物必細故方言云笙細也竽大笙也故竽可訓大**大者謂之巢小者謂之和**見釋樂孫云巢高大和小笙鄉射記曰三笙一和而成聲三笙謂大者一和謂小者也**从竹生**列管故从竹正月之音故从生舉會意包形聲也韵會本無聲字爲長所庚切十一部**古者隨作笙**通典曰出世本

簧笙中簧也小雅吹笙鼓簧傳曰簧笙簧也吹笙則簧皷矣按經有單言簧者謂笙也王風左執

簧傳曰簧笙也是也**从竹黃聲**戸光切十部**古者女媧作簧**蓋出世本作篇明堂位曰女媧之笙簧按笙與簧同器不嫌二人作者簧之用廣或先作簧而後施於笙竽未可知也

䈂　簧屬今之鎖簧以張之篋以斂之則启矣其用與笙中簧同也**从竹是聲**是支切十六部

簫　參差管樂言管樂之列管參差者竽笙列管雖多而不參差也周禮小師注簫編小竹管如今賣飴餳所吹者周頌箋同廣雅云大者二十三管小者十六管王逸注楚辭云參差洞簫也**象鳳之翼**排其管相對如翼**从竹肅聲**釋名簫肅也其聲肅肅而淸也穌彫切古音在三部

筒　通簫也所謂洞簫也廣雅云大者二十三管無底是也漢章帝紀吹洞簫如淳曰洞者通也簫之無底者也**从竹同聲**徒弄切九部

籟　三孔龠也龠部曰龠管樂六孔以和衆聲按毛詩傳曰龠六孔許龠下從之此云三孔龠者謂龠之三孔者則名籟也鄭注笙師少儀明堂位皆云籥如笛三孔鄭專謂籟耳今本說文龠下爲淺人所亂然

爾雅笙作産風俗通産与笙形固相近笙与産别一器此不當復冒笙名疑說文傳本之誤

此籟大者謂之笙

於此可以正彼莊子人籟地籟天籟引伸義也大者謂之笙笙釋樂作產其中謂之籟釋樂作謂之仲蓋誤小者謂之箹三句見釋樂大者蓋六孔者也中者三孔从竹賴聲洛帶切十五部

箹小籟也从竹約聲於角切二部

管如篪六孔篪有七孔見大鄭笙師注管之異於篪者孔六耳賈逵大鄭許君應劭風俗通蔡邕月令章句張揖廣雅皆云如篪六孔惟後鄭周禮注詩箋云如篴而小併兩而吹之今大予樂官有焉十二月之音物開地牙故謂之管風俗通曰管漆竹長一尺六孔十二月之音也物貫地而牙故謂之管物開地牙四字有脫誤當作物貫地而牙貫管同音牙芽古今字古書多云十一月物萌十二月物牙正月物見也从竹官聲古滿切十四部

琯古者管㠯玉此句今正舜之時西王母來獻其白琯見大戴禮尚書大傳前零陵文學姓奚於泠道舜祠下得笙玉琯見風

俗通孟康漢書注宋書樂志皆云漢章帝時零陵文學奚景於泠道舜祠下得笙白玉管惟孟注無笙字盧注大戴作明帝時亦無笙字**夫吕玉作音故神人吕和鳳皇來儀也**風俗通同**从王官聲**按此疑出後人用風俗通沾綴許書衹當云古者管以玉或从玉

篎小管謂之篎釋樂大管謂之篞其中謂之篎小者謂之篎許無篞篎字者許所據不从竹**从竹眇聲**亡沼切二部

笛七孔筩也文選李注引說文笛七孔長一尺四寸今人長笛是也此蓋以注家語益之風俗通亦云長尺四寸七孔周禮笙師字作篴大鄭云杜子春讀篴如蕩滌之滌今人所吹五空竹笛按篴笛古今字大鄭注上作篴下作笛後人妄改一之大鄭云五孔馬融賦亦云易京君明識音律故本四孔加以一君明所加孔後出是謂商聲五音畢然則漢時長笛五孔甚明云七孔者禮家說古笛也許與大鄭異**从竹由聲**由與逐皆三部聲也古音如逐今音徒歷切**羌笛三孔**言此以別於笛七孔也馬融長笛賦曰近世雙笛從羌起謂長

笛與羌笛皆出於羌漢丘仲因羌人截竹而爲之知古篴漢初亡矣李善曰羌笛長於古笛有三孔大小異

筑　㠯竹曲五弦之樂也　以竹曲不可通廣韵作以竹爲亦繆惟吳都賦李注作似箏五弦之樂也近是箏下云五弦筑身然則筑似箏也但高注淮南曰筑曲二十一弦可見此器奚呼之名筑曲釋名筑以竹鼓之也御覽引樂書云以竹尺擊之如擊琴然今審定其文當云筑曲以竹鼓弦之樂也高云二十一弦樂書云十三弦筑弦數未審古者箏五弦說文殆筑下鼓弦與箏下五弦互譌耳箏下云筑身則筑下不必云似箏恐李善亦昧於筑曲而改之　从巩竹　持而擊之也　巩持之也　樂書曰項細肩圓鼓法以左手扼項右手以竹尺擊之史云善擊筑者高漸離　竹亦聲　張六切三部

箏　五弦筑身樂也　各本作鼓弦竹身不可通今依太平御覽正風俗通曰箏謹按樂記五弦筑身也今并梁二州箏形如瑟不知誰所改作也或曰秦蒙恬所造據此知古箏五弦恬乃改十二弦變形如瑟耳魏晉以後箏皆如瑟十二弦唐至今十三

弦筑似箏細項古筑與箏相似不同瑟也言筑身者以見形如瑟者之非古也言五弦筑身者以見箏之弦少於筑也宋書樂志改筑身爲瑟身誤矣 从竹 筑本竹聲故从竹卽从筑省也筑箏皆木爲之 爭聲 側莖切十一部

箛吹鞭也 風俗通曰漢書舊注箛者吹鞭也急就篇曰箛篍起居課後先師古曰箛吹鞭也篍吹筩也起居謂晨起夜臥及休食時督作之司以此二者爲之節度宋書樂志晉先蠶注吹小箛大箛按云鞭者如長笛賦云裁以當簻便易持也 从竹孤聲 古乎切五部

篍吹筩也 吹鞭葢葭爲之吹筩葢竹爲之風俗通曰漢書注篍筩也言其聲音篍篍名自定也 从竹秋聲 七肖切按廣韵七遙切又音秋古音在三部

籌壺矢也 禮記投壺篇曰籌室中五扶堂上七扶庭中九扶注曰籌矢也按引伸爲泛偁又謂計筭爲籌度 从竹𠷎聲 直由切三部

簺行棊相塞謂之簺 格五見吾丘壽王傳劉德曰格五棊行塞法曰簺自乘五至五格不得行故云格五莊子作博塞 从竹塞塞

箛吹鞭也篍吹筩也吹筩吹鞭疑以竹粗細分之段以葭竹别鞭筩於古無徵

亦聲先代切一部

簙局戲也六箸十二棊也古戲今不得其實箸韓非[illegible]謂博箭招蒐注云箟簬作箸故其字从竹从竹博聲補各切五部經傳多假博字古者烏曹作簙曹字依韵會各本作冑非廣韵曰出世本

篳藩落也藩落猶俗云籬落也篳之言蔽也从竹畢聲畢吉切十二部春秋傳曰篳門圭窬見襄十年左傳杜曰篳門柴門廣韵曰織荊門也

䈇蔽不見也爾雅薆隱也方言掩翳薆也其字皆當从竹竹善蔽九歌曰余處幽篁兮終不見天是也大雅薆莫助之毛曰薆隱也假借字也邶風愛而不見郭注方言作薆而从竹愛聲烏代切十五部

䉷雉射者所蔽者也依晉灼補上者字此卽射雉之翳也亦謂之廩廣雅廩作箖从竹嚴聲語杴切八部

篽禁苑也宣帝紀詔池籞未御幸者假與貧民蘇林曰折竹以繩綿連禁禦使人不得往來律名爲籞應劭曰籞者禁苑也按蘇應說與許合元帝紀詔罷嚴籞池田假

與貧民西京賦云洪池清籞清籞猶漢書云嚴籞也晉灼釋嚴籞爲射苑故引許籞字之解謂嚴與籞同可以訓射亦迂曲矣**从竹御聲**魚舉切五部**春秋傳曰澤之自御**自當作舟昭二十年左傳曰澤之萑蒲舟鮫守之鮫當是魰誤許所據竟作舟御耳魯語有舟虞同也**魰 御或作魰从又从魚**从又者取扞衛之意**筭 長六寸所㠯計厤數者**所㠯二字今補漢志云筭法用竹徑一分長六寸二百七十一枚而成六觚爲一握此謂筭籌與算數字各用計之所謂算也古書多不別**从竹弄**蘇貫切十四部**言常弄乃不誤也**說从弄之意**算 數也**論語何足算也鄭曰算數也古假選爲算如邶風不可選也車攻序因田獵而選車徒選皆訓數是也又假撰爲算如大司馬羣吏撰車徒鄭曰撰讀曰算謂數擇之也是也筭爲算之器算爲筭之用二字音同而義別**从竹具**从竹者謂必用筭以計也从具者具數也**讀若筭**蘇管切十四部**笑 喜也从竹从犬**

筭 从竹从手从三 三生萬物一以貫之 從弄之義殊謬
算 从目數目也許云从具轉曲

徐鼎臣說孫愐唐韵引說文云笑喜也从竹从犬而不述其義攷孫愐唐韵序云仍篆隸石經勒存正體幸不譏煩葢唐韵每字皆勒說文篆體此字之从竹犬孫親見其然是以唐人無不从犬作者干祿字書云咲通笑正五經文字力尊說文者也亦作笑喜也从竹下犬玉篇竹部亦作笑廣韵因唐韵之舊亦作笑此本無可疑者自唐元度九經字様始先笑後笑引楊承慶字統異說云从竹从夭竹爲樂器君子樂然後笑字統每與說文乖異見玄應書葢楊氏求从犬之故不得是用改夭形聲唐氏從之李陽冰遂云竹得風其體夭屈如人之笑自後徐楚金缺此篆鼎臣竟改說文笑作笑而集韵類篇乃有笑無笑宋以後經籍無笑字矣今以顧野王孫愐顏元孫張參爲據復其正始或問曰从犬可得其說乎曰从竹之義且不敢妄言況从犬乎聞疑載疑可也假云必不宜从犬則哭又何以从犬乎哭之獄省聲乃亦强作解事者爲之也詳哭下私妙切二部○又按宋初說文本無笑鉉增之十九文之一也孫愐但从竹从犬其本在竹部抑在犬部鉉不能知姑綴於竹末今依之恐有未協準哭从犬求之笑或本在犬部

弟第二字當互易

而从竹部之字之省聲未可知也

第次也从竹弟此見毛詩正義卷一之一引說文其在弟部抑竹部今不可知要孔沖遠所據有此篆無疑俗省弟作第耳特計切十五部

文百四十四今補第則百四十五　重十五

箕所㠯簸者也所㠯者三字今補全書中所㠯字爲淺人刪者多矣小雅曰維南有箕不可以簸揚廣韵引世本曰箕帚少康作按簸揚與受𡊄皆用箕从竹𠀠象形丌其下也四字依韵會本今各本丌下互譌居之切一部

凡箕之屬皆从箕

𠀠古文箕象形不用足今之箕多不用足者

箕亦古文箕下象竦手

箕亦古文箕此象箕之哆口

箕籀文箕依大徐作籒按經籍通用此字爲語詞渠之切或居之切

箕籀文箕从匚會意匚部曰𠤳籒文匚

簸揚米去康也與播布之義相近从箕皮聲布火切十

七部

文二　重五

丌下基也字亦作亓古多用爲今渠之切之其墨子書其字多作亓亓與丌同也荐物之丌象形平而有足可以薦物凡丌之屬皆从丌讀若箕同居之切一部

䢋古之遒人吕木鐸記詩言左傳襄十四年師曠引夏書曰遒人以木鐸徇于路官師相規工執藝事以諫正月孟春於是乎有之杜云木鐸徇于路采歌謠之言也何注公羊曰五穀畢入民皆居宅男女同巷相從夜績從十月盡正月止男女有所怨恨相從而歌飢者歌其食勞者歌其事男年六十女年五十無子者官衣食之使之民閒求詩鄉移於邑邑移於國國以聞於天子故王者不出牖戸盡知天下食貨志曰孟春之月行人振木鐸徇於路吕采詩獻之大師比其音律以聞於天子故曰王者不窺牖戸而知天下遒人卽班之行

人以木鐸巡於路使民間出男女歌詠記之簡牘遞薦於天子故其字從辵丌辵者行也丌者薦也記與丌疊韵也僞尙書襲左傳而不言振木鐸者何所事○按劉歆與楊雄書云三代周秦軒車使者逌人使者以歲八月巡路求代語僮謠歌戲楊荅劉書云嘗聞先代輶軒之使奏籍之書皆藏於周秦之室又云翁孺猶見輶軒之使所奏言二書皆卽逌人之事也逌輶遒三字同音逌人卽遒人楊劉皆謂使者采集絕代語釋別國方言故許檃栝之曰詩言班何則但云采詩也劉云求代語僮謠歌戲則詩在其中矣周禮大行人屬象胥諭言語協辭命屬瞽史諭書名聽聲音豈非楊劉所謂使者班所謂行人與說者雖殊可略見古者考文之事爲政之不外正名矣○乃部云卥氣行皃逌訓行故逌人卽行人也遒蓋逌之假借字

从辵丌丌亦聲讀與記同

居吏切一部大雅往近王舅假借爲語詞也王風彼其之子箋云其或作記或作己讀聲相似鄭風箋云忌讀爲彼己之子之己崧高傳曰近已也箋申之曰已辭也讀如彼己之子之己是則己忌記其近五字通用一部也大雅作近者誤近十三

部也典五帝之書也三墳五典見左傳从冊在丌上尊閣之也閣猶
架也以六庋閣之也多珍切古音在十三部莊都說典大冊也此字形之別說也莊都者博訪
通人之一也謂典字上从冊下从大以大冊會意與冊在六上說異不別爲篆者許意下本不從大故存其說而已
𥫔古文典从竹古文冊作笧此从古文冊也漢碑多有从竹从艸者畀相付与
之約在閣上也与舊作與勺部曰与與予同予推予也與黨與也今正約當作物古者物相与必有
藉藉卽閣也故其字从丌疑此有奪文當云相付与也付与之物在閣上从六祭統曰夫祭有畀煇胞翟閽者惠下
之道也畀之爲言與也能以其餘畀其下者也此謂上之与下庋閣而命取之从六甶聲甶敷勿切鬼頭
也必至切十五部巽具也孔子說易曰巽入也巽乃愻之假借字愻順也順故善入許云具也者巽
之本義也巺今作巽从丌𢀩聲形聲包會意卩部曰𢀩二卩也巽从此按二卩者具意也蘇困切古音在

五篇上

十四部

巽古文巽从巳从幵汗簡古文四聲韻載此體各乖異未詳宜何從也竊疑此篆字當作籒字之誤也古文下从幵幵亦具意也籒文緐重則从巳从幵而又从丌古文四聲韻作巽蓋不誤小篆則省幵作巽後人緐字則从籒變之作巽說文仿緐爲之非也

顨巽也具也从丌从頁頁部曰顛選具也按選具者選而供置之也此易顨卦爲長女爲風者今周易巽卦作巽許於巽下云具也不云卦名謂顨爲易卦名之字蓋二字皆訓具也其義同其音同伏羲文王作顨孔子則作巽巺而小篆乃作巽矣顨爲卦名巽爲卦德孔子象傳但言健順動止巽陷麗說皆卦德也其言重巽以申命巽以行權震動也巽入也巽爲雞巽爲股巽爲木爲風爲長女皆當舉卦名而不作顨但云巽以德爲名者於伏羲文王爲古今字也是可以知字有古今之理矣許於此特言之者存周易㝡初之古文也此說本之江氏聲愚又謂許所見易惟此爲木爲風爲長女之字作顨猶今易惟襍卦傳之婮作遘也各本此篆在畁篆之上今正之次此

奠　置祭也　置祭者置酒食而祭也故从酋丌丌者所置物之質也如置於席則席爲丌引伸爲凡置之偁又引伸爲奠高山大川之奠定也大元天地奠位假奠字爲之　从酋　酋酒也　見酋下置之物多矣言酒者舉其一耑也　丌其下也　丌下各本互譌今依箕篆下正堂練切古音在十二部　禮有奠祭　各本下有者字韵會無說文禮有刷巾禮有榧禮有縉緣句法皆同無者是也禮謂禮經也士喪禮既夕禮祭皆謂之奠葬乃以虞易奠又文王世子篇釋奠于其先師注云釋奠薦饌酌奠而已無迎尸以下之事召南于以奠之毛云奠置也箋云謂教成之祭也昏義注云此告事耳非正祭也

文七　重三

左　ナ手相左也　各本俱誤今正左者今之佐字說文無佐也ナ者今之左字ナ部曰左手也謂左助之手也以手助手是曰左以口助手是曰右　从ナ工　工者左助之意則箇切十七部　凡左之

屬皆从左

差貣也左不相值也貣各本作貳左各本作差今正貣者忒之假借字心部曰忒失當也失當卽所謂不相值也釋言曰爽差也爽忒也忒與忒蓋本一字尚書二衍忒宋世家作貣易四時不忒京房作貣管子全書皆以貣爲忒貣與貳形易相譌月令宿離不貣釋文貣他得切徐音二無有差貣釋文貣音二又他得反緇衣其儀不忒釋文忒他得反又作貳音二漢費鳳碑貣與則德韵婁氏釋作貳皆貣之譌爲貳者也貳與貣忒音既脂之迥別義則貳訓副也副貳之解何得同於差忒乎左氏傳其卜貳圉杜注貳代也按外傳作以代圉謂用世次當立之圉左傳作貳圉謂副貳之圉坊記注引之此則當各依文爲釋杜注左云貳代也似爲牽合此云貳也者用漢人常用字故不作忒也云左不相值也者左之而不相當則差矣今俗語所謂左也故其字从左从𠂹𠂹者乖也

从左𠂹韵會作𠂹省聲疑是𠂹省聲之誤初牙切十七部在支韵則楚宜切在佳卦韵則楚佳楚懈切說文竹部曰篸差木部曰槮差糸部曰參縒吉日傳曰差擇也其引伸之義也

差籀

文𢀩从二。从二者岐出乖異之意。

文二　重一

工　巧飾也。飾拭古今字。又部曰：㕞，飾也。巾部曰：飾，㕞也。聿部曰：𦘠，聿飾也。彡部曰：彡，毛飾畫文也。皆今之拭字也。此云巧飾也者，依古文作𢒄爲訓。彡者，飾畫文。巧飾者，謂如𢱧人施廣領大袖以仰涂，而領袖不污，是也。惟孰於規榘乃能如是。引伸之，凡善其事曰工。見小雅毛傳。象人有規榘也。直中繩，二平中準，是規榘也。與巫同意。𢒄有規榘，而彡象其善飾。巫事無形，亦有規榘，而𢀩象其兩褎，故曰同意。凡言某與某同意者，皆謂字形之意有相似者。古紅切。九部。凡工之屬皆从工。𢒄　古文工。从彡。

式　法也。廌部法作灋。灋，荆也。引伸之義爲式用也。按周禮八灋、八則、九式，異其文，注曰：則亦法也。式謂用財之節度。从工弋聲。賞職切。一部。

巧　技也。手部曰：技，巧也。从工丂聲。

苦浩切古音在三部丂部曰古文以丂爲丂

巨規巨也周髀筭經曰圜出於方方出於矩矩出於九九八十一故折矩以爲句廣三股脩四徑隅五既方其外半之一矩環而共盤得成三四五兩矩共長二十有五是謂積矩用矩之道平矩以正繩偃矩以望高覆矩以測深臥矩以知遠環矩以爲圓合矩以爲方方屬地圓屬天天圓地方方數爲典以方出圓按規矩二字猶言法度古不分別規圜矩方者圜出於方圜方皆出於矩也夫部曰規有法度也不言圜曰規考工記斬轂之道必矩其陰陽注矩謂刻識之也凡識其廣長曰矩故凡有所刻識皆謂之矩

从工象手持之謂コ也其呂切五部按後人分別巨大也矩法也常也與說文字異其呂切唐韻也廣韻作矩榘入九麌俱雨切又云說文又其呂切此出說文音隱

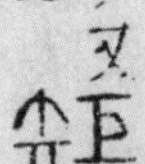巨或从木矢矢者其中正也矢部曰有所長短以矢爲正按今字作矩省木

古文巨此爲象手持之小篆變之取整齊耳大學絜矩之道注云矩或作巨此古文之遺也

文四　重三

㠭極巧視之也工爲巧故四工爲極巧極巧視之謂如離婁之明公輸子之巧既竭目力也凡展布字當用此展行而㠭廢矣玉篇曰㠭今作展从四工知衍切十四部凡㠭之屬皆从㠭

𡫳窒也穴部曰窒𡫳也此與土部塞音同義異與心部𢡃音同義近塞隔也隔塞也與𡫳窒訓別𢡃實也實富也與𡫳窒訓近凡塡塞字皆當作𡫳自塞行而𡫳塞皆廢矣从㠭从𠬶窒宀中竦手舉物塡屋中也从三字會意㠭猶齊也說从㠭之意凡漢人訓詁本異義而通之曰猶㠭从四工同心同力之狀窒不必極巧故曰猶齊注經者多言猶許書言猶者三見耳穌則切一部

文二

巫巫祝也依韵會本三字一句按祝乃覡之誤巫覡皆巫也故覡篆下總言其義示部曰祝祭主贊

辭者周禮祝與巫分職二者雖相須爲用不得以祝釋巫也**女能事無形㠯舞降神者也**無舞皆與巫疊韵周禮女巫無數旱暵則舞雩許云能以舞降神故其字象舞褎**象人兩褎舞形**謂从也太史公曰韓子稱長袖善舞不言从工者工小篆也巫小篆之仍古文者也古文不从小篆也不言工象人有規榘者已見上文工下矣式巧何以从工式巧之古文本从巨也巨何以从工也巨下云从工猶云象規榘也**與工同意**此當云與巨同意說見工下武扶切五部**古者巫咸初作巫**蓋出世本作篇君奭曰在大戊時則有巫咸乂王家書序曰伊陟相大戊伊陟贊于巫咸馬云巫男巫名咸殷之巫也鄭云巫咸謂爲巫官者封禪書曰伊陟贊巫咸巫咸之興自此始謂巫覡自此始也或云大臣必不作巫官是未讀楚語矣賢聖何必不作巫乎**凡巫之屬皆从巫**

𢓊　古文巫筮之小篆从此

覡　能齊肅事神明者楚語民之精爽不攜貳者而又能齊肅衷正其知能上下比義其聖能光遠宣朗其

明能光照之其總能聽徹之如是則明神降之在男曰覡在女曰巫是使制神之處位次主而爲之牲器時服韋注齊一也肅敬也巫覡見鬼者今說文齊作齋非國語神明作明神非 在男曰覡在女曰巫 此析言之耳統言則周禮男亦曰巫女非不可曰覡也詩譜曰陳大姬無子好巫覡禱祈鬼神歌舞之樂民俗化而爲之 从巫見 見鬼者也故从見 胡狄切十六部

文二　重一

甘 美也 羊部曰美甘也甘爲五味之一而五味之可口皆曰甘 从口含一 一道也 食物不一而道則一所謂味道之腴也古三切古音在七部 凡甘之屬皆从甘

甛 美也 周禮注恬酒恬即甛字 从甘舌 舌知甘者 說从舌之意

𤮺 和也 和當作盉寫者亂之耳皿部曰盉調味也 从甘厤 厤調也 說从厤之意厂部曰厤治也秝部曰稀疏適也稀疏

適者調訴之意周禮凡和春多酸夏多苦秋多辛冬多鹹調以滑甘此从甘麻之義也各本及篇韵集韵類篇字體皆譌今正甘亦聲讀若函古三切七部

飽也足也足也二字依韵會增淺人多改猒爲厭厭專行而猒廢矣猒與厭音同而義異雒誥萬年猒于乃德此古字當存者也按飽足則人意倦矣故引伸爲猒倦猒憎釋詁曰豫射厭也是也豫者古以爲舒字安也亦緩也洪範曰豫曰急豫猶怠也猒厭古今字猒饜正俗字从甘肰肰犬肉也此會意於鹽切古音在七部

猒或从㠯㠯用也用之猶甘之也

尤安樂也尤甘也引伸凡殊尤皆曰甚从甘匹句匹各本誤甘依韵會正常枕切七部匹逗耦也說从匹之意人情所尤安樂者必在所溺愛也

古文甚从口口猶从甘也

文五　重二

旨　美也疊韵今字以爲意恉字从甘匕聲職雉切十五部凡旨之屬皆从旨

𣅀　古文旨从千甘者謂甘多也

嘗　口味之也引伸凡經過者爲嘗未經過爲未嘗从旨尚聲市羊切十部

文二　重一　按旨部本在亏前喜後江聲曰旨當與甘爲類今移於此

曰　詞也詞者意內而言外也有是意而有是言亦謂之曰亦謂之云云曰雙聲也釋詁粵于爰曰也此謂詩書古文多有以曰爲爰者故粵于爰曰四字可互相訓以雙聲疊韵相假借也从口乚象口气出也各本作从口乙聲亦象口气出也非是孝經音義曰从乙在口上乙象氣人將發語口上有氣今據正王伐切十五部凡曰之屬皆从曰

曹　告也按下云从曰从冊會意則當作冊告也三字簡牘曰冊以簡告誠曰曹冊行而曹廢矣从曰从冊冊亦聲楚革切十六部

曷　何

也雙聲也詩有言曷者如曷不肅雝箋云曷何也有言害者如害澣害不傳云害何也害者曷之假借字詩書多以害爲曷釋詁曷止也此以曷爲遏釋言曰曷盍也此亦假借凡言何不者急言之但云曷也 从曰匃聲 胡葛切十五部

曶 出气詞也 言也意內言外謂之詞此與心部忽音同義異忽忘也若羽獵賦蠁曶如神傳毅舞賦雲轉飄曶漢樊敏碑奄曶滅形皆出气之意倏欻之皃本當用此字不當作忽忘字也楊雄傳於時人皆曶之則假曶爲忽古今人表仲忽作中曶許云鄭大子曶則未識名字取何義也今則忽行而曶廢矣 忽 从曰勹象气出形 呼骨切十五部俗作曶 春秋傳曰鄭大子曶 始見左傳桓公十年今字作忽

曶 籒文曶 从口 一曰佩也象形 按六字當作一曰佩曶也五字系於象气出形之下春秋傳之上淺人改易之致不通耳不得謂古笏可从口不可从曰亦不得謂曶象笏形也咎繇謨六律五聲八音在治忽漢書在治忽作七始訓史記作來始滑裴駰曰尚書滑

字作曶音忽鄭曰曶者臣見君所秉書思對命者也君亦有焉據此則象笏字古作㫚許竹部無笏朁曾也釋言大雅傳小雅箋同八部曰曾者朁之舒也曾之言乃也詳八部从曰兟聲七感切古音在七部詩曰朁不畏明大雅文今民勞十月之交爾雅字皆作憯憯之本義痛也沓語多沓沓也孟子毛傳釋詩皆曰泄泄猶沓沓也引伸爲凡重沓字假借爲達字毛生民傳曰達達生也先生姜嫄之子先生者也達生卽沓生謂始生而如再生三生之易也車攻傳曰舄達屨也達屨卽沓屨所謂複下曰舄也板箋曰女無憲憲然無沓沓然爲之制法度達其意以成其惡以達釋沓是其理也从水曰會意也徒合切古音葢在十五部遼東有沓縣兩志皆作遝東沓氏縣顏曰凡言氏者皆謂因之而立名𣍘獄兩曹也兩曹今俗所謂原告被告也曹猶類也史記曰遣吏分曹逐捕古文尚書兩造具備史記兩造一作兩遭兩遭兩造卽兩曹古字多假借也曹之引伸爲輩也羣也从棘在廷東也兩曹在廷東故从二

東之㯥其制未聞也从曰治事者也謂聽獄者已上十二字依韵會本昨牢切古音在三部

文七　重一

乃曳䛀之難也玉篇䛀作離非也上當有者字曳有矯拂之意曳其言而轉之若而若乃皆是也乃則其曳之難者也春秋宣八年日中而克葬定十五年日下昃乃克葬公羊傳曰而者何難也乃者何難也曷爲或言而或言乃乃難乎而也何注言乃者內而深言而者外而淺按乃然而汝若一語之轉故乃又訓汝也象气之出難也气出不能直遂象形奴亥切一部凡乃之屬皆从乃乃古文乃乃籒文乃三之以見其意卤驚聲也从乃省卤聲卤聲宋本作西聲不誤趙鈔及俗刻作卤聲誤甚从乃省者从乃而未盡其曲折也卤者籒文西字以西爲聲也鍇本作从乃卤省聲非是驚聲者驚訝之聲與乃字音義俱別詩書史漢發語多用此字作迺而流俗多改爲乃按釋詁曰仍迺

矦乃也以乃釋逌則本非一字可知矣西聲則古音當在十三部古音西讀如詵又讀如仙籀文逌不省按此五字疑有誤當作卣籀文㐭說文之通例如此或曰逌逗鍇作隨非往也元應書三引倉頡篇逌往也讀若仍如乘切按此三字不在卤聲之下而系於此是或說往義之音則然也仍孕字皆乃聲一部與六部合音也逌讀若仍則謂从卤乃省聲或說與前說逌異今人逌讀乃與或說相近

𠧪古文逌逌本古文此又古文之異者也

逌气行皃隸作逌禹貢陽鳥攸居豐水攸同九州攸同漢地理志攸皆作逌逌之言于也陽鳥于是南來得所也與爰粵義同劉歆書逌人使者謂行人之官也从乃按依上逌云从乃省則此亦當有省字卤聲讀若攸以周切三部

文三　重三

丂气欲舒出𠄌上礙於一也𠄌者气欲舒出之象一其上不能徑達此釋字義而

字形已見故不別言形也苦浩切古音在三部丂古文㠯爲亏字亏與丂音不同而字形相似字義相近故古文或以丂爲亏又㠯爲巧字此則同音假借凡丂之屬皆从丂

甹亟詞也其意爲亟其言爲甹是曰意內言外甹亦語詞也說文德徑爾雅作甹夆假借字也从丂从由普丁切十一部或曰與一曰同甹俠也此謂甹與俜音義同人部曰俜俠也俠俜也漢季布傳爲人任俠音義或曰任氣力也俠甹也三輔謂輕財者爲甹所謂俠也今人謂輕生曰甹命卽此甹字

寧願詞也其意爲顧則其言爲寧是曰意內言外寍部曰寍安也今字多假寧爲寍寧行而寍廢矣古文尙書蓋有寍字陸氏於大禹謨曰寍安也說文安寍字如此寧願詞也此陸氏依許分別二字今本經宋開寶閒改竄不可讀从丂寍聲奴丁切十一部

𠀀反丂也讀若呵虎何切十七部

文四

可　肎也。肎者骨閒肉肎肎箸也。凡中其肎綮曰肎。可肎雙聲。从口丂。口气舒。丂亦聲。肯我切。十七部。凡可之屬皆从可。

奇　異也。不羣之謂。一曰不耦。奇耦字當作此。今作偶，俗。按二義相因。从大从可。會意。可亦聲。古音在十七部。今音前義渠羈切，後義居宜切。

哿　可也。見小雅毛傳。从可加聲。古我切。十七部。詩曰：哿矣富人。

哥　聲也。此義未見用者。今呼兄爲哥。从二可。古俄切。十七部。古文㠯爲歌字。漢書多用哥爲歌。

文四　鉉新附有叵字，不可也。從反可。按元應引三蒼：叵，不可也。說文敘目亦云：雖叵復見遠流。

兮　語所稽也。兮稽疊韵。稽部曰：畱止也。語於此少駐也。此與哉言之閒也相似。有假猗爲兮者，如

詩河水淸且漣猗是也。**从丂八象气越亏也**越亏皆揚也八象气分而揚也胡雞切十六部

凡兮之屬皆从兮

⿰旬兮 驚䛐也䛐各本作辭誤今依篇韵正其意驚也其言粤也是爲意內言外**从兮旬聲**思允切十二部

⿰忄⿰旬兮 粤或从心大學瑟兮僩兮者恂栗也注曰恂字或作峻讀爲嚴峻之峻言其容貌嚴栗也按大學之恂郎說文之㥧有驚懼之意故恂栗爲容皃嚴栗心部曰恂信心也是其本義大學則假恂爲㥧也莊子衆狙見之恂然棄而走亦是驚意

羲 气也謂气之吹噓也按气下當有奪字**从兮義聲**許羈切古音在十七部

乎 語之餘也乎餘疊韵意不盡故言乎以永之班史多假虖爲乎**从兮象聲上越揚之形也**謂首筆也象聲气上升越揚之狀戶吳切五部

文四　重一

号痛聲也号嘑也凡嘑號字古作号口部曰从口在丂上丂者气舒而礙雖礙而必張口出其聲故口在丂上号咷之象也胡到切二部按當讀平聲凡号之屬皆从号

號嘑也嘑各本作呼今正呼外息也與嘑義別口部曰嘑號也此二字互訓之證也釋言曰號謼也魏風傳曰號呼也以說文律之謼呼皆假借字號嘑者如今云高叫也引伸爲名號爲號令从号从虎虎嘑号聲高故从号虎哮聲厲故从虎号亦聲乎刀切亦去聲二部

文二

亏於也於者古文烏也烏下云孔子曰烏亏呼也取其助气故以爲烏呼然則以於釋亏亦取其助气釋詁毛傳皆曰亏於也凡詩書用亏字凡論語用於字蓋于於二字在周時爲古今字故釋詁毛傳以今字釋古字也凡言於皆自此之彼之䛐其气舒于檀弓易則易于則于論語有是哉子之于也于皆廣大之義左傳于民生之

不易杜云于曰也此謂假于爲曰與釋詁于曰也合象气之舒亏。从丂从一。一者其气平也。气出而平則舒于矣羽俱切五部按今音于羽俱切於央居切烏哀都切古無是分別也自周時已分別於爲屬辭之用見於羣經爾雅故許仍之凡亏之屬皆从亏。

虧　气損也。引伸凡損皆曰虧小雅兩言不騫不崩魯頌作不虧不崩毛曰騫虧也从亏雐聲。去爲切據道德經古音在十七部雐在五部魚歌合韵也

虧　虧或从兮。亏兮皆謂气

粤　亏也。釋詁曰粤于爰曰也爰粤于也爰粤于那都繇於也粤與于雙聲而又从亏則亦象气舒于也詩書多假越爲粤箋云越於也又假曰爲粤宷愼之詞也。也各本作者今正此說从宷之意粤亏皆訓於而粤尤爲宷㡯愼重之詞故从宷从宷亏。宷愼而言之也王伐切十五部周書曰粤三日丁亥。今召誥越三日丁巳亥當作巳

吁　驚語也。呂刑王曰吁來按亏有大義故从亏之字多訓大者芋下云大葉實根駭人吁

訓驚語故从亏口亏者驚意此篆重以亏會意故不入口部如句ㄐ屬字之例後人又於口部增吁解云驚也宜刪

从口亏亏亦聲況于切五部

平語平舒也引伸爲凡安舒之偁从亏八句八逗分也說从八之意分之而勻適則平舒矣符兵切十一部爰禮說爰禮者敘目云孝宣皇帝時沛人爰禮是也

𠀭古文平如此此等篆皆轉寫譌亂何氏煌曰玉篇中畫不斷小篆疑从古文省也今从玉篇

文五　重二

喜樂也樂者五聲八音總名樂記曰樂者樂也古音樂與喜樂無二字亦無二音从壴从口壴象陳樂立而上見从口者笑下曰喜也聞樂則笑故从壴从口會意虛里切一部凡喜之屬皆从喜

歖古文喜从欠蓋古文作歖轉寫誤耳與歡同同下當有意謂皆从欠也

五篇上

憙說也說者今之悅字樂者無所箸之詈悅者有所箸之詈口部嗜下曰憙欲之也然則憙與嗜義同與喜樂義異淺人不能分別認爲一字喜行而憙廢矣顏師古曰喜下施心是好憙之意音虛記切从心喜喜亦聲許記切一部古有通用喜者如封禪書天子心獨喜其事嚭大也从喜否聲按訓大則當从丕集韵一作嚭是也匹鄙切十五部春秋傳吳有大宰嚭見左傳

文三　重一

壴陳樂立而上見也謂凡樂器有虡者豎之其顛上出可望見如詩禮所謂崇牙金部所謂鎛鱗也广部曰屵岸上見也亦謂遠可望見从屮豆豆者豎也豎堅立也豆有骹而直立故侸豎从豆壴亦从豆中者上見之狀也艸木初生則見其顛故从屮中句切四部凡壴之屬皆从壴

尌立也與人部侸音義同今字通用樹爲之樹行而尌廢矣周禮注多用尌字从壴从寸句寸

逗此字補**持之也**寸與又古通用又者手也此說从寸之意壴而復持之則固矣壴亦聲**讀若駐**常句切四部

鼜　夜戒守鼓也周禮鼓人軍旅夜鼓鼜注同此鎛師凡軍之夜三鼜皆鼓之守鼜亦如之注曰守鼜備守鼓也鼓之以鼖鼓**从壴**鼓必有虞从壴者鼓之省**蚤聲**今周禮作鼜**禮**此當云禮記軍禮司馬法百五十五篇藝文志以入禮家**昏鼓四通爲大鼓**四者陰數唐李靖云鼓三百三十三槌爲一通未知古法然不大鼓當依周禮注作大鼜大鼜謂大行夜也**夜半三通爲戒晨**戒晨周禮注作晨戒**旦五通爲發明**旦鉉本作旦明周禮注亦作旦明發明周禮注作發昫日部曰昫日出溫也已上據鼓人注乃司馬法之文也**讀若戚**戚古音如促未聲與蚤聲同在三部眡瞭注云杜子春讀鼜爲憂戚之戚擊鼓聲疾數故曰戚許意同也杜以他經傳無鼜字故或讀爲造次之造或易爲戚許則謂但讀如戚而已今音倉歷切

彭　鼓聲也詩之言鼓聲者惟鼉鼓逢逢毛曰逢逢和也逢逢埤

蒼廣雅作韸韸高注淮南吕覽郭注山海經引詩皆作韸韸許無韸字彭卽韸也東陽合韵也毛詩出車彭彭又四牡彭彭又駟騵彭彭又以車彭彭凡言彭彭皆謂馬卽鄭風駟介旁旁之異文彭旁皆假借其正字則馬部之騯也言馬而假鼓聲之字者其壯盛相似也齊風行人彭彭傳曰多皃亦盛意 从壴 鼓省 从彡 从彡各本作彡聲今正从彡猶从三也指之列多略不過三故毛飾畫文之字作彡彭亦从彡也大司馬冬狩言三鼓者四言鼓三闋者一左傳曹劌亦言三鼓雖未知每鼓若干聲而从彡之意可見矣薄庚切古音在十部同旁

嘉 美也 見釋詁又曰嘉善也周禮以嘉禮親萬民鄭曰嘉善也所以因人心所善者而爲之制按言部曰譱吉也羊部曰美與善同意經有借假爲嘉者如大雅周頌毛傳皆曰假嘉也是也有借賀爲嘉者覲禮古文余一人嘉之今文嘉作賀是也 从壴 壴者陳樂也故嘉从壴 加聲 古牙切十七部

文五

鼓　郭也城𩫏字俗作郭凡外障內曰郭郭自內盛滿出外亦曰郭郭廓正俗字鼓郭曡韵春分之音萬物郭皮甲而出故曰鼓風俗通全用此說从壴鼓必有虡也从中又中象𠂹飾又象其手擊之也各本篆文作鼓此十四字作从支支象其手擊之也今正弓部弢下云从弓从中又中垂飾與鼓同意則鼓之从中僚然矣弢鼓皆从中以象飾一象弓衣之飾一象鼓虡之飾也皆从又一象手執之一象手擊之也夢英所書郭氏佩觿皆作鼓是也凡作鼓作皷作鼔者皆誤也从中从又非从支滑之支後人譌刪弓衣之飾如紛綏是也鼓虡之飾如崇牙樹羽是也工戶切五部周禮六鼓靁鼓八面靈鼓六面路鼓四面鼖鼓皋鼓晉鼓皆兩面六鼓見周禮鼓人六面四面兩面鄭與此同凡鼓之屬皆从鼓

𪔳　籀文鼓从古

鼛　大鼓也周禮作皋古音同在三部也鼓人以皋鼓鼓役事韗人為皋鼓長尋有四尺倨句磬

折毛傳鼛大鼓也長一丈二尺从鼓咎聲古勞切古音在三部詩曰鼛鼓不勝不二徐同
汲古閣作弗非也今類篇集韻宋刻說文皆作不大雅文今詩不作弗鼖大鼓謂之鼖凡賁
聲字多訓大如毛傳云墳大防也頒大首皃汾大也皆是卉聲與賁聲一也鼖八尺而兩面韗人
鼓長八尺鼓四尺中圍加三之一謂之鼖鼓鄭曰大鼓謂之鼖以鼓軍事見鼓人从鼓卉聲
鉉本改作賁省聲非也賁从貝卉聲微與文合韵最近符分切十三部鞼鼖或从革賁聲
鉉本改作賁不省非是大司馬職作賁鼓卽鞼之省也鼙騎鼓也戴先生曰儀禮有朔鼙應鼙
者小鼓與大鼓爲節魯鼓薛鼓之圖圜者擊鼙方者擊鼓後世不別設鼙以擊鼓側當之作堂下之樂先擊朔鼙應
鼙應之朔者始也所以引樂故又謂之楝楝之言引也朔鼙在西置鼓北應鼙在東置鼓南東方諸縣西鄉西方諸
縣東鄉故也按大司馬云師帥執提旅帥執鼙大鄭曰提謂馬上鼓有曲木提持鼓立馬髦上者然則騎鼓謂提非

謂鼙也。許與大鄭異。从鼓卑聲。部迷切十六部。

⿱隆鼓　鼓聲也。此當云⿱隆鼓⿱隆鼓鼓聲也。篇韵良弓切。其作鼕讀徒東徒冬二切者，卽⿱隆鼓鼕之變也。从鼓隆聲。徒冬切九部。

鼘　鼘鼘鼓聲也。各本無鼘鼘二字，今依韵會訂。小雅、商頌作淵淵。魯頌音義曰本又作鼝，譌字也。小雅傳曰淵淵鼓聲也。魯頌傳曰咽咽鼓節也。作咽咽皆假借字也。从鼓𣶒聲。烏玄切十二部。詩曰鼝鼓鼘鼘。今商頌作鞉鼓淵淵。

鼞　鼓聲也。周禮注曰：司馬法云鼓聲不過閶，鼙聲不過闒，鐸聲不過琅。音義曰閶吐剛反。然則閶卽鼞也。投壺音義曰口鄭呼為鼓其聲高其音鏜鏜然，鏜音吐郎反。是則鏜亦鼞也。上林賦金鼓迭起鏗鎗闛鞈。顏曰鏗鎗金聲，闛鞈鼓音。闛亦鼞也。楊雄賦闛闛卽閶闛，堂聲昌聲古通用耳。从鼓堂聲。土郎切十部。詩曰擊鼓其鼞。邶風文。今詩作鏜。金部曰鏜鼓鐘聲也。鼓鐘謂擊鐘也。字从金，故曰鐘聲。於鼓言鏜為假借。按今金部鏜下作鐘鼓之聲，蓋誤倒。

⿱鼓合　鼙聲也。鼙各本誤作鼓，今正。司馬法曰鼙聲不過闒音義曰闒吐臘反劉湯苔反臘令譌从犬闒卽鼛字也投壺音義曰○鄭呼爲鼙也其聲下其音榻榻然榻音吐臘反榻亦卽鼛也史記上林賦鏗鎗鏜鼛漢書文選作闒鞈郭璞曰闒鞈鼓音也此渾言之耳鼙亦鼓也淮南兵略訓若聲之與響若鏜之與鞈高注鏜鞈鼓鼙聲此謂鏜鼓聲鞈鼙聲也　**从鼓合聲**　徒合切七部按當依釋文吐臘反

鞈　古文鼛从革　按革部有此字別爲訓後人誤移此增彼也

䵧　鼓無聲也　上文皆言聲故以鼓無聲廁於後　**从鼓咠聲**　他叶切七部字又作䎕

⿱鼓缶　鼓鼙聲从鼓缶聲　土盍切按缶聲不得土盍切明矣玉篇曰鼛鼓聲也七盍切廣韵曰鼛鼓聲也倉雜切皆卽其字缶者去之譌去聲古或入侵部也然皆鼛之誤字耳今鼛之解說旣更正則鼛篆可刪

文十　重三

豈　還師振旅樂也　公羊傳曰出曰祠兵入曰振旅周禮大司樂曰王師大獻則令奏愷樂注

曰大獻獻捷於祖愷樂獻功之樂鄭司農說以春秋晉文公敗楚於城濮傳曰振旅愷以入於晉按經傳豈皆作愷

一曰欲登也各本作欲也登也多也字今刪正欲登者欲引而上也凡言豈者皆庶幾之詞言幾至於此也故曰欲登曾子問周公曰豈不可注言是豈於禮不可按此謂於禮近於不可也漢書丙吉傳豈宜褒顯猶言葢庶幾宜褒顯也周漢文字用豈同此者甚多舉二事足以明矣欠部有𣢟字幸也文王世子注孔廟禮器碑有驗字意皆與豈相近驗即豈之變也豈本重難之詞故引伸以爲疑詞如召南傳曰豈不言有是也後人文字言豈者其意若今俚語之難道是與曾子問丙吉傳二豈字似若相反然其徘徊審顧之意一也**从豆**豆當作壴省二字豈爲獻功之樂壴者陳樂也**𢼸省聲**𢼸各本作微誤今依鉉本𢼸下注語正墟豨切十五部按鉉本豨作喜誤**凡豈之屬皆从豈**

愷康也愷康雙聲釋詁曰康安也毛傳釋豈弟曰豈樂也弟易也按奏豈經傳多作愷愷樂毛詩亦作豈是二字互相假借也愷不入心部而入此者重以豈會意也詩又作凱

俗字也。邶風傳曰：凱風謂之南風。樂夏之長養。凱亦訓樂，即愷字也。**从豈心，豈亦聲。**苦亥切。古音在十五部。

𧯛，汔也。汔各本作⿰幾乞，無此字，今正。釋詁曰：𧯛，汔也。孫炎曰：汔，近也。民勞箋云：汔，幾也。幾與𧯛同。汔與訖同。汔，水涸也。水涸則近於盡矣，故引爲凡近之言。木部杚，平也，亦摩近之義也。𢆶部曰：幾，微也，殆也。然則見幾、研幾字當作幾，庶幾、幾近字當作𧯛。幾行而𧯛廢矣。**訖事之樂也。从豈，**說从豈之意也。終事之樂，五角切，如賓出奏陔、公入奏驁是也。終事之樂，盧各切，如言可與樂成是也。其意一也，故从豈。訖與汔通。**幾聲。**按當云从豈幾，幾亦聲。渠稀切。十五部。

文三

豆，古食肉器也。考工記曰：食一豆肉，中人之食也。左傳曰：四升爲豆。周禮醢人掌四豆之食。**从口，**音圍。象器之容也。**象形。**上一象幎也。特牲籩巾以綌纁裏，士昏醢醬二豆，菹醢四豆，兼巾之。士喪籩豆用布巾是也下一象六也祭統注曰鐙豆下跗是也丨象骹也祭統曰夫人薦豆執校校者骹之假借字注云豆中央直者是也豆柄一而已兩之者望之則兩也畫繪之法也考工記曰豆中縣注縣繩正豆之柄是也豆柄直立故豎侸豈字皆从豆徒候切四部

凡豆之屬皆从豆。

古文豆。鍇本如此作玉篇亦曰豈古文當近是

梪　木豆謂之梪。釋器曰木豆謂之梪竹豆謂之籩瓦豆謂之登毛傳亦曰木曰豆所以薦葅醢也瓦曰登所以薦大羹也毛詩豆當作梪旊人豆中縣豆本瓦器故木爲之則異其字韓勑碑爵鹿柤梪僞古文武成有梪

从木豆。豆亦聲徒候切四部

䔰　蠡也。瓠部曰瓢蠡也然則䔰瓢也蠡說文三見斗部曰斡蠡柄也倂此及瓠部凡三見也蠡之言離方言曰劙解也一瓠離爲二故曰蠡鄭注鬯人云瓢謂瓢蠡也漢書以蠡測海張晏曰蠡瓠瓢也字皆借蠡九歎瓟蠡蠹於筐簏急就篇蠡升參升半卮觛方言蠡或謂之瓢或謂之簞或謂之㰏則字皆从瓜王伯厚注急就云皇象碑本作盠李本作蠡廣韵齊薺韵皆有盠

士昏禮四爵合巹注云合巹破匏也昏義亦作巹正義云以一瓢分爲兩瓢巹者𧯛之假借字巹从丞聲𧯛从𦳝聲故同音假借**从豆**此非豆而从豆者謂瓠可盛飲食略同豆**蒸省聲**艸部蒸或省火作𦳝不云𦳝聲者蓋𦳝字後出也古音在六部今音居隱切劉昌宗呂忱反語已誤

𧯠豆屬此本艸經之大豆黃卷也味甘平主濕痹筋攣厀痛唐本注云以大豆爲芽糱生便乾之名爲黃卷靈樞曰腎病者宜食廣韵阮韵云𧯠黃豆也**从豆**許言尗豆也象豆生之形也荅小豆也萁豆莖也藿尗之少也枝配鹽幽尗也然則尗與古食肉器同名故𧯠豋二字入豆部按豆卽尗一語之轉周人之文皆言尗少言豆者惟戰國策張儀云韓地五穀所生非麥而豆史記作菽吳氏師道云古語祇稱菽漢以後方呼豆若然則𧯠豋字蓋出漢製乎**𢍏聲**居願切廣韵求晚切十四部

豋豆飴也飴米糱煎也糱芽米也然則豆飴者芽豆煎爲飴也黑部黖下曰讀若飴豋之豋方言飴謂之餩䬴謂之䭘郭注以豆屑襍餳也䬴卽豋字**从豆夗聲**一丸切按篇韵皆於月切

一丸非也十四部

𢍰禮器也生民曰于豆于登釋器毛傳皆曰瓦豆謂之登毛云登薦大羹公食大夫禮大羹湆不和實于鐙登鐙皆假借字劉氏台拱曰詩爾雅皆作登釋文唐石經篇韵皆無登字玉篇有𢍺字俗製登字改經非也从廾持肉在豆上會意讀若鐙同都滕切六部

文六　重一按𢍺篆當次豆篆之下梪篆之上說解當云豆也乃合豆本陶旊爲之故不云瓦豆也今非其次疑許本無此篆淺人妄增之籀文登作𢍺又或益之肉成此字云从廾持肉在豆上亦非也

豊行禮之器也豊禮疊韵从豆象形上象其形也林罕字源云上从𠁩郭氏忠恕非之按說文之例成字者則曰从某假令上作𠁩則不曰象形盧啟切十五部凡豊之屬皆从豊讀與禮同

豑爵之次弟也爵者行禮之器故从豊有次弟故从弟爵之次弟若士虞

禮主人廢爵主婦足爵賓長繶爵祭統玉爵獻卿瑤爵獻大夫散爵獻士及羣有司是也凡酒器皆曰爵則如禮運云宗廟之爵貴者獻以爵賤者獻以散尊者舉觶卑者舉角梓人云獻以爵而酬以觶是也　从豐弟　直貢切按因堯典作平秩故爲此音耳當是弟亦聲也十五部　虞書曰　虞當作唐　平豑東作　堯典文今尚書作平秩史記作便程周禮鄭注引書作辨秩許作平豑豑蓋壁中古文之字如此孔氏安國乃讀爲秩而古文家從之許存壁中之字如鄭注禮經存古文之字注周禮存故書之字也

文二

豐　豆之豐滿也　謂豆之大者也引伸之凡大皆曰豐方言曰豐大也凡物之大皃曰豐又曰朦厖豐也豐其通語也趙魏之郊燕之北鄙凡大人謂之豐燕記豐人杼首燕趙之閒言圍大謂之豐許云豆之豐滿者以其引伸之義明其本義也周頌豐年傳曰豐大也然則豐年亦此字引伸之義而賈氏儀禮疏不得其解　从

豐　戴侗所引唐本蜀本合〻大射儀注皆可互證豐字从山二丰兼形聲會意何嫌何疑段氏墨守今本泥執成例固矣

豆象形曲象豆大也此與豐上象形同耳戴侗云唐本曰从豆从山丰聲蜀本曰丰聲山取其高大按生部云丰艸盛丰丰也與豐音義皆同大射儀注曰豐其爲字从豆曲聲近似豆大而卑矣似鄭時有曲字但鄭注轉寫至今亦多譌誤曲聲之聲或是豑字儀徵阮氏元說豑字瓦云豐字當是丰丰聲而凵象形豐字當是丰丰聲而凵象形一从艸盛之丰一从艸蔡之丰也玉裁按竝丰竝丰說文無字如朁鬵字从兓聲蒜字从祘聲飆𩙪字从猋聲驫聲𣗥𣗥字从林皆非無字者也則唐本蜀本未可遽信敷戎切九部一曰鄉飲酒有豐侯者此別一義鄉當作禮與觚下觶下之誤同禮飲酒有豐侯謂鄉射燕大射公食大夫之豐也鄭言其形云似豆卑而大說者以爲若井鹿盧言其用於鄉射云所以承爵也於大射云以承尊也公食大夫之豐亦當是承爵燕禮之豐亦當是承尊皆各就其篇之文釋之禮但云豐許云豐侯者葢漢時說禮家之語漢律厤志王命作策豐刑竹書紀年成王十九年黜豐侯阮諶曰豐國名也坐酒亡國崔駰酒箴曰豐侯沈湎荷罌負缶自戮於世圖形戒後李尤豐

五篇上

侯銘曰豐侯荒謬醉亂迷迭乃象其形爲禮戒式後世傳之固無正說三君皆後漢人謀撰三禮圖者漢人傳會禮經有豐侯之說李尤以爲無正說鄭不之用許則襲禮家說也**凡豐之屬皆从豐**

古文豐

豔　好而長也小雅毛傳曰美色曰豔方言豔美也人但訓美好而已許必云好而長者爲其从豐也豐大也大與長義通詩言莊姜之美必先言碩人頎頎言魯莊之美必先言猗嗟昌兮頎若長兮所謂好而長也左傳兩言美而豔此豔進於美之義人固有美而不豐滿者也毛傳及方言皆渾言之也**从豐豐大也**說从豐之意豐之本義無以當於豔故舉其引伸之義**盇聲**瞻切八部**春秋傳曰美而豔**左傳桓元年文十六年文

文二　重一

虘　古陶器也陶當作匋書多通用匋作瓦器也**从豆虍聲**許羈切按虍聲當在五部

而虛戲轉入十六部十七部合音之理也凡虛之屬皆从虛⿰号虛土鍪也金部曰鍪鍑屬也鍑釜大口者廣雅䥶鍪鏊鬴也鏊即⿰号虛字鍪金爲之⿰号虛則土爲之鄭注周禮所謂黃堥也堥即鍪字鬲部曰秦名土釜曰⿰鬲斗从虛号聲讀若鎬胡到切二部⿰虛⿱宀皿器也从虛⿱宀皿⿱宀皿亦聲直呂切五部闕此疑衍其義其形其聲皆具則無缺矣

文三

虍虎文也象形小徐曰象其文章屈曲也荒烏切五部凡虍之屬皆从虍讀若春秋傳曰虍有餘有譌字不可通疑是賈余餘勇之賈虞騶虞也騶虞山海經墨子作騶吾漢東方朔傳作騶牙皆同音假借字也白虎黑文見毛傳鄭志張逸問傳曰白虎黑文答曰周史王會云尾長於身見山海經仁獸也食自死之按今王會篇文不具

肉毛傳曰騶虞義獸也白虎黑文不食生物有至信之德則應之許云仁獸不同者毛用古左氏修母致子之說許不從也哀十四年左傳服虔注云視明禮修而麟至思睿信立白虎擾言從義成則神龜在沼聽聰知止而名山出龍貌恭禮仁則鳳皇來儀此以昭九年傳云水官不修則龍不至故也毛云麟信而應禮又云騶虞義而應信又云鳳皇靈鳥仁瑞也正用古說許不从古說故麟騶虞皆謂之仁獸鳳謂之神鳥騶虞之仁何也以其不食生物食自死之肉也

从虍吳聲五俱切按此字假借多而本義隱矣凡云樂也安也者娛之假借也凡云規度也者以爲度之假借也

詩曰于嗟乎騶虞召南文五經異義今詩韓魯說騶虞天子掌鳥獸官古詩毛說騶虞義獸白虎黑文食自死之肉不食生物人君有至信之德則應之周南終麟止召南終騶虞俱稱嗟歎之皆獸名謹按古山海經鄒書云騶虞獸說與毛詩同按許說詩从毛作說文則於从毛之中不从其義獸應信之說也鄒書盖謂鄒子書

虙虎皃古伏羲字作虙五經文字引論語釋文云宓子賤姓虙文字譌舛轉

而爲宓故濟南伏生稱子賤之後也**从虍必聲**房六切按古音在十二部讀如密顏氏家訓云張揖孟康皆云虙伏古今字而皇甫謐帝王世紀云伏羲或謂之宓義案諸經史緯候遂無宓羲之號虙宓二字下俱爲必是以誤耳孔子弟子虙子賤卽虙羲之後俗字亦爲宓今兗州永昌郡城東門子賤碑漢世所立云濟南伏生卽子賤之後是虙之與伏古來通字誤以爲宓較可知矣顏語謂虙音房六切與伏音同而宓音綿一切與虙音殊故謂宓義宓子賤皆誤字不知虙宓古音正同故虙羲或作宓羲其爲伏羲者如毛詩苾字韓詩作馥語之轉也宓子賤之當爲虙子賤則出黃門肊測而陸氏釋文張氏五經文字從之蓋古未有作虙子賤者若論其同从必聲則作虙子賤亦無不可

虔　虎行皃釋詁大雅商頌傳皆曰虔固也商頌傳魯語注皆曰虔敬也左傳虔劉我邊陲注虔劉皆殺也方言虔慧也虔殺也虔謾也按方言不可盡知其說糾虔虔劉皆卽釋詁虔固之義堅固者必敬堅固者乃能殺也堅固者虎行之皃也商頌箋虔椹也亦取堅固之意**从虍文聲**按聲當是衍字虎行

而箸其文此會意讀若矜渠焉切按矜从令聲亦作穫則虔古音當在十二十三部也

𧇖虎不柔不信也剛暴矯詐从虍且聲讀若䣜縣昨何切按邑部曰䣜沛國縣也䣜覰皆虘聲然則古音本在五部沛人言䣜若昨何切此方言之異而虘讀同之

虖哮虖也口部曰哮家驚聲也唬虎聲通俗文曰虎聲謂之哮唬疑此哮虖當作哮唬漢書多假虖爲乎字从虍乎聲荒烏切五部

虐殘也歹部曰殘賊也从虍爪人爪人補三字會意虎足反爪人也覆手曰爪虎反爪鄉外攫人是曰虐魚約切二部

𧆞古文虐如此

虨虎文彪也彪下曰虎文也二字雙聲假借作班漢書敘傳曰楚人謂虎班其子㠯爲號上文旣曰楚人謂虎於檡矣此正當作楚人謂虎文班上林賦被班文史記作豳文李善曰班文虎豹之皮索隱引輿服志虎賁騎被虎文單衣按豳與彪同部之假借也班與彪同類之假借也錢氏大昕曰易象傳大人虎變其文炳也與下文蔚君爲韵蔚讀

如氳轉移取近炳當爲彪則音義皆近从虍彬聲布還切古音在十三部與文部辬音義皆相近

𧇾鐘鼓之柎也木部曰柎咢足也靈臺有瞽傳皆曰植者曰虡橫者曰栒考工記曰梓人爲筍虡飾爲猛獸梓人曰羸屬恆有力而不能走其聲大而宏若是者以爲鐘虡按鼓虡當亦象羸屬也戴氏考工記圖曰虡所以負筍非以羸者羽者爲虡下之跗也引西京賦洪鐘萬鈞猛虡趪趪負筍業而餘怒乃奮翅而騰驤薛注云當筍下爲兩飛獸以背負張揖注上林賦曰虡獸重百二十萬斤以俠鐘旁俠同夾此可見虡制師古改其注云以縣鐘則昧於古制矣廣韵引埤倉鐻樂器以夾鐘削木爲之與張注同今本廣韵作形似夾鐘則非矣又考上林賦撞飛虡廣韵引正作虡張揖曰飛虡天上神獸鹿頭龍身是長卿謂虡爲神獸許謂栒虡字飾以猛獸說不同也从虍畀象形畀各本作異非今正謂篆之中體象猛獸之狀非畀畁二字也形字鉉本無非是其下足謂丌也丌者下基也虡之迫地者也其呂切五部

鐻虡或从金豦

或當作篆此亦上部之例也周禮典庸器注橫者爲筍從者爲鐻釋文曰鐻舊本作此字今或作虡按經典鐻字祇此一處此字葢秦小篆李斯所作也秦始皇本紀收天下兵聚之咸陽銷以爲鍾鐻本篇引賈生論云銷鋒鑄鐻三輔黃圖曰始皇收天下兵銷以爲鍾鐻高三丈字皆正作鐻葢梓人爲虡本以木始皇乃易以金李斯小篆乃改爲从金豦聲之字司馬賦云千石之鍾萬石之鉅正謂秦物史記作鉅卽鐻字之異者也鍾鐻與金人爲二事本紀賈論西都西京二賦三輔黃圖皆竝舉漢賈山傳陳項傳各舉其一學者或認爲一事非也典庸器經文作虡注文作鐻此鄭氏注經之通例如禮經經文作庿注文作廟周禮經文作眡注文作視皆是也

篆文虡

五經文字曰虡說文也虡𧆨省也然則虡爲𧆨字不用小篆而改省古文後人所增也

文九　重三

山獸之君从虍从儿會意虎足象人足也已上八字鉉本妄改張次

立復以鉉本改鍇本惟韵會如是此古本之眞也从儿韵會作从几此其誤已久耳儿部曰孔子曰在人下故詰屈謂人之股脚也虎之股脚似人故其字上虍下儿虍謂其文儿謂其足也說文龜頭黽頭似它頭燕尾似魚尾兔頭似㲋頭萈足似兔足能足毚足似鹿足㲋頭似兔足似鹿文義相同儿有其字故先言从儿而後言虎足象人足篆體改作虎則象人足之云不可通顧氏藹吉乃疑虎下當从爪矣今正之凡篆虎字依隸體从儿爲是呼古切五部五部與十七部通故左氏陽虎論語作陽貨非一名一字也邢昺孫奭乃有虎名貨字之說

凡虎之屬皆从虎

〓古文虎

〓亦古文虎

〓虎聲也篇韵作〓从虎毄聲讀若隔古覈切十六部

〓白虎也从虎昔省聲讀若鼏昔當作冥字之誤也水部曰汨从水冥省聲玉篇曰䖑俗䖑字可證也又按漢書金日磾說者謂密低二音然則日聲可同密䖵部蠠蜜同字禮古文鼏皆爲密則鼏密音同也今音䖑莫狄切

〓䖑屬釋獸虪白虎許

無甝虪即甝也一說釋文云甝字林下甘反又亡狄反甘聲之字不能切亡狄甝與虪當是以一譌二未知孰是耳

从虎厺聲 呼濫切鉉等曰去非聲未詳按業韵之狜怯亦音去劫切而皿部之盇隸字多作盍蓋厺盇二字古通去聲即盇聲也重讀爲呼濫切

虪 黑虎也 釋獸曰虪黑虎釋文曰虪今作虪吳都賦曰虪虪虪

从虎儵聲 式竹切三部此舉形聲包會意也但形聲則言倏聲已足如儵儵是也

虦 虎竊毛謂之虦苗 苗今之貓字許書以苗爲貓也釋獸曰虎竊毛謂之虦貓按毛苗古同音苗亦曰毛如不毛之地是竊虦淺亦同音也具言之曰虦苗急言之則但曰苗詩言有貓有虎記言迎貓迎虎是也

从虎戔聲 昨閑切十四部

竊淺也 此於雙聲疊韵求之必言此者嫌竊之本義謂盜自中出也大雅曰鞹鞃淺幭傳曰淺虎皮淺毛也言竊言淺一也釋鳥竊藍竊黃竊丹皆訓淺於六書爲假借不得云竊即淺字

彪 虎文也 此與彪雙聲同義虎皮詩謂之虎如虎韔是也亦謂之文如文茵是也分別言之謂之淺如淺幭是

也說文曰虎曰彪曰彪皆狀其文也班彪字伯皮此取虎文之義也从虎彡彡補句彡逗象其文也說从彡之意彡毛飾畫文也故虎文之字從之[illegible]虎皃从虎乂聲魚廢切十五部[illegible]虎皃篇韵作[illegible]从虎气聲魚迄切十五部虓虎鳴也大雅闞如虓虎毛曰虓虎虎之自怒虓然按自怒猶盛怒也口部曰唬虎聲也虓與唬雙聲同義从虎九聲四字依韵會本在此許交切古音在三部一曰師子別義謂師子名虓也師獅正俗字釋獸曰狻麑如虦貓食虎豹郭曰即獅子也出西域按鹿部云狻麑獸也不云師子然則許意不同郭也東觀記曰順帝時疏勒王遣使文時詣闕獻獅子似虎正黃有頿耏尾端茸毛其大如斗[illegible]虎聲也猶犾爲犬吠聲从虎斤聲語斤切古音在十三部虩易履虎尾虩虩履九四爻辭今易虩虩作愬愬釋文曰愬愬子夏傳云恐懼皃馬本作虩虩云恐懼也說文同按震卦辭震來虩虩馬云恐懼皃鄭同馬鄭用費易許用孟易而字同義

同也虩虩二字今補恐懼也已上引易而釋之一曰蠅虎也崔豹曰蠅虎蠅狐也形似蜘蛛而色灰白善捕蠅一名蠅蝗一名蠅豹从虎按此篆下先引經者以履虎尾說字之从虎也𡭴聲許逆切古音在五部故易一作愬也

虢虎所攫畫明文也攫者㕚所抓也畫者㕚所劃故有明文也虢字本義久廢罕有用者从虎寽各本衍聲字今正寽在十五部虢在五部非聲也𠬪部曰寽五指寽也虎所攫畫故从虎寽會意今音古伯切

虒委虒疊韵虎之有角者也虎無角故言者以別之廣韵曰虒似虎有角能行水中按韵會引說文羼以廣韵語非偁古之法从虎厂聲息移切十六部

⿸虍騰黑虎也从虎騰聲徒登切六部按此篆當與虪爲伍今非其次或轉寫失而補之或後人羼綴未可定也

文十五　重二

虤 虎怒也。从二虎。此與㹜兩犬相齧也同意。五閑切。十四部。凡虤之屬皆从虤。

𧇭 兩虎爭聲。从虤从曰。會意。讀若憖。語巾切。十二部。

贙 分別也。魏都賦藆葭贙。謂藆葭茂密若爭地而生也。釋獸之贙獸名也。从虤對爭貝。爭則分別矣。讀若回。古音在十五部。今音胡畎切。

文三

皿 飯食之用器也。飯汲古閣作飲。誤。孟子牲殺器皿。趙注皿所以覆器者。此謂皿爲幎之假借。似非孟意。象形。與豆同意。上象其能容。中象其體。下象其底也。與豆略同而少異。凡皿之屬皆从皿。讀若猛。按古孟猛皆讀如芒。皿在十部。今音武永切。

盂 飲器也。飲大徐及篇韻急就篇注作飯。誤。小徐及後漢書注御覽皆作飲不誤。木部椑木也可屈爲杅者。杅即盂之假借字

盂當作盂

既夕禮兩敦兩杅注杅盛湯漿公羊傳古者杅不穿何注杅飲水器孫卿子曰槃圓而水圓杅方而水方史記滑稽傳操一豚蹏酒一盂而祝後漢書孝明紀盂水脯糒而已方言盂宋楚魏之閒或謂之盌又曰盂謂之柯又曰盂謂之櫂河濟之閒謂之盎盞又曰盂謂之銚鋭 **从皿亐聲** 羽俱切五部

盌 小盂也 方言曰盌謂之盂或謂之銚鋭又曰盌謂之櫂又曰椀謂之盦 **从皿夗聲** 于夗皆坳曲意皆以形聲包會意也 烏管切十四部

盛 黍稷在器中㠯祀者也 盛者實於器中之名也故亦評器爲盛如左傳旨酒一盛喪大記食粥於盛是也引伸爲凡豐滿之偁今人分平去古不分也如左傳盛服將朝盛音成本亦作成 **从皿成聲** 形聲包會意小徐無聲字會意兼形聲也 氏征切十二部

齍 黍稷器所㠯祀者 各本作黍稷在器以祀者則與盛義不別今从韵會本按周禮一書或兼言齍盛或單言齍單言盛皆言祭祀之事他事絕不言齍盛故許皆云以祀者兼言齍盛若甸師舂人肆師小祝是也單言齍若大宗伯小宗

伯大祝是也單言盛若饎人廩人是也小宗伯逆齍注云受饎人之盛以入然則齍盛可互偁也甸師注云粢稷也穀者稷爲長是以名云肆師注云粢六穀也大祝注云粢號謂黍稷皆有名號也舂人注云齍盛謂黍稷稻粱之屬可盛以爲簠簋實經文齍字注三易爲粢而小宗伯六齍注云齍讀爲粢六粢謂六穀黍稷稻粱麥苽此則易齍爲粢之恉謂齍粢古今字也考毛詩甫田作齊亦作齍用古文禮記作粢盛用今文是則齍粢爲古今字憭然左傳作粢盛則用今字之始左傳曰絜粢豐盛毛曰器實曰齍在器曰盛鄭注周禮齍或專訓稷或訓黍稷稻粱盛則皆訓在器是則齍之與盛別者齍謂穀也盛謂在器也許則云器曰齍實之則曰盛似與毛鄭異恉許主說字其字从皿故謂其器可盛黍稷曰齍要之齍可盛黍稷而因謂其所盛黍稷曰齍凡文字故訓引伸每多如是說經與說字不相妨也

从皿𠫓聲　𠫓禾麥吐采上平也形聲包會意即夷切十五部

盄　小甌也　小甌盆也廣韵盄抒水器也　从皿有聲讀若灰　灰有二聲古音皆在一部也今音于救切　一曰

若賄（賄从有聲古音亦在一部）𥁢盍或从右（右聲也古亦在一部）盧盧飯器也（凵部曰凵盧飯器以柳爲之士昏禮注曰笲竹器而衣者如今之筥笞簏矣筥笞簏二物相似笞簏卽凵盧也方言簇趙魏之郊謂之去簇注盛飯筥也錢氏大昕曰去簇卽凵盧也）从皿𧇯聲（洛乎切五部）𥂞籀文盧𥁵器也从缶皿古聲（公戶切五部）盄器也从皿弔聲（止遙切二部）盎盆也（釋器盎謂之缶注云盆也假借爲酒名周禮盎齊注曰盎猶翁也成而翁翁然蔥白色如今酇白矣按翁者滃之假借滃猶泱泱也酒之成似之孟子盎於背趙曰其背盎盎然凡言盎然者皆謂盛以音假借也）从皿央聲（烏浪切十部）㼜盎或从瓦（莊子甕㼜大癭）盆盎也（廣雅盎謂之盆考工記盆實二鬴）从皿分聲（步奔切十三部）䀓器也从皿宁聲（直呂切五部䖪字從此）盨橨盨（逗）負戴器也（橨小椸也見匸）

部此櫝盨之櫝乃別一義廣韵一送云櫝格木也三十六養云僋載器也出埤蒼玉篇云僋渠往切載器也載器皆當作戴器古載戴通用格木亦謂皮閣之木東方朔傳朔曰是窶數也師古曰窶數戴器也以盆盛物戴於頭者則以窶數薦之今賣白團餅人所用者也又楊敞傳鼠不容穴銜窶數師古曰窶數戴器也按窶數其羽山羽二反櫝盨渠往相庾二反櫝與窶雙聲盨與數雙聲疊韵一語之轉也負戴器者謂藉以負戴物之器

从皿須聲相庾切古音在四部

⿱漻皿器也廣韵古巧切濁也苦絞切溫器也从皿漻聲古巧切古音在三部

⿱必皿拭器也廣韵集韵類篇皆作拭許書以飾爲拭不出拭此作拭者說解中容不廢俗字抑後人改也可以㕞拭之器若今㕞子之類韓非所謂櫰刷其是歟古㕞刷通用也今各本作械器非古本从皿必聲彌畢切十二部

醯酸也酉部曰酸酢也關東謂酢曰酸周禮醯人掌共醯物作醯㠯鬻㠯酒鬻者鬻或字从鬻酒竝省从皿皿器也器者周禮所謂罋也呼雞切十

六部

盉　調味也　調聲曰龢。調味曰盉。今則和行而龢盉皆廢矣。鬲部曰鬻五味盉羹也。**从皿**　調味必於器中故从皿。古器有名盉者。因其可以盉羹而名之盉也。廣川書跋引說文調味器也。沾器字非。**禾聲**　戶戈切。十七部。

益　饒也　食部曰饒飽也。凡有餘曰饒。易象傳曰風雷益。君子以見善則遷。有過則改。**从水皿**　**水皿**　此水字今補。**益之意也**　說會意之恉。伊昔切。十六部。

盈　滿器也　滿器者、謂人滿宁之。如彉下云滿弩之滿。水部溢下云器滿也。則謂器中已滿。滿下云盈溢也。則兼滿之已滿而言。許書之精嚴如此。**从皿夃**　秦以市買多得爲夃。故从夃。以成切。十一部。

盡　器中空也　釋詁𣪊悉卒泯忽滅罄空畢罊殲拔殄盡也。曲禮曰虛坐盡後。實坐盡前。卽忍切。俗作儘。亦空義之引伸。**从皿𦘔聲**　慈忍切。十二部。

盅　器虛也　丠部曰虛大丠也。引伸爲虛落。今之墟字也。又引伸爲空虛。邶風其虛其邪。毛曰虛虛也。是其義也。謂此虛字乃虛中之虛也。盅虛字今作沖。水部曰沖涌繇也。則作沖非也沖行而盅廢矣。从皿。中聲。直弓切，九部。老子曰：道盅而用之。今道德經作沖。

盦覆蓋也。此與大部奄音義略同。此謂器之蓋也。从皿。酓聲。烏合切，七部。合當作含。

𥁕仁也。从皿。以食囚也。官溥說。凡云溫和、溫柔、溫暖者，皆當作此字。溫行而𥁕廢矣。水部溫篆下但云水名，不云一曰煗者，許謂煗義自有𥁕字在也。用此知日部昫日出溫也、安㬗溫也、㬎溫溼也、火部煗溫也、衮以微火溫肉也、金部銚溫器也、鏕溫器也，凡若此等皆作𥁕，不作溫矣。官溥者，博訪通人之一也。烏渾切，十三部。

盥澡手也。水部曰：澡，洒手也。禮經多言盥。內則：每日進盥，五日請浴，三日具沐，其間面垢請靧，足垢請洗。是則古人每旦必洒手，而洒面則不必旦旦爲之也。大學有湯之盤，卽特牲、內則之盥槃，故其銘曰日日新。凡洒手曰澡、曰盥，洒面曰頮，濯髮曰沐，洒身曰浴，洒足曰洗。从𦥑水臨皿也。會意。皿者，禮經之所謂洗，內則之所謂槃也。內則注曰：槃，承盥水者。禮經注曰：洗，承盥洗者棄水器也。古玩切，十四部。

五篇上

春秋傳曰奉匜沃盥左傳僖廿三年文匜者柄中有道可以注水內則亦云請沃盥沃者自上澆之盥者手受之而下流於槃故曰臼水臨皿此引傳說字形之意特牲經曰尸盥匜水實于槃中簞巾在門內之右注設盥水及巾尸尊不就洗又不揮謂不就洗故設匜水水實於匜匜實於槃也不揮故設巾巾實於簞也古之盥手者用匜澆手水下流於洗酒爵者用匜澆爵中覆水於洗盥者揮手令乾而已故禮經盥不言帨手尸尊則帨敬老則盥卒授巾也匜之水勻於罍少牢注曰凡設水用罍沃盥用枓禮在此也是則常用爲匜爲槃禮器爲枓爲洗又云洗者統洗爵而名之也設水之器禮器爲罍罍常用未聞

盪　滌器也水部曰滌洒也洒滌也此字从皿故訓滌器凡貯水於器中搖蕩之去滓或以磧垢瓦石和水吮滌之皆曰盪盪者滌之甚者也易曰八卦相盪左傳震盪播越皆引伸之義郊特牲曰滌蕩其聲注滌蕩猶搖動也蕩者盪之假借**从皿湯聲**徒朗切十部

文二十五　重三

凵　凵盧疊韵爲名飯器凵盧詳皿部盧下按皿部不言凵者單評曰盧絫評曰凵盧也㠯柳作之象形下修上斂去魚切五部凡凵之屬皆从凵

筁　凵或从竹去聲按士昏禮注作筶籚廣韵曰筶飯器

文一　重一

去　人相違也違離也人離故从大大者人也从大凵聲丘據切五部凡去之屬皆从去

朅　去也思元賦舊注劉逵蜀都賦注皆同按古人文章多云朅來猶往來也从去曷聲丘竭切十五部

𠫤　去也从去夌聲讀若棘陵力膺切六部按大徐删棘字今按玉篇曰居力切又力膺切廣韵集韵皆兼入蒸職二韵一力膺切一紀力切葢許書本作讀若棘夌聲

而讀同棘一部與六部之合也或又讀若陵註陵於旁而小徐兩存之

文三

血　祭所薦牲血也　肉部曰膋血祭肉也爨部曰釁血祭也郊特牲曰毛血告幽全之物也注幽謂血也毛詩血以告殺膋以升臭此皆血祭之事按不言人血者爲其字从皿人血不可入於皿故言祭所薦牲血然則人何以亦名血也以物之名加之人古者茹毛飲血用血報神因製血字而用加之人　从皿　皿者周禮珠槃玉敦之類　一象血形　在皿中也呼決切十二部　凡血之屬皆从血

衁　血也　易歸妹上六女承筐無實士刲羊無血左傳晉筮繇曰士刲羊亦無衁也女承筐亦無貺也正義曰易言血而此言衁故杜知衁是血也　从血亡聲　呼光切十部　春秋傳曰士刲羊亦無衁也　左僖十五年文

衃　凝血也　素問赤如衃血者死注衃血謂敗惡凝聚之血色赤黑也　从血

不聲芳杯切古音在一部𧖴气液也此字各書皆假津爲之津行而𧖴廢矣水部曰液𧖴也从血𦘔聲將鄰切十一部𧗁定息也心部曰息喘也喘定曰甹从血甹省聲讀若亭特丁切十一部衄鼻出血也素問曰鼻衄又脾移熱於肝則爲驚衄按諸書用挫衄者縮朒字之假借也从血丑聲女六切三部𧗐腫血也腫癰也停滯之血則爲𧗐周禮注曰潰瘍癰而含膿血者从血農省聲奴冬切九部膿俗𧗐从肉農聲周禮注如此作䘓血醢也以血爲醢故字从血从血肬聲肬聲當作从肬此以會意兼形聲也肉部曰肬肉汁滓也按醢多汁則曰肬醢以血爲醢則曰監醢其多汁汪郎相似也故从肬而肬亦聲他感切八部禮有監醢各本禮下有記誤今依韵會本禮經周禮皆云醢醢非出於記也許書言禮有柶禮有刷巾禮有奠祭禮有縉緣皆謂禮經㠯牛乾脯粱䊆鹽酒也醢人注曰

五篇上　三

作醢及醬者必先膊乾其肉乃後莝之襍以粱麴及鹽漬以美酒塗置甀中百日則成矣其作法許鄭正同鄭槩云膊乾其肉許云牛乾脯者鄭總釋諸醢醬許單釋醢醢舉一以見例也經牛醢不言牛他醢醬不言監立文錯見也以牛乾脯粱麴鹽酒則非血醢矣其謂之監醢何也禮經醓卽監之變醓醢用牛乾脯粱麴鹽酒閉之甀中令其汁汪郎然是曰肉汁滓是曰肬醢宜矣而許時禮經作監醢則假借血醢之字也故許引禮經而釋監醢非監之本訓猶圛下引商書曰圛而又釋之壂下引唐書壂蟻而又釋之非圛壂之本義

䀋　醢也。从血菹聲。醢人注曰凡醢醬所和細切爲齏全物若牒爲菹少儀曰麋鹿爲菹野豕爲軒皆牒而不切麇爲辟雞兔爲宛脾皆牒而切之切葱若薤實之醢以柔之由此言之則齏菹之稱菜肉通按菹亦爲肉稱故其字又作䔍从血菹會意也从血猶从肉也側余切五部

䕭　䀋或从缶。从缶者菹醢必鬱諸器中而成也䔍䕭二篆又見艸部後人增之耳玉篇艸部無之當刪彼存此

⿱幾血　㠯血有所刏涂祭也。詳刀部刏

下盭蓋亦刏字之異者从血幾聲渠稀切十五部卹憂也憂當作𢝊𢝊愁也釋詁曰卹憂也卹與心部恤音義皆同古書多用卹字後人多改爲恤如此部引周書無毖于卹潘岳藉田賦惟穀之卹李注引書惟刑之卹今尚書卹皆作恤是也从血卩聲辛聿切古音在十二部一曰鮮少也此別一義卹與惜雙聲鮮少可惜也鮮當作尟衋傷痛也某氏注尚書亦云衋然痛傷其心从血聿聿者所以書也血者取披瀝之意皕聲皕讀若逼在第一部周書曰民罔不衋傷心酒誥文讀若憘心部無憘喜部有憙而義不相近按當作譆言部曰譆痛也音義皆近許其切一部今許力切衉羊凝血也釋名曰血脂以血作之脂卽衉字也陶氏注本艸宋帝時太官作血衉庖人削藕皮誤落血中遂皆散不凝陶所云血衉卽劉之血脂也按必系諸羊者惟羊血供飲食前云盇血也衉凝血也皆謂人至盭衉三字乃言牲血此許書嚴人物之辨也从血臽聲苦紺切八部𧗿衉

或从贛依小徐及玉篇

盇覆也皿中有血而上覆之覆必大於下故从大艸部之蓋从盇會意訓苫覆之引伸耳今則蓋行而盇廢矣曷何也凡言何不者急言之亦曰何是以釋言云曷盇也鄭注論語云盇何不也盇古音在十五部故爲曷之假借又爲蓋之諧聲今入七八部爲閉口音非古也从血大聲此以形聲包會意大徐刪聲非也今胡臘切其形隸變作盍

衊污血也漢文三王傳污衊宗室孟康曰衊音漫从血蔑聲莫結切十五部

文十五　重三按卹畫二篆當上屬盥篆已上皆人事也監蘯䘓當以類廁焉

丶有所絕止丶而識之也按此於六書爲指事凡物有分別事有可不意所存主心識其處者皆是非專謂讀書止輒乙其處也知庾切古音在四部凡丶之屬皆从丶

主鐙中火主也釋器瓦豆謂之登郭曰卽膏鐙也膏鐙說文金部之鐙錠二字也其形如豆今之鐙盞是

也上爲盌盛膏而爇火是爲主其形甚微而明照一室引伸假借爲臣主賓主之主**主**象形謂象鐙形从丶謂火主丶亦聲之庾切古音在四部按丶主古今字主炷亦古今字凡主人主意字本當作丶今假主爲丶而丶廢矣假主爲丶則不得不別造鐙炷字正如假左爲ナ不得不別造佐爲左也

咅相與語唾而不受也今俗有此从丶从否不部曰否不也从否者主於不然也丶亦聲丶各本作否非今正咅韵書皆入矦部或字从豆聲豆與丶同部周易蔀斗主爲韵蔀正咅聲也天口切四部其形隸作咅

𧯷咅或从豆欠欠者口气也豆者聲也

文三　重一

說文解字第五篇上

錢塘梁玉繩校字

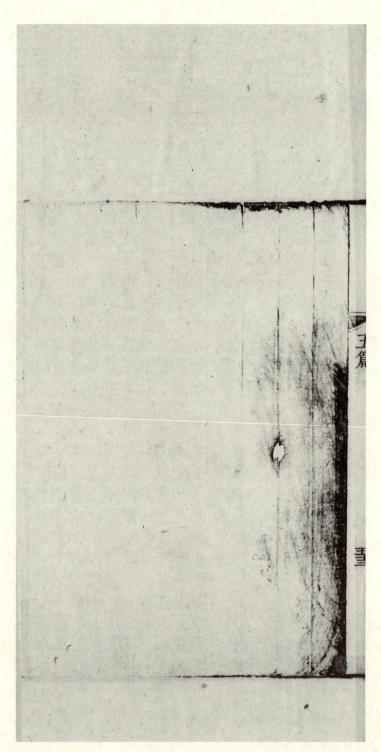

說文解字第五篇下

金壇段玉裁注

丹 巴越之赤石也 巴郡南越皆出丹沙蜀都賦丹沙赩熾出其坂謂巴也吳都賦赬丹明璣謂越也丹者石之精故凡藥物之精者曰丹 象采丹井 謂丼也采丹之井史記所謂丹穴也蜀吳二都賦注皆云出山中有穴 丶象丹形 都寒切十四部 凡丹之屬皆从丹 古文丹 彤 亦古文丹 按此似是古文形

臒 善丹也 按南山經曰雞山其下多丹臒侖者之山其下多青臒然則凡采色之善者皆偁臒蓋本善丹之名移而他施耳亦猶白丹青丹黑丹皆曰丹也 从丹蒦聲讀與靃同 各本作讀若隺今依尚書音義正烏郭切五部 周書曰惟其敷丹臒 杍材文敷孔穎達正義本作斁衞包改作塗俗字也

彤 丹飾也 春秋經曰丹桓

宮檻从丹彡以丹拂拭而涂之故从丹彡彡者毛飾畫文也飾拭古今字彡其畫也說从彡之意彡亦聲小徐有此三字然則彤古音當在七部矣今音徒冬切

文三　重二

青東方色也考工記曰東方謂之青木生火从生丹丹赤石也赤南方之色也丹青之信言必然俗言信若丹青謂其相生之理有必然也援此以說从生丹之意倉經切十一部凡青之屬皆从青古文青

靜宷也上林賦靚糚張揖注曰謂粉白黛黑也按靚者靜字之假借宷色詳宷得其宜謂之靜考工記言畫繢之事是也分布五色疏密有章則雖絢爛之極而無淟涊不鮮是曰靜人心宷度得宜一言一事必求理義之必然則雖絲勞之極而無紛亂亦曰靜引伸假借之義也安靜本字當从立部之竫从青爭聲疾郢切十一部

案青青石也从丹生聲亦取東方生气之義从丹者所謂青丹白丹黑丹皆謂之丹也

靜字从爭爭者靜之反靜則不爭矣玉篇靜審也謀也悉也靖謀也廣韵靜安也謀也和也息也靖立也思也理也審也書靜言庸回漢书王尊傳論衡注作靖逸周書謚法解柔德考衆曰靜獨斷作靖周本紀周宣王靜古今人表作靖小明詩蕃本作靖詩外傳春秋繁露注作靖漢书敘傳上注靖古靜字然則靜即靖之異文

文二　重一

井　八家爲一井　穀梁傳曰古者公田爲居井竈葱韭盡取焉風俗通曰古者二十畝爲一井因爲市交易故稱市井皆謂八家共一井也孟子曰方里而井井九百畝其中爲公田此古井田之制因象井韓而命之也　象構韓形　謂共也韓井上木闌也其形四角或八角又謂之銀牀　•罋象也　缶部曰罋汲缾也井子郢切十一部　古者伯益初作井　出世本　凡井之屬皆从井

⿱𤇾井　罙池也　按玉篇作澤地雖不言出說文然恐說文古本如是廣韵洴瀅小水也瀅蓋郎弊　从井瑩省聲　按凡从𤇾之字皆曰熒省聲則瑩當作熒烏迥切十二部

阱　陷也　穽地陷獸　从𠂤井　於大陸作之如井　井亦聲　疾正切十一部

穽　阱或从穴　中庸音義曰阱本作穽同引說文穽或阱字也今本釋文於或下妄沾爲字按古本說文多云某或某字見於經典釋文者往往如是周

禮注所謂古字多或也今本說文盡改之云某或作某非古也若讀釋文竄改者則益可歎矣

汬古文阱从水玉篇云古文作汬

㓝罰辠也假借爲典型字从刀井易曰井者法也此引易說从井之意井者法也蓋出易說司馬彪五行志引易說同風俗通亦云井者法也節也春秋元命包曰㓝刀守井也飲水之人入井爭水陷於泉刀守之割其情也又曰网言爲詈刀守詈爲罰罰之爲言內也陷於害也已上見元應大唐衆經音義徐堅初學記夫井上爭水不至用刀至於詈罵當罰五罰斷不用刀也故許以罰入刀部謂持刀罵詈則應罰以㓝入井部謂有犯五㓝之辠者則用刀法之同一从刀而一系諸受法者一系諸執法者且从井非爲入井爭水視元命包之說正如摧枯拉朽安置妥帖矣故其書百世師承可也井亦聲戶經切十一部按此㓝罰正字也今字改用刑刑者剄也見刀部其義其音皆殊異

刱造法刱業也蒙上文井者法也而言故云造法刱業國語孟子字皆作創趙氏韋氏皆曰創造也假借字也

从井丹聲讀若創（初亮切　十部）

文五　重二

皀　穀之馨香也（禾部曰穀續也續當作粟粟者嘉穀實也曲禮曰黍曰薌合梁曰薌萁薌卽香字左傳引周書曰黍稷非馨明德惟馨馨者香之遠聞者也香者芳也）象嘉穀在裹中之形（謂皀也大雅謂秬虋芑爲嘉穀毛傳謂苗爲嘉穀許書謂禾爲嘉穀虋芑苗禾一物也連裹曰穀曰粟去裹曰米米之馨香曰皀裹者禾部所謂稃也稽也糠也穀皮是也）匕所㠯扱之（說下體从匕之意匕部曰匕所以比取飯一名柶扱者收也）或說皀一粒也（顏氏家訓曰在益州與數人同坐初晴見地下小光問左右是何物一蜀豎就視云是豆逼耳皆不知所謂取來乃小豆也蜀土呼豆爲逼時莫之解吾云三蒼說文皆有皀字訓粒通俗文音方力反衆皆歡悟）凡皀之屬皆从皀又讀若香（又字上無所承）

疑有奪文按顏黃門云通俗文音方力反不云出說文然則黃門所據未嘗有方力反矣而許書中鄉字从皀聲讀若香之證也又鳥部鵖鴔字从皀聲爾雅音義云鵖彼及反郭房汲反字林方立反是則皀有在七部一音當云讀若某在又讀若香之上今奪

即　即食也　即當作節周易所謂節飲食也節食者檢制之使不過故凡止於是之䛐謂之即凡見於經史言即皆是也鄭風毛傳曰即就也　从皀卩聲　此當云从卩皀卩亦聲其訓節食故从卩皀卩節古通也今音子力切古音在十二部

既　小食也　此與口部嘰音義皆同玉藻少儀作禨假借字也引伸之義爲盡也已也如春秋日有食之既周本紀東西周皆入於秦周既不祀正與小食相反此如亂訓治徂訓存既者終也終則有始小食則必盡盡則復生　从皀旡聲　居未切十五部　論語曰不使勝食既　鄉黨篇文此引經說假借也論語以既爲气如商書以敢爲好詩以夃爲姑之類今論語作氣气氣古今字作氣蓋魯論也許偁蓋古文論語也或云謂不使肉勝於食但小小食之說固可

通然古人之文云不使勝則已足不必贅此字

皀飯剛柔不調相著按玉篇作飯堅柔調也無不字非也堅與柔不穌謂不純堅不純柔柔者與堅者兩相附箸飯之不美者也米者謂之糱則純有性者也从皀冖聲讀若適施隻切十六部

文四

鬯㠯𩰪釀鬱艸芬芳攸服㠯降神也攸服當作條暢周禮鬯人注大雅江漢箋皆云芬香條暢可證也郊特牲云周人尚臭灌用鬯臭鬱合鬯臭陰達於淵泉云鬱合鬯與下文蕭合黍稷皆謂二物相合也周禮鬱人職凡祭祀賓客之祼事和鬱鬯以實彝而陳之注云築鬱金煑之以和鬯酒按此正所謂鬱合鬯也鄭注序官鬱人云鬱鬱金香草宜以和鬯注鬯人云鬯釀秬爲酒芬香條暢於上下也是鬯與鬱之分較然矣秬釀爲鬯芳艸築煑爲鬱二者攪和之爲鬱鬯許說略同故於鬯言秬釀於鬱言芳艸其鬯下兼言鬱艸者於

分中見其合謂用秬釀及築煑之鬱艸合和之降神鬯主於秬釀也故說字形曰中象米匕所以扱之又按江漢傳云秬黑黍也鬯香草也築煑合而鬱之曰鬯此鬱鬯不爲二物又謂鬯爲香艸皆與後來許鄭異攷王度記云天子以鬯諸侯以薰大夫以蘭芝士以蕭庶人以艾禮緯云鬯艸生郊中候云鬯艸生庭徐氏中論云煑鬯燒薰以揚其芬皆謂鬯爲艸名與毛說合者也竊謂鬱者蘊積鬯者條暢凡物必蘊積而後條暢秬釀非不可言鬱香艸未嘗不言鬯也則秬艸二物固可各兼二名矣

从凵 音祛 **凵器也** 凵部云凵盧飯器 **中象米** 米謂※也※即米字斜書之 **匕所吕扱之** 士冠士昏禮皆以柶扱醴柶卽匕也 **易曰不喪匕鬯** 震卦辭經言鬯者多矣獨偁此文者說鬯从匕之意也與豐麓等字引易同鬯丑諒切十部 **凡鬯之屬皆从鬯**

鬱 芳艸也十葉爲貫 十當作千百字下曰十百爲一貫是也周禮注作十亦誤 **百廿貫** 廿者古文二十也周禮注作二十 **築吕煑之爲鬱** 鬱人注鄭司農云鬱草名

十葉爲貫百二十貫築以煑之鬱中停於祭前按許說同此今本注百二十貫之下衍爲字賈公彦誤連築爲句矣築鬻二字見肆師職注云築鬱草煑之鬱人注云築鬱金煑之以和鬯酒又云鬱者鬱金香草宜以和鬯是則鄭意謂築之煑之以和秬黍所釀之鬯酒乃用於祼也凡以鬱和鬯謂之鬱鬯如鬱人云和鬱鬯以實彝是不和鬱者但謂之秬鬯如鬯人掌共秬鬯而飾之是也許意與鄭略同**从臼缶冖**音覓**鬯**臼叉手也缶瓦器冖覆也鬯之言暢也叉手築之令鬱乃盛之於缶而覆之封固以幽之則其香气暢達此會意之恉也**彡其飾也**此說从彡之意其物用於祭祀賓客者也故必飾其器鬱迂勿切十五部**一曰鬱鬯**此連鬯爲文釋之**百艸之華遠方鬱人所貢芳艸合釀之㠯降神**謂凡言鬱鬯者用中國百艸之華及遠方鬱人所貢芳艸二者合而釀之芬芳條暢可用降神是曰鬱鬯此別一義也前說芳艸築煑爲鬱合秬釀爲鬯此說謂合釀艸華及遠國芳艸爲鬱鬯不必合秬酒而後爲鬯也肆師職大鄭注亦謂築煑香

艸爲鬯水經注溫水篇引應仲遠地理風俗記語乃仲遠檃栝許書而爲之者**鬱**逗謂鬱人之鬱字**今鬱**
林郡也以上三鬱字舊作鬱今依漢志作鬱或說正以鬱釋鬱許意古書云鬱人所貢卽今鬱林郡地之人也水經溫水至鬱林廣鬱縣爲鬱水地理志武帝元鼎六年更名桂林爲鬱林

爵 **禮器也**古說今說皆云爵一升韓詩說爵觚觶角散總名曰爵其實曰觴觶
□**象雀之形**各本作象爵之形四字今正古文全象爵形卽象雀形也小篆改古文婼之首象其正形下象其側形也**中有鬯酒又持之也**又手也祭統尸酢夫人執柄夫人受尸執足柄者尾也**所㠯飲器象雀者**各本雀作爵今正
取其鳴節節足足也節節足足雀音如是廣雅曰鳳皇雄鳴卽卽雌鳴足足宋書符瑞志因之皮傳之說耳卽略切二部爵引伸爲爵秩字假借爲雀字韓詩說曰爵盡也足也白虎通說爵祿曰爵者盡也所以盡人材古爵音同焦醮潐字皆取盡意

□依古文四聲韵**古文爵如此象形**首尾象翼

足具見爵形卽雀形也程氏瑤田通藝錄曰前有流喙也腦與項也胡也後有柄尾也容酒之量其口左右侈出者翅也近前二柱聳翅將飛皃也其量腹也腹下卓爾鼎立者其足也古爵之存於今者驗之兩柱拄眉而酒盡古經立之容不能昂其首也不昂首而實盡取節於兩柱之拄眉梓人所謂鄉衡者如是

𩰪黑黍也一稃二米㠯釀生民曰誕降嘉穀維秬維秠秬毛曰秬黑黍也秠一稃二米也禾部稃穭也秠一稃二米天賜后稷之嘉穀也是則黑黍名𩰪自其一稃二米言之則謂之秠以釀酒是曰𩰪釀經典曰𩰪鬯故其字从鬯也黑黍容有不一稃二米者从鬯矩聲其呂切五部

秬𩰪或从禾今經典字皆如此作

𩰲列也列當从玉篇作烈字之誤也烈火猛也引伸爲凡猛之偁𩰲謂酒氣酷烈左傳嘉栗旨酒栗讀爲烈𩰲引伸爲迅疾之義今俗用駛疾字當作此从鬯𩰲鬯灌地臭陰達於淵泉其氣烈也吏聲讀若迅吏聲卽史聲史與迅雙聲唐韵疏吏切古音亦在一部

文五　重二

食 **亼米也**各本作一米也玉篇同蓋孫強時已誤矣韵會本作米也亦未是今定爲亼米也由亼字俗罕用而誤也以合下云亼口例之則此當爲亼米也亼米信矣亼集也集衆米而成食也引伸之人用供口腹亦謂之食此其相生之名義也下文云飯食也此食字引伸之義也人食之曰飯因之所食曰飯猶之亼米曰食因之用供口腹曰食也食下不曰飯也者何也食者自物言飯者自人言嫌其義不顯故不以飯釋食也飯下何以云食也自養篆以下皆自人言故不嫌也周禮膳夫職注曰食飯也曲禮食居人之左注食飯屬也凡今人食分去入二聲飯分上去二聲古皆不如此分別 **从皀亼聲或說亼皀也**此九字當作从亼皀三字經淺人竄改不可通皀者穀之馨香也其字从亼皀故其義曰亼米此於形得義之例乘力切一部 **凡食之屬皆从食**鍇本此下有讀若粒三字衍文

饙 **脩飯也**脩各本作滫誤今依爾雅音義引正脩倉頡篇

餴誤餅

作餈脩之言溲也水部曰浚洪汏也飯者人所飯也餴爾雅作饙釋言曰饙餾稔也孫云蒸之曰饙均之曰餾郭申之云今呼餈音脩餈飯爲饙饙均孰爲餾詩釋文引字書云饙一蒸米也劉熙云饙分也衆粒各自分也按大雅泂酌行潦挹彼注茲可以餴饎箋云酌取行潦投大器之中又挹之注之於此小器而可以沃酒食之餴者以有忠信之德齊絜之誠以薦之故也此謂以水浚熱飯古語云餈飯

从食奉聲 奉从卉聲賁奔亦从卉聲十五部與十三部合音也府文切

饙 餴或从賁 賁聲也

餴 餴或从奔 奔聲也今詩字如此

餾 飯气流也 流各本作蒸今依泂酌正義引改餦下云馬食穀多气流四下也然則飯气流者謂气液盛流也據孫郭爾雅注及詩釋文所引字書似一蒸爲餴再蒸爲餾然許不如此說

从食畱聲 力救切三部

飪 大孰也 特牲禮請期曰羹飪注飪孰也飪亦假稔爲之釋言饙餾稔也字又作餁餁同飪

从食壬聲 如甚切七部

⿰⺼壬 古文飪 从肉

恁 亦古文飪

心部恁下云饎也此古文系後人增羼小徐說李舟切韵不云亦古文飪

饔孰食也已孰可食者也小雅毛傳曰孰食曰饔周禮注曰饔割亨煎和之稱从食雝聲於容切九部

飴米蘗煎者也者字今補米部曰蘗芽米也火部曰煎熬也以芽米熬之爲飴今俗用大麥釋名曰餳洋也煮米消爛洋洋然也飴小弱於餳形怡怡也內則曰飴蜜以甘之从食台聲与之切一部

籀文飴从異省異省聲

餳飴和饊者也不和饊謂之飴和饊謂之餳故成國云飴弱於餳也方言曰凡飴謂之餳自關而東陳楚宋衞之閒通語也楊子渾言之許析言之周禮小師注管如今賣飴餳所吹者周頌箋亦云从食易聲各本篆作餳云易聲今正按餳从易聲故音陽亦音唐在十部釋名曰餳洋也李軌周禮音唐是也其陸氏音義周禮辭盈反毛詩夕淸反因之唐韵徐盈切此十部音轉入於十一部如行庚航等字之入庚韵郭璞三倉解詁曰楊音盈協韵晉灼漢書音義反楊惲爲由嬰其理正同耳淺人乃易其龤聲之偏

旁玉篇廣韵皆誤从昜然玉篇曰餳徒當切廣韵十一唐曰糖飴也十四淸曰餳飴也皆可使學者知餳糖一字不當从易至於集韵始以餳入唐韵餳入淸韵畫分二字使人眞贋不分其誤更甚猶賴類篇正之餳古音如洋語之轉如唐故方言曰餳謂之餹郭云江東皆言餹音唐

饊　熬稻粻餭也　餭依韵會从食各本作䅯葢因許書無餭改之耳楚辭方言皆作餦餭古字葢當作張皇招䰟有餦餭些王曰餦餭餳也方言曰餳謂之餦餭郭云即乾飴也諸家渾言之許析言之熬乾煎也稻稌也稌者今之稬米米之黏者𥼶稬米爲張皇張皇者肥美之意也旣又乾煎之若今煎粢飯然是曰饊饊者熬米成液爲之米謂禾黍之米也饊者謂乾熬稻米之張皇爲之网者一濡一小乾相盃合則曰餳此許意也楊王郭以餳飴釋餦餭渾言之也豆飴謂之䜲見豆部　从食散聲　蘇旱切十四部

餅　麪餈也　麥部曰麪麥末也麪餈者餅之本義也方言曰餅謂之飥或謂之餦或謂之餛是也　从食幷聲　必郢切十一部

餈　稻餅也　方言曰餌謂之餻或謂之粢或謂之

五篇下　八

餘或謂之餣或謂之䬴謂米餅也周禮糗餌粉餈注曰餌餈皆粉稻米黍米所爲也合蒸曰餌餅之曰餈糗者擣粉熬大豆爲餌餈之黏著以粉之耳餌言糗餈言粉互相足按許說與鄭不同謂以粳米蒸孰餅之如麪餅曰餈今江蘇之餈飯也粉粳米而餅之而蒸之則曰餌鬻部云鬻粉餅也是也今江蘇之米粉餅米粉團也粉餅則傅之以熬米麥之乾者故曰糗餌米部云糗熬米麥也可證餈則傅之以大豆之粉米部曰粉傅面者也可證也許不言何粉大鄭云豆屑是也**从皀次聲**疾資切十五部周禮故書作茨假借字也

餈或从齊齊聲

餈或从米猶从食也內則音義曰餈本或作粢按粢與禾部粢各義

糜也米部曰糜糝也糝以米和羹也按以米和羹者鼎實也故正考父鼎銘曰饘於是粥於是以餬余口詳䰜部**从食亶聲**諸延切十四部**周謂之饘宋衞謂之餰**此五字各本作宋謂之餬四字今依檀弓音義初學記正餰者鬻之或字見鬻部去虔切一人安謂鬻饘同字故於此改餰爲餬耳

乾食

也小雅乾餱以愆釋言毛傳皆曰餱食也大雅毛傳又云餱[illegible]食也凡乾者曰餱故許曰乾食無羊或負其餱亦必乾者乃可負也小徐曰今人謂飯乾爲餱从食侯聲乎溝切四部周書曰峙乃餱粻粊誓文今書作糗糧據正義引鄭注糗擣熬穀也與周禮注糗同然則古文尚書作糗矣許或兼偁歐陽夏侯書與粻字不見米部而大雅云以峙其粻釋言詩箋皆曰粻糧也大雅又云乃裹餱糧則餱粻即餱糧

餥餱也釋言曰餥餱食也从食非聲非尾切十五部陳楚之閒相謁而食麥飯曰餥方言曰餥食也陳楚之內相謁而食麥饘謂之餥郭曰音非

饎酒食也大雅泂酌傳曰饎酒食也七月大田箋同按酒食者可喜之物也故其字从食喜商頌大糦是承傳曰糦黍稷也周禮饎人大鄭注云饎人主炊官也特牲饋食禮注曰炊黍稷曰饎皆依文爲訓由黍稷而炊之爲酒爲食其事相貫饎本酒食之偁因之名炊曰饎因之名黍稷曰饎引伸之義也方言糦孰食也氣孰曰糦據毛詩箋則古文以喜爲饎从

食喜聲昌志切一部詩曰可㠯饙饎大雅文謂行潦之水可用於酒食之饙⿰食巸

饎或从巸巸聲也周禮注曰故書饎作⿰食熙蓋轉寫多灬糦饎或从米商頌字如此作

特牲注曰古文饎作糦籑具食也廿部曰具共置也禮經凡言饌注曰陳也陳與置義同論語曰

有酒食先生饌从食算聲士戀切十四部饌籑或从巽巽聲論語先生饌馬云飲食也

鄭作餕食餘曰餕按馬注者古論鄭注者校周之本以齊古讀正凡五十事其讀正者皆云魯讀爲某今从古此不云今从古則是从魯論作餕者何晏作饌从孔安國馬融之古論也據禮經特牲少牢注皆云古文籑作餕許書則無餕有籑饌字是則許於禮經从今文不从古文也但禮經之籑訓食餘而許籑饌同字訓爲具食則食餘之義無箸且禮經言饌者多矣注皆訓陳不言古文作餕食餘之字皆作籑未有作饌者然則禮饌籑當是各字饌當獨出訓具食也籑餕當同出訓食餘也乃與禮經合若論語魯餕古饌此則古文假饌爲餕此謂養親必有酒肉既食恆

餕而未有原常情以是爲孝也○又按禮記之字於禮經皆从今文而皆作餕疑儀禮注當云今文籑作餕

養　供養也　今人分別上去古無是也　从食羊聲　余兩切十部　𢼊　古文養

飯　食也　自饎篆已上皆自物言之自饔篆已下皆自人言之然則云食也者謂食之也此飯之本義也引伸之所食爲飯今人於本義讀上聲於引伸之義讀去聲古無是分別也禮記音義云依字書食旁作卞扶万反謂所食也食旁作反符晩反謂食之也二字不同今則混之故隨俗而音此字陸語殊誤古祗有飯字後乃分別作餅俗又作飰此正如汳水俗作汴也唐以前書多作餅字後來多譌爲餠字　从食反聲　符萬切十四部　按大徐不達許意故切符萬而不云扶晩也

𩚵　䅆飯也　从食丑聲　女久切三部　按米部曰粈䅆飯也此𩚵篆葢俗增故非其次宜刪

飤　糧也　从人食　祥吏切一部　按以食食人物其字本作食俗作飤或作飼經典無飤許云䬴食馬穀也不作飤馬此篆淺人所增故非其次釋爲糧也又非宜刪

五篇下　十

饡　以羹澆飯也　此飯用引伸之義謂以羹澆飯而食之也考工記注曰瓚讀餈屨之屨屨卽饡字也玉篇曰屨者饡之古文然則本作屨轉寫作屨耳內則注曰狼臅膏臆中膏也以煎稻米則似今膏屨矣釋名曰肺䐪䐪饡也以米糝之如膏饡也以羹澆飯者饡之本義膏饡者漢人所爲　从食贊聲　則幹切十四部

⿰食象　晝食也　此猶朝曰饔夕曰飧也晝食曰⿰食象俗譌爲日西食曰⿰食象見廣韵今俗謂日西爲晌午頃刻爲半晌猶⿰食象之遺語也　从食象聲　書兩切十部

餳　⿰食象或从昜

飧　餔也　小雅傳曰孰食曰饔魏風傳曰孰食曰飧然則饔飧皆謂孰食分別之則謂朝食夕食許於饔不言朝於飧不言孰互文錯見也趙注孟子曰朝食曰饔夕曰飧此析言之公羊傳趙盾食魚飧左傳僖負羈饋盤飧趙衰以壺飧從皆不必夕時渾言之也司儀注曰小禮曰飧大禮曰饔餼掌客上公飧五牢饔餼九牢侯伯飧四牢饔餼七牢子男飧三牢饔餼五牢此飧饔與常食不同且多生腥不皆孰物　从夕食　會意俗作飱非也思䰟切十三部按伐檀

正義引說文飧水澆飯也从夕食正以釋文則字林語與說文異

餔　申時食也　各本申時上有日加二字今依廣韵類篇韵會正淮南書云日至於悲谷是謂餔時餔一作晡引伸之義凡食皆曰餔又以食食人謂之餔　从食甫聲　博狐切五部

𩞄　籒文餔从皿浦聲　皿飲食器也

餐　呑也　口部曰呑咽也鄭風曰使我不能餐兮魏風曰彼君子兮不素餐兮是則餐猶食也鄭風還子授子之粲兮釋言毛傳皆曰粲餐也謂粲爲餐之假借字也餐訓呑引伸之爲人食之又引伸之爲人所食故曰授餐飧與餐其義異其音異其形則飧或作飱餐或作餐一鄭風釋言音義誤認餐爲飧字耳而集韵類篇竟謂飧餐一字　从食奴聲　七安切十四部與十三部之飧迴別魏伐檀一章三章分用

湌　餐或从水

䭑　嘰也　口部曰嘰小食也　从食兼聲讀若風溓溓　風溓溓未聞禾部曰穛讀若風廉之廉蓋同此未識孰是力鹽切七部　一曰廉絜也　一謂讀若廉潔之廉也轉寫奪若字

饁　餉田也　釋詁豳傳皆曰饁饋也孫炎云饁野之餉　从食盍聲　筠輒切古音盍在十五部　詩曰饁彼南畝　豳風小雅文

饟　周人謂餉曰饟　周頌曰其饟伊黍正周人語也釋詁曰饁饟饋也　从食襄聲　人漾切十部

餉　饟也　饋各本作饟今依韵會本孟子說葛伯仇餉云老弱饋食又云有童子以黍肉餉　从食向聲　式亮切十部

饋　餉也　饋之言歸也故饋多假歸爲之論語詠而饋饋孔子豚齊人饋女樂古文皆作饋魯皆作歸鄭皆从古文聘禮歸饔餼五牢鄭云今文歸或爲饋今本集解陽貨微子篇作歸依集解引孔安國語則當作饋也　从食貴聲　求位切十五部按今字以餽爲饋此乃假借其義本不相通也孟子餽孔子豚漢禮樂志齊人餽魯而孔子行已作此字

饗　鄉人飲酒也　豳風朋酒斯饗曰殺羔羊傳曰饗鄉人飲酒也其牲鄉人以狗大夫加以羔羊此傳各本譌奪依正義攷定如是許君所本也饗字之本義也孔沖遠曰鄉人飲酒而謂之饗者鄉飲酒禮尊事重

故以饗言之此不知亯燕之亯正作亯亯獻也左傳作亯爲正字周禮禮記作饗爲同音假借字猶之左傳作宴爲正字宴安也禮經周禮作燕爲同音假借字也沖遠證之以用樂或上取其說迂曲矣至若毛詩云我將我亯下文云既右饗之云以亯以祀下文云神保是饗云亯以騂犧下文云是饗是宜毛詩之例凡獻於上曰亯凡食其獻曰饗左傳用字正同凡左氏亯燕字皆作亯惟用人其誰饗之字作饗从鄉从食鄉食會意鄉亦聲許兩切十部

饛盛器滿皃小雅傳曰饛滿簋皃許謂字之从食本義不專謂簋也故易爲器莫紅切九部詩曰有饛簋飧

飵楚人相謁食麥曰飵方言餥飵食也陳楚之內相謁而食麥饘謂之餥楚曰飵凡陳楚之郊南楚之外相謁而飧或曰飵或曰鮎秦晉之際河陰之間曰饐餢此秦語也从食乍聲在各切五部

鮎相謁食麥也从食占聲奴兼切七部

饐秦人謂相謁而食麥曰饐餢从食㥯聲

烏困切十三部

饐饐也。从倉豈聲。五困切十三部豈聲在十五部合音也

寄食也。左傳餬其口於四方方言曰餬寄也寄食曰餬引伸之義釋言曰餬饘也是　从倉胡聲。戸吳切五部

食之香也。周頌傳曰飶芬香皃許云食之香爲其字从食也　从倉必聲。毗必切十二部與艸部苾音同義近　詩曰：有飶其香。

燕食也。燕同宴安也安食者無事之食也無事食則充腹而已故語曰猒飫釋言曰飫私也私即安食之謂此非周語房烝立成之飫亦非毛傳脫屨升堂之飫其字下與飽餚饒餘相屬則其義略同也　从倉芺聲。依據切古音在二部今字作飫　詩曰：飲酒之飫。此引常棣六章說叚借也飫韓詩作醧說曰跣而上坐謂之宴能者飲不能者已謂之醧毛詩叚飫爲醧故傳曰飫燕私也今本奪燕字脫屨升堂謂之飫今本句首衍不字毛韓義一也故曰許引此詩說醧之叚借也此猶引作敔爲作好引莫席爲篾席也說詳酉部

猒也。甘部曰猒飽也是爲轉注

从食包聲博巧切古音在三部𩛂古文飽从𤓾聲𤓾古文孚也孚聲在三部䬪亦古文飽从卯聲卯聲亦在三部餶猒也賈思勰齊民要術曰食飽不餶按猒飽也餶則有猒棄之意皆猒中之義也呂覽曰甘而不噮玉篇集韵引同噮卽餶字廣韵曰噮甘而猒也是也集韵鐸韵又引伊尹曰甘而不餶肥而不䐿从食肙聲烏玄切十四部按篇韵集韵皆於縣切在霰韵類篇亦無平聲饒飽也饒者甚飽之言也引以爲凡甚之偁漢謠曰今年尙可後年饒謂後年更甚也近人索饒討饒之語皆謂已甚而求已也从食堯聲如昭切二部餘饒也从食余聲以諸切五部餀食臭也食臭謂殠而食之也儀禮音義引孟子飯殠从食艾聲呼艾切十五部爾雅曰餀謂之喙釋器文今爾雅喙作餯按許作喙二徐李燾及集韵類篇皆同汲古初印本亦不誤而毛扆改作餯餞送去食也各本少食字今依左傳音義補毛傳曰祖而舍

五篇下　三

軷飲酒於其側曰餞从倉戔聲才線切十四部詩曰顯父餞之大雅文

野饋曰餫左傳晉荀首如齊逆女宣伯餫諸穀杜云野饋曰餫運糧饋之敬大國也按餫之言運也遠饋也穀齊地魯之禮不當至此是野饋也犧象不出門嘉樂不野合傳書餫者譏之也小雅黍苗箋云營謝轉餫之役有負任者有輓輦者有將車者有牽傍牛者可證餫爲運糧从食軍聲王問切十三部

客舍也鄭風大雅傳曰館舍也按館古假觀爲之如白虎通引于邠斯觀又引春秋築王姬觀于外沈約宋書曰陰館前漢作觀後漢晉作館東觀餘論曰漢書郊祀志作益壽延壽館封禪書云作益延壽觀漢書衍一壽字耳自唐以前六朝時凡今道觀皆謂之某館至唐始定謂之觀从倉官聲古玩切十四部周禮五十里有市市有館館有積以待朝聘之客遺人職凡賓客會同師役掌其道路之委積五十里有市市有候館候館有積鄭云候館樓可以觀望者也以觀望釋館釋名曰觀者於上觀望也

貪也从食號聲土刀切二部

叨俗饕从口刀聲今俗與饕分别異用

籀文饕从號省

餮貪也从食殄聲鉉本作殄省聲不明於平入一理妄改之也他結切十二部春秋傳曰謂之饕餮左傳文十八年文今傳作饕餮服及杜皆曰貪財爲饕貪食爲餮此蒙上文貪于飲食冒于貨賄分言之非許意也

饖飯傷熱也周禮禮記皆言食齊視春時鄭皆曰飯宜溫按溫者不寒不熱之謂也曲禮曰毋揚飯注云嫌欲疾也按飯傷熱則或揚之矣爾雅音義引倉頡篇饖食臭敗也廣韵本之與許異玉篇無饖从食歲聲於廢切十五部

饐飯傷溼也魚部曰鮑饐魚也是引伸之凡淹漬皆曰饐也字林云饐飯傷熱溼也混饐於饖葛洪云饐飯餿臭也本論語孔注而非許說从食壹聲乙冀切古音在十二部

餲飯餲也飯餲者謂飯久而味變餲之言鬱也今江蘇俗云餲生當作此字鄉黨篇食饐而餲孔曰饐餲臭味變也皇侃云饐謂飲食經久而

腐臭也餲謂經久而味惡也是則孔注本作饐臭餲味變也今本誤倒耳據論語及許說饐餲是二事析言之也釋器云食饐謂之餲則統言之李充云皆飲食壞敗之名是也**从𠊊曷聲**乙例烏介二切十五部**論語曰食饐而餲**

饑　穀不孰爲饑釋天文又曰仍饑爲荐按論語年饑因之以饑饉鄭本皆作飢**从𠊊幾聲**居衣切十五部

饉　蔬不孰爲饉釋天文按許書無蔬字此蔬當是本作疏疏之言疋也凡艸菜可食者皆有根足而生也**从𠊊堇聲**渠吝切十三部

⿰食尼　飢也廣韵作飢皃**从𠊊尼聲讀若楚人言恚人**於革切十六部恚與尼皆十六部聲也

餒　飢也从𠊊妥聲各本篆作餧解作委聲非也今正攷論語音義曰餧奴罪反說文魚敗曰餧本又作餒字書同爾雅音義亦云餧奴罪反說文魚敗曰餧字書作餒別字書於說文則陸所據說文从妥明矣按妥聲乃與奴罪切音相近猶按必妥聲乃與女禾切相近綏必妥聲乃得妥綏爲古今字也若五經文字曰

餧飢也經典相承別作餒爲飢餒以餧爲餧飼蓋張時說文已改从委聲與陸所據說文不同故其字各異餒古音十七部餧爲餧飼俗字許艸部作萎一曰魚敗曰餒論語魚餒而肉敗釋器曰肉謂之敗魚謂之餒按魚爛自中亦飢義之引伸也

飢餓也與饑分別蓋本古訓諸書通用者多有轉寫錯亂者亦有之从食几聲居夷切十五部

餓飢也从食我聲五箇切十七部

餽吳人謂祭曰餽方言䭝餟餽也三字皆謂祭戰國策三十三飲食餔餽高注吳謂祭鬼爲餽古文通用讀與饋同按祭鬼者餽之本義不同饋也以餽爲饋者古文假借也高誘與楊許同今本高注淺人增竄不可從从食鬼會意鬼亦聲俱位切十五部

餟祭酹也酉部曰酹餟祭也史記孝武帝紀其下四方地爲餟食封禪書作醊食漢郊祀志作腏方言餟餽也从食叕聲陟衛切十五部

䬸小餟也方言䭝餽也玉篇云䭝同䬸廣雅祱祭也祱亦同䬸从食兌聲輸芮切十五部

䬴馬食穀

五篇下　三

合　从亼从口亼亦聲

多气流四下也謂汗液前後左右四面流下也餧與淋雙聲義近由於食穀多也故从食从倉夌聲里甑切六部

䬴食馬穀也以穀飤馬也周南傳曰秣養也小雅乘馬在廄摧之秣之傳曰摧挫也秣粟也按挫謂以莝飤之粟謂以粟飤之也秣同䬴从食末聲莫撥切十五部

文六十二　重十八

亼三合也从入一象三合之形許書通例其成字者必曰从某如此言从入一是也从入一而非會意則又足之曰象三合之形謂似會意而實象形也凡亼之屬皆从亼讀若集秦入切七部

合亼口也各本亼作合誤此以其形釋其義也三口相同是爲合十口相傳是爲古引伸爲凡會合之偁釋詁曰敆部盍翕仇偶妃匹會合也妃合會對也从亼口侯閤切七部

僉皆也釋詁曰僉咸胥皆也从亼从吅从从吅驚嘑也从相聽也七廉切七部虞

書曰虞當作唐僉曰伯夷堯典文侖思也侖下曰侖理也大雅毛傳曰論思也按論者侖之假借思與理義同也思猶䚡也凡人之思必依其理倫論字皆以侖會意从亼冊聚集簡冊必依其次第求其文理力屯切十三部侖籒文侖古文冊作籥今是時也今者對古之偁古不一其時今亦不一其時也云是時者如言目前則目前爲今目前已上皆古如言趙宋則趙宋爲今趙宋已上爲古如言魏晉則魏晉爲今魏晉已上爲古班固作古今人表漢人不與焉而謂之古今人者謂近乎漢者爲今人遠乎漢者爲古人也作古今人表者所以補漢書之所無存漢已前之厓略也亦謂三皇至漢以前迭爲古今人也古今人用字不同謂之古今字張揖作古今字詁是也自張揖已後其爲古今字又不知幾更也古今音之不同近世言之冣詳自商周至近世不知凡幾古今也故今者無定之䛐約之以是時則兼賅矣召南傳曰今急辭也今急曡韵从亼乀會意乀逮也乀亦聲居音切七部乀古文及見又部舍市居

曰舍　倉部曰館客舍也客舍者何也謂市居也市居者何也周禮遺人曰凡國野之道十里有廬廬有飲食三十里有宿宿有路室路室有委五十里有市市有候館候館有積鄭云一市之閒有三廬一宿候館及廬宿皆所謂市居曰舍也此市字非買賣所之謂賓客所之也舍可止引伸之爲凡止之偁釋詁曰廢稅赦舍也凡止於是曰舍止而不爲亦曰舍其義異而同也猶置之而不用曰廢置而用之亦曰廢也論語不舍晝夜謂不放過晝夜也不放過晝夜卽是不停止於某一晝一夜以今俗音讀之上去無二理也古音不分上去舍捨二字義相同　**从亼屮口**　屮口二字今補全書之例咸字則必曰從某而下釋之也从亼者謂賓客所集也　**屮象屋也**　象屋上見之狀說从屮之意　**口象築也**　口音圍說从口之意始夜切古音在五部

文六　重一

會　合也　見釋詁禮經器之蓋曰會爲其上下相合也凡曰會計者謂合計之也皆非異義也　**从亼**

曾省三合而增之會意黃外切十五部

曾益也說从曾之意土部曰增益也是則會者增之假借字如會祖會孫之會卽含益義

凡會之屬皆从會

㣛古文會如此

朇益也朇裨古今字今字作裨益古字作朇益裨行而朇廢矣从會卑聲符支切十六部

䢅日月合宿爲䢅各本作爲辰今依廣韵集韵類篇訂左傳晉侯問伯瑕曰何謂六物對曰歲時日月星辰是謂也公曰多語寡人辰而莫同何謂辰對曰日月之會是謂辰故以配日按辰以配日者謂以從子至亥配從甲至癸也十日十二辰見周禮馮相氏硩蔟氏注云日謂從甲至癸辰謂從子至亥者日月一歲十二會所會之處謂之十二次星紀之次爲丑玄枵之次一名天黿爲子豕韋之次一名娵訾爲亥降婁之次爲戌大梁之次爲酉實沈之次爲申鶉首之次爲未鶉火之次爲午鶉尾之次爲巳壽星之次爲辰大火之次爲卯析木之次爲寅是也據說文則日月之合宿謂之䢅據周禮左傳則日月䢅處謂之辰也䢅者卽左傳之會字非左傳之辰字

也。从會辰。辰時也日月以時而會故从辰會會意會亦聲。各本作辰亦聲攷廣韵十四泰有醫音黃外切十七眞無醫字是可證說文本作會亦聲也玉篇曰醫時眞切日月會也今作辰蓋當希馮時說文已有作辰亦聲者而顧從之集韵類篇亦沿誤耳皆誤讀左氏者爲之也大徐用孫愐唐韵爲音而不必盡用唐韵如此字廣韵入泰不入眞可證十五部

文三　重一

倉　穀藏也。藏當作臧臧善也引伸之義善而存之亦曰臧臧之之府亦曰臧俗皆作藏分平去二音穀藏者謂穀所藏之處也广部曰府文書藏庫兵車藏廥芻稾藏今音皆徂浪切蒼黃取而藏之。蒼舊作倉今正蒼黃者匆遽之意刈穫貴速也故謂之倉。蒼倉疊韵从倉省，口象倉形。七岡切十部凡倉之屬皆从倉。仺　奇字倉。蓋从古文巨牄　鳥獸

來食聲也 牄蓋壁中文如此孔安國以今文字讀之易爲蹌蹌鄭云飛鳥走獸蹌蹌然而舞僞孔說本之許則徑從牄字說爲鳥獸來食聲與鄭異鄭易字許不易字也鄭注大司樂亦引鳥獸牄牄公羊春秋有頓子牄 从倉 鳥獸來食故从倉 爿聲 七羊切十部 虞書曰鳥獸牄牄 咎繇謨文

文二　重一

入 內也 自外而中也 象從上俱下也 上下者外中之象人汁切七部 凡入之屬皆从入

内 入也 今人謂所入之處爲內乃以其引伸之義爲本義也互易之故分別讀奴荅切又多假納爲之矣周禮注云職內主入也內府主良貨賄藏在內者然則職內之內是本義內府之內是引伸之義 从冂入 小徐曰冂音坰按當音覓許冂冂異篆冂者覆也覆在外各本無入字今依韵會補奴對切十五部 自外而入也 釋會意之恉

 入山之突也 廣韵作入山深皃於形得義

从山从入會意闕此闕謂闕其音讀也大徐鉏箴切篇韵同乃後人強爲之音以其字似岑因謂音岑耳

糴市穀也从入从糴米部曰糴穀也故市穀从入糴糴亦聲今徒歷切古音在三部左傳晉大夫有糴茷

仝完也宀部曰完全也是爲轉注从入从工从工者如巧者之製造必完好也疾緣切十四部

全篆文仝从王按篆當是籒之誤仝全皆从入不必先古後篆也今字皆从籒而以全爲同字

純玉曰全考工記玉人云天子用全大鄭云全純色也許玉部云全純玉也後鄭周禮注同許按云純玉曰全者引經說此字从玉之意

𠓜古文全按下體未宷其所從汗簡作龕古文四聲韵載王庶子碑亦作龕疑近是

从二入也以形爲義

㒳从此闕㒳各本作兩今按兩从㒳㒳从从也

闕此闕亦謂音讀不傳也大徐良奬切乃因兩字從此謂同兩音

文六　重二

缶瓦器所㠯盛酒漿釋器陳風傳皆云盎謂之缶許云盎盆也罌缶也似許與爾雅說異缶有小有大如汲水之缶蓋小者也如五獻之尊門外缶大於一石之壺五斗之瓦甒其大者也皆可以盛酒漿秦人鼓之㠯節謌鼓之錄切擊也韵會鼓作擊李斯傳廉藺傳漢楊惲傳皆可證象形字象器形方九切三部俗作缻凡缶之屬皆从缶

㲉未燒瓦器也土部曰瓦未燒曰坏㲉與坏不但義同而音取相近故集韵謂爲一字披尤切也从缶㱿聲讀若筩莩同謂讀與筩莩之莩同也漢書非有葭莩之親張晏曰葭蘆也莩葉裏白皮也晉灼曰莩葭裏之白皮也師古曰莩者蘆筩中白皮至薄者也張說非也按張說本同惟轉寫蘆誤爲葉耳司馬彪律歷志以葭莩灰抑其端當亦謂此劉注葭莩出河內豈以河內者爲善歟莩音孚則㲉亦音孚孚古音同浮是以在一部爲坏字在三部爲㲉字大徐苦候切玉篇苦谷切

匋作瓦器也作字各本無今依玉篇補大雅陶復陶穴箋云復穴皆如陶然

正義引說文匋瓦器竈也按穴部云窯燒瓦竈也瓦部云甄匋也然則依玉篇爲長作瓦器者𣪘之燒之皆是其事故匋之字次於𣪘今字作陶陶行而匋廢矣陶見𨸏部再成丘也

从缶包省聲疑作勹聲亦是皆形聲包會意也徒刀切古音在三部

古者昆吾作匋裴駰曰出世本呂覽昆吾作陶高云昆吾顓頊之後吳回黎之孫陸終之子已姓也爲夏伯制作陶冶埏埴爲器按顓頊産老童老童産黎左傳云顓頊氏有子曰黎爲祝融是也帝嚳誅黎而以其弟吳回爲黎後奉黎之祀故高云吳回黎之孫實則吳回之孫也國語昆吾爲夏伯韋云昆吾祝融之孫陸終第二子名樊爲己姓封於昆吾衞是也其後夏衰昆吾爲夏伯遷於舊許按帝繫世本皆言昆吾者衞是也昆吾始封在衞故哀十七年左傳衞侯夢見人登昆吾之觀也其後遷於舊許故昭十二年傳楚靈王曰昔我皇祖伯父昆吾舊許是宅也其後滅於湯商頌云韋顧既伐昆吾夏桀楚世家曰昆吾氏夏之時嘗爲侯伯桀之時湯滅之是也據高說是始封之昆吾作匋據古史考云夏時昆吾氏作瓦張華博物志云桀作瓦尸

子云夏桀臣昆吾作陶是謂湯所滅之昆吾與桀作匋以舜匋河濱而有虞氏上匋斷之則高說是而他說失之也

案史篇讀與缶同許書言案者二條疑後人所羼入史篇者史籀所作大篆十五篇也詳皕部讀與缶同者謂史篇以匋爲缶古文假借也匋與缶古音同在三部故得相假借據此可知史篇四言成文如後世倉頡爰歷之體

罌缶也缶太平御覽作罃今按作缶爲是許意缶罌罃一物也方言瓬㼜甒䍃甄瓮甀瓮瓿甊㽄甖也自關而西晉之舊都河汾之閒其大者謂之甀自關而東趙魏之郊謂之瓮或謂之甖甖其通語也甀即罃甖即罌瓦部曰罌謂之甀瓮罌也康瓠破罌也史漢淮陰侯傳曰信乃益爲疑兵乘船欲渡臨晉而伏兵從夏陽以木罌缻渡軍襲安邑木罌缶者以木爲罌缶狀實兵於其中不欲人知故不爲盆狀韋昭云以木爲器如罌缻以渡軍無船且尚密也韋說是也罌缶器之大者**从缶賏聲**烏莖切十一部

𦈢小口罌也上文罌者兼大口小口渾言之此云小口罌則析言之也小口則宁物必垂下之故曰𦈢淩人注云鑑如甀大

五篇下

口以盛冰謂如甀而大口也醢人注曰塗置甀中百日則成矣方言甇周洛韓鄭之閒謂之甀或謂之甇按甇者缾之長頸者甀不長頸方俗或同名 从缶𠂹聲 池偽切古音在十七部

⿰缶咅 小缶也 按方言曰瓿甊罌也自關而西晉之舊都河汾之閒其大者謂之甀其中者謂之瓿甊又曰缶謂之瓿甌許意缶罌一物也故云瓿小缶也卽揚之中者謂之瓿甊也 从缶咅聲 蒲候切廣韵薄侯切四部

缾 罋也 易井卦辭曰羸其瓶左傳衞孫蒯飲馬於重丘毀其瓶按瓶亦評缶左傳具綆缶此缶之小者 从缶并聲 薄經切十一部

瓶 缾或从瓦

罋 汲缾也 井下曰外象構韓形•其罋也井爻辭曰甕敝漏按缾罋之本義爲汲器經傳所載不獨汲水者偁缾罋也許云汲缾分別言之許固謂缾不專用汲矣罋俗作甕 从缶雝聲 烏貢切九部

⿰缶乏 下平缶也 下當作不字之誤也凡器無不下平者以從乏之意求之當是不平缶反正爲乏也又以讀若⿱日弱求之弱與替雙聲替者一偏下也集韵類篇皆引說文瓨也

二書引說文皆用大徐本何以乖異若是廣雅缻瓶也从缶亞聲讀若簿引昜土盇切七部

⿱炏缶備火長頸缾也左傳襄九年宋災具綆缶備水器杜曰缶汲器也水器盆饋之屬也是謂汲水貯水之分師古注五行志則謂缶卽盎也水器者罃瓮之屬引許氏說文解字罃備火今之長頸瓶也按各本無今之二字備火長頸缾者備火之汲甕則長其頸以多盛水且免傾覆也其說左傳者杜爲長从缶熒省聲烏莖切十一部按近人謂罌罃一字依許則劃然二物二字也罌大罃小用各不同方言廣雅說雖不與許同而罌罃亦畫爲二今本廣雅甗瓶之下奪一也字

缸瓨也瓦部曰瓨似罌長頸受十斗缸與瓨音義皆同也史漢貨殖傳皆曰醯醬千瓨从缶工聲下江切九部

⿰缶或瓦器也从缶或聲于逼切一部

⿰缶昜瓦器也詩斯干乃生女子載弄之瓦傳曰瓦紡專也箋云紡專習其壹所有事也案專同塼紡專正義不言何物廣韵廿二霰云⿰缶昜紡錘集韵霰韵云⿰缶昜一曰紡甎然則婦人撚綫錘

五篇下　三

頭古用塼爲之婦人所重者紡績故箋云習其壹意於所有事也許云瓦器渾言之未及詳說耳紡錘下垂如戈鐏之在底故其字亦七鈍切

从缶薦聲作甸切十二部

䍃瓦器也从缶肉聲以周切三部

䍤瓦器也篇韵皆云似瓶有耳

从缶霝聲郎丁切十一部

𦈢缺也刀缺謂之刮瓦器缺謂之𦈢詩云白圭之刮引伸通用也

从缶占聲都念切七部

缺器破也俗誤作缺文通用闕

从缶夬聲各本作決省聲今正傾雪切十五部

罅裂也考工記旊人所謂罅也引伸爲凡裂之偁

从缶虖聲呼迓切古音在五部

缶燒善裂也說从缶之意

罄器中空也釋詁毛傳皆曰罄盡也引伸爲凡盡之偁如韓詩磬天之妹毛詩俔磬也郭注爾雅云今人呼厭極爲罄皆是古書罄磬多互相假借

从缶殸聲苦定切十一部

殸古文磬字依石部耳部香部古當作籀

詩曰缾之罄矣小雅文不偁罄無不宜而偁此者於从缶之意切也

罄器中盡也釋詁曰罄盡也皿部曰盡器中空也从缶殸聲苦計切十六部爾雅音義引說文口地反

缿受錢器也易入難出器也史記酷吏列傳惡少年投缿漢書趙廣漢教吏為缿蘇林曰缿如瓵可受投書師古曰缿若今盛錢藏瓶為小孔可入而不可出从缶后聲大口切又胡講切按胡講音之轉也古音在四部大當作火古以瓦今以竹說从缶之意也趙傳缿筩缿即以瓦者筩即以竹者許云今以竹則許時用竹者多也今市中錢筩皆用竹

文二十一　重一

矢弓弩矢也弓弩所用䠶之矢也从入矢欲其中象鏑栝羽之形鏑謂丨也金部曰鏑矢鏠也栝作括者誤栝謂八也木部曰桰矢桰檃弦処岐其耑以居弦也羽謂一也羽部曰翦矢羽是也矢羽從而橫之何也以識其物耳矢之制詳於考工記矢人式視切十五部古者夷牟初作矢

山海經曰少皡生般般是始爲弓矢郭曰世本云牟夷作矢揮作弓弓矢一器作之兩人於義有疑此言般之作是按弦木爲弧掞木爲矢毄傳系諸黃帝堯舜之下葢不妨有同時合成之者夷牟郭作牟夷孫卿作浮游**凡矢之屬皆从矢**

䠶　弓弩發於身而中於遠也謂用弓弩發矢於身而中於遠也詩禮記以射爲䠶數之數**从矢从身**會意食夜切古音在五部

射　篆文䠶射者小篆則䠶者古文此亦上部之例也何不以射入寸部而以䠶傳見也爲其事重矢也**从寸寸法度也亦手也**說从寸之意射必依法度故从寸寸同又射必用手故从寸

矯　揉箭箝也揉當作柔許無揉有柔煣也箭者矢竹所爲矢也不言矢言箭者矯施於笴不施於鏑羽也箝箭也柔箭之箝曰矯引伸之爲凡矯枉之偁凡云矯詔者本不然而云然也**从矢喬聲**居夭切二部

矰　隿射矢也周禮司弓矢云矰矢茀矢用諸弋射注云結繳於矢謂之矰矰高也茀矢象焉茀之言刜也二者皆可以

弋飛鳥制羅之也前於重又微輕行不低也詩云弋鳧與鴈**从矢曾聲**作滕切六部

矦春饗所射矦也饗者鄉人飲酒也春饗所射矦謂天子諸矦養老先行大射禮之矦也天子諸矦養老皆如鄉飲酒之禮故亦謂之饗文王世子曰設三老五更群老之席位注云三老如鄉飲酒禮之賓五更如介群老如衆賓魯頌曰魯侯戾止在泮飲酒箋云徵先生君子與之行飲酒之禮而因以謀事也此天子諸侯養老卽鄉飲酒之證也廱下曰天子饗飲辟廱也泮下曰諸侯饗射泮宮也饗皆謂養老也古者鄉飲鄉射必聯類而行鄉大夫士之射必先行鄉飲酒之禮天子諸侯則先大射後養老天子諸侯賓射於朝燕射於寢大射於澤於射宮射宮者大學也行葦爲養老之詩箋云先王將養老先與群臣行射禮擇其可與者以爲賓今我成王承先王之法度亦旣序賓矣有醇厚之酒醴以告黃耇之人徵而養之王制曰王親視學注云謂習射習鄉以化之習射卽大射習鄉卽養老此天子大射而養老之證也七月行葦皆詠公劉之詩七月言朋酒斯饗行葦箋言先王將養老先與群臣行射

禮先王卽謂公劉此諸矦大射而養老之證也大射張皮矦而棲鵠其禮大故得專矦名郊廟祭祀必先大射不言祭但言饗舉饗以賅祭也不言秋但言春何也舉春以賅秋也靡下但言饗不言射舉饗以賅射也**从人**爲人父子君臣者各以爲父子君臣之鵠故其字从人鄭云矦制上廣下狹蓋取象於人張臂八尺張足六尺是取象率焉**从厂象張布**梓人爲矦上兩个與其身三下兩个半之注云个者鄉射禮記所謂舌也矦凡用布三十六丈矦之張布如厓巖之狀故从厂**矢在其下**象矢集之也乎溝切四部**天子射熊虎豹服猛也諸矦射熊虎大夫射麋麋惑也**熊虎豹當依周禮作虎熊豹轉寫誤倒也諸矦射熊虎各本作射熊豕虎賸豕字今正此本周禮言春官所射也司裘曰王大射則共虎矦熊矦豹矦設其鵠諸矦則共熊矦豹矦卿大夫則共麋矦皆設其鵠鄭曰以虎熊豹麋之皮飾其側又方制之以爲𦤎謂之鵠著於矦中所謂皮矦王之大射虎矦王所自射也熊矦諸矦所射豹矦卿大夫以下所射諸矦之大射熊矦諸矦

所自射豹矦羣臣所射卿大夫之大射麋矦君臣共射焉按梓人云張皮矦而棲鵠者謂此也諸矦射熊虎與今本不同者鄭曰故書則共熊矦虎矦杜子春云虎當爲豹是則鄭從杜改許從故書也天子諸矦服猛大夫去惑說其義也郊特牲曰虎豹之皮示服猛也漢五行志曰麋之爲言迷也士射鹿豕爲田除害也鄉射禮記曰凡矦天子熊矦白質諸矦麋矦赤質大夫布矦畫以虎豹士布矦畫以鹿豕鄭云此所謂獸矦也梓人張獸矦則王以息燕是也息者休農息老物也燕謂勞使臣若與羣臣飲酒而射是則士射鹿豕在王息燕時不在大射而許牽合言之容鄭以前說禮不同也鄭云士不大射士無臣祭無所擇故司裘於大射不言士鹿豕爲田害故大蜡迎虎其祝曰毋若不寧矦不朝于王所故伉而射汝也十九字韵會用考工記作四十二字非也梓人曰祭矦之禮以酒脯醢其辭曰惟若寧矦毋或若女不寧矦不屬于王所故抗而射汝強飲強食貽曾孫諸矦百福大戴禮略同抗舉也許作伉大戴作亢𥎦古文矦

𥏼傷也謂矢之所傷也引伸爲凡傷之偁从矢傷省聲各本篆作𥏼注曰昜聲鉉於傷下觴下曰𥏼省聲知字本作𥏼今正爲傷省聲式羊切凡傷聲之字皆同此切也

短有所長短以矢爲正从矢按此上當補不長也三字乃合有所長短以矢爲正說从矢之意也榘字下曰矢者其中正也正直爲正必正直如矢而刻識之而後可裁其長短故詩曰其直如矢韓詩曰如矢斯朸豆聲按考工記曰豆中縣謂縣繩正豆之柄也然則豆聲當作从豆从豆之意與从矢同也都管切十四部

矤況詞也各本況下有也誤今刪況當作兄古今音殊乃或假況許書當本作兄也兄長之兄引伸爲兄益詩常棣傳曰況滋也桑柔傳曰兄滋也召旻傳曰兄茲也兄況不同以兄爲正滋茲不同許皆訓益兄詞者增益之詞其意益其言曰矤是爲意內言外今俗所云已如是況又如是也尚書多用矤字俗作矧从矢引省聲式忍切十二部从矢取詞之所之如矢也說从矢之意今言矧則其詞有一往不可止者

知詞也白部曰𥏼識詞也从白从亏从知按此詞也之上亦當有識字知𥏼義同故𥏼作知从口矢識敏故出於口者疾如矢也陟离切十六部

矣語已詞也已矣疊韵已止也其意止其言曰矣是爲意內言外論語或單言矣或言已矣或言已矣如學而子張篇皆云可謂好學也已矣公冶長篇不可得而聞也已矣已矣乎吾未見能見其過而內自訟者也俗本句末刪矣者非淮南書說矣與也二字不同从矢㠯聲于己切一部

文十　重二

高崇也山部曰崇嵬高也象臺觀高之形謂合也从冂口上音莫狄切下音圍與倉舍同意倉舍皆从口象築也合與中皆象高古牢切二部凡高之屬皆从高

𩫏小堂也集韵曰傾复切瓜屋也从高省冋聲去潁切十一部廎𩫏

或从广元次山唐廎宋人多謂廎即亭字非也今按可讀如今之廳頃聲宋本有聲亭民所安定也亭定疊韵周禮三十里有宿鄭云宿可止宿若今亭有室矣百官公卿表曰縣道大率十里一亭亭有長十亭一鄉鄉有三老有秩嗇夫後漢志曰亭有長以禁盜賊風俗通曰亭畱也蓋行旅宿會之所館釋名曰亭停也人所停集按云民所安定者謂居民於是備盜賊行旅於是止宿也亭定疊韵亭之引伸爲亭止俗乃製停渟字依釋名則漢時已有停字而許不收徐氏鉉云低價停傒伺六字皆後人所加是也亭有樓故从高从高省丁聲特丁切十一部亳京兆杜陵亭也六國表湯起于亳徐廣曰京兆杜縣有亳亭錢氏大昕史記攷異曰殷本紀湯始居亳皇甫謐曰梁國穀熟爲南亳湯所都也立政三亳皆非京兆之亳亭秦本紀寧公二年遣兵伐蕩社三年與亳戰亳王奔戎遂滅蕩社徐廣云蕩一作湯社一作杜皇甫謐以爲亳號湯西夷之國又云周桓王時自有亳王號湯非殷也封禪書于杜亳有三杜主之祠蓋京兆之亳乃戎王

號湯者之邑徐廣以爲殷湯所起其不然乎然此篇稱作事者必於東南收功實者常於西北乃述禹興西羌周始豐鎬而及湯之起亳則史公固以關中之亳系之湯矣按許不言三亳而獨言杜陵亳亭者正爲其字从高則以此亭當之也然十里一亭者秦制亳亭之名秦漢乃有之亳之字固不起於亭也以解字爲書不得不有涉於皮傅者

从高省乇聲旁各切五部古亦借薄爲之如禮記薄社北牖

文四　重一

冂　邑外謂之郊郊外謂之野野外謂之林林外謂之冂與魯頌毛傳同邑國也叵國百里曰郊野郊外也平土有叢木曰林皆許說也爾雅釋地邑外謂之郊郊外謂之牧牧外謂之野野外謂之林林外謂之坰多謂之牧牧外五字依野有死麕燕燕干旄傳叔于田箋斲之淺人妄增也牧李巡作田王砯注素問作邑外謂之郊郊外謂之甸甸外謂之牧牧外謂之林林外謂之坰坰外謂之野所傋更

繆象遠介也介各本作界誤今正八部曰介畫也冂像遠所聯亙一象各分介畫也古熒切十一部

凡冂之屬皆从冂

冋古文冂从囗象國邑象國邑在介內也

坰冋或从土詩爾雅皆如此作

市買賣所之也釋詁曰之往也古史考曰神農作市本轂辭說也世本曰祝融作市市有垣从冂垣所以介也故从冂从乁象物相及也乁古文及字依韵會本㞢省聲舉形聲包會意也時止切一部

冘冘冘逗行皃冘冘各本作淫淫今依玉篇集韵類篇正玉篇別立冘部云冘冘行皃則知冂部有冘者孫強所增也而引說文作淫淫是唐時譌本耳後漢書盧植傳注所引不誤羽獵賦三軍芒然窮冘閼與孟曰冘行也如曰冘懈息也古籍內冘豫義同猶豫巴東灩澦堆亦曰猶豫坤元錄作冘豫樂府作淫豫然則冘是遲疑蹢躅之皃矣从儿出冂儿者古文奇字人也冘者遠望人行若行若不行之皃余箴切七部

央央中也

央逗複舉字之未刪者也月令曰中央土詩箋云夜未渠央古樂府調弦未詎央顏氏家訓作未遽央皆鄣未渠央也渠央者中之謂也詩言未央謂未中也毛傳央且也且者薦也凡物薦之則有二至於艾而爲三矣下文夜未艾艾者久也箋云芟末曰艾以言夜先雞鳴時合初昏與艾言之是央爲中也**从大在冂之内大**逗**人也**人在冂内正居其中於良切十部**央旁同意**央取大之中居旁取冂旁外廓故曰同意

一曰久也此別一義

隺　高至也从隹上欲出冂也上翔欲遠行胡沃切古音在二部**易曰夫乾隺然**見繫辭今易作確按釋文云確苦角反馬韓云剛皃說文云高至按陸不云說文作隺葢釋文固作隺然淺人改爲從石耳許書有碻無確

文五　重三

𩫏　度也此以音說義與蒦度也音義略同**民所度居也**釋名曰郭廓也廓落在城外也

按城𩫏字今作郭郭行而𩫏廢矣邑部曰郭齊之郭氏虚也鼓下云萬物郭皮甲而出當作𩫏郭今之廓字也从回象城𩫏之重內城外𩫏兩亭相對也謂上合下早也內城外𩫏兩亭相對漢典略曰雒陽二十街街一亭十二城門門一亭此城內亭也百官公卿表縣道十里一亭此城外亭也或但从口音韋謂篆作𩫏也按當出𩫏篆在皆从𩫏之下凡𩫏之屬皆从𩫏

𩫖缺也以疊韵爲義古者城闕其南方謂之𩫖闕之義同缺何氏公羊傳注曰天子周城諸侯軒城軒城者缺南面以受過也按毛詩傳曰闉曲城也闍城臺也城門上有臺謂之闍周官匠人詩靜女所謂城隅也無臺謂之𩫖詩子衿所謂城闕也三面有臺而南方無臺故謂之𩫖猶軒縣之缺南方泮水之缺北方不敢同天子也毛詩城闕當作𩫖闕其假借字非象闕之闕也詩曰在城闕兮傳曰乘城而見闕箋申之曰登高而見於城闕明非城墉不完如公羊疏所疑也本城𩫖之字故从𩫏引伸爲凡缺之偁故先之曰缺也从𩫏夬聲讀若拔

物爲洩引也以物塞其口拔其物使內出敹傾雪切十五部

文二

京人所爲絶高丘也釋丘曰絶高爲之京非人爲之丘郭云爲之者人力所作也按釋詁云京大也其引伸之義也凡高者必大从高省丨象高形舉卿切古音在十部凡京之屬皆从京

就就此複舉字之未刪者高也廣韵曰就成也迎也卽也皆其引伸之義也从京尤尤異於凡也說从尤之意京者高也高則異於凡疾僦切三部

就籒文就

文二　重一

亯獻也下進上之詞也按周禮用字之例凡祭亯用亯字凡饗燕用饗字如大宗伯吉禮下六言亯先

王嘉禮下言以饗燕之禮親四方賓客尤其明證也禮經十七篇用字之例聘禮內臣亯君字作亯士虞禮少牢饋食禮尚饗字作饗小戴記用字之例凡祭亯饗燕字皆作饗無作亯者左傳則皆作亯無作饗者毛詩之例則獻於神曰亯神食其所亯曰饗如楚茨以亯以祀下云神保是饗周頌我將我亯下云既右饗之魯頌亯祀不忒亯以騂犧下云是饗是宜商頌以假以亯下云來假來饗皆其明證也鬼神來食曰饗卽禮經尚饗之例也獻於神曰亯卽周禮祭亯作亯之例也各經用字自各有例周禮之饗燕左傳皆作亯宴此等葢本書固尒非由後人改竄

从高省獻者必高奉之曲禮曰執天子之器則上衡國君則平衡後世亦以舉案齊眉爲敬 曰象孰物形禮經言饋食者薦孰也許兩切十部亯象薦孰因以爲飪物之偁故又讀普庚切亯之義訓薦神誠意可通於神故又讀許庚切古音則皆在十部其形薦神作亯亦作享飪物作亨亦作烹易之元亨則皆作亨皆今字也

孝經曰祭則鬼亯之孝經孝治章文 凡亯之屬皆从亯 㐭 篆文亯

後篆者上部之例也據元應書則亯者籒文也小篆作亭故隸書作亨作享小篆之變也𦎧孰也今俗云純熟當作此字純醇行而𦎧廢矣周禮司裘注假借爲𦎧的字从亯羊凡从𦎧者今隸皆作享與亯之隸無別讀若純常倫切十三部一曰鬻也鬻鍵也𦏧篆文𦎧

䈞㫗也㫗各本作厚今正㫗厚古今字管篤亦古今字管與二部竺音義皆同今字篤行而管竺廢矣公劉毛傳曰篤厚也此謂篤即竺管字也从亯竹聲讀若篤冬毒切三部

𩫖用也此與用部庸音義皆同玉篇曰𩫖今作庸廣韵曰𩫖者庸之古文从亯从自自知臭句自鼻也知臭味之芳殠香所食也香當作亯轉寫之誤也上說从自之意此說从亯之意鼻聞所食之香而食之是曰𩫖今俗謂喫爲用是也讀若庸同余封切九部

文四　重二

㫗　厚也　厚當作竺上文曰竺㫗也此曰㫗竺也是爲轉注今字厚行而㫗廢矣凡經典㫗薄字皆作厚　从反亯　倒亯者不奉人而自奉㫗之意也胡口切四部　凡㫗之屬皆从㫗

覃　長味也　此與酉部醰音同義近醰以覃會意也引伸之凡長皆曰覃葛覃傳曰覃延也凡言覃及覃思義皆同經典葛覃字亦假蕈爲之　从㫗鹹省聲　當作鹹省鹹亦聲以从鹹故知字本義爲味長也徒含切古音在七部　詩曰實覃實吁　大雅文傳曰覃長也訏大也許作吁疑轉寫誤

覃　古文覃

覃　篆文覃省　今隸本此以古覃篆覃推之則覃乃籀也先籀後篆者上部之例也

厚　山陵之㫗也　㫗各本作厚今正山陵之厚故其字从厂今字凡㫗薄字皆作此　从厂从㫗　㫗亦聲胡口切四部

垕　古文厚从后土　从土后聲也

文三　重三

畗滿也　方言悀偪滿也凡以器盛而滿謂之悀注言涌出也腹滿曰偪注言勅偪也按廣雅悀愊滿也本此而玉篇云腹滿謂之涌腸滿謂之畗與今本方言異元應書畗塞注曰普逼切引方言畗滿也是則希馮元應所據方言皆作畗也許書無偪逼字大徐附逼於辵部今乃知逼仄逼迫字當作畗偪行而畗廢矣荀卿子充盈大宇而不窕入郄穴而不偪淮南兵略訓入小而不偪處大而不窕凡云不偪者皆謂不塞淮南俶眞訓處小隘而不塞要略訓置之尋常而不塞氾論訓內之尋常而不塞齊俗訓大則塞而不入小則窕而不周偪與塞義同畗偪正俗字也釋言曰逼迫也本又作偪二皆畗之俗字　从高省　謂亯也　象高厚之形　謂田也

凡畗之屬皆从畗　讀若伏　芳逼切按畗伏二字古音同在第一部今音同房六切

良善也　从畗省亡聲　呂張切十部　良古文良　玉篇不錄　良亦古文良　良良亦古文良　玉篇作筤

文二　重三　按此部小徐在㐭部之前

㐭　穀所振入也　穀者百穀總名中庸注曰振猶收也手部曰振舉也周禮注曰米藏曰廩　宗廟粢盛　粢各本作粢今正粢稻餅之或字也粢者稷之或字也甸師以共齍盛鄭注齍作粢云粢稷也穀者稷為長是以名云在器曰盛按小宗伯注云齍讀為粢六粢謂六穀黍稷稻粱麥苽是則六穀稷為長故單舉粢也許於皿部曰齍黍稷器也盛黍稷在器中也字依周禮此作粢盛者齍粢古今字禮記多用粢盛故許從之與鄭同　也　蒼黃㐭而取之故謂之㐭　蒼舊作倉今正㐭而取之之㐭當作凜凜凜寒也凡戒愼曰凜凜亦作懍懍漢書通作廩廩許云凜而取之故謂之㐭凜㐭疊韵如上文蒼黃取而藏故謂之倉藏倉疊韵也上文云穀所振入也者周禮所謂廩人掌九穀之數以待國之匪頒賙賜稍食也此云宗廟粢盛蒼黃凜而取之者穀梁傳所謂甸粟而內之三宮三宮米而藏之御廩周禮所謂廩人大祭祀則共其接盛舉其重者以釋㐭之音義

也鄭云大祭祀之穀藉田之收藏於神倉者也不以給小用釋言廩𢊁也臧氏鏞堂曰𢊁古本當作鮮舍人云廩少鮮也公羊鞏公廩注云連新於上財令半相連耳襄廿三年所傳聞注亦云廩廩近升平皆廩鮮也之義玉裁按此與漢書廩廩庶幾賈誼爲此廩廩皆凜凜之假借也从入穀所入故从入从回回之訓轉也而此从回之意則如下所云象屋形謂外口舍下云口象築此云象屋者屋在上者也亩之戶牖多在屋中有戶牖謂內口小徐曰戶牖以防蒸熱也力甚切七部凡亩之屬皆从亩

廩亩或从广稟會意也稟亦聲

稟賜穀也賜穀曰稟中庸既稟稱事鄭注周禮宮正內宰廩人掌固皆云稍食祿稟也又司稼注云賙稟其艱阨晉惠帝云官盡可給稟凡若此類今本多譌爲廩郎有未譌者亦皆讀爲力甚切矣今之廩膳生員於古當作稟膳从亩禾禾猶穀也穀在於亩周禮所謂以待賙賜稍食也凡賜穀曰稟受賜亦曰稟引伸之凡上所賦下所受皆曰稟左傳言稟命則不威是也筆錦切七部

亶多穀

也亶之本義爲多穀故其字从㐭引伸之義爲厚也信也誠也見釋詁毛傳从㐭旦聲多旱切十四部

啚嗇也下文云嗇愛濇也水部曰濇不滑也凡鄙吝字當作此鄙行而啚廢矣論語鄙夫周書鄙我周邦皆當作此从囗音韋囗猶聚也从㐭㐭受也㐭所以受穀引伸之凡受皆曰㐭聚而受之愛濇之意也方美切十五部啚古文啚如此

文四　重二

嗇愛濇也嗇濇疉韵廣韵引作澀澀與濇皆不滑也大雅云好是家嗇力民代食箋云但好任用是居家之吝嗇於聚斂作力之人令代賢者處位食祿又云家嗇維寶代食維好箋云言王不尚賢但貴吝嗇之人與愛代食者而已老子曰治人事天莫若嗇詩序云其君儉嗇褊急从來㐭來者㐭而藏之故田夫謂之嗇夫說从來㐭之意也嗇者多入而少出如田夫之務蓋藏故以來㐭會意嗇夫見

左傳所引夏書漢制十亭一鄉鄉有三老有秩嗇夫游徼皆少吏之屬許云田夫謂之嗇夫者若郊特牲先嗇司嗇報嗇嗇皆謂農古嗇穡互相假借如稼穡多作稼嗇左傳小國爲蘇大國省穡而用之卽省嗇也所力切一部一曰棘省聲來亩者會意棘省聲者形聲別一說也棘省謂省竝束爲單束來亦象束故云棘聲然少迂矣凡嗇之屬皆从嗇。𠾂古文嗇从田。牆垣蔽也。土部曰垣牆也左傳曰人之有牆以蔽惡也故曰垣蔽釋宮曰牆謂之墉釋名曰牆障也从嗇小徐曰取愛嗇自護也爿聲。才良切十部按凡爿聲二徐多肊改爲牀省聲此爿聲小徐云亦當言牀省韵會遂改之牆籒文从二禾。牆籒文亦从二來。按玉篇云牆者籒文牆者古文與今本異

文二　重三

來周所受瑞麥來麰也。也字今補詩正義此句作周受來牟也五字周頌詒我來麰箋

云武王渡孟津白魚躍入王舟出涘以燎後五日火流爲烏五至以穀俱來此謂遺我來牟書說以穀俱來云穀紀后稷之德按鄭箋見尚書大誓尚書旋機鈐合符后詩云來牟書云穀其實一也下文云來麰麥也此云瑞麥來麰然則來麰者以二字爲名毛詩傳曰牟麥也當是本作來牟麥也爲許麰下所本後人删來字耳古無謂來小麥麰大麥者至廣雅乃云麳小麥麰大麥非許說也劉向傳作釐麰文選典引注引韓詩內傳貽我嘉麰薛君曰麰大麥也與趙岐孟子注同然韓傳未嘗云來小麥

二麥一夆象其芒朿之形

二麥一夆各本作一來二縫不可通惟思文正義作一麥二夆今定爲二麥一夆夆卽鏠字之省許書無峯則山耑字可作夆凡物之標末皆可偁夆夆者朿也二麥一夆爲瑞麥如二米一稃爲瑞黍蓋同夆則亦同稃矣廣韵十六咍引埤蒼曰䅘麰之麥一麥二稃周受此瑞麥此一二兩字亦是互譌二麥一稃亦猶異畮同穎雙觡共柢之類其字以从象二麥以𠂹象一芒故云象其芒朿之形洛哀切古音在一部

天所來也故爲行來之來

自天

而降之麥謂之來麰亦單謂之來因而凡物之至者皆謂之來許意如是猶之相背韋之爲皮韋朋鳥之爲朋攩鳥西之爲東西之西子月之爲人偁鳥之爲鳥呼之鳥皆引伸之義行而本義廢矣如許說是至周初始有來字未詳其恉詩曰詒我來麰今毛詩詒作貽俗字也麰作牟古文假借字也凡來之屬皆从來

𥝢詩曰不𥝢不來毛詩無此語釋訓曰不𥝢不來也爾雅多釋詩書蓋江有汜之詩不我以古作不我𥝢𥝢者來之也不我𥝢者不來我也許蓋兼偁詩爾雅當云詩曰不我𥝢不𥝢不來也轉寫譌奪不可讀耳𥝢與以不同者蓋許兼偁三家詩也从來矣聲牀史切一部

𢓊𥝢或从彳今韵書字書以𥝢𢓊同竢訓待非也

文二　重一

麥芒穀有芒朿之穀也稻亦有芒不偁芒穀者麥以周初二麥一鏠箸也鄭注大誓引禮說曰武王赤

烏芒穀應許本禮說秋穜厚薶故謂之麥薶麥曡韵夏小正九月樹麥月令仲秋之月乃勸穜麥毋或失時麥以秋穜尚書大傳淮南子說苑皆曰虛昏中可以穜麥漢書武帝紀謂之宿麥麥金也金王而生火王而死程氏瑤田曰素問云升明之紀其類火其藏心其穀麥鄭注月令云麥實有孚甲屬木許以時鄭以形而素問以功性故不同耳从來有穗者也也字今補有穗猶有芒也有芒故从來來文思隹切象芒朿也从夊夊思隹切行遲曳夊夊也从夊者象其行來之狀莫獲切古音在一部凡麥之屬皆从麥

來麰逗麥也見毛傳从麥牟聲莫浮切三部

麰或从艸

堅麥也謂麥之堅者也史漢皆云食穅覈耳孟康曰覈麥穅中不破者也晉灼曰覈音紇京師人謂麤屑爲紇頭按廣韵引漢書食穅麧爲是孟注晉音皆是麧字後人妄改漢書耳麧在沒韵覈在麥韵音不同也孟注與許說合从麥气聲乎沒切十五部

小麥屑

之覈此晉灼所云京師人謂麤屑爲麧頭也上文堅麥兼大小麥言此單謂小麥又堅麥謂檲者此謂屑之而仍有核覈同果中核之核今所謂粗从麥貟聲十七部麧也麧與麧皆謂堅者故類言之

䴭礦麥也謂以石礦礦之是曰䴭也从麥差聲昨何切十七部一曰擣也一別義

麩小麥屑皮也麩之言膚也屑小麥則其皮可飤䍧大麥之皮不可食用故無名从麥夫聲甫無切五部

麱麩或从甫

麪麥屑末也屑字依類篇補末者屑之尤細者齊民要術謂之勃今人俗語亦云麪勃勃取蓬勃之意非白字也廣雅䴬謂之麪篇韵皆云麩麪也麩即末也末與麪爲雙聲䴬與麪爲疊韵从麥丏聲彌箭切十二部

䴵麥覈屑也上文云麥屑之覈謂其堅此云帶覈之屑謂其䵃碎礦之尚未成末麩與麪末分是爲䵂廣韵云麩䵂又云䵂麩皆謂麩未離析九章筭術曰小䵂之率十三半大䵂之率五十四麥八斗六升七分升之三得小䵂二斗五升一十四分升

之一十三麥一斗得大麵一斗二升李籍音義曰細曰小麵粗曰大麵然則九章之小麵許所謂麩也九章之大麵許所謂麱及麵也**十斤爲三斗**然則一秳爲三斛也葢出古筭經**从麥啻聲**直隻切又音敵十六部

麷　鬻麥也周禮籩實有麷大鄭云熬麥曰麷後鄭云今河閒以北煮種麥賣之名曰逢後鄭謂逢即麷之遺語也種釋文直龍反是種稑之種程氏瑤田曰熬煮䔲通偁熬乾煎也荀卿子午其軍取其將若撥麷䔲麥乾煎則質輕撥去之甚易故以爲易之況今南方蒸稉米爲飯曝乾煼之呼爲米蓬與鄭云逢者合籩食皆乾物餌餈亦必以粉坌之然則煮麥非麥粥也今人通呼乾煎爲煼說文鬻熬也**从麥豐聲讀若馮**馮从馬仌聲漢時馮姓之馮葢已讀如今音矣敷戎切九部

麮　麥甘鬻也荀卿書冬日則爲之饘粥夏日則與之瓜麮釋名曰煮麥曰麮麮亦齲也煮熟亦齲壞也按麥甘鬻者以麥爲粥其味甜也急就篇云甘麮殊美奏諸君是也其法當用大麥爲之或去皮或粉之皆可爲粥其性清虛於夏日宜大麥甘故今煎

飴餹亦用大麥从麥去聲丘據切五部⿱㱿麥餅籟也餅籟者堅築之成餅也方言⿱㱿麥⿺麥寸⿺麥丸⿺麥坐⿺麥疑麴也自關而西秦豳之閒曰⿱㱿麥晉之舊都曰⿺麥寸齊右河沛曰⿺麥丸或曰⿺麥坐北鄙曰⿺麥垔麴其通語也从麥㱿聲讀若庫許音庫合音也今音空谷切依㱿聲也⿺麥穴餅籟也从麥穴聲戶八切十五部⿺麥才餅籟也从麥才聲昨哉切一部

文十三　重二

夊行遲曳夊夊也也字今補曲禮曰行不舉足車輪曳踵玉藻曰圈豚行不舉足齊如流注云孔子執圭足縮縮如有循是也玉篇曰詩云雄狐夊夊今作綏象人兩脛有所躧也通俗文履不箸跟曰屣屣同躧躧屣古今字也行遲者如有所拕曳然故象之楚危切玉篇思隹切十五部凡夊之屬皆从夊夋行夋夋也夋夋行皃一曰倨也亢部艐下曰夋倨也故莽

葰字从夋會意从夊允聲七倫切十三十四部

复行故道也彳部又有復復行而夏廢矣疑彳部之復乃後增也从夊畗省聲房六切三部按畗聲在一部合音也

夌越也凡夌越字當作此今字或作淩或作凌而夌廢矣檀弓喪事雖遽不陵節鄭曰陵躐也躐與越義同廣韵陵下云犯也侮也侵也皆夌義之引伸今字概作陵矣从夊兟越之義也力膺切六部兟高大也說从兟之意一曰夌徲也彳部曰徲久也凡言陵遲陵夷當作夌徲今字陵遲陵夷行而夌徲廢矣玉篇云夌遲也廣韵云陵遲也遲與徲同也匡謬正俗釋陵遲曰陵爲陵阜之陵而遲者遲遲微細削小之義古遲夷通用或言陵夷其義一也言陵阜漸平喻王道弛替耳玉裁謂許書作夌則知說陵爲陵阜非也夌徲爲遜之反語古遲遜通用夌徲言時久則弛替遲古讀如夷夌夷疊韵字耳以左傳下陵上替說之許前義於下陵近後義於上替近下陵與上替其事常相因也

致送詣也言部曰詣候至也送詣者送而必至其處也引伸爲召致之致

叉爲精致之致月令必工致爲上是也精祇作致糸部緻字徐鉉所增凡鄭注俗本乃有緻 漢人

从夊从至 夊猶送也陟利切十五部

憂 和之行也 商頌毛傳曰優優和也廣雅釋訓憂憂行也行之狀多而憂憂爲龢之行和當作龢憂今字作優以憂爲㥑愁字 从夊㥑聲 於求切三部 詩曰布政憂憂 商頌文今詩作優優

愛 行皃也 心部曰㤅惠也今字假愛爲㤅而㤅廢矣愛行皃也故从夊 从夊㤅聲 烏代切古音在十五部

夌 行夌夌也从夊闕讀若僕 各本篆作㚅今依廣韵作夌與小徐注合此闕謂形上體作孔不知其說也讀若僕則知夌夌即今俗語僕僕道途之謂趙注孟子曰僕僕煩猥皃皮卜切三部

𩐋 繇也舞也 繇當作䍃䍃徒歌也上也字衍謠舞者謠且舞也詩序曰維清奏象舞也武奏大武也禮記文王世子明堂位祭統皆云管象舞大武象與大武皆謂周頌武篇鄭注祭統云吹管而舞武象之樂也樂記說武以咏歎淫液發揚蹈厲竝言則舞兼歌矣故其字从章

从夂从夂从章樂有章也說从章之意夅聲巳上十字今更正夅聲在九部與八部合韵苦感切八部詩曰竷竷鼓我鼓各本作舞今依韵會訂士部引墫墫舞我則此當同詩作鼓矣今小雅伐木作坎坎毛無傳而陳風曰坎坎擊鼓聲也魏風傳曰坎坎伐木聲也魯詩伐檀作欿欿疑竷竷鼓我容取三家與毛異

𡕢𡿺蓋也司馬彪輿服志乘輿金鋄劉昭引蔡邕獨斷曰金鋄者馬冠也高廣各五寸上如五華形在馬髦前薛綜注東京賦同按在馬髦前則正在馬之𡿺蓋其字本作金𡕢或加金旁耳馬融廣成頌揚金𡕢而拖玉瓖字正作𡕢可證西京賦璿弁玉纓薛曰弁馬冠叉髦也徐廣說金鋄云金爲馬叉髦然則弁也叉髦也𡕢也一也𡕢或誤作鬉鋄或誤作鍐玉篇又誤作金騣皆音子公反非也𡿺蓋者人囟也見囟部象皮包覆𡿺謂巛下有兩臂謂人而夊在下人足也讀若范亡范切七部八部

夏中國之人也以別於北方狄東北貉南方蠻閩西方羌西南焦僥東方夷也夏引伸之義爲

大也从夊从頁从𦥑𦥑兩手夊兩足也胡雅切古音在五部𡕰古文夏

畟治稼畟畟進也釋訓曰畟畟耜也周頌毛傳曰畟畟猶測測也箋云農人測測以利善之耜熾菑是南畝也按畟畟古語測測今語毛以今語釋古語故曰猶周禮雉氏注曰耜之者以耜測凍土劃之然則畟測皆進意从田儿儿亦人字田人者農也从夊夊言其足之進足進而耜亦進矣初力切一部詩曰畟畟良耜許書耜作梠鈶二形見木部云耒耑也

㚇斂足也䧿鵙醜其飛也㚇二句見釋鳥今爾雅作翪許所據異也从夊斂足故从夊兇聲子紅切九部

夒貪獸也一曰母猴謂夒一名母猴犬部曰猴夒也玃大母猴也甶部曰禺母猴屬爪部曰爲母猴也單評猴絫評母猴其實一也母猴與沐猴獮猴一語之轉母非父母字詩小雅作猱毛曰猱猨屬樂記作獶雜之變鄭曰獶彌猴也佀人似人面手足从頁句巳止夊其手足巳止

象其似人手夊象其足奴刀切古音在三部

夔卽魖也卽鉉作神疑神是鬼部曰魖耗鬼也神魖謂鬼之神者也甘泉賦曰捎夔魖而抶獝狂東京賦曰殘夔魖與罔象皆夔魖連文可證國語木石之怪夔罔兩韋注或云夔一足越人謂之山繅或作猱富陽有之人面猴身能言廣韵曰山魈出汀州獨足鬼也神魖謂山繅之尢靈異者若大荒東經云有獸狀如牛蒼身而無角一足出入水則必風雨其光如日月其聲如雷名曰夔黃帝得其皮爲鼓聲聞五百里此獸也非鬼也薛注二京合而一之恐非是

如龍一足从夊孟康曰夔神如龍有角人面薛綜曰木石之怪如龍有角按从夊者象其一足

象有角手人面之形云如龍則有角可知故丌象有角又止巳象其似人手頁象其似人面渠追切十五部古假歸作夔樂緯云昔歸典協律卽夔典樂也地理志歸子國卽夔子國也

文十五　重一

舛　對臥也　謂人與人相對而休也引伸之足與足相抵而臥亦曰舛其字亦作僢王制注釋交趾云浴則同川臥則僢足是也又引伸之凡足相抵皆曰僢典瑞兩圭有邸注云僢而同本是也淮南書及周禮注多用僢字　从夊㐄相背　相背猶相對也昌兖切古音在十三部　凡舛之屬皆从舛

蹐　楊雄作舛从足𦨩　春聲也李善注魏都賦引司馬彪莊子注曰踳讀曰舛舛乖也按司馬意舛踳各字而合之楊許則云踳爲舛之或也蓋訓纂篇如此作諸家多用踳駮謂譌舛也

舞　樂也　用足相背　說从舛之意　从舛無聲　文撫切五部按諸書多作儛

𦏶　古文舞　从羽亡　亡聲也攴部曰改讀與撫同然則以亡爲無也古矣

舝　車軸耑鍵也　金部鍵一曰轄也車部轄一曰鍵也然則許意謂舝轄同也以鐵豎貫軸頭而制轂如鍵閉然邶風傳曰脂舝其車小雅傳曰閒關設舝皃皆謂舝必行而後設也車軸耑謂之軎軎今字作轊大馭右祭兩軹軹故書作軒杜子春云軒謂兩轊

也或讀軒爲簮筓之筓按鐵貫軸如筓貫弁然兩穿相背軸耑名軒者以鐵名之也子春易爲軹非也从舛據許說則每耑爲兩穿每穿鍵以一鐵兩穿相對故其字从舛禼省聲胡戛切十五部禼古文禼字禼各本作偰今依厹部正禼讀如偰故漢書以禼爲稷偰字

文三　重二

䑞艸也楚謂之葍秦謂之藑艸部曰藑茅葍也一名䑞是一物三名也藑地生而連蕐象形生而二字依爾雅音義補䑞象葉蔓蕐連之形也从舛亦狀蔓連相鄉背之皃舛亦聲舒閏切十三部隸作舜按此與艸部蕣音同義別有虞氏以爲謚者堯高也舜大也舜者俊之同音假借字山海經作帝俊凡䑞之屬皆从䑞古文䑞

𩏟蕐榮也釋言曰皇蕐也釋草曰蕍芛葟華榮許蕐部曰榮也𠌶部曰艸木蕐也此云蕐榮者絫言之从䑞

㞷聲㞷見㞢部形聲包會意各本譌生則非聲大徐本篆文右半譌生非也戶光切十部讀若皇爾雅曰䑞蕚也今釋言作皇非䔊䑞或从艸皇皇聲釋艸如此作

文二　重二

韋相背也故从舛今字違行而韋之本義廢矣酒誥薄韋農父馬云韋違行也據羣經音辨則古文尙書當如是从舛囗聲宇非切十五部獸皮之韋此韋當作圍謂繞也可目束物枉戾相韋背物字依韵會補生革爲縷圍束物可以矯枉戾而背其故也故借目爲皮韋其始用爲革縷束物之字其後凡革皆偁韋此與西朋來子烏五字下文法略同皆言假借之恉也假借專行而本義廢矣凡韋之屬皆从韋𩏑古文韋韠韍也市部曰韠也市小篆作韍所目蔽前者鄭注禮曰古者佃漁而食之衣其皮先知蔽前後知蔽後後王易之以布帛而

獨存其蔽前者不忘本也按韠之言蔽也韍之言亦蔽也**㠯韋**故从韋**下廣二尺上廣一尺其頸五寸**記玉藻文也玉藻曰韠下廣二尺上廣一尺長三尺其頸五寸襍記云會去上五寸會謂頸下縫也會已上長五寸即所謂其頸長五寸也又云紕以爵韋六寸不至下五寸謂頸五寸之下下五寸之上中長二尺兩邊皆紕以爵韋左右各廣三寸也又云下五寸純以素謂下五寸緣以生帛也鄭云其頸五寸其緣當亦用爵韋**一命緼韠再命赤韠**玉藻曰一命緼韍幽衡再命赤韍幽衡三命赤韍蔥衡鄭云尊祭服故變韠言韍又云元端服稱韠元冕爵弁服之韠稱韍然則韠韍同物殊其名耳許於此言一命緼韠再命赤韠於市下言天子朱市諸侯赤市大夫赤市蔥衡許意畢者偁韠尊者偁韍說與鄭少異緼者赤黃之閒色所謂韎也緼之假借字也**从韋畢聲**卑吉切十二部

韎　茅蒐染韋也左傳云一韎韋**一入曰韎**入字宋本汲古初印本同與五經文字毛詩定本合毛扆修版改入爲又則倒易其是非矣小雅毛

傳曰韎者茅蒐染革也一入曰韎句韐逗所以代韠也士冠禮注云韎韐縕韍也此鄭以縕釋韎以韍釋韐玉藻一命縕韍注云縕赤黃之閒色所謂韎也按赤黃之閒色曰縓糸部縓帛赤黃色是也爾雅一染謂之縓縕者縓之假借字一入曰韎即一入曰縓也三君注國語云一染曰韎詩箋云韎茅蒐染也茅蒐韎聲也韐祭服之韠合韋爲之又駁異義云齊魯之閒言韎聲如茅蒐字當作韎陳留人謂之蒨韋注國語云茅蒐今絳草也急疾呼茅蒐成韎此皆詩箋所謂茅蒐韎聲也士冠禮韎韐注云士染以茅蒐因以名焉今齊人名蒨爲韎句韐之制似韠巳上諸文今本譌舛特甚悉爲正之 **从韋末聲** 莫佩切十五部按許云末聲鄭駁異義云韎齊魯之閒言韎聲如茅蒐字當作韎今詩箋版本二體不別葢鄭所據亦作末聲鄭謂當从未聲也鄭必知當从未聲者未聲與文蒐爲類末聲與元寒爲類文蒐與尤侯相似也元寒與魚模相似也茅蒐爲韎聲則當从未矣唐韵莫佩切劉李周禮音妹者鄭未聲之說也廣韵音末諸經音莫介反者許末聲之說也

櫜紐也 櫜車上大櫜也紐糸也一

曰結而可解也。从韋惠聲。胡計切十五部。一曰盛虜頭橐也。呂覽北郭騷告其友曰盛吾頭於笥中奉以託以白晏子也退而自刎其友因奉以託按託者橐之假借字云虜頭者如函梁君臣之首之類

韜，劍衣也。少儀曰劍則啟櫝蓋襲之加夫襓與劍焉注曰夫襓劍衣也夫或爲煩皆發聲按許書無襓字襓與韜音相近襓即韜也曹憲廣雅袟襓祙劍衣也祙音陳律反按熊氏安生義疏引廣雅夫襓木劍衣也木葢本作朮熊認爲艸木字夫朮曹本乃作袟祙知今本廣雅多增益偏旁而不古矣引伸爲凡包藏之偁。从韋以韋爲之也熊云木劍衣非是櫝既木爲之矣舀聲。土刀切古音在三部

韝，臂衣也。各本作射臂決也誤甚決箸於右手大指不箸於臂今依文選荅蘇武書注正射韝者詩之拾禮經之遂內則之捍也毛傳曰拾遂也大射注曰遂射韝也以朱韋爲之箸左臂所以遂弦也凡因射箸左臂謂之射韝非射而兩臂皆箸之以便於事謂之韝許不言射韝者言臂衣則射韝在其中矣東方朔傳曰緑幘傅青韝韋昭曰韝形如射韝以縛左右手

於事便也崔豹古今注曰攘衣厮役之服取其便於用耳
乘輿進食者服攘衣按攘衣卽韝也以繩纏臂謂之絭以
衣斂袖謂之韝其字或作褠見後漢書或作構見南都賦
从韋繕人注曰韝扞箸左臂裏以韋爲之**冓聲**古侯切四部

韘　射決也所㠯拘弦衞風童子佩韘毛曰韘決也能射御則帶韘小雅車
攻傳曰決所以鉤弦也鄭注周禮曰抉挾矢時所以持弦
飾也注鄉射禮大射儀云決猶闓也以象骨爲之箸右大
巨指以鉤弦闓體按卽今人之扳指也經典多言決少言
韘韘惟見詩毛公釋爲決而箋云韘之言沓所以彄沓手
指此以禮經之極釋韘也大射云朱極三注云極猶放也
所以韜指利放弦也以朱韋爲之食指將指無名指各一
小指短不用鄭意以韘極沓三字雙聲且極用韋爲之故
字从韋決則用象骨爲之故不从毛而易其義許說从毛
也以字从韋論之鄭爲長矣內則言
佩決詩言佩韘蓋言一可以包二
㠯象骨句**韋系**句**箸右巨指从韋**繕人注云士喪禮抉用正王棘若檡棘則天
子用象骨與按用棘蓋施諸死者疑生者用

象若骨故鄉射大射禮注皆云用象骨許意正如是用韋爲系箸右巨指故字从韋但今世扳指不用系士喪禮注云決以韋爲之藉又云以紐環大擘本恐生者皆不必然也 韘聲 失涉切八部釋文大涉切 詩曰童子佩韘 韘或从弓 弓衣也 月令帶以弓韣高誘曰韣弓韜也按革部韇下曰弓矢韇也韇蓋又在韣之外容以木爲之飾以皮耳故服注左云冰積丸蓋也如劒衣在劒櫝之内 从韋蜀聲 之欲切三部

弓衣也 秦風虎韔毛曰虎虎皮也韔弓室也又交韔二弓毛曰交韔交二弓於韔中鄭風作鬯毛曰鬯弓弢弓 从韋長聲 丑亮切十部 詩曰交韔二弓

履後帖也 帖帛書署也引伸爲今俗語帮貼之字凡履跟必帮貼之令堅厚不則易敝臣瓚曰躡跟曰跕按履緊曰跕屣也跕與帖音同急就篇履舄韜裒紩緞緉師古引說文爲注 从韋段聲 此形聲包會意也段取堅意古本蓋祗有韍緞二篆自从段譌爲从段而篇韵皆有韍緞音乎加切此韍篆之上亦妄增

⿰韋叚篆云履也从韋叚聲正如石部碬譌爲碫各本說文乃作碫耳今刪⿰韋叚篆徒玩切篇韵皆上聲徒管切十四部

縀 ⿰韋叚或从糸 今俗以爲錦繡段之段

韤 足衣也 左傳曰褚師聲子韤而登席謂燕禮宜跣也 从韋蔑聲 望發切十五部

䪌 軶裹也 軶轅前也以皮裹之 从韋尃聲 匹各切五部按玉篇云⿰韋甫扶豆扶武二切尻衣也次於⿰韋甫下韏上與說文同攷許書韤足衣也絝脛衣也則當別有尻衣即史漢萬石君傳所謂中裙也而廣韵九麌曰⿰韋甫尻衣集韵九麌曰⿰韋甫幒也幒即許之幒字疑說文本有⿰韋甫尻衣也从韋甫聲之文因與䪌相似而佚之如爾雅袧衿皆佚其一之比

韏 革中辨謂之韏 釋器革中絕謂之辨郭注中斷皮也革中辨謂之韏注復分也如郭說則正文當云辨中絕謂之韏立文不當如是今按當云革辨謂之韏中乃衍文衣部襞下云韏衣也衣襵古曰韏亦曰襞積亦曰緛然則皮之緛文躄躄者曰韏何疑文部曰辨駁文也許所據爾雅不同郭本而淺人以郭本易之 从韋𠔉聲 九萬切十四部

𩏿收束也漢律厤志曰秋𩏿也物𩏿斂乃成孰飲酒義曰西方者秋秋之爲言揫也从韋取圍束之義樵聲讀若酋樵从焦聲焦从雥省聲即由切三部𩐁𩏿或从要亦取圍束之意𩐝𩏿或从秋手

韓井橋也橋各本作垣今依史記孝武本紀索隱正井橋見曲禮莊子說苑淮南子曲禮奉席如橋衡注曰橋井上挈皋衡上低昂者莊子曰鑿木爲機後重前輕挈水若抽數如泆湯其名爲槹槹本又作橋淮南書今夫橋直植立而不動俛仰取制焉高曰橋桔皋上衡也說苑曰爲機重其後輕其前命曰橋終日溉韭百區不倦橋陸音義音居廟反按其義當同撟舉也井韓見史漢孝武紀封禪書郊祀志校乘傳莊子秋水篇其字多作井幹司馬彪云井幹井闌也崔譔云井以四邊爲幹猶築之有楨榦晉灼曰井幹上四交之榦常爲汲者所契傷是諸家皆說井榦爲井闌按井韓爲木架四圍中其圍橫圓木爲橋鄉毋兩旁木有軸可轉中設鹿盧縣綆上下故言橋而韓見也从韋取其帀也說韋同口倝聲胡切十

四部諸書榦亦音寒

文十六今删韔則十五　重五

𩏑韋束之次弟也以韋束物如輈五束衡三束之類束之不一則有次弟也引伸之爲凡次弟之弟爲兄弟之弟爲豈弟之弟詩正義引說文有第字从古文之象文各本作字今正說文小篆有从古文之像似者凡三曰弟曰革曰民皆各像其古文爲之特計切十五部凡弟之屬皆从弟

𢎛古文弟从古文韋省古文韋見韋部丿聲丿右戾也房密匹蔑二切

罤周人謂兄曰罤昆弟字當作此昆行而罤廢矣釋親晜兄也郭注今江東通言曰晜按晜者罤之誤男子先生爲兄後生爲弟此本定偁謂兄罤者周人語也詩惟王風有昆字此周人謂兄之證也諸經皆言兄如尙書乃寡兄勖春秋衛侯之兄縶周禮父之讎兄弟之讎從父兄弟之讎詩瞻望兄兮皆是惟禮喪服經傳大功已上

五篇下

皆曰昆弟小功已下同異姓皆曰兄弟不相濟亂葢禮經欲別服之親疏隆殺遂以周人謂兄者專系之同姓大功已上以爲立言之別也戴先生曰兄弟與昆弟在儀禮喪服爾雅釋親截然有辨喪服傳曰何如則可謂之兄弟傳曰小功已下爲兄弟此傳中引傳相證明也爾雅曰母與妻之黨爲兄弟又曰婦之黨爲婚兄弟壻之黨爲姻兄弟詩小雅兄弟無遠鄭箋云兄弟父之黨母之黨葢兄弟云者或專言異姓或兼同姓異姓皆舉遠不以闗大功之親記曰兄弟皆在他邦加一等不及知父母與兄弟居加一等此惟小功已下卽於疏故加等若大功已上則昆弟也世父母叔父母也從父昆弟也豈可以皆在他邦及少孤相依而加等哉大功之親分當相恤其不相恤是賊其性者也小功已下而相恤斯進之也記又曰夫之所爲兄弟服妻降一等篇內明言夫之昆弟無服此兄弟服卽所謂小功者兄弟之服是也謂夫爲之小功者妻降一等則緦如從祖祖父母從祖父母及外祖父母從母在小功章夫之諸祖父母在緦麻章此降一等之謂禮記服問篇公子之妻爲公子之外兄弟謂爲夫之外祖父母從母緦也禮

之稱兄弟通乎尊卑如是凡同姓異姓既漸卽於疏者而與之相親好皆得稱兄弟玉裁按大司徒聯兄弟鄭曰兄弟昏姻嫁娶也與調人職兄弟不同知以昆弟兄弟異其辭者惟禮經他經不尒**从弟眔**眔者逮也鰥下曰从魚眔聲則此亦可眔聲合韵也古竈切十三部

文二　重一

夊从後至也至當作致**象人兩脛後有致之者**致送詣也**凡夊之屬皆从夊讀若黹**陟侈切玉篇竹几切十五部

𡕒相遮要害也要害猶險隘也**从夊丰聲**乎葢切十五部**南陽新野有𡕒亭**

夆啎也午部曰啎逆也夆訓啎猶逢迎逆遇遻互相爲訓釋訓曰甹夆掣曳也掣曳者啎逆之意夆古亦借爲鏠峯字**从夊丰聲讀若縫**敷容切九部

夅服也从夊㐄相承不敢竝也上从夊下从反

夂相承不敢竝夅服之意也凡降服字當作此降行而夅廢矣下江切九部

𡕒秦人市買多得爲𡕒爲當作謂之二字此秦人語也方言不載从乃从夂益至也說从乃夂之意乃夂者徐徐而益至也古乎切五部詩曰我𡕒酤彼金罍周南文今毛詩作姑酤傳曰姑且也許所據者毛詩古本今作姑者後人以今字易之也如尚書壁中古文本作無有作政本作黎民阻飢之類𡕒者姑之假借字如政阻者好阻之假借字玉篇曰𡕒今作沽引論語求善價而𡕒諸未審其所本之論語

亐跨步也跨當作夸夸步謂大張其兩股也从反夂苦瓦切十七部𢀡从此以亐爲聲

文六

久从後灸之也也字今補久灸疊韵火部曰灸灼也灼灸也灸有迫箸之義故以灸訓久士喪禮冪幎用疏布久之鄭曰久讀爲灸謂以蓋塞冪口也既夕苞筲罋甒皆木桁久之鄭曰久讀爲灸謂以蓋案塞其

口此經二久字本不必改讀蓋久本義訓從後歫之引伸之則凡歫塞皆曰久鄭以久多訓長久故易爲灸以釋其義考工記灸諸牆以眡其橈之均鄭曰灸猶柱也以柱兩牆之閒許所偁作久與禮經用字正同許蓋因經義以推造字之意因造字之意以推經義無不合也相歫則其象條必遲故又引伸爲遲久遲久之義行而本義廢矣**人兩脛後有歫也**歫各本作距今正歫止也距雞距也舉友切古音在一部**周禮曰久諸牆以觀其橈凡久之屬皆从久**

文一

桀磔也裴駰引謚法曰賊人多殺**从舛在木上也**通俗文曰張伸曰磔舛在木上張伸之意也毛詩雞棲於杙爲桀其引伸之義釋宮作榤俗字也渠列切十五部左傳桀石以投人此假桀爲揭也揭高舉也**凡桀之屬皆从桀**

磔辜也辛部曰辜辠也掌戮殺王

之親者辜之注辜之言枯也謂磔之鄭與許合也大宗伯以疈辜祭四方百物大鄭從故書作罷辜云罷辜披磔牲以祭爾雅祭風曰磔郭云今俗當大道中磔狗云以止風按凡言磔者開也張也刳其胷腹而張之令其乾枯不收字或作矺見史記**从桀石聲**陟格切古音在五部今俗語云磔破者當作此字音如作

乘覆也加其上曰乘人乘車是其一耑也**从入桀**入者覆之意也食陵切六部**桀黠也**說从桀之意方言黠慧也自關而東趙魏之閒謂之黠史記云桀黠奴凡黠者必強故桀訓黠入桀者謂籠罩桀黠**軍法入桀曰乘**各本奪入桀二字則不可通今依韵會補此解軍法說字形會意猶引易艸木麗于地說麗引豐其屋說豐也云軍法者葢出漢志兵書四種內入桀者以弱勝強書序云周人乘黎左傳車馳卒奔乘晉軍乘之誼也

𠅘古文乘从几凭几者亦覆其上故从几然則凭亦可以爲依凴字

文三　重一

六十三部　文六百三十七今韋部删一字則六百三十六　重百二十二　凡七千二百七十三字此弟五篇都數

說文解字第五篇下　山陽汪庭珍校字

屮誤中

說文解字弟六篇上

金壇段玉裁注

木　冒也。以疊韵爲訓。冃部曰冒冡而前也。冒地而生。東方之行。从屮。下象其根。謂𣎳也。屮象上出。𣎳象下垂。莫卜切。三部。凡木之屬皆从木。

橘　橘果。出江南。禹貢荆州厥苞橘柚。考工記曰。橘踰淮而北爲枳。屈原賦曰。受命不遷。生南國兮。許言出江南者。郞考工屈賦所云也。王逸注云。言橘受天命生於江南。从木矞聲。居聿切。十五部。

橙　橘屬。南都賦曰。穰橙鄧橘。蜀都賦劉注曰。蜀有給客橙。从木登聲。丈庚切。廣韵宅耕切。古音在六部。

柚　條也。似橙而酢。釋木。柚。條。郭云。似橙。實酢。生江南。列子曰。吳楚之國有大木焉。其名爲櫾。碧樹而冬生。實丹而味酸。食其皮汁。已憤厥之疾。按今橘橙柚三果。莫大於柚。莫酢於橙汁。而橙皮甘可食。本草經合橘柚爲

从當作似

一條渾言之也。从木由聲。余救切。三部。按爾雅亦作櫾。列子山海經皆作櫾。許則云櫾者崐崘河隅之長木也。夏書曰厥苞橘柚。苞俗作包。今正。禹貢文。

樝　樝果似梨而酢。內則柤梨。注曰。柤梨之不臧者。爾雅郭注山海經郭傳皆云樝似梨而酢濇。按卽今梨之肉粗味酸者也。張揖注子虛賦云樝似梨而甘。乃以同類而互易其名耳。陶隱居譏鄭公不識樝。恐誤。从木虘聲。側加切。古音在五部。

梨　梨果也。各本作果名二字。淺人改也。釋木。梨，山樆。謂梨之山生者曰樆也。樆本亦作離。子虛賦檗離朱楊。裴駰引漢書音義云。離，山梨也。師古注急就篇云。梨一名山樆。非是。从木𥝢聲。力脂切。十五部。𥝢古文利。見刀部。

梬　梬棗也。三字一句。梬棗，果名。非今俗所食棗也。南都賦曰。梬棗若畱。張揖注子虛曰。梬，梬棗也。李善引說文亦云梬棗似柹。於此可以訂刪複字者之非矣。从柹而小。一曰㮕。各本無而小一曰㮕五字。今合齊民要術衆經音義廣韵子虛南都二賦李善注引訂補。按梬卽釋木之遵羊棗也郭云實小而圓紫黑色今俗呼之爲羊矢棗引孟子曾晳嗜羊棗何氏焯曰羊棗非棗也乃柹之小者初生色黃熟則黑似羊矢其樹再接卽成柹矣余客臨沂始覩之亦呼牛奶柹亦呼㮕棗此尤可證以柹得棗名孟子正義不得其解玉裁謂凡物必得諸目驗而折衷古籍乃爲可信昔在西苑萬善殿庭中曾見其樹葉似柹而不似棗其實似柹而小如指頭內監告余用此樹接之便成柹古今注曰㮕棗實似柹而小味亦甘美師古曰梬棗卽今之㮕棗也㮕與遵音相近㮕卽遵字也一曰㮕者一名㮕也本作一曰李善改爲名曰以便於文也許無㮕篆蓋俗字不列也內則芝栭賀氏云芝木椹栭軟棗釋文云栭本又作檽檽者㮕之誤賀氏作㮕許不妨作㮕也梬棗者柹屬故受之以柹篆○又按衆經音義㮕棗如兖切說文云似柹而小或作濡非體也似元應所據本有㮕篆其解當云梬棗也從木耎聲似柹而小乃梬篆下語也○司馬氏光曰君遷子卽今牛奶柹按吳都劉注梬棗子如瓠形玉篇曰桾櫏子如雞子不當以羊棗當之從木甹聲以整切十一部㮕而兖切

柹赤實果

言果又言實者。實謂其中也。赤中。從木𠂔聲。鉏里切。古音與外同色。椎柹。內則曰。棗栗榛柹。在十五部。俗作柿非。

枏　梅也。從木冄聲。汝閻切。七部。

楳　枏也。可食。從木每聲。莫桮切。古音在一部。按釋木曰。梅枏也。毛詩秦風陳風傳皆曰。梅枏也。與爾雅同。但爾雅毛傳皆謂楩枏之梅。毛公於召南摽有梅。曹風其子在梅。小雅四月侯栗侯梅。無傳。而秦陳乃訓爲枏。此以見召南等之梅與秦陳之梅判然二物。召南之梅。今之酸果也。秦陳之梅。今之楠樹也。楠樹見於爾雅者也。酸果之梅不見於爾雅者也。樊光釋爾雅曰。荊州曰梅。楊州曰枏。益州曰赤楩。孫炎釋爾雅曰。荊州曰梅。楊州曰枏。陸機疏草木曰。梅樹皮葉似豫樟。皆謂楠樹也。枏亦名梅。後世取梅爲酸果之名。而梅之本義廢矣。郭釋爾雅。乃云似杏實酢。篇韵襲之。轉謂酸果有枏名。此誤之甚者也。然則許以枏梅二篆廁諸果之閒。又云可食。豈非始誤與。曰。此淺人所改竄也。如許謂梅酸果。其立文。當先梅篆。云酸果也。次枏篆。云梅也。棃杏李桃等不云可食。何必獨云可食哉。許意某爲酸果正字。故某篆解玉篇於梓杏二字間出枏楠梅楳四字而枏下注云葉似桑子似杏而酸蓋仍郭景純雅注之誤後人又因玉篇而竄亂說文然枏篆在梅前若枏即酸果則可合二字爲注枏下何以出梅下且杏柰李桃但列果也不必更言可食

云酸果也從木從甘其字當本廁柹下杏上而枏梅二篆當本廁諸木名之閒淺人易其處又增竄其文耳以許書律羣經則凡酸果之字作梅皆假借也凡某人之字作某亦皆假借也假借行而本義廢固不可勝數矣

槑　或从某 某聲召南釋文曰韓詩作楳

杏　杏果也 內則桃李梅杏 **从木向省聲** 向各本作可誤今正莕以杏爲聲亦作荇從行聲則知杏莕字古皆在十部也今何梗切○六書故云唐本曰从木从口

柰　柰果也 假借爲柰何字見尚書左傳俗作奈非 **从木示聲** 奴帶切十五部

李　李果也从木子聲 良止切一部古李理同音通用故行李與行理竝見大李與大理不分

杍　古文 尚書音義曰梓材音子本亦作梓馬云古作梓字治木器曰梓正義曰此古杍字今文作梓按正義本經作杍音義本經作梓據二家說蓋壁中古文作杍而馬季長易爲梓匠之梓也如馬說是壁中文假借杍爲梓匠字也

桃　桃果也从木兆聲 徒刀切二部

楙　冬桃 釋木曰旄

梅亦當同此例此四字爲後人妄增要之梅自爲枏酸果自當爲某而經典相承每以梅當酸果者或以梅作楳與某易混耳　此條許說已明未見指

竊疑古有之梅古本作某韓詩誤加木旁作楳遂混枏梅之梅

冬桃郭云子冬孰按作旌者字之假借二部三部合韵冣近也釋文曰字林作楸今本譌爲字林作楙从木秋聲讀若髦莫候切三部按釋文及篇韵皆音毛鼎臣葢檢唐韵無此字因以楙字當之故音茂也

亲實如小栗韵會作木名實如小栗六字周禮籩人記曲禮內則左傳毛詩字皆作榛假借字也榛行而亲廢矣鄭云如栗而小與許合齊民要術引詩義疏云榛栗有二種从木辛聲側詵切十二部蜀都賦作槂春秋傳曰女摯不過亲栗左傳莊二十四年文

楷楷木也孔子冢葢樹之者皇覽云冢塋中樹以百數皆異種傳言弟子各持其方樹來種之按楷亦方樹之一也儒行曰今世行之後世以爲楷楷法式也楷之言稽我稽古而後世又於此焉稽也从木皆聲苦駭切十五部以下言木名故先之以孔家所樹

梫桂也釋木梫木桂郭曰今南人呼桂厚皮者爲木桂葉似枇杷而大按南方草木狀云桂有三種葉似枇杷者爲牡桂牡木音同許言梫桂也者梫爲桂之一

而桂不止於梫也蜀都賦其樹則有木蘭梫桂劉逵曰梫桂木桂也从木侵省聲七荏切七部

桂江南木本艸曰桂生桂陽牡桂生南海山谷箘桂生交趾桂林山谷百藥之長本艸經木部上品首列牡桂箘桂桂味辛溫主百病養精神和顏色爲諸藥先聘通使故許云百藥之長檀弓內則皆薑桂竝言劉逵引本艸經正文曰箘桂圓如竹出交趾然則其樹正圓如竹故名箘桂今本艸云無骨正圓如竹不系之正文無骨蓋謂空心也左思賦邛竹緣嶺箘桂臨崖正以竹之實中者與桂之虛中者反對也从木圭聲古惠切十六部

棠牡曰棠牝曰杜艸木有牡者謂不實者也小雅云有杕之杜有睆其實此牡者曰杜之證也陸機詩疏曰赤棠與白棠同耳但子有赤白美惡子白色爲白棠甘棠少酢滑美赤棠子澀而酢無味俗語云澀如杜是也依陸說是棠杜皆有子然種類甚多今之海棠皆華而不實蓋所謂牡者曰棠也从木尚聲徒郎切十部

杜甘棠也召南蔽芾甘棠毛曰甘棠杜也釋木曰杜甘棠本無

不合棠不實杜實而可食則謂之甘棠凡實者皆得謂之杜則皆得謂之甘棠也牡棠牝杜析言之也杜得偁甘棠互言之也釋木又曰杜赤棠白者棠魏風傳用之此以其木色之異異其名與杜甘棠說異卽與分牡牝說異爲許所不取戴先生曰爾雅謂杜甘曰棠毛公失其句讀葢依陸璣疏白棠卽甘棠子美赤棠卽杜子澀爲此說耳非許意亦非爾雅意也先生又曰棃山樆謂棃山生曰樆檎白枌謂檎之白者曰枌今按毛傳云枌白檎也誠當於白爲讀漢書音義云離山棃也是爾雅當同音義乙其字矣）从木土聲（徒古切五部借以爲杜塞之杜）

槢　槢木也（莊子淮南有棲槢字皆謂械楔不爲木名）从木習聲（似入切七部）

樿　樿木也可㠯爲櫛（玉藻曰櫛用樿櫛髮晞用象櫛禮器曰樿勺鄭曰樿木白理中山經曰風雨之山其木多棷樿郭曰樿木白理中櫛）从木單聲（旨善切十四部）

椲　椲木也可屈爲杅者（屈當作詘詘詰詘紆曲也糸部云紆詘也是也杅當作盂盂飲器也玉篇曰椲木皮如韋可屈以爲盂）从

木韋聲于鬼切十五部楢 柔木也工官㠯爲耎輪大鄭引鄒子書秋取柞楢之火工官若周之輪人漢之考工室也耎輪者安車之輪也郭注山海經云楢剛木中車材剛木即柔木蓋此木堅韌故柔剛異偁而同實耳从木酋聲讀若糗以周切三部

桏 欆椐木也集韵作欆類篇作欙是宋初本不同也宋刻鉉本及李氏五音韵譜作欙毛刻初印同斧季剜版作欆按欙字無攷欆椐木合二木爲名未知何木也釋木曰楥柜桏郭注云未詳或曰桏當爲柳柜桏似柳皮可以煑作飲郭易桏爲柳而後釋柜柳則篇韵以柜柳釋桏非也說文蓋取諸爾雅欆與楥形似椐與柜聲同欆疑楥之誤从木邛聲渠容切九部

棆 毋杶也按毋杶當作毋疵皆字之誤也釋木棆無疵古毋無通用故許作毋玉篇棆木名也杶無杶木也二字爲伍蓋謂一物也廣韵云無杶木一名棆是也楊雄蜀都賦說木有杶郭云棆梗屬似豫章从木侖聲讀若易卦屯之屯陟倫切十三部

楈 楈木也上林賦有

桏

桏欆椐欆也後云椐欆也爾雅欆椐桏郭云腫節可以爲杖大雅其檉其椐毛傳云椐欆也陸璣云節中腫似扶老即今靈壽是也郭注山海經云靈壽木名似竹有枝節中山經其上多扶竹郭云邛竹也高節實中中杖名之

扶老竹然則桏也欆也椐也欆也柜也桏也邛竹也實一物而或稍異其稱耳椐欆聲相轉桏欆[illegible]皆聲相近蓋即今欆竹之類欆在竹木之間以其出於邛名之邛竹後人遂造爲桏字或本名桏竹从木名翣得而攷矣郭以桏爲柜柳誤甚

胥邪南都賦作楈枒郭璞曰胥邪似栟櫚皮可作索按未審郎許所云楈木否也　从木胥聲讀若芟刈之芟　芟在七八部胥在五部合韵也唐韵私閭切

柍　柍梅也　柍梅合二字成木名今各本刪去柍字是柍卽柟矣釋木時英梅齊民要術引郭注云英梅未聞今本注云雀梅殆非郭語南都賦曰柍柘檍檀與櫻梅山柹等各爲一條柍梅非今之梅類明矣　从木央聲　於京切古音在十部李善於兩切　一曰江南橦材其實謂之柍　橦帳極也與此不相涉以唐式柴方三尺五寸曰一橦音鍾解之下文乂不屬也況漢人曰章唐人乃曰木鍾乎枷字下曰淮南謂之柍宜以訂正此句一說蜀都賦布有橦華劉逵云橦樹名謂此橦材堅實者謂之柍也實下當有者字

楑　楑木也　未詳　从木癸聲　求癸切十五部　一曰度也　度徒落切此與手部揆音義皆同揆專行而楑廢矣

㮁　㮁木也　六書故以烏曰當之未知是否　从木咎聲讀若晧　晧各本作皓非今正古老切古音在三部

詳誤祥

椆　椆木也。中山經虎首之山多苴椆椐郭曰椆未詳也音彫从木周聲。讀若丩。職畱切三部

樕　樸樕，小木也。樸當作樸樸樸正俗字也谷本無小字今依五音韵譜韵會集韵類篇補召南林有樸樕毛曰樸樕小木也釋木云樕樸心樕樸即詩之樸樕俗書立心多同小又艸書心似小毛傳說文當本作心木譌爲小木耳詩正義云某氏曰樸樕斛樕也有心能溼江河閒以作柱孫炎曰樸樕一名心據此及許立文之次弟知樸樕乃木名非凡小木之偁也斛俗作槲槲樕欒之類樸爾雅音義作樸廣韵曰朴木名其心黃朴即爾雅心字从木欶聲。桑屋切三部

⿰木彝　⿰木彝木也。未詳从木彝聲。羊支切廣韵以脂切十五部

梣　青皮木。淮南書曰夫梣木色青瘉翳而蠃蝸瘉睆此皆治目之藥也高曰梣木苦歷木名也生於山剝其皮以水浸之正青用洗眼瘉人目中膚翳正文各本譌誤今考定如是按本艸經謂之秦皮以一名岑皮而聲誤作秦耳其木一名石檀陶隱居云是樊槻木槻音規集韵云江南樊雞木其皮入水

六篇上

綠色可解膠盆墨樊雞卽樊槻也从木岑聲子林切七部玉篇作今切梣或从寖省寖籀文寖見宀部

椶椶木也未詳俗以爲梁上楹之字从木叕聲職說切十五部

益州有椶縣椶上當有毋地理郡國二志益州皆有毋椶縣

號號木也未詳从木號省聲乎刀切二部

⿰木遬⿰木遬其也釋木⿰木遬棟其郭曰⿰木遬實如柰可食南山經傳曰⿰木遬別名速其子似柰而赤可食按⿰木遬籀文速字也今爾雅作棟爲俗字从木炎聲讀若三年導服之導三年導服詳示部禫下⿰木遬讀如淡與導服相似也山海經傳音剡爾雅音義餘念反唐韵以冉切

⿰木謚⿰木謚木也未詳从木謚聲市緣切十四部

椋椋卽來也釋木曰椋卽來釋文曰椋埤蒼字林作來本說文也系評曰卽來單評曰來唐本艸謂之椋子木从木京聲呂張切十部

⿰木費⿰木費木也未詳从木費聲房未切十五部

⿰木雩⿰木雩木也各本⿰木雩與槫二篆互

譌。今正。毛詩音義、爾雅音義、五經文字可證也。假令許書與今互異、則陸氏、張氏當辨明之、如種種之例矣。豳風、小雅毛傳皆曰：樗、惡木也。惟其惡木、故豳人祇以爲薪、小雅以覊惡菜。今之臭椿樹是也。所在有之。有一種葉香者可食。從木。雩聲。各本作虖聲。今正。丑居切。五部。

楀，楀木也。未詳。小雅楀維師氏。箋云：楀氏也。集韵、類篇皆云：楀、木名。楀、姓。引詩楀維師氏。唐石經初刻從手、後改從木。按篇韵皆無搗字。釋文、五經文字、急就篇顏注皆從木。從木。禹聲。王矩切。五部。

蘽，蘽木也。釋木：諸慮、山櫐。虎櫐。郭曰：今江東呼櫐爲藤。虎櫐、今虎豆。纏蔓林樹而生。中山經：畢山其上多櫐。依齊民要術、藝文類聚。郭曰：今虎豆、貍豆之屬。櫐一名縢。音耒。按櫐者蘽之省。其物在艸木之閒。近於艸者則爲艸部之藟、詩之藟也。近於木者則爲木部之蘽、釋木之山櫐、虎櫐也。縢藤古今字。謂之縢者、可以爲緘縢也。蘽之屬不一。統名之曰蘽木。從木。畾聲。形聲包會意。力軌切。十五部。

[籒文]，籒文。

棟，赤棟也。釋木曰：棟、赤棟。白者棟。毛傳曰：棟、赤棟也。郭云：

赤棟樹葉細而岐銳白棟葉圓而岐爲大木按棟釋文音山厄反許書無棟字葢古只作朿也**從木夷聲**以脂切十五部**詩曰隰有杞棟**小雅文

栟　栟櫚逗**椶也**各本奪椶字今依韵會本補廣雅劉逵引異物志皆曰栟櫚椶也上林甘泉賦字作并閭南都吳都賦字作栟櫚許書有栟無櫚櫚因栟之木旁而同之耳**從木并聲**府盈切十一部

椶　栟櫚也互訓也蜀都賦椶枒楔樅四木名也**從木㚇聲**子紅切九部按椶與召南之總音義略同毛曰總數也數讀數罟之數**可作萆**艸部曰萆雨衣一名衰衣按可作萆之文不系於栟下而系椶下者此樹有葉無枝其皮曰椶可爲衰故不系栟下也椶本皮名因以爲樹名故栟閭與椶得互訓也張揖注上林賦曰并閭椶也皮可以爲索今之椶繩也玉篇云椶櫚一名蒲葵今按南方艸木狀云蒲葵如栟櫚而柔薄可爲簦笠出龍川是蒲葵與椶樹各物也謝安之蒲葵扇今江蘇所謂芭蕉扇也椶葉纔析不似蒲葵葉成片可爲笠與扇

椅　梓也釋木曰椅梓渾言之也衞風傳

曰椅梓屬析言之也椅與梓有別故詩言椅桐梓漆其分別甚微也故爾雅說文渾言之從木奇聲於离切古音在十七部按賈逵說又作檹檟楸也釋木槐小葉曰榎郭云槐當爲楸楸細葉者爲榎又大而皵楸小而皵榎郭云老乃皮粗皵爲楸小而皮粗皵者爲榎又槄山榎郭云今之山楸按榎者檟之或字左傳孟子作檟爾雅別言之許渾言之從木賈聲古雅切古音在五部春秋傳曰樹六檟於蒲圃見左傳襄四年梓楸也從木宰省聲卽里切一部按許知宰省聲而非辛聲者於或字知之也或字蓋古文之遺與𣘻或不省楸梓也左傳史漢以萩爲楸如秦周伐雍門之萩淮北常山巴南河濟之閒千樹萩是也左傳萩一作秋從木秋聲七由切三部𣞤梓屬大者可爲棺椁小者可爲弓材按𣞤檍古今字心部𢡃今作億艸部薏今作薏水部澺今作澺人部億今作億然則經典檍字卽說文之𣞤何疑考工記取榦之道七柘爲上檍次之此卽所

此注諸黏字皆當作黏諸⿰木黏字皆當作⿰木黏

謂小者可爲弓材也。唐風隰有杻。釋木毛傳皆曰。杻檍也。許無杻字。豈其字正作紐。俗作杻與。大鄭云。檍讀如億萬之億。陸機云。今官園種之。正名曰萬歲。取名於億萬。其汲山下人或謂之牛筋。或謂之檍。材可爲弓弩幹也。今各本椋檟二篆之閒有檍篆。云杶也。從木意聲。葢淺人謂不當闕檍字而增之。本云檍杻也。後又譌杻爲杶。不可通。考韵會云。說文作檍。今文作檍。則黃氏所據鍇本未誤也。今刪檍篆。從木。𠶷聲。於力切。一部。

柀 黏也。黏。各本作⿰木黏。徐鍇因增一⿰木黏篆。非也。今刪⿰木黏篆。依爾雅正⿰木黏爲黏。釋木曰。柀黏。上音彼。下音所咸反。卽今之杉木也。黏與杉爲正俗字。郭云。黏生江南。可以爲船及棺。羅氏願爾雅翼曰。柀似杉而異。杉以材偁。柀又有美實而材尤文采。其樹大連抱。高數仞。葉似杉。木如柏。作松理。肌理細輭。堪爲器用。古所謂文木也。其實有皮殼。大小如棗而短。去皮殼。可生食。本艸有彼子。卽柀子也。引蘇恭說本艸誤入蟲部。陶隱居木部出之。按依羅氏說。則柀與杉有別。今人亟用者皆杉。非柀也。爾雅說文渾言之耳。南方艸木狀曰。杉一名柀黏。從木。皮聲。甫委切。古音在十七部按爾雅音義音彼又匹彼反集韵類篇本之皆補靡普靡二切今爾雅音義彼譌作披非也蘇恭本艸彼子注云彼當作柀柀仍音彼成化刻本彼亦譌披

一曰析也

析各本譌折今正葉石君寫本及類篇正作析按柀析字見經傳極多而版本皆譌爲手旁之披披行而柀廢矣左傳曰披其地以塞夷庚韓非子曰數披其木毋使木枝扶疏戰國策范睢引詩曰木實繁者披其枝披其枝者傷其心史記魏其武安傳曰此所謂枝大於本脛大於股不折必披方言曰披散也東齊聲散曰廝器破曰披此等非柀之字誤卽柀之假借手部披訓從旁持木部柀乃訓分析也陸德明包愷司馬貞張守節吳師道皆音上聲普彼反是可證字本從木也矣

榛木也

邶風山有榛傳曰榛木也小雅營營青蠅止于榛傳曰榛所以爲藩也衛風箋曰樹榛栗椅桐梓漆六木於宮可伐以爲琴瑟

从木秦聲

側詵切十二部

一曰叢木也

各本作一曰菆也艸部曰菆蓐也今依园應書卷十一所引爲長倉頡篇淮南高注漢書服注廣雅皆云木叢生曰榛菆一作蕪

山樗

也。檮舊作椃。今改。釋木唐風傳皆曰。栲山樗。椃栲古今字。許所據作椃也。陸機云。山樗與下田樗無異。葉似差狹耳。方俗無名此爲栲者。今所云栲者。葉如櫟木。皮厚數寸。可爲車軸。或謂之栲。郭云。栲似樗。色小白。生山中。因名云。亦類漆樹。俗語曰。櫄樗栲漆。相似如一。按二說似許爲長。從木尻聲。讀若糗。讀若糗三字依陸機補。陸云。許愼正以栲讀爲糗。今人言考。失其聲耳。古音在三部。今苦浩切。

杶　杶木也。禹貢杶榦栝柏。釋文。杶本又作櫄。山海經。成侯之山。其上多櫄木。郭曰。似樗樹。材中車轅。吳人呼櫄音輴車。從木屯聲。敕倫切。十三部。夏書曰。杶榦栝柏。櫄　或從熏。杻　古文杶。按依汗簡所載近是。郇屯字側書之耳。集韵經作杻。非也。

橁　杶也。此杶木別名。非郇杶字也。左傳孟莊子斬雍門之橁以爲公琴。從木筍聲。相倫切。十二部。

桵　白桵。逗棫也。也字今補。大雅。芃芃棫樸。釋木毛傳皆云。棫。白桵也。陸機曰。其材理全白。無赤心者爲白桵。直理易破。可爲犢車軸。又可爲矛戟矜。從木。

妥聲。鉉曰。當從綏省聲。按鉉因說文無妥字。故云尒。綏下則又云當作從爪從安省。抑思妥字見於詩禮。不得因許書偶無妥字。而支離其說也。儒隹切。古音在十七部。

棫　白桵也。從木或聲。于逼切。一部。

楤　楤木也。未詳。玉篇不載。從木息聲。相卽切。一部。

椐　樻也。大雅。其檉其椐。釋木毛傳皆云。椐，樻也。陸機云。節中腫。似扶老。卽今靈壽是也。今人以爲馬鞭及杖。郭云。腫節可以爲杖。按杖以木者曰靈壽。亦曰扶老。漢書孔光傳賜靈壽杖。孟康曰。扶老杖也。服虔曰。靈壽。木名。郭注山海經亦云。靈壽。木名。似竹有枝節。常璩云。朐忍縣有靈壽木。劉逵云。靈壽木出涪陵。楊雄作靈節銘。皆是也。以竹者名扶老杖。中山經。其上多扶竹。郭云。卭竹也。高節實中。中杖。名之扶老竹。漢書之卭竹杖。王逸少以卭竹杖分贈老友。皆是也。靈壽木與卭竹皆以節勝。陸氏云。椐卽靈壽。然椐與靈壽俱見山海經。郭不云一物。若陶潛云。策扶老以流憩。則又未識其爲椐與靈壽也。從木居聲。九魚切。五部。按郭音袪。字林紀庶反。

樻　椐也。從木貴聲。

六篇上

求位切。十五部。詩音義曰。去塊反。何音匱。

栩柔也。見唐風毛傳。陸機曰。栩。今柞櫟也。徐州人謂櫟爲杼。或謂之爲栩。按毛傳說文。皆栩柔樣爲一木。櫟下但云木也。不云卽栩也。然則陸機專據徐州語言合之耳。**从木羽聲。**況羽切。五部。**其皁一曰樣。**按各宋本及集韵類篇皆同。毛氏依小徐作其實皁非也。艸部曰。皁斗。櫟實也。一曰樣斗。許蓋謂栩爲柞櫟。與陸機同。

柔栩也。莊子。狙公賦芧。司馬云。芧。橡子也。芧卽柔字。橡卽樣字。柔本樹名。因用爲實名也。**从木予聲。**此與機杼字以下形上聲左形右聲分別。**讀若杼。**按玉篇時渚切。廣韵神與切。是也。大徐直呂切。則與機杼字同音。五部。

樣栩實也。樣橡正俗字。爾雅舊注曰。柔實爲橡子。以橡殼爲柔斗者。以剜剜似斗故也。橡子儉歲可食以爲飯。豐年牧豬飤之。可以致肥也。見齊民要術。**从木羕聲。**徐兩切。十部。按樣俗作橡。今人用樣爲式樣字。像之假借也。唐人式樣字从手作樣。

杙劉劉杙。見釋木。當讀劉劉爲句。郭云。劉子生山中。實如梨。酢甜。核堅。未知許意然否也。今人以杙爲橜弋字。乃以橜弋爲雉射字。從木弋聲。與職切。一部。

㮊　枇杷木也。四字句。從木比聲。房脂切。十五部。

桔　桔梗。逗藥名。本艸經曰。桔梗味辛微溫。主胷脅痛如刀刺。腹滿。腸鳴幽幽。驚恐悸氣。戰國策曰。今求柴胡桔梗於沮澤。則累世不得一焉。從木。桔梗艸類。本艸經在艸部。而字從木者。艸亦木也。吉聲。古屑切。十二部。一曰直木。鄭有桔柣之門。蓋取直木爲門限之義。釋宮曰。柣謂之閾。

柞　柞木也。詩有單言柞者。如維柞之枝。析其柞薪是也。有柞棫連言者。如皇矣旱麓緜是也。陸機引三蒼棫卽柞也。與許不合。假令許謂棫卽柞。則二篆當聯屬之。且詩不當或單言棫。或單言柞。或柞棫竝言也。鄭詩箋云。柞。櫟也。孫炎爾雅注。櫟實橡也。齊民要術援爾雅注合柞栩櫟爲一。亦皆非許意。從木乍聲。在各切。五部。按柞可薪。故引伸爲凡伐木之偁。周禮有柞氏。周頌傳曰。除艸曰芟。除木曰柞。古無二音也。

𣏓　𣏓木出橐山。中山經曰。傅山西五十里。曰橐山。其木多樗。多橁木。按樗者。𣏓之誤。許所引山海經樜字。今作柘。洽字。今作洛。劦字。今作颺。其不同如此。廣韵十一模曰。黃梓木可染。十姥曰。梓。木名。可染繒。按周禮注曰。染艸。茅蒐。橐盧。豕首。紫茢之屬。橐盧豈卽黃梓與。抑字音相近而艸木異類也。玉篇乃佚梓字。從木乎聲。他乎切。五部。

𣚣 𣚣木也。未詳。尚書大傳曰。南山之南。有木名橋。高高然而上。父道也。南山之陰。有木名梓。晉晉然而俯。子道也。高與橋。晉與梓。皆疊韵。梓字當是𣚣字。梓從宰省聲。不與晉同韵也。從木晉聲。子賤切。古音在十二部。書曰。竹箭如𣚣。六字未詳。疑當作周禮曰。竹𣚣讀如晉八字。職方氏。其利金錫竹箭。注云。故書箭爲晉。蓋許所見故書作𣚣。𣚣本木名。故書借爲竹名也。大射儀。幎用錫若絺。綴諸箭。注云。古文箭作晉。吳越春秋。晉竹十廋。晉竹卽箭竹。皆與周禮故書同。讀如晉者。許謂𣚣之音同晉也。轉寫淆譌。致不可讀矣。

檖 檖羅也。釋木。檖蘿。秦風毛傳曰。檖。赤羅也。陸機郭璞皆云。今之楊檖也。實似棃而小。酢可食。按蘿者羅之誤。從木㒸聲。徐醉切。十五部。詩曰。隰有樹檖。

梓音他乎反音荼即周礼注橐盧二字急呼之以其生橐山故謂之橐盧廣韵落乎切則即音爲盧矣

今詩爾雅作檓。椵椵木可作牀几。牀錯本作伏疑誤釋木曰櫰椵本艸陶隱居說人參曰高麗人作人參讚曰三椏五葉背陽向陰欲來求我椵樹相尋椵樹葉似桐甚大陰廣圖經亦言人參春生苗多於深山背陰近椵漆下潤溼處是則椵爲大木故材可牀几郭云子大如盂者未知是不也从木叚聲。讀若賈。古雅切五部。橞橞木也。未詳。从木惠聲。胡計切十五部。楛楛木也。大雅榛楛濟濟陸機曰楛其形似荊而赤葉似著上黨人蔞以爲筥箱又屈以爲釵按禹貢惟箘簵楛楛不與上文杶榦栝柏爲伍而與箘簵爲伍楛之用葢與箘簵同也从木苦聲。侯古切五部。詩曰。榛楛濟濟。櫅櫅木也。釋木曰櫅白棗按許不云白棗與爾雅異葢爾雅本作齊白棗今人所食棗白乃孰是也櫅乃別一木廣韵曰櫅榆堪作車轂正與許合轂軸異耳楊雄蜀都賦枇櫅梜楬章樵注云櫅榆屬可㠯爲大車軸。从木齊聲。祖稽切十五部。杒杒木也。未詳。从木乃

孟子樲棘或作樲棗　棘棗亦棘類　詩園有棘其實之食傳云棘棗也

大十七　小六八

聲讀若仍。如𧀼切。六部。按乃聲在一部。合韵也。𣘊櫇木也。未詳。疑卽仁頻也。上林賦有仁頻。孟康曰。仁頻。椶也。李善曰。仙藥錄云。檳榔一名椶。然則仁頻卽檳榔也。從木。頻聲。符眞切。十二部。

樲酸棗也。釋木曰。樲。酸棗。孟子曰。舍其梧檟。養其樲棗。趙曰。樲棗。小棗。所謂酸棗也。按孟子本作樲棗。宋刻爾雅單行疏及玉篇唐本艸及本艸圖經皆可證。今本改作樲棘。非是。樲之言副貳也。爲棗之副貳。故曰樲棗。本艸經曰。酸棗味酸平。主心腹寒熱。邪結氣聚。四肢酸疼。濕痹。煩心不得眠。諸家皆云似棗而味酸。從木。貳聲。而至切。十五部。

樸樸棗也。釋木言棗之名十有一。繼之言櫬梧。繼之言樸抱者。是今爾雅樸不謂棗也。疑許所據有不同。故云尒。寇宗奭曰。御棗甘美輕脆。今人所謂撲落酥者是。樸棗豈卽御棗歟。樸樸古今字。大雅毛傳曰。樸。枹木也。方言曰。樸。盡也。南楚凡物盡生者曰樸生。郭云。今種物皆生。白樸地生也。又曰。樸。聚也。楚謂之樸。郭云。樸屬藂相著皃。按詩爾雅之樸皆當同方言作樸。樸從僕。附也。考工記樸屬。猶附著。文選廛閈撲地。

字皆當作樸。釋木毛傳皆訓樸爲枹。許以爲棗名。則徧矣。從木。僕聲。博木切。三部。

橪酸小棗。此云酸小棗。則上文樲酸棗者與棗大小同矣。上林賦枇杷橪柿。按廁橪於枇杷柿之閒。然則皆果也。與許說合。淮南子。伐橪棗以爲矜。亦云橪棗。郭云。橪橪支木。音煙。與許異。從木。然聲。人善切。十五部。一曰染也。染。小徐作柔。皆未詳。

柅柅木也。實如棃。今字以爲檷字。從木。尼聲。女履切。十五部。

梢梢木也。未詳。廣韵曰。梢。船舵尾也。又枝梢也。此今義也。釋木曰。梢。梢擢。郭云。梢。音朔。按梢擢字。葢本從手作捎。從木。肖聲。所交切。二部。

⿰木隸⿰木隸木也。未詳。從木。隸聲。郎計切。十五部。

⿰木寽⿰木寽木也。未詳。從木。寽聲。力輟切。十五部。

梭梭木也。未詳。從木。夋聲。私閏切。玉篇且泉切。十三部。今人訓織具者。用爲杼字也。於其雙聲讀之也。廣雅作樾。

⿰木畢⿰木畢木也。未詳。從木。畢聲。卑吉切。十二部。

⿰木剌⿰木剌木也。未詳。從木。剌

聲。盧達切。十五部。枸　枸木也。可爲醬。出蜀。史漢皆云枸醬。詳艸部蒟下。从木句聲。俱羽切。四部。按小雅南山有枸。毛曰。枸。枳枸也。枳枸卽禮記之椇。許於枸下不言枳枸。椇字亦不錄。樜　樜木。出發鳩山。北山經曰。發鳩之山。其上多柘木。許所據柘作樜也。發鳩山。卽水部湅水所出之發包山。淮南書亦作發包。古音包鳩同在三部。許不言樜同柘。而廣韵謂一字。非許意也。从木庶聲。之夜切。古音在五部。枋　枋木。可作車。禮周官皆以枋爲柄。古音方聲丙聲同在十部也。从木方聲。府良切。十部。橿　枋也。謂一木二名。考工記注曰。今世轂用雜榆。輻以檀。牙以橿。郭注山海經曰。橿。中車材。南都賦吳都賦說木皆有橿。从木畺聲。居良切。十部。一曰鉏柄。釋名曰。鋤。齊人謂其柄曰橿。橿然正直也。頭曰鶴。似鶴頭也。樗　槫木也。釋木。檴落。郭云。可以爲杯器素。按小雅薪是檴薪。箋云。檴落。木名也。陸云。依鄭則字宜木旁槫檴。古今字也。司馬上林賦。字作華。師古曰。華卽

槫非樗也　玉篇以槫爲惡木蓋誤以槫爲樗而於檴下出樗云同上兩失之

多誤爲蘗字蘗誤當作蘖

今之樺皮貼弓者。莊子華冠。亦謂樺皮爲冠也。樺者俗字也。㠯其皮裹松脂。所謂樺燭。從木虖聲。乎化切。古音在五部。讀若華。檴或從蒦。

檗黃木也。本艸經之檗木也。一名檀桓。從木辟聲。博厄切。十六部。俗加艸作蘗。多誤爲蘗字。

梤香木也。芬爲艸香。故梤爲香木。從木芬聲。形聲包會意也。撫文切。十三部。按梤字多作棻。棻由篆體本作棻。象香气上出。

樧似茱萸。出淮南。釋木。茮樧醜。莍。郭云。莍萸子聚生成房皃。樧似茱萸而小赤色。內則注曰。藙。煎茱萸也。漢律會稽獻焉。爾雅謂之樧。按鄭云藙卽樧。許於艸部有茱萸有藙。此云似。與鄭說小異。本艸經木部云。吳茱萸一名藙。是則一物異名。亦不待煎成始爲藙也。從木。茱萸藙字在艸部。樧字在木部。故許不云一物。然茱萸在本艸經木部。茱從艸。而爾雅在釋木。則從艸從木一也。殺聲。所八切。十五部。

槭槭木。可作大車輮。未詳今何木。大車。牛車也。輮。車网。考工記之牙也。從木戚聲。子六切。三部。

王誤玉

楊　蒲柳也。各本作木也二字。今依藝文類聚初學記本艸圖經太平御覽所引正。釋木云。楊蒲柳。許所本也。按蒲蒸木作浦。浦水瀕也。玉風不流束蒲。毛云。蒲艸也。箋云。蒲蒲柳。孫毓云。蒲艸之聲。不與戍許相協。箋義爲長。是則晉人讀蒲柳爲浦柳之明證。古今注曰蒲柳生水邊。又曰。水楊蒲楊也。枝勁細。任矢用。任矢用者。左傳云董澤之蒲。是也。絫呼曰蒲柳。單呼曰蒲。音同浦。李注而失其讀矣。從木昜聲。与章切。十部。古假楊爲揚。故詩楊之水。毛曰。楊激揚也。廣雅曰。楊揚也。佩觿曰。楊柳也。亦州名。古書州名皆作楊矣。

檉　河柳也。釋木毛傳同。陸機云。生水旁。皮正赤。如絳。一名雨師。羅願云。葉細如絲。天將雨。檉先起氣迎之。故曰雨師。按檉之言赬也。赤莖。故曰檉。廣韻釋楊爲赤莖柳。非也。從木聖聲。敕貞切。十一部。

栘　少楊也。各本作小楊。今依孟子正義。蓋古本也。古多以少爲小。如少兒即小兒之類。楊之細莖小葉者曰栘。周禮故書衣接櫝之材。鄭司農讀爲翣柳。後鄭云。柳之言聚也。引書分命和仲度西曰柳穀。按度西曰柳穀者。今文尚書也。宅西曰昧谷者後鄭所讀之古文尚書也詳見尚書撰異。從木。丣聲。丣古文酉。力久切。三部。古多假梛爲酉。如鄭印癸字子梛。梛郎丣。名癸字酉也。仲尼弟子列傳顏幸字子梛。梛亦郎丣。幸者。幸之譌也。已上海寧錢馥字廣伯說。

[篆文] 大木。可爲鉏柄。未詳。從木。粤聲。詳遵切。十二部。

[篆文] 欒木。似欄。欄者今之楝字。本艸經有欒華。未知是不。借爲圜曲之偁。如鐘角曰欒。屋曲枅曰欒是。從木。䜌聲。洛官切。十四部。禮。天子樹松。諸侯柏。大夫欒。士楊。士楊二字當作士槐。庶人楊。五字轉寫奪去也。禮謂禮緯含文嘉也。周禮冢人以爵等爲丘封之度。與其樹數。賈疏引春秋緯。天子墳高三仞。樹以松。諸侯半之。樹以柏。大夫八尺。樹以藥草。士四尺。樹以槐。庶人無墳。樹以楊柳。藥草二字。欒之誤也。白虎通引春秋含文嘉語全同。正作大夫以欒。又廣韵引五經通義。士之冢樹槐。然則此士下有奪可知矣。含文嘉是禮緯。白虎通云春秋含文嘉。蓋引春秋禮二緯。而春秋下有奪字。唐封氏聞見記引禮經及說文皆譌栿。

[篆文] 棠

棣也。釋木曰：唐棣，栘。常棣，棣。唐與常音同，蓋謂其花赤者爲唐棣，花白者爲棣。一類而錯舉，故許云栘棠棣也，棣白棣也。改唐爲棠，改常爲白，以棠對白，則棠爲赤可知。皆卽今郁李之類，有子可食者。小雅常棣，論語逸詩唐棣，實一物也。郭注唐棣云：似白楊，江東呼夫栘。白楊，大樹也。古今注云：栘楊亦曰栘柳，亦曰蒲栘。圓葉弱蒂，微風善搖。此正今之白楊樹，安得有韡韡偏反之咢耶。因一栘字提合之。從木多聲。弋支切。古音在十七部。

棣白棣也。小雅傳曰：常棣，棣也。秦風傳曰：棣，唐棣也。常與唐同字可證矣。渾言之則白棣亦謂唐棣也。豳風傳云：鬱，棣屬。從木隶聲。特計切。十五部。

枳枳木似橘。考工記：橘踰淮而北爲枳。本艸經所謂枳實也。枳可爲籬。周書小開曰：德枳維大人。從木只聲。諸氏切。十六部。

楓楓木也。厚葉弱枝善榣。一名欇欇。各本榣作搖，今正。少一欇字，今依韵會補。釋木曰：楓，欇欇。犍爲舍人曰：楓爲樹，厚葉弱莖，大風則鳴，故曰欇欇。按欇木葉榣白也。榣，樹動也。厚葉弱枝，故善榣。善榣，故名欇欇。

嵇含南方艸木狀分楓人楓香爲二條實一木也從木風聲方戎切古音在七部招颻楓心南爲韵上
林賦楓一作氾是也權黃華木釋木曰權黃英按英華一也郭云未詳而釋艸亦云權黃華郭云今
謂牛芸艸爲黃華艸部英下一曰黃英然則爾雅木曰黃英艸曰黃華許則英華字互易從木雚聲巨員
切十四部一曰反常論語曰可與立未可與權孟子曰執中無權猶執一也公羊傳曰權者何權者反於
經然後有善者也柜柜木也趙注孟子曰杞柳柜柳也郭注爾雅曰柜柳似柳皮可煑作飲廣韵
柜下云柜柳按柜今俗作櫸又音譌爲鬼柳樹未知許所說是此不從木巨聲其呂切廣韵居許切五部
按周禮梐枑注故書枑作拒從手俗本從木作柜非槐槐木也釋木曰櫰槐大葉而黑守宮槐葉晝
聶宵炕按此皆槐之異者從木鬼聲戶恢切十五部𣫞楮也此篆體依五經文字正各本作
縠者從𧰲便也小雅傳曰穀惡木也陸機疏曰江南以其皮擣爲紙謂之穀皮紙絜白光輝按山海經傳曰穀亦名

構此一語之輕重耳從木殸聲古祿切三部

楮穀也從木者聲丑呂切五部

柠楮或從宁宁聲

檵枸杞也四牡四月傳皆曰杞枸檵也他杞字無傳讀詩者有三杞之說焉從木繼省聲按繼下云一曰反㡭爲繼然則此云㡭聲足矣疑或竄改之也古詣切十五部一曰堅木也堅各本作監誤今正此別一義謂堅木偁檵堅檵雙聲如薊與筋也

杞枸杞也按釋木毛傳皆云杞枸檵禮記鄭注亦云芑枸檵也郭注爾雅云今枸杞也是則枸檵爲古名枸杞雖見本艸經而爲今名許檵篆下當云枸檵杞也杞篆下當云杞枸檵也乃合今本後人亂之耳從木己聲墟里切一部

枒枒木也上林賦有胥邪史記作胥餘南都賦作稰枒蜀都吳都賦單評之曰枒艸木狀作椰其木葉在顛顛略似椶樹而實大如瓠繫在顛若挂物今俗用椰瓢是也從木牙聲五加切古音在五部一曰車网會也网俗本作輞今正考工記輪人注曰牙讀如訝謂輪輮也世閒或謂之网

書或作輮。按車人牙作輮。車部曰。輮車网也。車輪之肉。今北人謂之瓦。卽古語之牙也。謂之牙者。如艸木萌芽句曲然。䙫佩之璜曰牙。亦猶是也。車网必合衆曲而成大圜。故謂之网。會网會言之也。牙枒葢古今字。

檀 檀木也。鄭風傳曰。檀。彊刃之木。刃今韌字。檏醯似檀。齊人諺曰。上山斫檀。檏醯先殫。從木。亶聲。徒乾切。十四部。

櫟 櫟木也。秦風隰有苞櫟。傳曰。櫟。木也。陸機曰。苞櫟。秦人謂柞櫟爲櫟。河內人謂木蓼爲櫟。椒樧之屬。其子房生爲梂。木蓼子亦房生。故說者或曰柞櫟。或曰木蓼。機以爲此秦詩也。宜從其方土之言。柞櫟是也。按陸意謂秦詩當是柞櫟。今觀許櫟梂二篆連屬。正與陸所云木蓼子房生爲梂者合。然則許意謂木蓼也。艸部云。草斗。櫟實也。一曰樣斗。木部栩下云。柔也。其草一曰樣。此則謂草斗爲櫟實。正陸所謂秦人謂柞櫟爲櫟。又云栩今柞櫟也。草下櫟實字。非木部之櫟。許意栩柔樣草爲一物。是名柞櫟。亦名櫟。而非柞也。亦非子梂生之櫟也。柞與棫爲類。櫟似椒樧。鄭箋大雅云。柞櫟也。則以柞與柞櫟合爲一耳。從木。樂聲。郎擊切。古音在二部。

梂櫟實。此櫟實與草下櫟實各物。草下當云草斗。柞櫟實。損柞字耳。釋木曰。櫟其實梂。陸機云。椒㮽之屬。其子房生爲梂。木蓼子亦房生。然則許何爲以梂字專系諸木蓼也。曰。艸部以茮系諸茱檓矣。則以梂系諸櫟也。茮與梂皆謂聚生成房。櫟斗不尒也。梂與茮古通用。椒聊箋云。一梂之實。蕃衍滿升。非其常也。此假梂爲茮也。今俗語謂䌛多叢聚曰一梂。椒子每梂數十百顆。詩人言其盛則曰。每梂將盈升。不識正義何以不解也。木蓼。唐本艸謂之木天蓼。蘇頌云。木高二三丈。三四月開花。似柘花。五月採子。子作毬。一曰。鑿首。豳風毛傳曰。鑿屬曰錡。木屬曰銶。釋文曰。錡。韓詩云。木屬。銶。韓詩云。鑿屬也。按許用韓詩說也。鑿所以穿木也。鑿首謂鑿柄。鑿柄必以木爲之。今木工尚然矣。故字從木。金部無銶。許所據詩然也。從木。求聲。巨鳩切。三部。

欄欄木也。各木篆作楝。下文云柬聲。今改正。按考工記以欄爲灰。字作欄。許於欒下云。木似欄。然則此當同考工記可知矣。廣韵廿五寒。欄下云。木名。從古字古音也。欄俗作楝。乃用欄爲闌檻俗字。欄實曰金鈴子。可用浣衣。從木。

闌聲。郎電切。十四部。按莊子非練實不食。或謂卽欄實。欄實非珍物。似非的解也。

檿 山桑也。釋木曰。檿桑山桑。大雅毛傳曰。檿山桑也。禹貢檿絲。史記檿作酓。同音假借字也。從木。厭聲。於琰切。七部。詩曰。其檿其柘。

柘 柘桑也。三字句。各本無柘字。今補。山桑柘桑。皆桑之屬。古書竝言二者。則曰桑柘。單言一者。則曰桑曰柘。柘亦曰柘桑。如淮南注烏號云。柘桑其木堅勁。烏峙其上是也。桑柘相似而別。見胡氏通鑑釋文辯誤。從木。石聲。之夜切。古音在五部。漢志琅邪郡靈門高柘山。柘乃原之誤。水經注可證。師古謂卽柘字誤。

⿰木厀 ⿰木厀木可爲杖。小徐云。今⿰木厀栗之屬。從木。厀聲。親吉切。十二部。

⿰木還 ⿰木還味。逗稔棗也。釋木。還味。稔棗。釋文云。還字林作⿰木還。不言出說文。疑或取字林增此。從木。還聲。似沿切。十四部。

梧 梧桐木。三字句。釋木曰。櫬梧。賈思勰曰。注云。今梧桐。皮青者曰梧桐。案今人以其皮青。號曰青桐也。玉裁謂此今人所植梧桐樹也。其華五出。子如珠。綴於瓢邊。瓢如羹匙。

大九十又　小五丂五十の

賈氏云青桐九月收子炒食甚美如蔆芡是也從木吾聲五胡切五部一曰櫬一曰猶一名也本爾雅

榮桐木也見釋木按梧下云梧桐木榮下曰桐木此卽賈思勰青桐白桐之別也白桐華而不實材中樂器青桐則不中用毛詩椅桐梓漆爰伐琴瑟其白桐與又云其桐其椅其實離離則青桐亦評桐蒲言之也郭注爾雅於榮桐木曰卽梧桐於櫬梧曰今梧桐皮青者本不誤今本刪節乃不可通從木熒省聲永兵切十一部一曰屋梠之兩頭起者爲榮士冠禮鄉飲酒禮皆云東榮鄭曰榮屋翼也韋注甘泉賦同梠楣也楣齊謂之檐楚謂之梠檐之兩頭軒起爲榮故引伸凡揚起爲榮卑汚爲辱

桐榮也從木同聲徒紅切九部

橎橎木也未詳從木番聲讀若樊附轅切十四部

楰楰白枌見釋木陳風東門之枌傳云枌白楡也然則釋木楡白爲逗枌爲句顯然許意亦如此讀別楡一種以起下也楡莢可食亦可爲醬酉部所謂𨡕䤈也從木俞聲羊朱

楡白枌此以白枌釋楡段於白字斷句以合毛傳非也楡枌毛許義互異毛以楡之白者為枌許以枌之白者為楡詩疏引孫炎云或以楡為白枌者誤也可知古有此說許蓋以楡白相屬則當移注枌下而可篆韻譜云楡白枌也枌白楡也蓋亦首鼠毛許不能折衷一是

切古音在四部

枌 枌榆也 三字句各本少枌淺人以爲複字而誤刪之枌榆者榆之一種漢初有枌榆社是也 從木分聲 扶分切十三部

梗 山枌榆有朿 山枌榆又枌榆之一種也有朿故名梗榆即齊民要術所謂刺榆者也方言凡草木刺人自關而東或謂之梗郭注今云梗榆是也 莢可爲蕪荑也 荑當作夷爾雅急就篇皆不從艸釋木無姑其實夷郭云無姑姑榆也生山中莢圓而厚莢各本作葉急就篇注引不誤剝取皮合漬之其味辛香所謂蕪荑按齊民要術分姑榆刺榆山榆爲三云刺榆木甚堅韌山榆可以爲蕪荑依許說則刺榆山榆一物也賈氏言種植皆得諸目驗豈許有未諦與姑榆即周禮之椲杜子春作枯榆鄭注周易大過曰枯音姑謂無姑山榆廣雅山榆毋估也是則山枌榆即爾雅無姑之證 從木叜聲 古杳切古音在十部按梗引伸爲凡柯莖骾刺之偁

樵 散木也 小雅樵彼桑薪列子書以蕉爲樵按上下文皆木名也此字廁此恐非其舊次當與柴篆爲伍 從木焦聲 昨焦切古音二部三部

松

松木也。从木公聲。祥容切。九部。集韵思恭切。關內語也。按俗皆從關內語。惟徽州讀祥容切。

𣏞松或从容。容聲也。此如頌額同字。

樠松心木。疑有奪誤。當作松心也。一曰樠木也。廣韵廿二元注曰。松心。又木名也。所據古本也。蒙上文松木言之。故曰松心謂之樠。蓋松心微赤。故與璊璊同音。又松心有脂。莊子所謂液樠。廣韵養韵釋樠曰。松脂。正樠爲松脂之誤也。一曰樠木也者。別有木名樠。如左傳卒於樠木之下。馬融廣成頌。陵喬松。履脩樠。漢書烏孫國山多松樠是也。小顏云。樠木名。其心似松。是小顏所據已同今本矣。舊有樠樠二字。一㒼聲。一兩聲。左傳樠木音義云。郎蕩反。又莫昆武元二反。馬援傳章懷注曰。水經注武陵五溪。謂雄溪樠溪西溪潕溪辰溪。蠻土俗雄作熊。樠作朖。潕作武。是皆認樠爲樠木。別其字而強說其音也。从木㒼聲。莫奔切。十五部。

檜柏葉松身。釋木衞風毛傳皆曰。檜柏葉松身。禹貢作栝。从木會聲。古外切。十五部。

樅松葉柏身。見釋木。郭引尸子曰。松柏之鼠。不知堂密之有美樅按堂密謂山如堂者。從木從聲。七恭切。九部。

柏　鞠也。釋木曰。柏椈。禮記。暢臼以椈。鄭曰。椈柏也。按椈者鞠之俗。柏古多假借爲伯仲之伯。促迫之迫。從木白聲。博陌切。古音在五部。張參曰。經典相承亦作栢。

机　机木也。山海經。單狐之山多机木。族簡之山多松柏机桓。郭曰。机木似榆。可燒以糞稻田。音飢。按蓋卽榿木也。今成都榿木樹。讀若豈平聲。楊雄蜀都賦曰。春机楊栭。机榿古今字。榿見杜詩。王安石詩以榿滋移爲韵。韵會音邱其切。與蜀語合。從木几聲。居履切。十五部。

枮　枮木也。未詳。從木占聲。息廉切。七部。

梇　梇木也。未詳。從木弄聲。盧貢切。九部。益州有梇棟縣。益州漢郡名也。前志字作弄。後志作梇。

楰　鼠梓木。釋木小雅毛傳皆曰。楰鼠梓也。陸機郭璞皆云。楸屬。從木臾聲。羊朱切。四部。詩曰。北山有楰。

栀　黃木可染者。各本篆文誤作桅。今依韵會所據本正。小徐云。史記貨殖傳。千畝巵茜。又書記多言鮮支。皆此。是錯本固

此用史記梔茜此梔字當作巵
桅今之梔子樹此桅字當作梔

作梔字。證一。玉篇列字次弟與說文同。而栟梜杒榙四字之閒字作梔。之移切。不作桅。桅字乃在下文孫强等增竄之处。證二。水部染下。引裴光遠曰。從木。木者所以染桅茜之屬也。此用史記梔茜而亦譌作桅。證三。桅今之梔子樹實可染黃。相如賦謂之鮮支。史記假巵爲之。從木。巵聲。巵各本誤作危。音過委反。今依韵會所據正。章移切。十六部。釋木。桑辨有甚梔。此別一義。

杒　桎杒也。未詳何木。從木。刃聲。而震切。十二部。

榙　榙㯰。逗果似李。史記上林賦榙㯰。字同許。漢書文選皆作荅遝。假借字也。郭云。荅㯰似李。廣韵引埤蒼同。從木。荅聲。讀若嚃。嚃。口部無。即舌部䑙之異文也。母嚃羹。見曲禮。土合切。七部。按各本二篆先後失次。今從玉篇。

㯰　榙㯰木也。從木。遝聲。徒合切。八部。

某　酸果也。此是今梅子。正字。說見梅下。從木甘。闕。此闕。謂義訓酸而形從甘。不得其解也。玉裁謂甘者酸之母也。凡食甘多易作酸味。水土合而生木之驗也。莫厚切。古音在一部。

槑　古文某從口。

案某爲酸果何以反从甘言部謀字古文从口从母以此例之則古文某字當从木从母作槑或作楳梅与楳梅之梅形近故後人或以說梅當楳而槑又以形近譌爲某

從口者。甘之省也。网之者。皃其酢醶。

櫾 崐崘山河隅之長木也。崐崘當作昆侖。山字依類篇補。西山經曰。槐江之山。西望其大澤。其陰多櫾木。郭曰。櫾木。大木。引國語櫾木不生危。按櫾卽櫾字。韋注晉語亦云。櫾木。大木也。晉語一本作拱木。非。許謂櫾爲長木。櫾爲樹動。他書則櫾爲橘柚。櫾爲長木。用字之不同也。穆天子傳曰。天子釣于河。以觀繇之木。郭云。姑繇。大木。姑繇亦卽櫾也。從木。繇聲。按許書有繇無繇。或傳寫之誤。以周切。三部。

樹 木生植之總名也。植立也。假借爲尌豎字。從木。尌聲。形聲包會意。常句切。四部。

𣝁 籒文。籒文從豆。不從豈者。豆柄直。亦有直立之義。豆與壴同在四部。爲諧聲。寸。則謂手植之也。

本 木下曰本。從木。從丅。此篆各本作朩。解云從木。一在其下。今依六書故所引唐本正。本末皆於形得義。其形一從木丄。一從木丅。而意卽在是。全書如此者多矣。一記其處之說。非物形也。大雅以本奏爲奔走。假借也。布忖切。十三部。

𡴭 古文。此從木象形也。根多竅似𠙵。故從三𠙵。

大八十三　小當卅

柢　木根也。道德經：深其根，固其柢，長生久視之道。韓非解老曰：樹木有曼根，有直根。直根者，書之所謂柢也。柢也者，木之所以建生也。曼根者，木之所以持生也。按直者曰直根，橫者曰曼根。根柢，或借蔕字爲之，又借氐字爲之。節南山傳曰：氐，本也。是。從木氐聲。都禮切。十五部。

朱　赤心木，松柏屬。朱本木名，引伸假借爲純赤之字。糸部曰：絑，純赤也。是其本字也。從木，一在其中。赤心不可像，故以一識之。若本末非不可像者，於此知今本之非也。章俱切。古音在四部。又按此字解云赤心木，松柏屬。當廁於松樠檜樅柏之処。今本失其舊次。本柢根株末五文一貫，不當中骾以他物，葢淺人類居之，以傳會其一在上、一在中、一在下之說耳。

根　木株也。從木艮聲。古痕切。十三部。

株　木根也。莊列皆有厥株駒。株，今俗語云椿。從木朱聲。陟輸切。古音在四部。

末　木上曰末。從木從上。此篆各本作末，解云從木，一在其上。今依六書故所引唐本正。莫撥切。十五部。六書故曰：末，木之窮也。因之爲末殺

根　从艮，艮爲足，艮止也，止古趾字，故根从艮

末　篆一在上爲上，在下爲下，本末字皆从一，會意，未嘗不通

各本未必誤也

末滅略末叉與蔑莫無聲義皆通記曰末之卜也語曰吾末如之何末由也已樱細理木也樱見西山經南都賦郭曰樱似松有刺細理劉淵林注蜀都賦曰楔似松有刺按蜀都楔字蓋樱之譌從木畟聲子力切一部按此篆亦失其舊次當與諸木名爲伍果木實也上文言果多矣故總釋之引伸假借爲誠實勇敢之偁從木象果形在木之上謂田也古火切十七部樏木實也絫者今之累積字從絫言其多也假借則扁榼謂之樏似盤中有隔也從木絫聲力追切按當依廣韵力委切十六部杈杈枝也三字句廣韵曰方言云江東言樹枝爲椏杈也枝如手指相錯之形故從叉從木叉聲初牙切古音在十六部枝木別生條也艸部曰莖枝主也榦與莖爲艸木之主而別生條謂之枝枝必岐出也故古枝岐通用從木支聲章移切十六部條小枝也毛傳曰枝曰條渾言之也條爲枝之小者析言之也從木攸聲徒遼切古音在

三部

朴木皮也洞簫賦秋蜩不食抱朴以長吟李注抱音附引蒼頡篇朴木皮也顏注急就篇上林賦厚朴曰朴木皮也此樹以皮厚得名按廣雅云重皮厚朴也從木卜聲匹角切三部按凡鞭扑字從手作扑卽攴字也凡樹皮字從木作朴凡棫樸樸屬字作樸卽樸之省也凡朴素字作樸皆見說文

枚榦也毛傳曰榦曰枚引伸爲銜枚之枚爲枚數之枚幽風傳曰枚微也魯頌傳曰枚枚礱密也皆謂枚爲微之假借也從木攴會意可爲杖也說從攴之意也攴小擊也因爲鞭扑字杖可以擊人者也故取木攴會意莫桮切十五部詩曰施于條枚大雅文

栞槎識也槎衺斫也槎識者衺斫以爲表志也斫之以爲表識如孫臏斫大樹白而書之曰龐涓死此樹下是其意也禹貢隨山栞木夏本紀作行山表木此古說也今尚書益稷禹貢皆作隨山刊木九山刊旅周禮曰刊陽木左傳曰井堙木刊木非不言刊也然刀部曰刊剟也剟刊也刊者除去之意與栞訓槎識不同葢壁中古文作栞今文尚書作栞則未知何時改爲刊也據正

義已作刊。則非衛包所改。从木𡗜闕。此云闕者謂𡗜形不可識。無由知其形聲抑會意也。說文之例先小篆後古文。惟此先壁中古文者。尊經也。夏書曰隨山栞木。夏書。謂禹貢也。讀若刊。此謂同音耳。苦寒切。十四部。

栞　篆文从幵。李斯輩作栞。史漢所引禹貢作栞。故知今文尚書作栞也。

欇　木葉榣白也。榣各本從手。今正。榣。樹動也。凡木葉面青背白。爲風所攝。則獵獵然背白盡露。故曰榣白。楓厚葉弱枝善榣。一名欇欇。𧺆也。釋木又有欇虎櫐。則未得其解。从木聶聲。之涉切。七部。

栠　弱皃。小雅大雅皆言荏染柔木。毛曰。荏染。柔意也。論語色厲而內荏。孔曰。荏。柔也。按此荏皆當作栠。栠荏謂蘇也。經典多假荏而栠廢矣。从木任聲。如甚切。七部。

枖　木少盛皃。周南。桃之夭夭。毛曰。桃有華之盛者。夭夭其少壯也。邶風。棘心夭夭。毛曰。夭夭。盛皃。按夭下曰。屈也。屈者大之反。然屈者大之兆也。故枖字從夭。从木夭聲。聲疑衍文。以會意包形聲也。於喬切。二部。詩曰桃之枖枖。

篆六　六篇上　三

按韻會引說文從木夭聲之下不言引詩桃之枖枖而云通作夭引詩棘心夭夭至鍇注棘心夭夭始援厥草唯夭桃之夭夭等語是黃氏所據鍇本作詩曰棘心夭夭明甚枖從木夭會意故偁棘心夭夭說從木夭之意如引豐其屋說寷從宀豐引艸木麗于地說䕻從艸麗同一例也淺人不知此例故改夭夭爲枖枖又易棘心爲桃之好學深思者當能知之矣

槇　木頂也。人頂曰顛木頂曰槇今顛行而槇廢矣　**從木眞聲**　都季切十一部

一曰仆木也　人仆曰顛木仆曰槇顛行而槇廢矣頂在上而仆於地故仍謂之顛槇也大雅人亦有言顛沛之揭枝葉未有害本實先撥此以木爲喻故毛曰顛仆沛跋揭見根皃是毛詩之顛槇之假借也般庚若顛木之有由櫱義亦同槇考工記稹理亦或假槇

梃　一枚也。凡條直者曰梃梃之言挺也一枚疑當作木枚竹部曰箇竹枚則梃當云木枚也方言曰箇枚也鄭注禮經云个猶枚也今俗或名枚曰個音相近按枚榦也一莖謂之一枚因而凡物皆以枚數左傳以枚數闔謂枚枚數之猶云一一數之也直者則曰梃如孟子

段注今俗或名枚曰個音相近　案枚個音絕遠今俗十字疑當在幹也下謂幹個音相轉也

制梃。漢書白梃。皆是。禮經脯梃字本作梃。亦作挺。俗作脡。誤也。詳肉部。從木。廷聲。徒頂切。十一部。

𣡕衆盛也。焱部曰焱。盛皃。𣡕與燊同意。三馬三火。皆盛意也。從木。驫聲。驫見馬部。唐韵甫虯切。曹憲廣雅音曰。香幽必幽二反。廣韵甫休切。又音標。然則𣡕音當在三部。明矣。而鉉云所臻切。篇韵皆同。與許云驫聲者不合。葢燊屬會意。𣡕屬形聲。而皆訓盛。燊讀若莘。莘莘征夫之莘。因强同之耳。逸周書曰𣡕疑沮事。各本脫𣡕字。今依玉篇補。周書文酌解七事。三。聚疑沮事。聚古讀如驟。與𣡕音近。𣡕疑沮事。猶云蓄疑敗謀也。各本此下有闕字者。淺人不解周書語。妄增也。

標木杪末也。杪末。謂末之細者也。古謂木末曰本標。如素問有標本病傳論是也。亦作本剽。如莊子云有長而無本剽者是也。標在冣上。故引伸之義曰標舉。肆師表齍盛告絜。注云。故書表爲剽。剽表皆謂徽識也。按表剽皆同標。從木。票聲。敷沼切。二部。

杪木標末也。方言曰。杪。小也。木細枝謂之杪。郭注。言杪捎也。按引伸之。凡末皆曰杪。王制言歲之杪是也。從木少聲。亡沼切。二部。

朵　樹木𠂹朵朵也。凡枝葉華實之垂者皆曰朵朵。今人但謂一華爲一朵。引伸爲易之朵頤。李鼎祚曰。朵頤垂下動之皃也。從木。象形。謂几也。丁果切。十七部。此與采同意。宋本作采。今本作采。按采采會意。朵則不同。言其挭槩而已。當云與𠂹同意。

桹　高木也。此泛言高木謂之桹。非謂桄桹及檳榔也。門部閬訓門高。義相近。從木良聲。魯當切。十部。

橌　大木皃。未見其證。小徐說以左傳橌然授兵登陴。今左傳自唐石經而下皆從手。從木閒聲。古限切。十四部。

枵　木皃。大徐本作木根。非也。木根則當廁於本柢根株四篆処矣。枵。木大皃。莊子所云呺然大也。木大則多空穴。莊子曰。大木百圍之竅穴。似枅。似圈。似臼。似洼者。似污者。故左氏釋元枵云。枵虛也。從木号聲。許嬌切。二部。春秋傳曰。歲在元枵。枵。虛也。依韻會本訂。見襄廿八年左氏傳。許檃栝其辭耳。傳曰。元枵虛中也。枵。耗名也。爾雅曰。元枵。虛也。孫炎云。枵之言耗。耗虛之意也。許亦以虛正釋㝃字。园㝃以虛得名。如天駟以房得名。天根以氐得名。左氏云虛中。猶言虛之區域耳。不必泥於杜注园㝃三宿虛星在其中之說。

柖　樹搖皃。言招也。樹高大則如能招風者然。漢志郊祀歌。體招搖若永望。注。招搖申動之皃。按此招搖與柖榣同。師古招音韶。猶玉篇柖時昭切也。從木。召聲。止搖切。二部。

榣　樹動也。榣之言搖也。今俗語謂煽惑人爲招搖。當用此從木二字。謂能招致而搖動之也。從木。䍃聲。余昭切。二部。

朻　高木下曲也。從木丩。丩亦聲。此韵會所據小徐本也。今二徐本皆分樛朻爲二篆。樛訓下曲。朻訓高木。乃張次立以鉉改鍇而然。鍇云。詩作樛。爾雅作朻。依詩爲正。鍇意許書作朻。未是也。今考釋木曰。下句曰朻。南有樛木。毛傳曰。木下曲曰樛。下曲卽下句也。樛卽朻也。一字而形聲不同。許則從丩聲者。容許當日毛詩亦作朻也。玉篇分引詩爾雅而云二同。甚爲明晳。丩者。相糾繚也。凡高木下句。垂枝必相糾繚。故曰從木丩。丩亦聲。吉虯切。三部。

枉　衺曲

也。本謂木衺曲。因以爲凡衺曲之偁。从木。㞷聲。迂往切。十部。𣐿 曲木也。引伸爲凡
曲之偁。見周易考工記月令左傳。古本無從手橈字。後人肊造之以別於橈。非也。从木。堯聲。女教切。二
部。枎 枎疏逗四布也。枎汲古刊本从手。非也。今依玉篇五音韻譜集韻類篇正。枎之言扶
也。古書多作扶疏。同音假借也。上林賦垂條扶疏。劉向傳梓樹生枝葉扶疏上出屋。楊雄傳枝葉扶疏。呂覽樹肥無
使扶疏。是則扶疏謂大木枝柯四布。疏通作胥。亦作蘇。鄭風山有扶蘇。毛曰。扶蘇、扶胥木也。釋文所引不誤。正義作
小木。誤也。毛意山則有大木。隰則纔有荷華。是爲高下大小各得其宜。後人以鄭箋提合而改之。从木。夫
聲。防無切。五部。椅 木旖施也。旖各本作檹。施集韻類篇作椸。皆非也。㫃部旖下曰。旗旖施也。
旗旖施。故字从㫃。木如旗之旖施。故字從木。旖九辨紛旖旎乎都房。王注。旖旎、盛皃。引詩旖旎其華。九歎注同。然則
今曹風猗儺。毛曰。猗儺、柔順也。猗儺卽旖施。旎者施之俗也。椸者文旎之譌也。上林賦。旖旎從風。張揖云。旖旎猶阿

那漢書文選皆作猗柅。韵書紙韵作猗狔椅柅旖旎。哿韵作旑旎檹㰇。其實皆同字也。**從木旖聲**形聲包會意。於离切。古音在十七部。**賈侍中說檹卽椅也**也。各本作木。今依篇韵。**可作琴**賈說檹卽椅字之異者也。椅可作琴。見衛風。

杪　梢也梢。各本作相高二字。今正。玉篇曰。杪。木忽高也。以梢字之解解之。是杪訓梢也。杪者。言其杪末之高。**從木小聲**私兆切。二部。玉篇子了切。

𣗥　高皃也各本無曶字。今按玉篇杪下云忽高者。正用梢之解也。倏忽字。今作忽。許作曶。曶高者。忽然而高。如桑榖一暮大拱。西京賦神山崔巍。倏從背見之類。**從木曶聲**形聲包會意。呼骨切。十五部。

槮　長木皃本作不長。今正。九辨。萷櫹槮之可哀。卽許之櫹槮二字也。王注。槮。獨立也。上林賦。紛溶萷蔘。郭云。支竦擢也。蔘同槮。李善音森。**從木參聲**所今切。七部。**詩曰。槮差荇菜是也**見周南。今詩作參。許所據作槮。謂如木有長有短不齊也。

梴　長木也從木延聲丑連切。十四部。**詩曰**

松桷有梴。見商頌。毛云。長皃。按此篆疑後人所增。毛詩本从手作挻。不从木也。商頌音義曰。有挻。丑連反。又力鱣反。長皃。柔挻物同耳。字音羶。俗作埏。又道德經音義曰。挻。始然反。河上云。和也。聲類云。柔也。字林云。長也。丑連反。一曰柔挻。方言云。取也。玉裁謂挻埴字俗作埏。古作挻。柔也。陸氏於商頌云挻長皃。又云柔挻物同。謂柔挻與長皃無二字也。於老子挻埴云和也柔也。而又引字林云長也。謂長與柔挻無二字也。陸氏毛詩本從手作挻。明甚。今本音義作木旁延。非也。白氏六帖於松柏類引詩松桷有埏。勑延切。字正作埏之俗字。是亦可以證商頌之本作挻也。五經文字木部有梴云見詩頌。蓋所據已爲誤本矣。故曰梴篆淺人以誤本毛詩羼入者也。手部云。挻。長也。此正用商頌傳也。是說明而治說文者可刪此篆矣。

櫹　長木皃。櫹與槮同義聯文。淺人以梴梗其閒。非也。九辨櫹卽櫹。淺人加艸耳。吳都賦說竹曰。櫹蘦森萃。史記上林賦。紛容蕭蔘。蕭同櫹。从木肅聲。山巧切。古音在三部。廣韵蘇彭切。玉篇息六切。

杕　樹皃。樹當作特字之誤也。在顏黃門時已誤矣。唐風有杕

段欲改爲特皃　案但云特皃不詞　篇韻皆訓木盛皃　字从大大亦盛意聲兼義　疑今本說文有脫字　若如詩傳亦當云樹特生皃

之杜。毛曰。杕。特皃。許所本也。引伸爲舟舵。高注淮南曰。杕。舟尾也。梲舵皆俗字。从木。大聲。特計切。十五部。顏黃門云。詩河北本皆爲夷狄之狄。讀亦如字。此大誤也。按近人有謂古無入聲。與於江左者。據黃門此條。則河北非無入聲也。詩曰。有杕之杜。此句詩凡六見。[illegible] 木葉陊也。陊。落也。小徐云。此亦攆字。按此與攆義同。音不必同。相爲轉注。非一字也。言部訬讀若㲋。此[illegible]讀如薄。然則㲋之在二部或五部。難定也。玉篇云。[illegible]同欃。則合㲋聲毚聲爲一。其誤甚矣。从木。㲋聲。讀若薄。他各切。

格 木長皃。以木長別於上文長木者。長木言木之美。木長言長之美也。木長皃者。格之本義。引伸之。長必有所至。故釋詁曰。格。至也。抑詩傳亦曰。格。至也。凡尚書格于上下。格于藝祖。格于皇天。格于上帝。是也。此接於彼曰至。彼接于此則曰來。鄭注大學曰。格。來也。凡尚書格爾衆庶。格汝衆。是也。至則有摩挖之義焉。如云格君心之非。是也。或借假爲之。如雲漢傳曰。假。至也。尚書格字。今文尚書皆作假。是也。有借格爲庋閣字者。亦有借格爲扞挌字者。从木。各

槁當作稾

聲。古百切。古音在五部。𣞤木相摩也。釋木曰。木相磨。槸。按大雅。作之屛之。其菑其翳。脩之平之。其灌其栵。爾雅。立死。菑。蔽者。翳。木相磨。槸。除灌木叢木已見於上。則槸卽栵也。以文法論。栵必非木名。毛云。栵。栭也。栭謂之。而小木相迫切。與爾雅義無不合也。栭爲小木。如鯿爲魚子。從木。埶聲。魚祭切。十五部。按槷考工記輪人以爲槷樧字。又匠人以爲臬字。又輪人注以爲危隉字。𣞤或從蓺作。據此則蓺字古有之矣。

𣏌枯槁也。從木。古聲。苦孤切。五部。夏書曰。唯箘輅枯。禹貢文。今尚書作惟箘簵楛。按惟作唯。轉寫誤也。輅當依竹部引書作簵。楛作枯。則許所據古文尚書如是。竹部引書作楛。非也。枯。逗。各本無此字。今補。木名也。此釋書之枯。非枯槀之義。如引堲讒說。而又釋堲。引曰圛。而又釋圛。引布重莧席。而又釋莧。皆非堲圛莧本義。必別釋以曉人也。木名未審何木。周易大過之枯。鄭音姑。謂無姑山榆。周禮壺涿氏。杜子春讀橭爲枯。云枯榆木名。疑當是枯榆也。而馬云可以爲箭。或謂枯乃楛之假借。未知其審。考工記注引尚書箘簬枯。音義曰。枯。尚書作楛。鄉射禮注。引國語肅愼貢枯矢。音義曰。枯字又作楛。然則鄭所據尚書國語皆作枯。與許所據合也。

槀木枯也。枯槀禾槀字。古皆高在上。今字高在右。非也。凡潤其枯槀曰槀。如慰其勞苦曰勞。以膏潤物曰膏。尚書槀飫。周禮槀人。小行人若國師役則令槀禬之。義皆如是。鄭司農以漢字通之。於槀人曰。槀讀爲犒師之犒。主宂食者。故謂之犒。於小行人曰。槀當爲犒。謂犒師也。蓋漢時盛行犒字。故大鄭以今字易古字。此漢人釋經之法也。左傳國語皆有犒字。左傳服注曰。以師枯槀。故饋之飲食。韋注國語曰。犒。勞也。計左國皆本作槀。今本作犒者。亦漢人所改。如牛人軍事共其犒牛。此必後鄭從大鄭所易也。小行人經文。從大鄭易爲犒而注之曰。故書犒作槀。今本則譌舛難讀矣。何注公羊曰牛酒曰犒。高注淮南曰。酒肉曰餉。牛羊曰犒。漢廍彰長碑又作勞醕。許不錄犒醕字者。許以槀爲正字。不取俗字也。從木。高聲。苦浩切。二部。鄭箋詩讀橋爲槀。

樸木素也。素猶質也。以木爲質。未彫飾。如瓦器之坯然。士喪禮。周禮槀人。皆云獻素獻成。注云。形法定爲素飾治畢爲成是也引伸爲凡物之偁如石部云磺銅鐵樸是也作璞者俗字也又引伸爲不奢之偁凡云儉樸是也漢書以敦朴爲樸天下先假朴爲樸也**從木菐聲**匹角切三部今詩棫樸周禮樸屬借用此字

楨剛木也此謂木之剛者曰楨非謂木名也吳都賦之楨廣韵之女楨則爲木名**從木貞聲**陟盈切十一部**上郡有楨林縣**地理郡國二志同

柔木曲直也洪範曰木曰曲直凡木曲者可直直者可曲曰柔考工記多言揉許作煣云屈申木也必木有可曲可直之性而後以火屈之申之此柔與煣之分別次弟也詩荏染柔木則謂生木柔之引伸爲凡耎弱之偁凡撫安之偁**從木矛聲**耳由切三部

柝判也土裂曰坼木判曰柝二字今可用今人從手作拆甚無謂也自專以柝爲擊柝字而柝之本義廢矣**從木斥聲**他各切五部按此古音也以今語言讀之則丑格切**易曰重門擊柝**繫辭傳文按欜下引易重門擊欜欜之本義也引經言轉注也此引易擊柝者欜之借字也引經言假借

也。易有異文。兼引之而六書明矣。朸木之理也。考工記曰。陽木稹理而堅。陰木疏理而柔。毛詩傳曰。析薪必隨其理。毛詩如矢斯棘。韓詩棘作朸。毛曰。棘稜廉也。韓曰。朸。隅也。學者皆不解。及觀抑詩維德之隅。毛曰。隅。廉也。箋申之云。如宮室之制。內有繩直。則外有廉隅。然後知斯干詩謂如矢之正直。而外有廉隅也。韓朸爲正字。毛棘爲假借字。如矢之直。則得其理。而廉隅整飭矣。毛韓辭異而意一也。從木。力聲。以形聲包會意也。阞下曰地理。朸下曰木理。泐下云水理。皆從力。力者。筋也。人身之理也。盧則切。一部。平原有朸縣。見地理志。

材木梃也。梃一枚也。材謂可用也。論語。無所取材。鄭曰。言無所取桴材也。貨殖傳曰。山居千章之材。服虔云。章方也。孟康云。言任方章者千枚。按漢人曰章。唐人曰橦。音鐘。材方三尺五寸爲一橦。材引伸之義。凡可用之具皆曰材。從木。才聲。昨哉切。一部。

柴小木散材。月令。乃命四監收秩薪柴。以供郊廟及百祀之薪燎。注云。大者可析謂之薪。小者合束謂之柴。薪施炊爨。柴以給燎。按寮祡祭天也。燔柴曰柴。毛詩車攻假柴爲積字。從木。此聲。士佳切。十六部。

槫　槫桑神木。日所出也。叒下曰。日初出東方湯谷所登槫桑叒木也。然則槫桑卽叒木也。東下曰。從日在木中。杲下曰。從日在木上。皆謂槫木也。淮南高注亦曰槫桑。日所出也。從木。尃聲。防無切。五部。

杲　明也。衞風。杲杲出日。毛曰。杲杲然日復出矣。從日在木上。讀若槀。日在木中。昒也。日在木上。旦也。古老切。二部。

杳　冥也。冥。窈也。莫爲日且冥。杳則全冥矣。由莫而行地下。而至於槫桑之下也。引伸爲凡不見之偁。從日在木下。烏皎切。二部。

㮰　角械也。角蓋角鬭之角。從木。郤聲。其逆切。古音在五部。一曰木下白也。未詳。

栽　築牆長版也。古築牆。先引繩營其廣輪方制之正。詩曰。俾立室家。其繩則直。是也。繩直則豎楨榦。題曰楨。植於兩頭之長杙也。旁曰榦。植於兩邊之長杙也。植之謂之栽。栽之言立也。而後橫施版於兩邊榦內。以繩束榦實土。用築築之。一版竣則層絫而上。詩曰。縮版以載。捄之

㮰一曰木下白也疑有衍字玉篇但云一曰木也又疑此六字當在杳下

仍仍度之薨薨築之登登是也然則栽者合楨榦與版而言許云築牆長版爲栽者以版該楨榦也中庸故栽者培之鄭云栽猶殖也今時人名艸木之殖曰栽築牆立版亦曰栽鄭同許說長版者五經異義曰戴禮及韓詩說八尺爲版五版爲堵五堵爲雉版廣二尺積高五版爲一丈五堵爲雉雉長四丈古周禮及左氏說一丈爲版版廣二尺五版爲堵一堵之牆長丈高丈三堵爲雉一雉之牆長三丈高一丈以度爲長者用其長以度爲高者用其高也毛詩說亦云一丈爲版五版爲堵公羊說五版而堵五堵而雉百雉而城鄭君曰左氏傳說鄭莊公弟段居京城祭仲曰都城過百雉國之害也先王之制大都不過三國之一中五之一小九之一今京不度非制也古之雉制書傳各不得其詳案天子之城九里公城七里侯伯之城五里子男之城三里今以左氏說鄭伯之城方五里積千五百步也大都三國之一則五百步也五百步爲百雉則知雉五步五步於度長三丈則雉長三丈也雉之度量於是定可知矣按何注公羊曰八尺曰版堵凡四十尺此用今戴韓說也鄭箋詩曰春秋傳云五版爲堵五堵爲雉雉長三丈

則版六尺。自用其說也。若異義今無全書。未識許氏何從。而於此但云長版。不箸丈尺。是作說文時。於今說八尺。古說一丈。皆疑之而不敢定矣。**從木。𢦏聲。**昨代切。一部。今分平去二聲。古無是也。中庸注可證。**春秋傳曰。楚圍蔡。里而栽。**左傳哀公元年文。莊二十九年曰。水昏正而栽。杜云。樹版榦。定元年。城成周。庚寅栽。杜云。設版築。

築　所㠯擣也。所㠯二字。今補。此蒙上築牆言所用築者。謂器也。其器名築。因之人用之亦曰築。手部曰。擣。築也。是也。築者直舂之器。鄭注周禮引司馬法云。輂。一斧。一斤。一鑿。一梩。一鉏。周輂加二版二築。正義曰。築者。築杵也。**從木。筑聲。**陟玉切。三部。**𥰈　古文。**按此從土管聲也。今本篆體譌舛。故正之。

榦　築牆耑木也。耑謂兩頭也。假令版長丈。則牆長丈。其兩頭所植木曰榦。釋詁曰。楨。榦也。舍人曰。楨。正也。築牆所立兩木也。榦。所以當牆之兩邊鄣土者也。桒誓注曰。題曰楨。旁曰榦。正義云。題曰楨。謂當牆兩端者。旁曰榦。謂在牆兩邊者也。然則舊說皆謂楨爲兩耑木。榦爲夾版兩邊木。許不尒者。舊說析言之。爾雅與許皆渾言之也。大雅傳亦以榦釋楨。許於楨下渾云剛木。從木軌聲。古案切。十四部。按詩多以翰爲榦。故爾雅毛傳曰翰榦也。言六書之假借也。榦俗作幹。一曰本也。四字今補。文選魏都賦注。盧諶贈劉琨詩注。皆引說文榦本也。按上文云枚榦也。引詩施于條枚。與此訓相足。木下曰本。木身亦曰本。

檥　榦也。釋詁曰。楨翰儀榦也。許所據爾雅作檥也。人儀表曰榦。木所立表亦爲榦。其義一也。史記烏江亭長檥船待。檥船者。若今小船兩頭植櫓爲系也。從木義聲。魚羈切。古音十七部。

構　蓋也。此與冓音同義近。冓交積材也。凡覆蓋必交積材。從木冓聲。以形聲包會意。古后切。四部。杜林以爲椽桷字。杜林用構爲桷字。桷。古音如穀。杜意構造字用冓。椽桷字用構。蓋蒼頡訓纂一篇及蒼頡故一篇中語。

模　法也。以木曰模。以金曰鎔。以土曰型。以竹曰范。皆法也。漢書亦作橅。從木莫聲。讀若嫫母之嫫。女部曰。嫫母。都醜也。莫胡切。五部。

桴　眉棟也。也各本作名。今

正釋宮棟謂之桴許云眉棟者爾雅渾言之許析言之鄭注鄉射禮記曰五架之屋正中曰棟次曰楣前曰庪注鄉飲酒禮曰楣前梁也許之眉棟即禮經之楣也許厂部之𠩏即禮經之庪也許以屋櫋聯曰楣楣則棟前曰眉棟謂棟之近前若眉者也豈許所據禮經楣作眉與張載注靈光殿賦亦云眉梁**从木𠬶聲**附柔切三部

棟　極也極者謂屋至高之處繫辭曰上棟下宇五架之屋正中曰棟釋名曰棟中也居屋之中**从木東聲**多貢切九部

極　棟也李奇注五行志薛綜注西京賦皆曰三輔名梁爲極按此正名棟爲極耳今俗語皆呼棟爲梁也搜神記漢蔡茂夢坐大殿極上有禾三穗主簿郭賀曰極而有禾人臣之上祿也此則似謂梁按喪大紀注曰危棟上也引伸之義凡至高至遠皆謂之極**从木亟聲**渠力切一部

柱　楹也柱之言主也屋之主也**从木主聲**直主切古音在四部按柱引伸爲支柱柱塞不計縱橫也凡經注皆用柱俗乃別造从手拄字音株主切

楹　柱也釋名曰楹亭也亭亭然孤立旁無所

依也按禮言東楹西楹非孤立也自其一言之耳考工記蓋杠謂之桯桯卽楹如欒盈史記作欒逞其比也從木盈聲以成切十一部春秋傳曰丹桓宮楹左氏莊二十三年傳文

樘柱也各本柱上有衺字今刪文選靈光殿賦長笛賦李注皆引說文柱也長門賦李注引字林柱也皆無衺字惟樘字或作牚或作撐皆俗字耳玉篇云樘柱也亦無衺蓋樘本柱名如靈光枝樘杈枒而斜據枝樘與層櫨曲枅芝栭爲儷然則訓爲柱無疑也樘可借爲𣥺歫猶柱可借爲支柱而支柱遂正釋樘俗閒謂撐拄必用衺木遂沾一衺字矣從木堂聲丑庚切李善引說文恥孟反古音在十部

欂壁柱也壁柱謂附壁之柱柱之小者此與欂櫨之欂各字篇韵皆兩存不混從木薄聲弼戟切古音在五部○按各本在榰篆之後誤也今移正

榰柱氐也氐各本作砥誤今正日部昏下曰氐者下也广部曰底一曰下也氐底古今字玄應書引作柱下知本作柱氐矣今之磉子也釋言曰搘拄也卽榰柱之譌磉在柱下而柱可立因引伸爲凡支拄

拄塞之偁。古用木，今㠯石。從木。此說古用木，故字從木也。柱氏之用石久矣。尚書大傳曰：天子賁庸，諸侯疏杼。大夫有石材。庶人有石承。鄭曰：石材，柱下質也。石承，當柱下而已。不出外爲飾也。廣雅：礎碣磌礩也。碣見西京景福殿二賦，字作舄。磌見西都賦，字作塡。礎見淮南書。許注曰：楚人謂柱碣爲礎。按礎者濋也。礩者質也。舄者如人之舄也。塡者塡也。皆謂石。此云古用木者，溯其始言之。耆聲。章移切。十五部。易曰：榰恆凶。是。恆上六爻辭。釋文曰：振恆，張璠作震。今易皆同。張耆聲、辰聲合韵冣近。許偁蓋孟易也。

楶　欂櫨也。明堂位注曰：山節，刻欂櫨爲山也。按楶，論語禮器明堂位爾雅舊本皆作節。從木咨聲。子結切。十二部。

欂　欂櫨。逗。柱上枅也。魏都賦、靈光殿賦、景福殿賦、長門賦李注皆引說文：欂櫨，柱上枅也。王莽傳：爲銅薄櫨。師古曰：柱上枅也。亦本說文。枅今本作樹，誤。欂櫨絫呼之也。單呼亦曰櫨。詞賦家或言欂櫨，或言櫨，一也。釋名曰：盧在柱端，如都盧負屋之重也。此單言櫨也。廣雅曰：欂謂之枅。此單言欂也。李善引蒼頡篇曰枅柱上方木許說楮也欂櫨也枅也一物三名也**從木薄聲**篇韵皆有補各弼戟二切五部按各本篆作欂解云壁柱從木尃聲而無欂篆今尋文義當有欂欂二篆欂與楹樘爲類欂則蒙上文楮欂櫨也言之淺人誤合爲一正如鼏鼏袗袀之比爲分別依類補正之

櫨　欂櫨也依全書通例正**從木盧聲**落胡切五部

伊尹曰果之美者箕山之東青鳧之所有甘櫨焉夏孰也語見呂覽本味篇鳧作島不言夏孰高誘曰箕山在潁川陽城之西青島崑崙山之東二處皆有甘櫨之果上林賦盧橘夏孰應劭曰伊尹書云果之美者箕山之東青鳥之所有盧橘夏孰史漢注作青馬依文選作青鳥爲長蓋郎山海經之三青鳥疑島鳧皆鳥之誤也漢志道家者流有伊尹五十一篇小說家者流有伊尹說二十七篇許葦下秏下鰤下及此皆取諸伊尹書相如用盧橘夏孰太沖猶譏其不實後人以給客橙枇杷等當之繆甚

一曰宅櫨木出[宏]農山也鄭注周禮說淶艸之屬有橐蘆未知是不

枅

屋欂櫨也。按有枅，有曲枅。枅者，蒼頡篇云柱上方木也。曲枅者，廣雅云曲枅謂之欒。薛綜西京賦注云欒柱上曲木，兩頭受櫨者。釋名欒，攣也。其體上曲，攣拳然也。然則曲枅謂之欒。欒以承欂櫨。故靈光殿賦曰層櫨磥垝以岌峩。曲枅要紹而環句。二者竝言。景福殿賦亦櫨欒對舉。魏都賦亦云欒櫨疊施。皆可證曲枅與枅爲二事。從木。幵聲。古兮切。十五部。亦作槅。

栵　栭也。大雅其灌其栵。毛曰栵，栭也。栭與灌爲類，非木名。謂小木叢生者，如魚子名鯤鮞也。許云栵，栭也者，字之本義。曲折加於柱，枅加於曲枅，栭又加於枅，以次而小，故名之栭。毛取小木之義。故亦曰栵，栭也。從木。剡聲。良薛切。十五部。詩曰其灌其栵。大雅文。許說爲本義。毛傳爲引伸假借之義。

栭　屋枅上標也。標，靈光殿賦、王命論二注皆作梁。今按作標爲長。標者，表也，高也。薛注西京賦曰栭，斗也。張載注靈光曰栭，方小木爲之。栭在枅之上。枅者，柱上方木。斗又小於枅，亦方木也。然後乃抗梁焉。靈光層櫨曲枅之下曰芝栭欑羅。景福藺栭積重之下曰櫼櫨各落。此可證栭與枅非一物。釋宮云。楣謂之梠。合二事渾言之。許則析言之也。諸家襲爾雅者。皆少分別。**從木。而聲。**如之切。一部。**爾雅曰。楣謂之梠。**偁爾雅者。欲見渾言析言。兩不相背也。

檼　棼也。林部曰。棼複屋棟也。注詳彼矣。釋名及郭璞謂棟爲檼。非也。**從木。㥯聲。**於靳切。十三部。

橑　椽也。九歌曰。桂棟兮蘭橑。王云。以木蘭爲榱也。按西都賦。列棼橑以布翼。下又云。裁金璧以飾璫。西京賦。結棼橑以相接。下又云。飾華榱與璧璫。魏都賦。棼橑複結。下又云。朱桷森布而支離。橑必與棼連言。而別於榱桷。則榱桷爲屋椽。橑爲複屋之椽。可知。簷霤在複屋。故廣韵曰。屋橑。簷前木。此檼橑二篆相屬。亦此意也。當是本作橑。檼椽也。謂屬於檼之椽。**從木。尞聲。**盧浩切。二部。

桷　榱也。榱也者。渾言之。釋宮云。桷謂之榱是也。下文椽方曰桷者。析言之。**從木。角聲。**形聲包會意也。古岳切。三部。**椽方曰桷。**桷之言棱角也。椽方曰桷。則知桷圜曰椽矣。周易或得其桷。虞曰。桷。椽也。方者謂之桷。**春秋傳曰。刻桓宮之桷。**左氏莊二十四年經文。

椽　榱也。左傳。以大宮之椽歸爲盧門之椽。釋名曰。椽。傳也。相傳次而布列也。從木。彖聲。直專切。十四部。

榱　椽也。二字依韵會補。秦名屋椽也。周謂之椽。齊魯謂之桷。上二句各本作秦名爲屋椽。周謂之榱。大誤。今依左傳桓十四年音義。周易漸卦音義正。謂屋椽秦名之曰榱。周曰椽。齊魯曰桷也。各本妄改。乃或疑釋文有誤矣。釋宮音義云。榱。秦名屋椽也。周謂之榱。齊魯謂之桷。此淺人改周椽爲周榱耳。其引字林云。周人名椽曰榱。齊魯名榱曰桷。則字林始與說文乖異矣。榱之言差次也。自高而下。層次排列。如有等衰也。從木。衰聲。所追切。古音在十七部。

楣　秦名屋櫋聯也。齊謂之屵。楚謂之梠。秦名屋櫋聯也者。秦人名屋櫋聯曰楣也。與秦名屋椽曰榱同解。李善注文選引說文曰。櫋梠。秦名屋櫋聯。失其義矣。齊謂之屵。各本屵作檐。今依厂部屵下正。屵。屋梠也。秦謂之楣。齊謂之屵。禮經。正中曰棟。棟前曰楣。又爾雅。楣謂之梁。皆非許所謂楣者。從木。眉聲。武悲切。十五部。

梠，楣也。釋名曰：梠，旅也。連旅之也。士喪禮注曰：宇，梠也。宀部曰：宇，屋邊也。从木，呂聲。力舉切。五部。

榌，梠也。榌之言比敘也。西京賦曰：三階重軒，鏤檻文榌。按此文榌謂軒檻之飾，與屋梠相似者。从木，𣬉聲。讀若枇杷之枇。房脂切。十五部。

櫋，屋櫋聯也。釋名曰：梠或謂之櫋。櫋，緜也。緜連榱頭使齊平也。上入曰爵頭，形似爵頭也。按郭云雀梠即爵頭也。九歌曰：擘蕙櫋兮既張。从木，臱聲。各本作邊省聲，非。今正。武延切。十二部。讀如民。

檐，榌也。檐之言隒也。在屋邊也。明堂位重檐注云：重檐，重承壁材也。姚氏鼐云：漢時名櫋爲承壁材，以其直垂而下如壁。从木，詹聲。余廉切。八部。俗作簷。按古書多用檐爲儋何之儋。

橝，屋梠前也。梠與霤之閒曰橝。从木，覃聲。徒含切。古音在七部。一曰蠶槌。方言言蠶槌備矣，獨無橝字。

樀，戶樀也。按戶樀謂門檐也。郭注爾雅及篇韵皆云屋梠，則不專謂門。从木，啻聲。樀之言滴也。與霤滴相近。都厤切。十六部。

爾雅曰檐謂之樀。見釋宮。樀朝門。鉉本無此三字。鍇本有之。門部闔下云闔謂之樀。樀廟門也。許以此樀爲朝門之樀。彼樀爲廟門之樀。正謂此檐彼闔分朝廟。形異而義隨之也。葢本舊説。讀與滴同。

植　戶植也。釋宮曰植謂之傳。傳謂之突。郭曰持戶鎖植也。見埤蒼。邵氏晉涵曰墨子爭門關決植。淮南云縣聯房植。高曰植戶植也。植當爲直立之木。徐鍇以爲橫鍵。非也。按今豎直木而以鐵了鳥關之。可以加鎖。故曰持鎖植。植之引伸爲凡植物植立之植。從木。直聲。常職切。一部。

𣘨　或從置。置亦直聲也。漢石經論語置其杖而耘。商頌置我鞉鼓。皆以置爲植。

樞　戶樞也。戶所以轉動開閉之樞機也。釋宮曰樞謂之椳。從木。區聲。昌朱切。四部。

槏　戶也。通俗文云。小戶曰㡉。口減反。集韵槏㡉𢨳三同。口減切。戶也。按許𢨳爲古文戶。不爲槏。從木。兼聲。苦減切。七部。

樓　重屋也。重屋與複屋不同。複屋不可居。重屋可居。考工記之重屋謂複屋也。釋名曰。樓謂牖戶之閒諸射孔樓樓然也。

櫺 楯間子也 文選遊天台山賦注櫺窗間子也 又江文通雜體詩注櫺窗間孔也 是子即孔

樓。樓當作婁。婁女部曰。婁空也。囧下曰。窗牖麗廔闓明。從木。婁聲。洛侯切。四部。櫳 房室之疏也。也。按疏當作䟽。䟽者。通也。䟽者。門戶疏窗也。房室之窗牖曰櫳。謂刻畫玲瓏也。從木。龍聲。盧紅切。九部。楯 闌檻也。闌。門遮也。檻。櫳也。此云闌檻者。謂凡遮闌之檻。今之闌干是也。王逸楚辭注曰。檻楯也。從曰檻。橫曰楯。古亦用爲盾字。從木。盾聲。食允切。十三部。櫺 楯間子也。闌楯爲方格。又於其橫直交處爲圜子。如綺文玲瓏。故曰櫺。左傳車曰忽靈。亦其意也。文選注作窗閒子。從木。霝聲。郎丁切。十一部。杗 棟也。從木。亡聲。武方切。十部。爾雅曰。杗廇謂之梁。按此條當以此八字冠於從木亡聲之上。而刪去棟也二字。門部𨶒謂之樀。正其例也。棟與梁不同物。棟言東西者。梁言南北者。上文言棟而未及梁。故於此補之。宗廇者宗之言网也。廇者中庭也。架兩大梁而後可定中庭也。釋宮曰。宗廇謂之梁。其上楹謂之棳。今宮室皆如此。不得謂梁爲棟也。梀 短椽也。此當與梢椽欀爲類而廁此者亦以補前也廣雅楝椽也從木東聲丑錄切三部杇所㠯涂也涂塗古今字涂者飾牆也土部曰墍涂也墍仰涂也墀涂地也論語曰糞土之牆不可杇也秦謂之杇關東謂之槾從木按此器今江浙以鐵爲之或以木戰國策豫讓變姓名入宮塗廁欲以刺襄子襄子如廁心動執問塗者則豫讓也刃其杇曰欲爲智伯報讎杇謂涂廁之杇今本皆作扞矦旰切繆甚刃其杇謂皆用木而獨刃之以槾下云古用木故從木例之疑杇古全用木故杇槾古字也釪鏝今字也亏聲哀都切五部經傳多假爲盂字

槾杇也釋宮曰鏝謂之杇釋文云鏝本或作槾按孟子作墁從木曼聲母官切十四部

椳門樞謂之椳見釋宮謂樞所檃謂之椳也椳猶淵也宛中爲樞所居也弓淵大射儀作隈考工記作畏亦此意與上文戶樞義互相足其文則以戶與門區別之實則戶與門制同從木畏聲烏恢切十五部

楣門樞之橫梁釋宮曰楣謂之梁郭曰門戶上橫梁今本爾雅作楣

字之誤也。釋文楣亡悲反。或作相亡報反。埤蒼云梁也。呂伯雍云。門戶之横梁也。說文曰。楣秦名屋櫋聯也。陸引埤蒼字林以證相。引說文以證楣。謂相楣義不同。今本脫誤不可讀。陸於相不引說文者。隨緟閱所得也。根言樞之下。相言樞之上。門上爲横梁。鑿孔以貫樞。今江浙所謂門龍也。**从木冒聲。**莫報切。古音在三部。

梱　門橜也。橜下云。一曰門梱也。門部曰。闑門梱也。然則門梱門橜闑。一物三名矣。謂當門中設木也。釋宮橜謂之闑。廣雅。橜機闑朱也。朱同梱。史記孫叔敖傳曰。楚俗好庳車。王欲下令使高之。相教閭里使高其梱。居半歲。民悉自高其車。史記張釋之馮唐傳曰。閫以內者。寡人制之。閫以外者。將軍制之。漢書閫作闑。韋昭曰。此郭門之梱也。門中橜曰梱。鄭注曲禮曰。梱。門限也。與許不合。**从木困聲。**苦本切。十三部。

梋　限也。自部限下云。一曰門梋也。門部云。閾門梋也。亦一物三名矣。釋宮柣謂之閾。柣。郭千結反。柣卽梋字也。漢人多作切。考工記注云。眼讀如限切之限。限切謂門限也。漢書外戚傳。切皆銅沓。黃金塗。師古曰。切門限也。千結反。按西都賦玄墀釦切。

第五　六篇上

梱

梱閫異義玉篇梱門橛也閫门限也廣韵梱橛弋門橛閫門限也截然不同士冠礼布席于門中閫西閾外鄭注閫門橛閫此閫為門限不誤曲礼外言不入于梱注梱門限也此梱乃閫之譌孫叔敖傳因楚俗好庳車使高其梱其門限可知梱亦當作閫張釋之馮唐傳閫以內閫以外漢书閫作闑韋昭說為郭外之梱則當作梱釋宮橜謂之闑注門闑此闑字亦當作梱　許書無闑字但有梱閫

釦切。卽漢書之切。皆銅沓黃金塗也。文選切作砌。誤。西京賦云。金戺卽釦切也。西京賦又云。設切厓隒。卽西都賦之仍增厓而衡閾也。廣雅。柣。戺。橉切也。切。今本亦譌砌。橉見淮南書。匡謬正俗云。俗謂門限爲門蒨者。爾雅柣謂之閾。郭音切。今言門蒨。是柣聲之轉耳。字當爲柣而作切。音玉裁謂柣當爲榍而作切。音如多方大淫泆有辭。泆又作佾。馬本作屑。是其比也。**從木屑聲。**先結切。十二部。

柤　木閑也。門部曰。閑。闌也。廣雅曰。柤。樘。柱。距也。距。當作岠。止也。**從木且聲。**側加切。按當依廣雅士加切。古音在五部。

槍　岠也。止部曰。岠。止也。一曰槍也。按槍有相迎鬭爭之意。通俗文曰。剡木傷盜曰槍。今俗作鎗。**從木倉聲。**七羊切。十部。**一曰槍攘也。**三字句。攘。各本從木。誤。今正。莊子在宥傖囊。崔譔作戕囊。云戕囊猶搶攘。晉灼注漢書曰。搶攘。亂皃也。按許無從手之搶。凡槍攘。上從木。下從手。

楗　岠門也。岠。各本作限。非。今依南都賦注所引正。老子釋文亦作距門也。月令。脩鍵閉。愼管籥。注曰。鍵。牡。閉。牝也。管籥。搏鍵器也。周禮司門掌授管鍵以啓閉

柤　側加切　唐本多莊余切

槍　唐本說文槍次櫪櫖後与玉篇合

楗　唐本岠門也　選南都賦注引作距蓋岠之誤

不作子林也林當作廉

國門。先鄭云管謂籥也。鍵謂牡。按楗閉卽今木鎖也。諸經多借鍵爲楗。而周禮司門作管𨐍。先鄭云。𨐍讀爲鍵。今本乃互易𨐍鍵字。從木建聲。其獻切。十四部。櫼楔也。𤣥應書曰。說文櫼子林切。今江南言櫼。中國言屆。楔通語也。屆側洽切。按子林切葢本說文音隱。今江浙語正作知林切。不作子林也。木工於鑿枘相入處有不固。則斫木札楔入固之。謂之櫼。櫼亦作鉆。戰國策蘇秦謂趙王曰。柱山有兩木。一蓋呼侶。一蓋哭。問其故。曰吾苦夫匠人且以繩墨案規矩刻鏤我。一曰此非吾所苦也。是故吾事也。吾所苦夫鐵鉆然自入而出夫人者。今臣使於秦而三日不見。無有爲臣鐵鉆者乎。鉆自入而出。謂以大鐵鉆釘入大樹一邊。旣析破。乃取樹之一邊爲用。夫人者言此人取所苦也。今四川建昌山中取杪方。皆以楔釘入取湯面一塊。而樹尚卓立。蘇秦以此喻離閒之人也。蘇秦謂鐵器。許謂木札。其用正同。周禮注飛鉆當作此解。砧音。從木韱聲。子廉切。七部。楔櫼也。今俗語曰楔子。先結切。考工記曰。牙得則無槷而固。注曰。鄭司農云。槷榝也。蜀人言榝曰槷。𤣥謂槷讀如涅。從木埶省聲。按檕檵皆假借字。檵即楔之假借也。釋木楔荆桃爲木名。南都蜀都二賦皆有楔。**從木。契聲。**先結切。十五部。

柵　編豎木也。豎各本作樹。今依篇韵正。臤部曰。豎。堅立也。通俗文曰。木垣曰柵。**從木。冊聲。**依韵會本。楚革切。十六部。

杝　落也。元應書謂杝欏籬三字同。引通俗文。柴垣曰杝。木垣曰柵。按釋名亦云。籬。離也。以柴竹作。疏離離也。柵。積也。以木作之。上平積然也。皆杝柵類舉。落。廣雅作䈂。廣韵引音譜作楁。齊民要術引仲長子曰。柂落不完。垣牆不牢。掃除不淨。笞之可也。柂者杝之誤。小雅析薪杝矣。傳曰。析薪者必隨其理。謂隨木理之迆袤而析之也。假杝爲迆也。凡笆籬多袤織之。故其義相通。**從木。也聲。**池尒切。古音在十七部。按池尒之音。傳合下文讀若陁爲之。非許意也。許意讀如離。而又如陁。**讀又若陁。**又字。鉉本無。非也。許時杝爲籬字。人人所知。而杝之讀又或如陁。故箸之。陁古皆作他。非也。趙凡夫鈔本作陁。

欜　行夜所擊木。行夜各本譌夜行。木作者。今依御覽正。行去聲。巡也。周禮宮正夕擊柝而比之。注云。莫行夜以

柵　从木冊亦聲

編樹木也　唐本樹作豎与篇韵及元應書引說文合　樹豎音義雖同　小徐韵會無亦字　案柵正象編豎木之形　故方亦聲　兩字不當去　段氏從之非也　唐本作从冊省聲　莫友芝據廣韵集韵柵有所晏切一音　又舉說文柵字从冊省聲所晏切為證　則亦可通

杝　唐本力支切　讀若陁作讀若池

杝　莫友芝據集韵以籬杝欏同字皆鄰知切　則唐本力支切是也　与段所說合　然廣韵隸池尒切与陁同音　則池尒為合　玉篇直紙切与廣韵同　集韵上聲四紙亦收杝字　引說文云落也　一曰析薪　則兩讀並存

比直宿者修閭氏比國中宿互欜者先鄭云欜謂行夜擊欜九家易曰㯳者兩木相擊以行夜也孟子注云㯳行夜所擊木也左傳賓將掫注云掫行夜也 **從木橐聲** 從橐者蓋虛其中則易響今之敲梆是也他各切五部 **易曰重門擊欜** 注詳㯳下

桓 亭郵表也 檀弓注曰四植謂之桓按二植亦謂之桓一柱上四出亦謂之桓漢書瘞寺門桓東如淳曰舊亭傳於四角面百步築土四方有屋屋上有柱出高丈餘有大板貫柱四出名曰桓表縣所治夾兩邊各一桓陳宋之俗言桓聲如和今猶謂之和表師古曰卽華表也孝文紀誹謗之木服虔曰堯作之橋梁交午柱崔浩以爲木貫柱四出名桓 **從木亘聲** 胡官切十四部釋訓曰桓桓威也

楃 木帳也 周禮巾車翟車有楃字從木釋文及各本從手非也釋文云握劉音屋賈馬皆作幄攷幕人注曰四合象宮室曰幄許書無幄有楃楃蓋出巾車職今本周禮轉寫誤耳鄭云有楃則此無蓋謂上四車皆有容有蓋翟車以楃當容不云有蓋也釋名云幄屋也以帛衣版施之形如屋也故許曰木帳 從

木屋聲。於角切。三部。

橦帳極也。極棟也。帳屋高処也。宋本葉鈔本小徐本作帳柱。按西京賦都盧尋橦。謂植者也。從木。以木爲之。童聲。宅江切。三部。

杠牀前橫木也。方言曰。牀其杠。北燕朝鮮之閒謂之樹。自關而西秦晉之閒謂之杠。南楚之閒謂之趙。東齊海岱之閒謂之樺。按廣韵作牀前橫。無木字。然則橫讀古曠反。孟子徒杠。其引伸之義也。爾雅素錦韜杠。丨部曰。於旗旗杠皃。則謂直者也。從木。工聲。古雙切。九部。

桯牀前几。方言曰。榻前几。江沔之閒曰桯。趙魏之閒謂之椸。按古者坐於牀而隱於几。孟子隱几而臥。內則少者執牀與坐。御者舉几。是也。此牀前之几。與席前之几不同。謂之桯者。言其平也。考工記蓋桯。則謂直杠。從木。呈聲。他丁切。十一部。

桱桱。此複舉字之未刪者。桯也。東方謂之蕩。蕩集韵類篇皆從竹作簜。桱蕩皆牀前几之殊語也。而方言不載。從木。巠聲。古零切。十一部。廣韵古定切。似杉而硬之木。

牀安身之几坐也。鍇本作安身之

楃　唐本以木屋亦聲業釋名幄屋也以帛依板施之形如屋也尊人注四合象宮室曰幄說文無幄但作楃楃形如屋義兼聲故云亦聲二徐本亦字非是宜從唐本

杠　牀前橫木也　唐本無木字与篇韵合

桯　牀前几　唐本几下有也字与篇韵合

桱　唐本次𤳳後　公定公令二切

牀　安身之坐者　唐本者作也　小徐坐上衍几字文不成義段從之作安身之坐　並七九六　之文強爲之說何也玉篇牀部身所安也初學記御覽引作身之安也皆無几字

桱　唐本次𤳳後　公定公令二切

坐者五字非是牀之制略同几而庳於几可坐故曰安身之几坐牀制同几故有足有桄牀可坐故凥下曰処也從尸得几而止引孝經仲尼凥而釋之曰謂閒居如此按得几而止者謂得牀而止也仲尼凥者謂坐於牀也上文曰凭依几也乃謂手所馮之几漢管寧常坐一木榻積五十餘年未嘗箕股其榻上當膝處皆穿此皆古人坐於牀而又不似今人垂足而坐之證也牀亦可臥古人之臥隱几而已牀前有几孟子隱几而臥是也孟子曰舜在牀琴蓋尚書佚篇語也而古坐於牀可見琴必在几則牀前有几亦可見然則古人之臥無橫陳者乎曰有之弟子職曰先生將息弟子皆起敬奉枕席問疋何止內則曰父母舅姑將袵長者奉席請何趾論語曰寢不尸左傳掘地下冰而牀焉鮮食而寢皆是也內則云少者執牀與坐御者舉几謂晨興時也卽以所袵爲所坐也

從木爿聲

今書𤖨牂斨牆壯戕狀將字皆曰爿聲張參五經文字爿部曰爿音牆九經字樣鼎字注云下象析木以炊篆文𣎵析之兩向左爲爿音牆右爲片李陽冰亦云木字右旁爲片左爲爿音牆許書列部片之後次以鼎然則反片爲爿

當有此篆六書故曰唐本說文有爿部蓋本晁氏說之參記許氏文字一書非肊說其次弟正當在片後鼎前矣二徐乃欲盡改全書之爿聲爲牀省聲非也顧野王片部後出牀部則其誤在前耳仕莊切十部

枕　臥所㠯薦首者㠯字今補警枕曰頞見少儀從木冘聲章荏切八部

楲　楲窬逗褻器也史記萬石君列傳石建取親中帬廁牏身自浣滌徐廣曰一讀牏爲竇竇音豆言建又自洗蕩廁竇瀉除穢惡之穴也呂靜云楲窬褻器也音威豆裴駰按蘇林曰牏音投賈逵解周官楲虎子窬行清也孟康曰廁行清窬行清空中受糞者也東南人謂鑿木空中如曹謂之㢡玉裁謂賈孟說是也虎子所以小便也行清所以大便鄭司農謂之路廁者也清圊古今字穴部窬下曰一曰空中也空中與孟說合今馬子其遺象也楲窬二物許類舉之從木威聲於非切十五部

櫝　匵也此與匚部匵音義皆同匵匣也論語韞匵而藏諸作匵龜玉毀於櫝中作櫝從木賣聲徒谷切三部一曰木名未詳又曰櫝木枕

枕　唐本作臥頭薦也玉篇作臥頭所薦也蓋唐本脫所字

櫝　莫友芝云大櫝乃小棺之誤。案廣韻櫝匱也又曰小棺与玉篇合棺与櫝聲近而誤再誤為枕又誤小為大其說是

段依本徐作木枕

梳理髮也　唐本也作者是　作理髮者案者字是不必補所以也
枱　唐本江洽切
鎒　或作从金唐本作槈或从金

也。木梳。大徐作大梳。字之誤也。木梳。謂以圜木爲梳。少儀所謂頮也。謂之頮者。圜轉易醒。令人憬然。故鄭注曰警枕。

櫛　梳比之總名也。比。讀若毗。疏者爲梳。密者爲比。釋名曰。梳言其齒疏也。數言比。比於梳。其齒差數也。比。言細相比也。按比之尤細者曰篦。見竹部。從木。節聲。阻瑟切。十二部。按考工記櫛字櫛之古文也。

梳　所㠯理髮也。所㠯二字。今補。器曰梳。用之理髮因亦曰梳。凡字之體用同稱如此。漢書亦作疏。從木。疏省聲。疏。通也。形聲包會意。所葅切。五部。

枱　劒柙也。柙。當作匣。聲之誤也。少儀所謂劒櫝也。廣雅。枱。室。郭。劒削也。從木。合聲。胡甲切。七部。按廣韵古沓巨業二切。

槈　薅器也。薅部曰。薅。披去田艸也。槈者所以披去之器也。槈刃廣六寸。柄長六尺。說詳耨下。從木。辱聲。奴豆切。三部。

鎒　或作從金。從木者主柄。從金者主刃。

[illegible]　苿臿也。從木。謂柄。入象形。從入者。象兩刃也。眀聲。舉朱切。廣韵況于矩于二切。五部。

苿　兩

六篇上

刃臿也。兩刃臿者。謂臿之兩邊有刃者也。臿者。刺土之器。釋器曰。斛謂之疀。斛鐅。疀臿。皆古今字。作臿者。就舂臼之義引伸之。俗作郭衣鍼之鍤。非也。金部曰。銛鈂鍦。皆臿屬。鐅。河內謂臿頭金也。此云兩刃臿。則又與凡臿不同。方言曰。臿。燕之東北朝鮮洌水之間謂之斛。宋魏之間謂之鏵。或謂之鍏。江淮南楚之間謂之臿。沅湘之間謂之畚。趙魏之間謂之喿。東齊謂之梩。按芣鏵古今字也。方言渾言之。許析言之耳。高注淮南曰。臿。鏵也。青州謂之鏵。有刃也。三輔謂之鐫。釋名。鍤。插也。插地起土也。或曰銷。銷。削也。能有所穿削也。或曰鏵。鏵。剞也。剞地爲坎也。其板曰葉。象木葉也。高劉皆作鏵。高云有刃。當作有兩刃。奪一字耳。芣字亦作鋘。吳越春秋。夫差夢兩鋘殖吾宮牆。大宰嚭占之曰。農夫就成田夫耕也。公孫聖占之曰。越軍入吳國伐宗廟掘社稷也。园應曰。芣。古文奇字作鋘。李賢引何承天纂文張揖字詁作鋘。鋘又鋘之俗。承天改吳爲吴。因又改鋘爲鋘耳。非張揖有鋘字也。吳蘀皆在古音弟五部。從木。謂柄。丫象形。從丫者。謂兩刃。如羊兩角之狀。互瓜切。古音在弟五部。宋魏曰芣也。方言

茉　宋魏曰茉也　唐本無也字是

鋘　或从金亏　唐本或上有茉字

梠　唐本作杞　齊人語也　唐本作齊語　讀若駭　莫友芝曰方言臿東齊謂之梩郭璞音駭得唐本增讀若乃知郭音即本說文

梩或从里　唐本作杞或从里

枱耒耑也　唐本耒耑下有木字与玉篇合　枱非耒耑二徐失木字

云。宋魏之閒謂之鏵是也。嘗論方言之字多爲後人以今易古。以俗易正。此其一耑也。

鋘　或從金亏。亏聲也。萼咢聲。咢亏聲。鏵卽鋘字也。

梠　臿也。周禮注引司馬法曰。輂一斧一斤一鑿一梩。疏云。梩或解謂臿。或解謂鍬。鍬臿亦不殊。孟子蔾歸反虆梩而掩之。趙曰。虆梩籠臿之屬。可以取土者也。按虆卽欙之假借字。可以舁土者。梩同梠。可以臿地揠土者。趙以籠屬釋虆。以臿屬釋梩也。從木㠯聲。詳里切。一部。郭注方言音駭。一曰從土輂。此別一義。謂梠卽欙。孫奭孟子音義云。梩。土輂也。本此。廣韵曰。梩。里之切。徙土輂。出六韜。齊人語也。按此四字。與宋魏曰茉文法同。方言云。臿。東齊謂之梩。是也。由此言之。疑一日從土輂五字。當移在此下。

梩　或從里。㠯聲里聲。同在一部。

枱　耒耑也。枱今經典之耜。耒下曰。耕曲木也。此云耒耑也。與京房耜耒下耓也。耒。耜上句上也。相合。曲木。考工記所謂上句者二尺有二寸也。耒耑所謂庛長尺有一寸也。許意上曰耒。下曰枱。皆謂木材。錯於庛之金。是曰耕。曰𨫼。鄭注周禮則云。耒爲木。枱爲金。故

𨫒　唐本𨫒在鈶前　籀文下有枱字

云。古者耜一金。兩人併發之。又云。庛。讀爲刺。刺。耒下前曲接耜。又注月令。於孟春云。耒。耜之上曲也。於季冬云。耜。耒之金也。說與許異。鄭本匠人耜廣五寸而云。許則謂記文枱鈶不分。渾言之。記云耜廣五寸者。謂鈶也。故於耦下易之云。耕廣五寸。**從木台聲。**弋之切。按當云詳里切。今俗作耜。鉉本乃以訓臿訓從土華之梠注云今作耜。則大誤矣。玉篇同誤。後人所改也。一部。

鈶　或從金台聲。以其木也。故從木。以其屬於金也。故亦從金。

𨫒　籀文從辝。從木辝聲也。辝者。籀文辭。

楎　六叉犂。叉。各本誤又。廣韻廿三䰟曰三爪犂曰楎。此謂一犂而三爪也。許云六爪犂者謂爲三爪犂者二而二牛竝行如人耦耕也。一犂一牛。二犂則二牛共用三人。食貨志所云趙過法用耦犂二牛三人也。其上爲樓貯穀下種。故亦名三腳樓。今陝甘人用之。**一曰。犂上曲木犂轅。**按集韻類篇皆無犂轅二字。似可刪。許云。耕上曲木爲耒。此云犂上曲木爲楎者。正謂耒耑也。故廣韻云。楎。犂頭。玉篇云。楎。犂轅頭也。**從木。軍聲。讀若緯。**緯。音徽。今篇韵皆云呼歸切。文。微合韵也。**或如渾天之渾。**益部耆舊傳。落下閎

字長公於地中轉渾天戸昆切十三部

櫌　摩田器也　漢石經論語櫌不輟五經文字曰經典及釋文皆作耰鄭曰耰覆種也與許合許以物言鄭以人用物言齊語深耕而疾耰之以待時雨韋曰耰摩平也齊民要術曰耕荒畢以鐵齒錑錗再徧杷之漫擲黍穄勞亦再徧按先云再徧杷之即國語所謂疾耰待時雨也後云勞亦再徧即鄭所謂覆種也許云摩田當兼此二者賈又曰春耕尋手勞秋耕待白背勞古曰耰今曰勞勞郎到切集韵作橯若高誘云櫌椎也如淳云椎塊椎也服虔孟康云櫌鉏柄也椎塊尚近之鉏柄之說未可信矣　**从木憂聲**　於求切三部　**論語曰櫌而不輟**　微子篇

欘　斫也齊謂之茲箕　各本作鎡錤今依爾雅正其實箕尚誤當作其耳斤部曰斫擊也釋器曰斪斸謂之定釋文云斸本或作欘引說文齊謂之茲箕一曰斤柄自曲據陸氏以說文語系之或作欘之下則說文有欘無斸可知今本斤部出斪斸二篆皆云斫也夫爾雅斪斸本一物安得二之且考工記注引爾雅作句欘又爾雅音義云斪本或作拘是則句拘皆

訓曲不爲別一器名也。句欘者李巡云。鉏也。郭璞云。鉏屬。蓋似鉏而健於鉏。似斤而不以斫木。專以斫田。其首如鉏然句於矩。故謂句欘也。斤部斫斸二篆。淺人依爾雅俗本增之。今刪。管子曰。美金以鑄戈劍矛戟。試諸狗馬。惡金以鑄斤斧鉏夷鋸欘。試諸木土。謂斤斧鋸試諸木者。鉏夷欘試諸土者也。韋曰。夷者所以削艸平地也。云齊謂之茲其者。孟子引齊人言曰。雖有茲基。不如待時。齊謂斫地欘也。趙注云。耒耜之屬。約略言之耳。月令修耒耜具田器。鄭曰。田器鎡錤之屬。然則鎡錤之非耒耜可知矣。韋注國語云。耨。茲其也。亦分別未審。**一曰斤柄性自曲者。**此別一義。謂斫木之斤及斫田之器。其木首接金者。生而內句。不假煣治。是之謂欘。考工記曰。半矩謂之宣。一宣有半謂之欘。一欘有半謂之柯。一柯有半謂之磬折。鄭司農云。蒼頡篇有柯欘。**從木。屬聲。**陟玉切。三部。

櫡　斫謂之櫡。見釋器。櫡一作鐯。俗字也。凡斫木之斤。斫地之欘。皆謂之櫡。櫡之言箸也。箸直略反。郭云。钁也。金部云。钁。大鉏也。**從木。**欘櫡皆重柄。故字皆從木。**箸聲。**張略切。五部。

杷

收麥器。方言云杷宋魏之閒謂之渠挐亦謂之渠疏郭云無齒爲朳按耒部云甡卌叉也可以劃麥河內用之甡亦杷也杷引伸之義爲引取與捨捊義略同。從木巴聲。蒲巴切五部。

椴穜樓也。種者今之種字樓者今之耬字廣韵曰耬種具也今北方謂所以耩者曰耬耩者種也小徐本樓作椴。一曰燒麥柃椴也。燒猶熬也柃椴者熬麥器名。從木役聲。與辟切十六部。

柃木也。上林賦張揖注曰櫧似柃按云木也非其次當作柃椴也三字蓋蒙上釋柃字耳。從木令聲。郎丁切十一部。

柫擊禾連枷也。方言曰僉宋魏之間謂之欇殳或謂之度音量度自關而西謂之棓蕭項反或謂之柫音拂齊楚江淮之間謂之柍音悵怏亦音車鞅或謂之桲音勃齊語耒耜枷芟葦云枷柫也所以擊草也草當作禾王莽傳必躬載柫釋名曰枷加也加杖於柄頭以撾穗而出其穀也或曰羅枷三杖而用之也或曰了了杖轉於頭故以名之也戴先生曰羅連語之轉今連枷之制與古同。從木弗聲。敷勿切十五部。

六篇上

杷　唐本作收麥器也与廣韵引合玉篇亦同

椴　唐本下卦和具二切

柃　唐本無此字玉篇次桔柞閒以柃本木名故也唐本亦當如此今殘卷已缺二徐同此乃後人竄亂

柫　唐本父勿切廣韵分勿切連枷打穀者出方言不及說文豈後人所增邪

枷　唐本工亞切一音加　案工亞切乃男女不同椸枷之枷俗作架二徐失此音

杵　舂杵也二唐本作舂柄也

榰　讀若驪駕　唐本同　段謂爲清支合韵殊牽強竊謂四字當在枷下唐本工亞切正合此音錯簡於此大徐不悟僅存古牙一音小徐并刪此四字

大七十二　小六十五

枷　柫也。從木。加聲。古牙切。十七部。淮南謂之柍。出方言。

杵　舂杵也。舂擣粟也。其器曰杵。繫辭曰。斷木爲杵。掘地爲臼。臼杵之利。萬民以濟。從木。午聲。昌與切。五部。

槩　所㠯杚斗斛也。所以二字今補。月令。正權槩。鄭高皆云。槩平斗斛者。槩本器名。用之平斗斛亦曰槩。許鄭高皆云其器也。凡平物曰杚。所以杚斗斛曰槩。引伸之義。爲節槩感槩㮜槩。從木。旣聲。工代切。十五部。

杚　平也。杚非器也。廁於此者。因上文云杚斗斛而釋之也。按許書有杚無扢。杚在入聲。則古沒切。亦居乞切。去聲則古代切。亦古對切。無二字也。廣韵去入聲皆作扢。從手。皆從木之誤耳。集韵代沒二韵。皆於杚字之外別出扢字。則由未知廣韵之爲字誤也。杚者平物之謂。平之必摩之。故廣雅曰。杚摩也。廣韵摩之訓本此。古杚與槩二字通用。班固終南山賦。槩靑宮。觸紫宸。曹植贈丁儀王粲詩。員闕出浮雲。承露槩泰淸。李善注云。西都賦。杚仙掌與承露。廣雅。杚摩也。槩與杚同。古字通。今書籍此等杚字皆譌作扢。而今文選後漢書抗仙掌以承露又與李善所引迥異凡學古者當優焉游焉以求其是顏黃門云觀天下書未徧不可妄下雌黃是也**從木气聲**古沒切十五部杚與刏剴磑音義皆相近

槢木參交以支炊箅者也支各本作枝今依集韵類篇正竹部曰箅漉米籔也籔炊箅也箅籔二字爲一物謂米旣淅將炊而漉之令乾又以三交之木支此箅則瀝乾尤易也三交之木是爲槢**從木省聲**所綆切十一部**讀若驪駕**漢平帝紀禮娶親迎立軺併馬服虔曰立軺立乘小車也併馬驪駕也按驪之言麗也駢下云駕二馬也駕二馬爲麗駕槢讀若驪駕之驪此淸支三部合韵也按玉篇曰杫槢樾三同思漬切肉几也集韵説同考方言曰俎几也西南蜀漢之郊曰杫音賜後漢書藥崧家貧爲郎常獨直臺上無被枕杫是則肉几應作杫樾支箅應作槢不知何以合之而亦可以證十一十六部合韵之理也

柶禮有柶凡言禮者謂禮經十七篇也禮經多言柶士冠禮注曰柶狀如匕以角爲之者欲滑也**柶匕也**鄭云如匕許云匕也小異蓋常用器曰匕禮器曰柶匕下曰一

名柶。從木。四聲。息利切十五部。桮⿷匚贛也。匚部曰⿷匚贛小桮也。析言之。此云桮⿷匚贛也。渾言之。方言盃。槭。盞。溫。閜。榼。盧。杯也。桮其通語也。古以桮盛羹。桮圈是也。從木。否聲。布回切。一部。俗作杯。⿷匚否籀文桮。鉉本作⿷匚否。槃承槃也。承槃者。承水器也。內則曰。進盥。少者奉槃。長者奉水。請沃盥。傳曰。奉匜沃盥。特牲經曰。尸盥匜水實于槃中。古之盥手者。以匜沃水。以槃承之。故曰承槃。內則注曰。槃承盥水者。吳語注曰。槃承盥器也。大學湯之盤銘曰。苟日新。日日新。又日新。正謂刻戒於盥手之承槃。故云日日新也。古者晨必洒手。日日皆然。至於沐浴頮面。則不必日日皆然。據內則所云知之。槃引伸之義。爲凡承受者之偁。如周禮珠槃、夷槃是也。從木。般聲。薄官切。十四部。鎜古文從金。蓋古以金。後乃以木。盤籀文從皿。今字皆作盤。榹槃也。急就篇。樽榼椑榹。榹當與許訓同。釋木以爲榹桃字。夏小正作杝桃。從木。虒聲。息移切。十六部。案几屬。考工記。玉人之事。案十有二寸。棗栗十有二列。大鄭

桮　唐本作一⿷匚贛也　案匚部⿷匚贛小桮也　則此當云大⿷匚贛也　籀文存

唐本作⿷匚否　与小徐說合

案几屬　屬下唐本有也字　与鍇說合

云。案玉案也。後鄭云。案玉飾案也。棗栗實於器。乃加於案。戴先生云。案者。棜禁之屬。儀禮注曰。棜之制。上有四周。下無足。禮器注曰。禁如今方案。隋長局足。高三寸。此以案承棗栗。宜有四周。漢制小方案局足。此亦宜有足。按許云几屬。則有足明矣。今之上食木槃近似。惟無足耳。楚漢春秋淮陰侯謝武涉。漢王賜臣玉案之食。後漢書梁鴻傳。妻爲具食不敢於鴻前仰視。舉案齊眉。方言曰。案。陳楚宋魏之閒謂之槁。自關而東謂之案。後世謂所凭之几爲案。古今之變也。從木。安聲。烏肝切。十四部。

檈 圜案也。檈圜疊韵。從木。睘聲。似沿切。十四部。

械 篋也。匚部曰。匧。笥也。竹部曰。笥。飯及衣之器也。方言。械。杯也。與許異。漢天文志。閒可械劍。蘇林曰。械。音函。容也。此假械爲含也。從木。咸聲。古咸切。七部。

杓 勺也。勺下曰。所以挹取也。與此義相足。凡升斗字作斗。料勺字作料。本不相謀。而古音同當口切。故料多以斗爲之。小雅。維北有斗。不可以挹酒漿。維北有斗。西柄之揭。大雅。酌以大斗。皆以斗爲料也。考工記注曰。勺。尊斗也。尊斗者。謂挹取於尊之勺。士冠禮注亦

本當作木

曰勺。尊斗也。所以㪺酒也。此等本皆假斗爲枓。而俗本譌爲尊升。遂不可通。少牢注曰。凡設水用罍。沃盥用枓。此則用本字。趙世家。使廚人操銅枓。張儀傳說此事作金斗。喪大記。沃水用枓。周禮鬯人作斗。**从木。斗聲。**鉉本作從斗。非也。之庾切。音之轉也。古當口切。在四部。

杓　枓柄也。枓柄者。勺柄也。勺謂之枓。勺柄謂之杓。小雅言西柄之揭。大雅傳曰。大斗長三尺。張儀傳。令工人作爲金斗。長其尾。令可以擊人。天官書天文志皆云。杓攜龍角。魁枕參首。北斗一至四爲魁。象羹枓。五至七爲杓。象枓柄也。**从木。勺聲。**甫遙切。二部。按索隱引說文匹遙反。

櫑　龜目酒尊。五經異義。韓詩說。金罍。大器也。天子以玉。諸侯大夫以金。士以梓。古毛詩說。金罍。酒器也。諸臣之所酢。人君以黃金飾尊。大一碩。金飾龜目。蓋刻爲雲靁之象。許君曰。謹案韓詩說。天子以玉。經無明文。謂之罍者。取象雲靁博施。故從人君下及諸臣同。按異義從古毛說。說文同也。故云龜目酒尊。刻本爲雲靁象。爾雅。彝卣罍。器也。小罍謂之坎。然則櫑有小大。燕禮。罍水在東。則罍亦以盛水。**刻木作雲靁象。**

唐本作刻木爲雲雷象施不窮從木畾畾亦聲

橢　唐本他果切与廣韵合小徐□切乖頗

廣韵门云雷罍下有之字

句

象施不窮也。從木從畾。畾亦聲。此五字今補正。刻木至從畾此述古毛說。說從木從畾之意也。刻爲龜月。又通體刻爲雲靁。古之刻雲如古文之㔾。刻靁如古文之回。所以刻爲雲靁者。以雲靁施澤不窮。人君之櫑。爲諸臣取酒自酢者。故象之也。畾者靁之省。凡許言畾聲。皆靁省聲也。魯回切。十五部。

罍　櫑或從缶。蓋始以木。後以匋。

𦉜　櫑或從皿。

𦉪　籀文櫑從缶回。猶籀文靁作䨻也。漢書文三王傳。孝王有䨻尊。如此作。

椑　圜榼也。漢書曰。美酒一椑。椑見急就篇及廣雅。按考工記廬人句兵椑。注云。椑。隋圜也。從木卑聲。部迷切。十六部。

榼　酒器也。師古注急就篇曰。榼盛酒之器。其形榼榼然也。孔叢子曰。子路嗑嗑。當飲十榼。從木盍聲。枯蹋切。八部。

橢　車笭中橢橢器也。橢橢當作隋隋。山部。隓。山之隋隋者。今本亦譌作隓隓者。隋隋。狹長見也。史記索隱引三蒼云。橢。盛盬豉器。他果反。師古注急就篇云。橢。小桶也。所以盛盬豉。廣韵曰。橢。器之狹長。從

象九

六篇上

吉音　音字譌言

木隋聲。徒果切。十七部。廣韵他果切。

槌 關東謂之槌。關西謂之持。方言。槌。宋魏陳楚江淮之閒謂之植。自關而西謂之样。郭云。槌。縣蠶薄柱也。度畏反。植音值。样音陽。按持與植蓋一字。古音同在一部也。依方言當作關西謂之样。關東謂之持。容許所據不同耳。從木追聲。直類切。十五部。

持 槌也。從木寺聲。各本作特省聲。淺人所改也。特又何聲耶。持卽方言之植。月令具曲植。鄭曰。植。槌也。呂覽作具挾曲。高曰。挾。讀曰朕。三輔謂之挾。關東謂之得。淮南書作具撲曲。高曰。薄。持也。三輔謂之撲。按高注持卽持之誤。得卽持之假借字也。篇韵皆云。持。一作得。一作𣝛。朕本謂橫者。高注蓋統言之耳。陟革切。古言在一部。

栚 槌之橫者也。關西謂之𣟴。方言。槌。其橫關西曰概。宋魏陳楚江淮之閒謂之㯽。音帶。齊海岱之閒謂之綴。相卞反。按栚概朕三同。關西謂之𣟴。西當作東。𣟴當同簨。虡之簨。橫者曰簨。方言作綴。亦同音也。呂覽注曰。挾。讀曰朕。三輔謂之朕。正與方言關西曰概合。從木灷聲。許倂朕字皆灷聲。是

橃　方言自關而西謂之㮜說文無㮜字即橃之誤也　高注呂覽㮜曲曰[illegible]亦橃之假借　或取近而誤

櫎　玉篇作所以支器一曰帷櫎屏風之屬

桉承几器不同　玉篇作支疑支乃庋之[illegible]文　帷屏不得合爲一

所目　李注未可據

本有𣪠篆而佚之也直衽切七部

槤　胡槤也　胡各本作瑚今正瑚雖見論語禮記然依左傳作胡爲長明堂位曰有虞氏之兩敦夏后氏之四璉殷之六瑚周之八簋而苞注論語曰瑚璉者黍稷器也夏曰瑚商曰璉周曰簠簋杜注左云夏曰瑚周曰簋孔沖遠云包鄭等注論語賈服等注左傳皆云夏曰瑚杜亦同之或別有所據或相從而誤按此非相從而誤漢人所據戴記不同也璉當依許從木據明堂位音義本作四連周禮管子以連爲輦韓勑禮器碑胡輦器用卽胡連也司馬法夏后氏謂輦曰余車殷曰胡奴車周曰輜輦疑胡輦皆取車爲名　從木連聲　里典切廣韵力展切十四部

櫎　所吕几器　謂所以庋閣物之器也几可庋物故凡庋曰几廣韵曰櫎兵闌　從木廣聲　胡廣切十部　一曰帷屏屬　各本屏下有風之二字今依李善吳都賦注正吳都賦曰房櫳對櫎櫎之字一變爲榥再變爲幌雪賦注引文字集略曰幌以帛明𢄼也

㮯　所吕舉食者　所吕二字今補按㮯楇二字同㮯四圍有周無足置食物其中人舁以進別於

案者。案一人扛之。暴二人對舉之也。漢書溝洫志。山行則梮。韋昭曰。梮。木器。如今轝牀。人轝以行也。左傳襄九年。陳畚梮。杜曰。梮。土轝也。梮同暴。人轝土轝與食轝。形製則一。史記梮作橋。許則云山行乘欙。而盛土之梮。孟子毛傳皆謂之虆。虆卽欙字。梮卽暴字。應劭注漢書曰。梮。或作欙。爲人所牽引也。此葢物重則舁之而又輓之。故曰欙。孔沖遠左傳正義作從手之挶。乃誤字也。从木。具聲。俱燭切。古音在四部。

檕　繘耑木也。繘。汲井綆也。綆耑木者。下耑有甕。上耑有木。以爲硾。繫之言系也。釋木以爲檕梅字。从木。毄聲。古詣切。十六部。

檷　絡絲柎也。柎。各本作檷。今依易釋文玉篇廣韵正。釋文作趺。柎趺古今字。柎。弓足也。絡絲柎者。若今絡絲架子。姤初六。繫於金柅。九家易曰。絲繫於柅。猶女繫於男。故以喻初宜繫二也。从木。爾聲。奴禮切。十六部。讀若昵。昵。各本作柅。今依易釋文正。昵。或暱字。合韵也。易曰。繫於金檷。六字各本無。今依易釋文補。

機　主發謂之機。下文云。機持經者。機持緯者。則機謂織具也。機之用主於發。故凡主發者皆謂之機。檃栝之辭。從木。幾聲。居衣切。十五部。

縢機持經者。三倉曰。經所居機縢也。淮南氾論訓曰。後世爲之機杼勝複以便其用。而民得以揜形御寒。勝者縢之假借字。戴勝之鳥首有橫文似縢。故鄭云織紝之鳥。小雅云杼軸其空。縢即軸也。謂之軸者。如車軸也。俗作柚。謂之縢者。勝其任也。任正者也。從木。朕聲。詩證切。六部。按集韵引廣雅桭謂之縢。今廣雅桭作樧。誤也。

杼機持緯者。槮梭。皆俗字。從木。予聲。直呂切。五部。按此與木名之柔。以左形右聲。下形上聲爲別。

椱機持繒者。繒字不可通。玉篇作繪。按當作會。會者。經與緯之合也。緯與經合。慮其不緊。則有複入經之間以緊之。魯季敬姜說織曰。持交而不失。出入不絕者。梱也。梱可以爲大行人也。持交。正許所云持會也。趙注孟子梱屨曰。梱。猶卬椓也。織屨欲堅。故卬之也。此與敬姜說梱義同。字皆當從木。孫氏孟子音義從手誤。淮南氾論訓云機杼勝複。複即椱之假借字也。從木。复聲。扶富切。三部。

楥履法也。今鞋店之楦也。楥楦

上云狀則下不當復言形鉉本無之形也三字是

正俗字。從木爰聲。吁券切。十四部。讀若指撝。手部撝下曰。一曰手指也。按撝古音在十七部。此合韵也。今人語音爲正。

核　蠻夷㠯木皮爲匧。狀如斂尊之形也。未詳所本。今字果實中曰核。而本義廢矣。按許不以核爲果實中者。許意果實中之字當用覈也。小雅肴核維旅。班固蔡邕作肴覈。左思作肴槅。槅卽覈也。今本毛詩作核。非古也。周禮其植物宜覈物。覈猶骨也。廣韵云。槅。果子槅也。出聲譜。戶骨切。此字近是。玉篇亦云。核。戶骨切。果實中也。從木亥聲。古哀切。一部。

棚　棧也。通俗文曰。板閣曰棧。連閣曰棚。析言之也。許云棚棧也。渾言之也。今人謂架上以蔽下者皆曰棚。從木朋聲。薄衡切。古音在六部。

棧　棚也。竹木之車曰棧。不言一曰者。其義同也。小雅傳曰。棧車。役車。箋云。棧車。輦者。許云竹木之車者。謂以竹若木散材編之爲箱。如柵然。是曰棧車。棧者。上下四旁皆偁焉。公羊傳云。亡國之社。掩其上而柴其下。周禮喪祝注作奄其上而棧其下。棧其下。謂以竹木布於地也。從木戔聲。

棧　玉篇引竹木上有一曰二字　下引詩曰有棧之車　案棧車別是一義　有一曰者是

棖　爾雅棖謂之楔　此杖字疑楔之爛文　法也之訓當本方言　廣雅訓止也　又訓[illegible]也　皆從閑引申

方言棖法也　注云救傾之法

張曰杖疑楔之爛文

土限切。十四部。栫 㠯柴木雝也。雝者今之壅字也。文選注引㠯柴木壅水。玉篇類篇同。然此不獨施於水。無水爲長也。上文棧云竹木。謂竹木之整齊者。此云柴木。謂散材不整齊者。橫直皆可云栫。左傳吳四鄙子於樓臺。栫之㠯棘。杜曰。栫。擁也。釋器。糝謂之涔。江賦。栫澱爲涔。此則聚積柴木於水中也。从木。存聲。徂悶切。十三部。按篇韵皆在甸切。槶 匡當也。匡當今俗有此語。謂物之腔子也。槶亦作簂。亦作蔮。士冠禮注云。滕薛名蔮爲頍。釋名曰。簂。恢也。恢廓覆髮上也。魯人曰頍。齊人曰帨。按鄭劉所說槶之一耑耳。从木。國聲。古悔切。古音在一部。梯 木階也。孟子。父母使舜完廩。捐階。趙曰。階。梯也。階以木爲之。便於登高。从木。弟聲。土雞切。十五部。棖 杖也。未詳。从木。長聲。宅耕切。廣韵直庚切。古音在十部。一曰法也。未詳。釋宮曰。棖謂之楔。玉藻注。棖。門楔也。鄭風箋。棖。門梱上木近邊者。按門兩旁木亦法之一端也。鄭說梱爲門限。故曰門梱上木。桊 牛鼻環也。各本環上有中字。今依元應刪。

劉 即淮南之錣 說文無錣字借劉為之

元應曰。桊。牛拘也。今江以北皆曰牛拘。以南皆曰桊。居院切。按呂氏春秋曰。使烏獲疾引牛尾。尾絕力勯。而牛不可行。逆也。使五尺童子引其棬。而牛恣所以之。順也。棬者。桊之譌字。**从木。𢍏聲。**居倦切。十四部。

椯　箠也。淮南氾論訓。是猶無鏑銜橜策錣而御馯馬也。高注。錣。椯頭箴。注道應訓又曰。策。馬捶也。端有箴以刺馬。謂之錣。按二注。是箠策椯一物也。竹部曰。策。馬箠也。**从木。耑聲。**兜果切。古音當在十四部。**一曰度也。**手部揣下曰。度高曰揣。一曰捶之。此云椯箠也。一曰度也。然則椯與揣音義略同。如檏與撲皆訓度也。**一曰椯剟也。**刀部曰。剟。刊也。椯與剟雙聲。

橜　弋也。弋下曰。橜也。**从木。厥聲。**瞿月切。十五部。與氏部𡳿音同義相近。莊列橜株駒。**一曰門梱也。**上文云。梱。門橜也。與此為互訓。此亦橜弋之一耑耳。橜或借厥。梱或借困。荀卿曰。和之璧。井里之厥也。玉人琢之。為天子寶。晏子作井里之困。

樴　弋也。釋宮曰。樴謂之杙。在牆者謂之楎。在地者謂之臬。大者謂之栱。長者謂之閣。弋杙古今字。樴。周禮作職。牛人曰祭祀共其享牛求牛以授職人而芻之注云職讀爲樴樴謂之杙可以繫牛引伸凡物一枚曰一樴鄉射禮記薦脯五樴注云樴猶梃也爲記者異耳鄉飲酒禮記薦脯五梃注云梃猶樴也今本儀禮樴譌膱梃譌挺及脡今依張淳葉林宗所據釋文正**從木戠聲**之弋切一部

杖　持也杖持疊韵凡可持及人持之皆曰杖喪杖齒杖兵杖皆是也兵杖字俗作仗非門下云兵杖在後欑下云積竹杖可證**從木丈聲**直兩切十部

柭　棓也從木犮聲北末切十五部

棓　梲也棓棒正俗字天官書紫宮左三星曰天槍右五星曰天棓淮南書寒浞殺羿於桃棓**從木咅聲**步項切按音聲在四部合韵也

梲　木杖也木一本作大穀梁傳宣十八年曰邾人戕繒子于繒戕猶殘也梲殺也梲殺謂杖殺之今本注疏釋文皆譌從手而唐石經初從木作梲後改從手唐元度之紕繆也後漢禰衡傳手持三尺梲杖按經典用爲梁上短柱之棳**從木兌聲**他活切又之說切十五部○梲篆舊在椎柯二篆後今移正

椎　所㠯

擊也所吕二字今補器曰椎用之亦曰椎方言曰柲抌椎也南楚凡相椎搏曰柲或曰揔沉涌澺幽之語或曰攩郭云今江東人亦名椎爲攩　按方言椎字今本多誤從手作推 齊謂之終葵考工記大圭長三尺杼上終葵首注曰終葵椎也爲椎於其杼上明無所屈也按考工記終古終葵椑皆用齊言蓋齊人作 從木隹聲直追切十五部

柯 斧柄也見幽風毛傳考工記曰一欘有半謂之柯注云伐木之柯柄長三尺又廬人注曰齊人謂柯斧柄爲椑按柯斧者大斧也柯之假借爲枝柯 從木可聲古俄切十七部

柄 柯也柄之本義專謂斧柯引伸爲凡柄之偁周禮禮經作枋丙聲方聲同在十部也 從木丙聲陂病切古音在十部 棅 或從秉秉聲古亦在十部也莊子天道篇天下奮棅而不與之偕管子山權數篇此謂君棅按古又以秉爲柄如左傳國子實執齊秉前五行志殺生之秉終矣

柲 欑也欑各本誤從手葉本誤從亻今正此即下文積竹杖也考工記廬人爲廬器戈柲六尺有六寸殳長尋有四尺車戟常酋

杘女履切廣韻丑利切与小徐救稚同
柅杘或从木尼聲廣韻作杘或从尼玉篇杘丑利切籆元作篗今正柄也檕同上說文女几切又柅女几奴禮二切木名又絡絲柎廣韻五旨柅絡絲柎易曰繫于金柅女履切又音尼一又六至杘籆元作篗今正柄也又杘嘿多詐丑利切檕同上據此則杘椎丑利一

切而柅有女履丑利二切大徐以女履音杘非也玉篇奴禮一切廣韻十一薺不收而收欐字釋云絡絲柎也集韻欐絡絲柎也讀若昵易曰繫于金欐奴禮切是柅亦欐之異文讀若昵卽尼一切而廣韻五質亦不收柅字

矛常有四尺。夷矛三尋。注云。柲猶柄也。按戈戟矛柄皆用積竹杖。不比他柄用木而已。殳則用積竹杖而無刃。柲之引伸爲凡柄之偁。左傳剝圭以爲戚柲。戚柄不用積竹。

從木。必聲。兵媚切。古音在十二部。

欑　積竹杖。詳竹部籚下。殳部殳下。鄭注考工記曰。矛戟柄竹欑柲。

從木。贊聲。在丸切。十四部。

一曰穿也。此與金部鑽音義皆同。

一曰叢木。蒼頡篇云。欑聚也。衆經音義云。欑欑同。喪大記。君殯欑至於上。注云。欑猶菆也。按注謂與檀弓菆塗同也。欑菆叢皆聚意。

杘　籆柄也。竹部曰。籆所以收絲者也。方言。籆榬也。兗豫河濟之閒謂之榬。郭云。所以絡絲也。絡謂之格。郭云。所以轉籆絡車也。按注籆字蓋衍。籆卽絡車也。所以轉絡車者。卽杘也。此與欐異物。

從木。尸聲。女履切。十五部。

柅　杘或從木。尼聲。中山經注曰。欐音絡。柅之柅。易姤初六。繫于金柅。釋文曰。柅。說文作欐。按昔人謂欐柅同字。依許則柅者今時籆車之柄。欐者今時籆絲於上之架子。以受籆者也。故曰絡絲柎。臣鉉等曰。上文云。柅。木實如棃。此重出。

弟六　六篇上　竺

榜所㠯輔弓弩也。經傳未見此義。竹部曰：篣，榜也。假借之義也。辭章家用榜人，則舟部之舫人也。**從木旁聲。**補盲切。古音在十部。

檠　**榜也。**秦風：竹閉緄縢。毛曰：閉，紲。緄，繩。縢，約也。小雅角弓傳曰：不善紲檠，巧用則翩然而反。既夕記說明器之弓有柲。注云：柲，弓檠也。弛則縛之於弓裏，備損傷也。以竹爲之。引詩竹柲緄縢。考工記弓人注云：紲，弓鞁。弓有鞁者，爲發弦時備頓傷。引詩竹鞁緄縢。合此言之，禮謂之柲，詩謂之閉，周禮注謂之鞁，禮古文作柴，四字一也。皆所謂檠也。謂之紲者，繫檠於弓之偁。緄則繫之之繩。謂之檠者，正之也。謂之榜者，以竹木異體，從旁傅合之之言。凡言榜笞、榜箠者，取義於縲紲。凡後世言標榜者，取義於表見在外也。**從木敬聲。**巨京切。十一部。

檃　**桰也。**檃與桰互訓。檃亦作檃，亦假借作隱；桰亦假借作括。尚書大傳：子贛曰：檃桰之旁多曲木，良醫之門多疾人，砥厲之旁多頑鈍。荀卿大略篇：大山之木示諸檃桰。檃桰者，矯制衺曲之器也。方言：所以隱櫂謂之䉶。郭云：搖櫓小橛也。撥櫂以索繫於䉶而後可打，是䉶者所以檃其櫂也。如許云：矢檃弦處謂之矢桰。矢桰所以檢弦也。般庚尚皆隱哉。某氏注云。相隱括共爲善政。公羊傳何序云。隱括使就繩墨。孫卿書云。劫之以勢。隱之以阸。阸而用之。得而後功之。隱皆讀爲櫽。漢刑法志。隱之以勢。臣瓚注曰。秦政急峻。隱括其民於隘狹之法。是也。凡古云安隱者。皆謂櫽桰之而安也。俗作安穩。聲形皆變也。**從木。隱省聲。**於謹切。十三部。按篇韵皆引說文櫽桰也。不省心。

桰　櫽也。從木。𠯑聲。古活切。十五部。**一曰矢桰。櫽弦處。**櫽。各本作緐。不可通。今正。釋名曰。矢末曰栝。栝會也。與弦會也。云櫽弦處者。弦可隱其閒也。此亦櫽桰之一耑耳。而別言之者。俗但知桰爲矢桰字。嫌義不備。故箸之也。矢桰字。經傳多用括。他書亦用筈。

棊　簙棊。竹部曰。簙。局戲也。六箸十二棊。**從木。其聲。**渠之切。一部。

椄　續木也。今栽華植果者。以彼枝移椄此樹。而華果同彼樹矣。椄之言接也。今接行而椄廢。**從木。妾聲。**子葉切。八部。

栙　栙雙也。三字句。竹部曰。䉶。栙雙也。廣韵曰。栙䉶帆未張。又曰。䉶帆也。按廣韵有跭𨇨跭𨇨艂欙皆疊韵字。從木。夆聲。讀若鴻。下江切。九部。

栝　炊竈木。今俗語云竈栝是也。廣韵云。栝。火杖。栝栝古今字也。從木。舌聲。臣鉉等曰。當從甛省乃得聲。按徐說非也。栝甛銛等字皆從西聲。西見谷部。轉寫譌爲舌耳。他念切。七部。

槽　嘼之食器。嘼各本作畜獸二字。今正。嘼。六嘼也。馬櫪曰槽。方言。櫪。梁宋齊楚北燕之閒謂之樎。皁。皁與槽音義同也。從木。曹聲。昨牢切。古音在三部。按大雅乃造其曹。曹蓋槽之假借。謂造於飲豕之處也。

臬　射埻的也。埻的各本作準的。今正。土部曰。埻。射臬也。二字互訓。日部曰。的。明也。埻準。的的。皆古今字。李善東京賦注引作埻。可證古本不作俗字矣。臬古假藝爲之。上林賦。弦矢分。藝殪仆。文穎曰。所射準的爲藝。左傳陳之藝極。皆是也。臬之引伸爲凡標準法度之偁。釋宮曰。樴謂之杙。在牆者謂之臬。康誥曰。陳時臬事。考工記匠人作槷。𨸏部曰。賈侍中說。隉。法度也。皆臬之假借字也。從木。自聲。五結切。十五部。李陽冰曰。自非聲。以去入爲隔礙也。

桶　木方受六升。疑當作方斛受

栝　炊竈木。唐本木下有也字。玉篇栝他念切木杖也。栝說文栝字。廣韵栝火杖也。蓋玉篇本作火字之譌。栝韵会九經引作栝云炊竈木。又引徐曰添竈木也。嚴氏校議疑小徐本作栝而大徐作栝而不名之栝乃張次立據大徐增改。當從錢。按玉篇則說文本作栝

樀　或作鹵。唐本作樀，或從鹵部

槃　象鼓鞞。木虛也。唐本作象鼓鞞之形。木其虛也。與程東釋文引合。惟說文鞞亦誤鞞

欂　唐本作獸食器也　獸當從段作嘼

桶　木方受六升　唐本作木方器也受十六升　段氏疑當作斛　史記倉頡傳索隱引孫叔然云臧氏器受斗六升　桶爲木器其容或与斛等耶

六斗。廣雅曰。方斛謂之桶。月令。角斗甬。注曰。甬。今斛也。甬卽桶。今斛者。今時之斛。凡鄭言今者。皆謂漢時。秦漢時有此六斗斛。與古十斗斛異。史記商君平斗桶。呂不韋仲春紀角斗桶。故知起於秦也。從木。甬聲。他奉切。九部。

櫓　大盾也。盾。瞂也。戰盾也。秦風毛傳曰。伐。中干也。伐卽瞂。干卽戰櫓。其大者也。釋名曰。盾大而平者曰吳魁。隆者曰須盾。櫓或假杵爲之。流血漂杵。卽流血漂櫓也。從木。魯聲。郎古切。五部。

樐　或從鹵。鹵聲也。始皇本紀亦假鹵爲之。天子出行鹵簿。鹵。大楯也。以大盾領一部之人。故名鹵簿。

樂　五聲八音總名。樂記曰。感於物而動。故形於聲。聲相應。故生變。變成方。謂之音。比音而樂之。及干戚羽旄。謂之樂。音下曰。宮商角徵羽。聲也。絲竹金石匏土革木。音也。樂之引伸爲哀樂之樂。象鼓鞞。鞞當作鼙。俗人所改也。象鼓鼙。謂𢆶也。鼓大鼙小。中象鼓。兩旁象鼙也。樂器多矣。獨像此者。鼓者春分之音。易曰。雷出地奮豫。先王以作樂崇德。是其意也。木。逗。謂從木。虡也。虍部曰。虡。鐘鼓之柎也。五角切。古音在二部。

柎

六篇

柎　闌足也。柎蒙上文木虞言之。闌字恐有誤。韵會本闌作鄂。柎跗正俗字也。凡器之足皆曰柎。小雅鄂不韡韡。傳云。鄂猶鄂鄂然。言外發也。箋云。承華者曰鄂。不當作柎。柎。鄂足也。鄂足得華之光明。則韡韡然盛。古聲不柎同。箋意。鄂承華者也。柎又在鄂之下。以華與鄂喻兄弟相依。郭璞云。江東呼草木子房爲柎。草木子房。如石榴房蓮房之類。與花下鄂一理也。从木。付聲。甫無切。四部。

枹　擊鼓柄也。柄各本作枝。今依文選注。元應書正。左傳音義引字林亦作柄。左傳右援枹而鼓。禮運明堂位皆云甶桴土鼓。元應云。衛宏詔定古文官書枹桴二字同體。音扶鳩切。鼓椎也。按桴本訓棟。借爲鼓柄字耳。从木。包聲。甫無切。按當依廣韵縛謀切。三部。

椌　柷樂也。樂記注曰。椌楬謂柷敔也。此釋椌爲柷。釋楬爲敔也。謂之椌者。其中空也。从木。空聲。苦江切。九部。

柷　樂木椌也。樂上當有柷字。椌各本作空。誤。周頌毛傳曰。柷。木椌也。圉。楬也。許所本也。今更正。所㠯止音爲節。按鉉本此六字大誤。柷以始樂。非以止音也。鍇本此篆已

柎　闌字误　韵會引作鄂　与常棣箋合

枹　唐本擊鼓柄也与段改合　音浮与五經文字合　廣韵防無縛謀二切

椌　唐本次楽下柎上　非　又柷楽下有器字

佚而見韵會者亦譌舛不可讀今按當作以止作音爲柷釋樂曰所以鼓柷謂之止葢椌之言空也自其如桼桶言之也柷之言觸也自其椎柄之撞言之也臯陶謨合止柷敔鄭注云柷狀如桼桶而有椎合之者投椎其中而撞之爾雅郭注云柷如桼桶方二尺四寸風俗通廣雅云三尺五寸深一尺八寸風俗通云尺五寸中有椎柄連底挏之令左右擊止者其椎名劉熙云柷祝也故訓祝爲始以作樂也從木祝省聲昌六切三部

槧牘樸也樸素也猶坏也牘書版也槧謂書版之素未書者也論衡曰斷木爲槧釋名曰槧版之長三尺者也槧漸也言漸漸然長也楊雄曰天下上計孝廉及內郡衞卒會雄常把三寸弱翰齎油素四尺以問其異語歸卽以鉛擿次之於槧西京雜記曰懷鉛提槧從木斬聲自刻切八部

札牒也片部曰牒札也二字互訓長大者曰槧薄小者曰札曰牒釋名曰札櫛也編之如櫛齒相比也司馬相如傳曰上令尚書給筆札師古曰札木簡之薄小者也從木乙聲側八切古音在十二部

檢書署也書署謂表署書

函也後漢祭祀志曰尚書令奉玉牒檢皇帝以二分璽親
封之訖太常命人發壇上石尚書令藏玉牒已復石覆訖
尚書令以五寸印封石檢按上云玉牒檢者玉牒之玉函
也所謂玉檢也下云石檢者上文云石覆訖是也檢以盛
之又加以璽印周禮注曰璽節印章如今斗檢封矣廣韵
云書檢者印窠封題也則通謂印封爲檢矣公孫瓚傳曰
袁紹矯刻金玉以爲印璽每有所下輒皁囊施
檢章懷曰檢今俗謂之排排如今言標籤耳

從木僉聲

居奄切七部引伸爲
凡檢制檢校之偁

檄

尺二書

各本作二尺書小徐繫
傳已佚見韵會者作尺
二書葢古本也李賢注光武紀曰說文以木簡爲書長尺
二寸謂之檄以徵召也與前書高紀注同此葢出演說文
故語加詳云尺二寸與鍇本合但漢人多言尺一未知其
分別之詳後漢書水經注皆曰李雲上書云孔子言帝者
諦也今尺一拜用不經御省是帝欲不諦乎又後漢書儒
林傳云詔曰乞楊生師郎尺一出外文選注引蕭子良古
今篆隸文體曰鶴頭書偃波書俱詔板所用在漢時則謂
之尺一簡獨斷曰策書長二尺以命諸侯王三公三公以

罪免亦賜策以尺一木從木敫聲胡狄切古音在二部

檄傳信也此字蒙上槧札檢檄爲次若今之文書也漢孝文紀除關無用傳張晏曰傳信也若今過所也如淳曰兩行書繒帛分持其一出入關合之乃得過謂之傳也李奇曰傳棨也師古曰古者或用棨或用繒帛棨者刻木爲合符也按用繒帛謂之繻終軍傳曰關吏予軍繻是也用木謂之棨此云傳信也是也傳讀張戀反釋名曰棨詣也以啓語官司所至詣也當謂此今本譌肄不可讀爲正之如此從木啓省聲康禮切十五部今字棨釋爲兵闌

轣車歷錄句束交也束交上當疊歷錄字今奪交宋本葉本趙本韵會皆同一本作文非秦風五楘梁輈傳曰五五束也楘歷錄也梁輈輈上句衡也一輈五束束有歷錄考工記輈欲頎典大鄭云頎讀爲懇典讀爲殄駟車之轅率尺所一縛懇殄似謂此也按此所謂曲轅轣縛也歷錄者歷歷錄錄然坳胅分明皃歷錄古語也小雅約之閣閣毛云約束也閣閣猶歷歷也革部曰車軸束謂之鞪從木敄聲莫卜切三部詩曰五楘

梁輈。梐　梐枑。行馬也。周禮掌舍。掌王之會同之舍。設梐枑再重。注曰。故書枑爲拒。杜子春讀爲梐枑。梐枑。謂行馬。玄謂行馬再重者。以周衞有外內列。按許亦從杜子春作梐枑也。從木。陛省聲。邊兮切。十五部。按當作坒聲。與非部陛下。陛省聲。不同。周禮曰。設梐枑再重。

枑　梐枑也。從木。互聲。胡誤切。五部。○按舊二篆先枑後梐。今正。又此二篆舊次當與柤槍等篆爲伍。而桼橱欙橱當聯文。

极　驢上負也。當云驢上所以負也。淺人刪之耳。廣韵云。驢上負版。葢若今馱鞍。或云負笈字當用此。非也。風土記曰。笈謂學士所以負書箱。如冠箱而卑者也。謝承後漢書曰。負笈隨師。然則笈者。書箱。人所負以徒步者。不得合爲一也。從木。及聲。其輒切。七部。或讀若急。云或者。云及聲則既讀若及矣。又或若急也。

㭕　极也。廣韵曰。版置驢上負物。從木。去聲。去魚切。五部。

槅　大車枙。枙當作軶。隸省作軶。車部曰。軶。轅前也。槅考工記作鬲。大鄭云。鬲謂轅端厭牛領者。大車者。鄭云平地任載之車也。遥曰軛。大車之軛曰槅。釋名曰。槅扼也。所以扼牛頸也。馬曰烏啄。下向叉馬頸。似烏開口向下啄物時也。西京賦曰。五都貨殖。既遷既引。商旅聯槅。隱隱展展。此正謂大車也。下文云冠帶交錯。方轅接軫。謂乘車也。從木。鬲聲。古覈切。十六部。按左思蜀都賦以槅爲覈。

橾　車轂中空也。考工記。以轂圍之防捎其藪。注曰。捎除也。防三分之一也。鄭司農云。捎讀如桑螵蛸之蛸。藪讀如蜂藪之藪。謂轂空壺中也。园謂此藪徑三寸九分寸之五。壺中當輻菑者也。藪者猶言趨也。蜂藪者衆輻之所趨也。舊本經注多誤字。今挍正之如是。按記文葢本作捎其橾。大鄭乃易爲藪。故云讀爲。後人直用大鄭說改記文耳。程氏瑤田通藝錄曰。防與王制祭用數之仂同。十分之一也。藪謂鑿深。捎之以待置輻也。記曰。六分其輪崇。以其一爲之牙圍。參分其牙圍而漆其二。椁其漆內而中詘之。以爲轂長。是則轂長當三尺二寸五分四釐一豪六絲六不盡。由是以轂長爲圍。以圍之十一爲鑿深。十一。當三寸二分五釐四豪一絲六忽六不盡。用其成數。得三寸。輻廣亦三寸也。車人大車輻廣三寸。柏車羊車不見輻廣。亦三寸可知。故下文云凡輻量其鑿深以爲輻廣。先鄭言蜂藪。後鄭言衆輻所趨。則藪之名義當起於輻鑿也。按先後鄭說。直以轂空壺中與衆輻之孔相接。故云壺中當輻菑者也。合二者爲一以釋經。而未知輻孔不通壺中。壺中以受軸。棷以受輻。劃然二事。鄭不若程氏之精確也。許字作棷。從枲。枲鳥羣鳴也。亦與衆趨之義合。其云車轂中空也。亦未該。車轂

從木。枲聲。讀若藪。大鄭云讀爲藪。藪者易棷爲藪也。注經之法也。許云讀如藪者。擬其音也。字書之體也。山樞切。古音當在二部。讀如臊。急就篇有𨏥字。棷藪𨏥雙聲。宜分別壺中曰𨏥。輻孔曰棷曰藪。

楇　盛膏器。孟子荀卿列傳。談天衍。雕龍奭。炙轂過髡。劉伯莊云。轂字衍。裴駰云。劉向別錄過字作輠。輠者車之盛膏器。炙之雖盡。猶有餘流者。言淳于髡不盡如炙輠也。按方言。車釭。齊燕海岱之閒謂之鍋。或謂之錕。自關而西謂之釭。盛膏者乃謂之鍋。此謂關西謂盛膏者曰鍋也。脂施於車釭。故釭或得楇名。而楇自別有物。如今時御者亦系小油缾於車以備用是也。過輠鍋三字同。

從木。咼聲。乎臥切。十七部。

按當依篇韵古禾切。枊馬柱也。謂系馬之柱也。蜀志。劉備解綬縛督郵馬枊。華陽國志。曰建寧郡存駬縣雍閭反。結壘於縣山。繫馬枊柱生成林。從木卬聲。吾浪切。十部。按亦平聲。棝棝斗。逗可射鼠。從木固聲。古慕切。五部。欙山行所乘者。河渠書作橋。丘遙反。徐廣曰。一作輂。几玉反。輂直轅車也。漢書作梮。韋昭曰。梮木器也。如今轝牀。人轝以行也。應劭曰。梮或作欙。爲人所牽引也。尚書正義引尸子。山行乘欙。僞孔傳亦作欙。按輂梮橋三字同。以梮爲正。橋者音近轉語也。欙與梮一物異名。梮自其盛載而言。欙自其輓引而言。纍大索也。欙從纍此聲義之皆相倚者也。應釋欙。韋釋梮。皆是。兼二說而後全。孟子虆梩。趙云。虆籠屬。毛詩傳。捄虆也。亦謂土籠舁之曰梮。人引之而行則曰欙也。虆者欙之假借字。或省作樏者非也。毛詩之捄。亦梮之假借字也。從木纍聲。力追切。十五部。虞書曰。予乘四載。皋陶謨文。水行乘舟。陸行乘車。山行乘欙。澤行乘輴。此四載之故訓也。故統系之虞書猶河渠書溝洫志謂皋陶謨夏書則亦以此四句統系之夏書也輴史記作毳亦作橇漢書作毳如淳曰毳音茅蕝之蕝謂以版置泥上以通行路也服虔曰木毳形如木箕擿行泥上孟康說同尚書正義引尸子作蕝引愼子爲毳者患塗之泥也徐廣注史記作楯僞孔傳作輴凡此諸字皆一聲之轉其義一也車部曰輴車約輴也此乘輴當讀同毳非車約輴之謂

榷水上橫木。句所㠯渡者。釋宮曰石杠謂之徛孟子歲十月徒杠成古本如是趙岐釋爲步度郭釋云步渡彴然則石杠者謂兩頭聚石以木橫架之可行非石橋也凡直者曰杠橫者亦曰杠杠與榷雙聲孝武紀曰榷酒酤韋曰以木渡水曰榷謂禁民酤釀獨官開置如道路設木爲榷獨取利也凡言大榷揚榷辜榷當作此字不當從手

從木隺聲。江岳切古音在二部

橋水梁也。水梁者水中之梁也梁者宮室所以關舉南北者也然其字本從水則橋梁其本義而棟梁其假借也凡獨木者曰杠騈木者曰橋大而爲陂陀者曰橋古者挈皋曰井橋曲禮奉席如橋衡讀若居廟反取高舉之義也

水字似誤疑舟字

從木喬聲。巨驕切。二部。

梁　水橋也。梁之字用木跨水。則今之橋也。孟子。十一月輿梁成。古本如是。國語引夏令曰。九月除道。十月成梁。大雅。造舟爲梁。皆今之橋制。見於經傳者言梁不言橋也。若爾雅隄謂之梁。毛傳石絕水曰梁。謂所以偃塞取魚者。亦取互於水中之義謂之梁。凡毛詩自造舟爲梁外。多言魚梁。從木水會意。刅聲。呂張切。十部。

𣘖　古文。水闊者必木與木相接。一其際也。

㮴　船總名。漢書溝洫志。漕船五百㮴。其字從木。古本從手。從木叜聲。穌遭切。古音在三部。

橃　海中大船。廣韻橃下曰。木橃。說文云。海中大船。謂說文所說者古義。今義則同筏也。凡廣韻注。以今義列於前。說文與今義不同者列於後。獨得訓詁之理。葢六朝之舊也。郎如此篆。玉篇注云。海中大船也。泭也。是爲古義今義襍糅。漢人注經。固云大者曰筏。小者曰桴。是漢人自用筏字。後人以橃代筏。非漢人意也。從木發聲。房越切。十五部。

楫　所㠯擢舟也。各本作舟櫂也。許無櫂字。手部曰。擢。引也。楫所以引舟而行。故亦謂

大六十　小六百五十　六篇

之櫂。而漢書劉屈氂傳、外戚傳、百官表皆用輯濯爲楫櫂。假借也。毛衞風傳曰：楫所以櫂舟也。此許所本。今據以正。今毛詩櫂譌權。淺人所改也。鄧通傳以濯船爲黃頭郎。司馬相如傳濯鷁牛首。皆擢舟之義也。詩爾雅音義引說文舟棹也。則其誤久矣。棹又櫂之俗。櫂櫂正俗字。從木咠聲。子葉切。七部。方言曰：楫謂之橈。或謂之櫂。櫂亦擢之譌也。

欚　江中大船也。越絕書曰：欐溪城者，闔廬所置船宮也。蓋欐與欚古通用。從木蠡聲。盧啓切。十六部。

校　木囚也。囚，繫也。木囚者，以木羈之也。易曰：屨校滅趾。何校滅耳。屨校，若今軍流犯人新到箸木韓。何校，若今犯人帶枷也。此字似當與下文械杽等篆爲伍矣。周禮校人注曰：校之言挍也。主馬者必仍挍視之。校人，馬官之長。按此引伸假借之義也。陸德明曰：比挍字當從手旁。張參五經文字手部曰：挍，經典及釋文或以爲比挍字。案字書無文。張語正謂說文無從手之挍也。故唐石經考校字皆從木。用張說也。但訂以周禮鄭注，則漢時固有從手之挍矣。此挍字古蓋無正文。較榷等皆可用。從木交聲。古孝切。二

欚　江中大船名　廣東省作也　与玉篇合　段云欐欚古通　集篇韵俱云
欐小船　与欚不同

部。

樔　澤中守艸樓。謂澤中守望之艸樓也。艸樓蓋以艸覆之。藝文類聚艸譌作竹。左傳成十六年。正義引此文。樔譌爲橧。**從木巢聲。**形聲包會意也。從巢者。謂高如巢。鉏交切。二部。

采　捋取也。大雅曰。捋采其劉。周南芣苢傳曰。采。取也。又曰。捋。取也。是采捋同訓也。詩又多言采采。卷耳傳曰。采采。事采之也。此謂上采訓事。下采訓取。而芣苢傳曰。采采非一辭也。曹風采采衣服傳曰。采采。衆多也。秦風蒹葭采采傳曰。采采猶萋萋也。此三傳義略同。皆謂可采者衆也。凡文采之義本此。俗字手采作採。五采作彩。皆非古也。釋詁曰采。事也。此言假借。采事同在一部也。**從木從爪。**此與采同意。采之訓曰。禾成秀人所收也。則采亦可云。木成文人所取也。此采爲五采字。而毛詩屢言采采與。倉宰切。

柿　削木朴也。各本作削木札樸也。今依元應書卷十九正。朴者。木皮也。樸者。木素也。柿安得有素。則作朴是矣。知札爲衍文者。元應引倉頡篇曰。柿。札也。此下文云陳楚謂之札柿。元應曰。江南名柿。中國曰札。山東名朴豆。廣韵。柿。注曰。斫木札。然則札非簡牘之札。乃柹之一名耳。許以札柹系諸陳楚方言。則此云削木朴已足。小雅伐木許許。許書作所所。毛云。許許柹皃。泛謂伐木所斫之皮。許云削木。猶斫木也。顔氏家訓必云削札牘之柹。又廣爲之證。恐非許意。晉書王濬造船木柹蔽江而下。柹之證也。漢書中山靖王劉向田蚡傳多言肺附。謂斫木之柹札也。已於帝室親近。猶柹札附於大木材也。此柹之假借字也。後漢楊由傳風吹削肺。亦柹之假借也。一譌爲脯。再譌爲哺。釋之者曰削哺是屏障之名。絕無證據。**從木朿聲。**朿在六篇。柹脒泋字皆從之。隸變作柹肺沛。殊誤。而柹之誤作柹果。肺之誤作乾胏。沛之誤作沛水。其譌又不勝改也。芳吠切。十五部。**陳楚謂之札柹。**各本作陳楚謂櫝爲柹。今依韵會所引錯本正。札柹絫言之。非謂札牘之柹。漢書注柹札字亦正用此也。此箸柹語所出。

横　闌木也。闌。門遮也。引伸爲凡遮之偁。凡以木闌之皆謂之横也。古多以衡爲横。陳風傳曰。衡門。横木爲門也。考工記衡四寸。注曰。衡。古文横假借字也。**從木黄聲。**戶盲切。古音在十部。

梜　檢柙也。檢柙皆函物之偁。然則梜亦謂函物之器也。曲禮羹之有菜者用梜。謂箸爲梜。此引伸之義也。從木。夾聲。古洽切。八部。

桄　充也。見釋言。陸氏音義曰。桄。孫作光。按堯典光被四表。某氏傳曰光充也。用爾雅爲訓也。桄讀古曠切。所以充拓之坼堮也。必外有桄。而後內可充拓之令滿。故曰桄充也。不言所以者。仍爾雅文也。桄之字古多假橫爲之。且部曰。從几。足有二橫。橫卽桄字。今文尚書曰。橫被四表。孔子閒居曰。以橫於天下。鄭曰。橫充也。樂記曰。號以立橫。橫以立武。鄭曰。橫充也。皆卽釋言之桄充也。今文尚書作橫被。故漢書王莽傳。王褒傳。後漢書馮異傳。崔駰傳。班固傳。魏都賦注所引東京賦。皆作橫被。古文尚書作光被。與孫叔然爾雅合。某氏傳光充也。不誤。鄭注釋以光耀。葢非。淮南書橫四維。卽尚書之橫被四表也。园應曰。桄。音光。古文橫𦢊二形。聲類作輄。今車牀及梯舉下橫木皆是也。從木。光聲。古曠切。十部。

檇　㠯木有所擣也。宋永嘉戴侗曰。今人猶有此語。從木。雋聲。遵爲切。按當從廣韵將遂切。古音在十三十五部也。公羊傳作醉李。春秋傳曰。越敗吳於檇李。定公十四年事。檇李地名。杜預曰。吳郡嘉興縣南醉李城是。

椓　擊也。此與攴部𣪠音義皆同。詩云。椓之丁丁。又云。椓之橐橐。吕刑曰。爰始淫爲劓刵椓黥。從木。豖聲。竹角切。三部。

朾　撞也。撞從手。各本誤從木從禾。今正。通俗文曰。撞出曰朾。丈鞭丈莖二切。與說文合。謂以此物撞彼物使出也。三蒼作敞。周禮職金注作揨。他書作敞。作𢾾。實一字也。朾之字俗作打。音德冷都挺二切。近代讀德下切。而無語不用此字矣。從木。丁聲。宅耕切。十一部。

柧　棱也。柧與棱二字互訓。殳以積竹八觚。觚當作柧。觚行而柧廢矣。史記酷吏傳曰。漢興破觚而爲圜。應劭曰。觚八棱有隅者。通俗文曰。木四方爲棱。八棱爲柧。按通俗文析言之。若渾言之則急就奇觚謂四方版也。從木。瓜聲。古胡切。五部。又柧棱。逗殿堂上冣高之處也。文選西都賦曰。設璧門之鳳闕上觚棱而棲金爵。後漢書正作柧棱。李賢引說文爲注。

棱　柧也。從木。夌聲。魯登切。六部。俗作楞。

櫱　伐木餘也。商頌傳曰。櫱餘也。周

南傳曰肄餘也斬而復生曰肄按肄者櫱之假借字也韋昭曰以株生曰櫱方言烈枿餘也陳鄭之閒曰枿晉衞之閒曰烈秦晉之閒曰肄或曰烈枿者亦櫱之異文从木獻聲五葛切十五部按獻聲在十四部合韵也商書曰若顚木之有甹𣞤般庚上文今尚書作由櫱本又作枿馬云顚木而肆生曰枿

櫱𣞤或从木辥聲今經典用此字

𣎵古文𣞤从木無頭謂木禿其上而僅餘根株也

枿亦古文𣞤从木𡴘聲也𡴘者㚔之或字見羊部古文四聲韵作棒

枰平也此門閫也戶護也之例謂木器之平偁枰如今言棊枰是也上林賦華楓枰櫨吳都賦枰仲君遷本皆作平木名也非許所說从木平平亦聲蒲兵切十一部

柆折木也此與手部拉義殊猶摺與摺之別也从木立聲盧合切七部

槎衺斫也桼下曰槎識也魯語里革曰山不槎櫱李善注西京賦引賈逵解詁曰槎邪斫也韋昭曰槎斫也按賈云衺斫者於字从差得之周禮有柞氏周

篆九　六篇上　壹

大字五　小五字四十五

頌曰載芟載柞毛云除木曰柞柞皆卽槎字異部假借魚歌合韵之理也從木乍聲側下切十七部按徐爰注射雉賦干荷切此爲舊音漢書貨殖傳作山不茬蘖此爲古字今漢書譌爲茬字春秋傳曰山不槎宋本皆如此惟趙鈔本作山木不槎今按當於槎下補蘖不當於山下添木也許書亦有謂國語爲春秋傳者此其一也

𣐽　檮柮逗二字今補斷木也謂斷木之榦櫓頭可憎者從木𠷎聲徒刀切古音在三部春秋傳曰檮柮左傳無檮柮惟文十六年有檮杌杜預曰檮杌凶頑無疇匹之見趙注孟子曰檮杌嚚凶之類按蓋取斷木之可憎爲惡人名也出聲兀聲同部許所據與今異

柮　檮柮也舊作斷也二字今更正今人謂木頭爲榾柮於古義未遠也從木出聲讀若爾雅貀無前足之貀女滑切十五部玉篇當骨切引說文五骨切○按二篆舊先後倒置今依全書通例正之亦與桂柦同

析　破木也斯下云析也柀下云一曰析也詩多言析薪一曰折也

槎

柮

析

以斤破木。以斤斲艸。其義一也。魏都賦注引說文析量也。與今本異。**从木从斤。**先激切。十六部。

棷　**木薪也。**按禮運假棷爲藪字。**从木取聲。**側鳩切。四部。

梡　**棞木薪也。**對析言之。梡之言完也。**从木完聲。**胡本切。玉篇口管胡管二切。十四部。

棞　**梡木未析也。**此梡當作完。全也。通俗文曰。合心曰棞。纂文曰。未判爲棞。頁部頑下云。棞頭也。凡全物渾大皆曰棞。完棞雙聲。完頑疊韵。**从木圂聲。**胡昆切。十三部。

楄　**楄部。**逗**方木也。**部字衍。當刪。左傳正義引說文楄方木也。可證。方木泛言。非專謂棺中笭牀。故不與棺槨等篆爲伍也。何平叔景福殿賦曰。爰有禁楄。肋分翼張。亦方木之一耑也。**从木扁聲。**部田切。十二部。**春秋傳曰。楄部薦榦。**左傳昭廿五年文。今作楄柎藉榦。杜云。楄柎。棺中笭牀也。榦。骸骨也。

楅　**㠯木有所畐束也。**畐依韵會本。各本作逼者。後人以俗字改之也。泛云㠯木有所畐束。則不專謂施於牛者。引詩特其一證耳。鄉射禮。命弟子設楅。注。楅猶幅也。

六篇上　壹

梡　唐本　下埋

玉篇口管胡管二切木名又東山新　廣韵惟胡管一切　纂下棞字始
云梡木未析也胡昆切　唐本析作破　玉篇木未破也胡本切　廣韵戶本切
梡棞音義皆同　疑本一字　梡木未析之梡當作完　蓋未析之薪材
胡昆切　後治命音如域錯爲正聲　而字則或从圂　或後人不知梡从
元音　例而爲胡管一切　遂分爲二字　口管則又其誤也

楄　唐本榦下有者字　案昭二十五年傳　唯是楄柎所以藉榦者　自二條脫者字

楅　唐本逼作迫　曰作云　案玉篇亦作逼　此正以同聲相訓　逼字不誤　但說文無逼　段以韵會作畐是也

槱　玉篇余富切　与徐同　廣韵……上去聲　周礼大宗伯釋文音羊九切　棫樸釋文音弋九反……酉是也

槱

大字三　小字十三

所以承笴齊矢者。按記云。楅髤橫而拳之。南面坐而奠之南北當洗。是以木有所畐束也。從木。畐聲。彼卽切。一部。詩曰。夏而楅衡。魯頌文。注詳角部。

枼　楄也。方木也。枼。逗薄也。葉上當有一曰二字。凡木片之薄者謂之枼。故葉牒鍱箑偞等字。皆用以會意。廣韵。偞，輕薄美好皃。從木。世聲。與涉切。八部。按鍇曰。當從卅。乃得聲。此非也。毛傳曰。葉，世也。葉與世音義俱相通。凡古侵覃與脂微。如立位。盍葢。疌中。協荔。軜內。籋爾。邇隶等。其形聲皆枝出。不得專疑此也。

槱　積木燎之也。木各本作火。今依玉篇五經文字正。大雅。芃芃棫樸。薪之槱之。傳曰。槱，積也。山木茂盛。萬民得而薪之。賢人衆多。國家得用蕃興。按如毛說。則槱謂積薪而已。至鄭箋乃以𤐫祀槱尞爲說。許不但云積木。而兼云燎之者。爲其字之從火也。不云尞之而云燎之者。燎，放火也。尞，祡祭天也。毛曰萬民薪之而已。故但云燎。從木火。酉聲。余救切。三部。詩曰。薪之槱之。周禮。以槱燎祠司中司命。見大宗伯。燎，依許火部當作尞。祠，今周禮作祀許從毛說又引周禮者。廣槱證也。鄭注周禮曰。槱積也。禉 槱或從示。柴祭天神也。各本作柴祭天神或從示。今正。謂其字有從示者。以燔柴乃祀天神之禮故從示也。各本作天神。趙本作大神。

休 息止也。周南曰。南有喬木。不可休思。從人依木。許九切。三部。

庥 休或從广。釋詁曰。休戾也。又曰。庇庥。廕也。此可證休庥同字。

㮓 竟也。弓人注曰。恒讀爲㮓。㮓竟也。大雅恒之秬秠。毛云。恒。徧也。徧與竟義相足。從木。恆聲。古鄧切。六部。

亙 古文㮓。按今字多用亙。不用㮓。舟在二之閒絕流而竟。會意也。恆之字本從心從亙。

械 桎梏也。從木。戒聲。胡戒切。古音在一部。一曰械。逗。此字今補。器之總名。趙注孟子曰。械器之總名。禮記音義引郭璞三蒼解詁同。一曰械。逗。此字今補。治也。各本治作持。恐是唐人諱改。今依李善長笛賦注正。一曰有所盛曰器。無所盛曰械。各本作有盛爲械。無盛爲器。詩車攻釋文引無所盛曰械今據正按器部曰器皿也何注公羊云攻守之器曰械大傳異器械注云禮樂之器及兵甲也王制器械異制注云謂作務之用皆可爲有盛無盛之證師古注宣帝紀與各本同恐淺人所改也若六書故云唐本說文曰或說內盛爲器外盛爲械外盛未安當作外戒

杽 械也 械當作梏字從木手則爲手械無疑也廣雅曰杽謂之梏杽桎古今字廣韵曰杽桎古文 從木手 會意 手亦聲 敕九切三部

桎 足械也所㠯質地 所㠯質地四字依周禮音義補桎質疊韵也周禮掌囚注鄭司農云拲者兩手共一木也桎梏者兩手各一木也玄謂在手曰梏在足曰桎中罪不拲手足各一木耳按後鄭從許說也韋昭云兩手共一木曰拲兩手各一木曰梏 從木至聲 之日切十二部

梏 手械也所㠯告天 所㠯告天四字依周禮音義補梏告疊韵也 從木告聲 古沃切三部

櫪 櫪㯕 逗 柙指也 柙各本作櫸今正柙指如今之拶指故與械杽桎梏爲類莊子曰罪人交臂厤指厤指謂以櫪㯕柙其指也通俗文

桎梏下所㠯質地所㠯告天二語疑非許氏元文乃後人所增小徐本告地句告天下有也字大徐錄無之或所見本奪或以意不數而刪之說見告字下

柙　唐本手上有从⿰字未有讀若丑三字
古文柙唐本書从口二字

曰考具謂之櫪㯕。考俗作拷。尉繚子曰：束人之指而訊囚之情。從木，歷聲。郎擊切，十六部。

㯕　櫪㯕也。二字疊韵。㯕讀同析。從木，斯聲。先稽切，十六部。

檻　櫳也。李善注長楊賦引釋名曰：檻，車上施闌檻以格猛獸，亦囚禁罪人之車也。按許云檻櫳也者，謂罪人及虎豹所居。假借爲几闌檻字。從木，監聲。胡黯切，八部。一曰圈。圈者，養嘼之閑。

櫳　檻也。從木，龍聲。字有偏旁稍移而爲二字者，柔栩也、杼機持緯者也、龒房室之疏也、櫳檻也是也。竊有疑焉。龒與櫳皆言横直爲窗欞通明，不嫌同偁。如檻亦爲闌檻，許於楯下云闌檻是也。左木右龍之字，恐淺人所增。盧紅切，九部。

柙　檻也。所以藏虎兕也。所也二字依廣韵補。論語：虎兕出於柙。馬曰：柙，檻也。引伸爲凡檢柙之偁。如上文云柙指是也。從木，甲聲。烏匣切。廣韵胡甲切。八部。

𠈺　古文柙。

棺　關也。以疊韵爲訓。門聞戶護之。所以掩屍。屍各本作尸，誤，今正。釋名曰：棺，關也。關，閉也。從木，官聲。古丸切，十四部。

楬　春秋傳曰　周禮泉府物楬而書之　依春秋傳誤　唐本亦作周　神曰

槥　唐本作棺息芮切　當爲綴才芮二切又音歲至古有三　音

櫬　士輿櫬　唐本輿作舁

櫬 棺也。玉篇曰。親身棺也。按天子之棺四重。諸公三重。諸侯再重。大夫一重。士不重。天子水兕革棺取在內。諸侯杝棺取在內。檀弓。君卽位而爲椑。椑。謂杝棺親屍者。椑。堅箸之言也。从木。親聲。初僅切。十二部。春秋傳曰。士輿櫬。左傳僖六年文。

槥 棺櫝也。櫝。匱也。棺之小者故謂之棺櫝。急就篇。棺槨槥櫝。櫝卽槥也。高帝紀。令士卒從軍死者爲槥。應劭曰。小棺也。今謂之櫝。臣瓚引金布令曰。不幸死。死所爲櫝傳歸所居縣。賜以衣棺。从木。彗聲。祥歲切。十五部。

椁 葬有木𩫏也。木𩫏者。以木爲之。周於棺。如城之有𩫏也。檀弓曰。殷人棺椁。注。椁。大也。以木爲之。言郭大於棺也。从木𩫏。會意。𩫏亦聲。𩫏亦二字今補。古博切。五部。

楬 楬櫫也。三字句。趙鈔本及近刻五音韵譜作楬櫫。宋本葉本類篇集韵宋刊五音韵譜皆作楬桀。蓋宋時大徐本固有二。故同一五音韵譜。而流傳不一也。今按作桀不可通。桀自訓磔。雖杙有訏桀者。然頗迂遠。楬櫫見周禮注。職金。楬而璽之。注曰。楬書其數量以著其物也。今時之書有所表識。謂之楬櫫。廣雅曰楬櫫杙也。廣韵曰楬櫫有所表識也。楬櫫漢人語。許以漢人常語爲訓。故出櫫字於說解。仍不大列櫫篆。漢酷吏傳曰瘞寺門桓東。楬著其姓名。著櫫同字可證也。韵會楬下引說文曰杙也。櫫也。此小徐眞本。而語似不完。師古注漢書曰楬杙也。椓杙於瘞處而書死者名也。師古杙也之云。葢本說文。但說文杙字當作弋。**從木曷聲。**其謁切。十五部。今字揭行而楬廢矣。**春秋傳曰楬而書之。**未見。疑是引周禮楬而璽之。

梟　不孝鳥也。故日至捕梟磔之。漢儀夏至賜百官梟羹。漢書音義孟康曰梟鳥名。食母。破鏡獸名。食父。黃帝欲絕其類。使百吏祠皆用之。如淳曰漢使東郡送梟。五月五日作梟羹以賜百官。以其惡鳥。故食之也。**從鳥在木上。**五經文字曰從鳥在木上。隸省作梟。然則說文本作梟甚明。今各本云從鳥頭在木上。而改篆作梟。非也。此篆不入鳥部而入木部者。重磔之於木也。倉頡在黃帝時。見黃帝磔此鳥。故製字如此。古堯切。二部。

棐　輔也。尚書多言棐。釋詁曰弼棐輔比俌也。按棐葢弓檠之類。**從**

木非聲。府尾切。十五部。按此篆失其舊次。

文四百二十一。古本皆作二十一。毛扆剜沾關篆於部末。改作二十二。非也。今刪檍鬱二篆。則四百十九。

重三十九。

東 動也。見漢律厤志。從木。官溥說。從日在木中。木。榑木也。日在木中曰東。在木上曰杲。在木下曰杳。得紅切。九部。凡東之屬皆從東。

𣗥 二東。謂其形也。曹從此。謂曹以會意也。闕。謂義與音皆闕也。鍇曰。按說文舊本無音。鉉亦不著反語。

文二

林 平土有叢木曰林。周禮林衡注曰。竹木生平地曰林。小雅依彼平林。傳曰。平林。林木之在平地者也。冂部曰。野外謂之林。引伸之義也。釋詁毛傳皆曰。林。君也。假借之義也。從二木。力尋切。七部。

凡林之屬皆從林。𣞤豐也。釋詁曰：蕪，茂，豐也。釋文云：蕪古本作𣝣。從林𡘲。會意。𡘲，逗。此字今補。或說規模字。或說𡘲是規模之模字也。或之者，疑之也。故木部模下不錄。從大卌。謂𡘲從大卌，卌會意也。卌，逗。此字今補。數之積也。卌篆不見於本書，故釋其義。未部桂下曰：卌，叉用卌字。漢石經論語年卌見惡焉，是卌爲四十幷，猶廿爲二十幷，卅爲三十幷也。其音則廣韵先立切，四十之合聲，猶廿讀如入，卅讀如趿也。廣韵引說文云：數名，卽此。已上十四字，說從𡘲之意。林者木之多也。說從林之意。𣞤與庶同意。𣞤各本作卌，誤。𣞤從林大卌，庶從广炗，其製字之意略同，皆皃其衆盛也。文甫切。五部。按此蕃𣞤字也，𣞤變爲無，遂借爲有無字，而蕃無乃借廡，或借蕪爲之矣。商書曰：庶艸緐𣞤。洪範文。今尚書作蕃廡。晉語：黍不爲黍，不能蕃廡，亦同。

鬱　木叢者。依韵會本。秦風：鬱彼北林。毛曰：鬱，積也。鄭司農注考工記曰：惌讀如宛彼北林之宛。苑柳傳曰：菀，茂林也。桑柔傳曰：菀，茂皃。按宛菀皆卽鬱字。從林。鬱省聲。迂弗切。十五部。

楚　叢木。小雅傳曰。楚楚。茨棘皃。小徐引小謝詩曰。寒城一以眺。平楚正蒼然。一名荊也。一名當作一曰。許書之一曰。有謂別一義者。有謂別一名者。上文叢木泛詞。則一曰爲別一義矣。艸部荊下曰。楚木也。此云荊也。是則異名同實。楚國或評楚。或評荊。或絫評荊楚。從林。疋聲。創舉切。五部。

棽　木枝條棽儷也。也。各本作皃。今依集韵類篇正。人部儷下云。棽儷也。棽儷者。枝條茂密之皃。借爲上覆之皃。東都賦。鳳蓋棽麗。李善注引七略。雨蓋棽麗。麗與儷同。力支切。張揖大人賦注曰。林離。摻攦也。摻攦。所林所宜二反。蓋卽棽儷。從林。今聲。丑林切。七部。

楙　木盛也。此與艸部茂音義皆同。分艸木耳。釋木楙木瓜。則專爲一物之名。從木。矛聲。莫候切。四部。

麓　守山林吏也。左傳。山林之木。衡鹿守之。杜曰。衡鹿。官名也。按鹿者。麓之假借字。天子曰林衡。諸侯曰衡鹿。皆守山林吏也。晉語。史黯曰。主將適螻而麓不聞。韋曰。麓。主君苑囿者。從林。鹿聲。盧谷切。三部。按此亦形聲包會意。守山林之吏。如鹿之在山也。一曰。林屬於山爲麓。春秋傳曰。沙麓崩。春秋僖公十四年文。三傳同。穀梁傳曰。林屬於山爲麓。周禮王制皆云林麓。鄭云。山木生平地曰林。生山足曰麓。詩大雅旱麓。毛曰。麓。山足也。蓋凡山足皆得偁麓也。亦假借作鹿。易卽鹿無虞。虞翻曰。山足稱鹿。鹿。林也。

古文從彔。彔聲。

棼複屋棟也。複屋。考工記謂之重屋。木部曰。櫋。棼也。是曰櫋曰棼者。複屋之棟也。曰橑者。複屋之椽也。竹部曰。笮者。在瓦之下棼上者也。姚氏鼐曰。椽棟旣重。軒版垂檐皆重矣。軒版。卽屋笮。或木或竹。異名。在瓦之下椽之上。檐垂椽端。椽亦謂之橑。考工記重屋。鄭以複笮釋之。而他書所稱曰重檐。曰重橑。曰重軒。曰重棟。曰重棼。各舉其一爲言爾。按左傳治絲而棼之。假借爲紛亂字。從林。分聲。符分切。十三部。

森木多皃。從林從木。按篇韵皆云。森。長木皃。疑篇韵所據爲長。從林從木。正謂有木出乎林之上也。讀若曾參之參。所今切。七部。

篆四　六篇上

文九　重一

才　艸木之初也。引伸爲凡始之偁。釋詁曰。初哉始也。哉卽才。故哉生明亦作才生明。凡才材財裁纔字以同音通用。從丨上貫一。將生枝葉也。一。逗地也。一謂上畫也。將生枝葉謂下畫。才有莖出地。而枝葉未出。故曰將。艸木之初。而枝葉畢寓焉。生人之初。而萬善畢具焉。故人之能曰才。言人之所蘊也。凡艸木之字。才者。初生而枝葉未見也。屮者。生而有莖有枝也。㞢者。枝莖益大也。𣎵者。益茲上進也。此四字之先後次弟。昨哉切。一部。凡才之屬皆從才。

文一

儀徵阮長生校刊